活学活用菜根谭

杨建峰 主编

汕头大学出版社

图书在版编目(CIP)数据

活学活用菜根谭 / 杨建峰主编 . —汕头:汕头大
学出版社,2018.3(2020.6 重印)
ISBN 978-7-5658-3286-4

Ⅰ.①活… Ⅱ.①杨… Ⅲ.①个人 – 修养 – 中国 – 明
代 – 通俗读物 ②《菜根谭》– 注释 ③《菜根谭》– 译文
Ⅳ.①B825 – 49

中国版本图书馆 CIP 数据核字(2018)第 326434 号

活学活用菜根谭　　HUOXUEHUOYONG CAIGENTAN

主　　编:杨建峰
责任编辑:邹　峰
责任技编:黄东生
封面设计:门乃婷
出版发行:汕头大学出版社
　　　　　广东省汕头市大学路 243 号汕头大学校园内　邮政编码:515063
电　　话:0754 – 82904613
印　　刷:北京楠萍印刷有限公司
开　　本:880mm × 1230mm　1/32
印　　张:17.5
字　　数:400 千字
版　　次:2018 年 3 月第 1 版
印　　次:2020 年 6 月第 2 次印刷
定　　价:42.00 元
ISBN 978-7-5658-3286-4

前　言

　　《菜根谭》成书于明朝万历年间，作者洪应明，字自诚，号还初道人，生平事迹不详。据史料记载，洪应明与万历进士、礼部仪制郎中于孔兼相交，于孔兼曾为其《菜根谭》作序。

　　关于《菜根谭》这一书名的由来，前人有两种不同的解释：一说是取自宋代江西临川人汪革所说的"人咬得菜根，则百事可做"之意，意指人们只有经过艰难困苦的磨炼，才能成就事业。另一种说法是说作者以培育菜根来比喻培育人之德行，清代三山通理达夫在《重刻〈菜根谭〉序》中指出："菜之为物，日用所不可少，以其有味也。但味由根发，故凡种菜者，必要厚培其根，其味乃厚。是此书所说世味乃出世味，皆为培根之论，可弗重欤？"

　　从内容上看，《菜根谭》是洪应明收集编著的一部论述修养、人生、处世、出世的语录集，共分前后两集。《菜根谭》一书篇幅虽小，但内容极为丰富，"其间有持身语，有涉世语，有隐逸语，有显达语，有迁善语，有介节语，有仁语，有义语，有禅语，有趣语，有学道语，有见道语"（《重刻〈菜根谭〉序》），盖凡涉及人生根本问题和日常之道者，如生死观、灵肉关系、修身养性、为人处世、居官持家、向学之道、品调览胜等，无不论及。此外，洪应明在书中创造性地将儒家的中庸思想、道家的无为思想和释家的出世思想糅合在一起，形成了一种在世出世的处世方法体系。

　　从形式上看，《菜根谭》全书由一则则相对独立的语录组成，每则多至近百字，少则十几字，共有 360 则。 全书语言短小精警，韵味十足，耐人咀嚼。

《菜根谭》是一本囊括了中国几千年处世智慧的经典文献，自问世以来一直经久不衰，广泛流传于民间并远播海外。 在明治维新时期，就已有多种版本的《菜根谭》流传到日本。 时至今日，《菜根谭》与《孙子兵法》《三国演义》等典籍，依然是不少日本人拜读的热门书，在书市摊点中一直保持着畅销的势头。 《菜根谭》在日本的企业界中，一度被誉为"指南""必读""教材"。日本企业界认为，每个企业家都应好好地读一读《菜根谭》，"因为它在企业管理、用人制度、扩大商品销售市场以及企业家自身修养方面，都是一本不可多得的珍贵教材，是'企业经营之书'"。

古人云：性定菜根香；人咬得菜根，则百事可做。 作为一本囊括了中国几千年来处世智慧的经典文献，《菜根谭》既为腾达之士所深究，又为普通百姓津津乐道，其中所阐发的生活之体验，修身之法门，交往之法则，为官之要诀，无不对世人大有裨益。 虽说今日之人与四百年前的人在观念和行为方式上有很多不一样的地方，但《菜根谭》中所蕴含的精髓博大，处处实用的思想，并没有随着时间的推移而消磨其光彩。 书中的每一个妙言警句，犹如一枚枚虽朴实无华却时时散发着清淡香气的菜根，随意拣拾起一枚放入口中慢慢咀嚼，即能收获隽永的味道。

《活学活用菜根谭》将《菜根谭》中的经典原文加以注释和解译，在进行深入浅出评析的同时，还结合了生动有趣的历史典故和现代事例来进行形象化的解读，让广大读者不仅能了解《菜根谭》原书的精髓，而且可以从中得到更深刻的启示。

2018 年 3 月

目 录

前　集

宁受一时寂寞，毋取万古凄凉

【原文】

栖守道德①者，寂寞一时；依阿②权势者，凄凉万古。达人③观物外之物④，思身后之身⑤，宁受一时之寂寞，毋⑥取万古之凄凉。

【注释】

①道德：指人类所应遵守的法理与规范，据《礼记·曲礼》说："道德仁义，非礼不成。"

②依阿：阿与依同义，依附、迎合，指自己缺乏独立人格，凡事都随意附从他人意见。

③达人：指智慧高超、胸襟开阔、眼光远大的人，据《左传·昭公七年》说："圣人有明德者，若木当世，其后必有通达之人。疏：'谓知能通达之人。'"

④物外之物：泛称世事以外的东西，也就是现实物质生活以外的精神生活和道德修养，即佛教所谓不生不灭的涅槃境界。

⑤身后之身：是指身死后的名誉。

⑥毋：毋同勿，不要。

【译文】

恪守道德节操的人，只不过会忍受一时的冷落；而那些依附权势的人，却会遭受千年万载的凄凉。胸襟开阔且通达事理的人，重视物质以外的精神价值，顾及死后的名誉，所以他们宁愿承受一时的寂寞，也不愿遭受永久的凄凉。

【活学活用】

这是《菜根谭》开篇第一句话，可见作者很重视道德修养。道德历来是人性的一块试金石。在道德面前，一切美与丑、善与恶、真与假，最终都会显出原形。恪守美好道德的人，尽管每每寂寞于当时，但其身后之名则隽永久长。而那些趋炎附势、依附权贵的人，虽然在生前显赫无比，最终常常落得千古骂名。真正有骨气的人，恪守道德，甘于清贫，尽管贫穷潦倒，寂寞一时，终将受后人赞颂。

在崇尚现实的当代，人们对古人津津乐道的虚名愈发不屑一顾。然而操守已成为一个民族的传统和传承素质，不论人们重视与否，总有一天它会站出来说话，而且最具分量。

屈原因坚持兴盛楚国的理想不为腐朽的贵族所容，遭到诬陷，被楚怀王疏远。他被放逐后，在江边吟唱道："举世皆浊我独清，众人皆醉我独醒。"自古圣贤皆寂寞，只因他们洞察了世间的丑陋污秽，仍然坚持自己的良知和骨气，不愿与世俗同流合污。

由此来审视我们的现代生活，一些人在商品经济大潮中丧失原则，腐化堕落，最终被绳之以法，遭人不齿，这与那些为了美好的革命理想坚贞不屈、英勇献身、浩气长存的仁人志士，不是形成了鲜明的对比吗？

君子与其练达，不若朴鲁

【原文】

涉世①浅，点染②亦浅；历事深，机械③亦深。故君子与其练达④，不若朴鲁⑤；与其曲谨⑥，不若疏狂⑦。

【注释】

①涉世：经历世事。《晋书·孔衍传》说："博学不及衍，涉世声誉过之。"

②点染：此处是指一个人沾上不良社会习气，有玷污之意。

③机械：原指巧妙器物，此处比喻人的城府。

④练达：指对世事能圆滑通达。

⑤朴鲁：朴实、粗鲁，此处指憨厚，老实。

⑥曲谨：拘泥小节谨慎求全。

⑦疏狂：放荡不羁，不拘细节。白居易诗："疏狂属年少。"

【译文】

一个刚踏入社会的人阅历很浅，所以沾染各种社会不良习惯的机会也较少；一个饱经世事的人，经历的事情多了，城府也随着加深。所以君子与其处事圆滑，不如保持朴实的个性；与其事事小心谨慎委曲求全，倒不如豁达一些才不会丧失纯真的本性。

【活学活用】

一个初入社会的人，经验、阅历都很短浅，所以他受这个社会的污染的机会也相应地少很多。而一个涉世很深的人，他受这个社会的影响也深，经历过大风大浪之后，虽然阅历丰厚，但是心机也会变重，这样的人其实活得非常累。因此，君子与其人情练达、世事洞明，不如保持抱朴守拙的作风，以笃厚诚信的态度待人，方能获得永久的朋友。与人交往与其处处委屈自己，小心谨慎，不如豁达一些，保持自然、率真的本性，以真心换真心，这样可以让自己生活得更主动。因为并非每一次的委屈谨慎都能换来圆满的结局，只有朴实、笃厚的作风才是永恒的涉世之道，它会让我们在不经意间赢得更多的东西。

曾有这样一个人，领导让他看一份报告。他看了看说："写得不错。"领导摇了摇头。他赶紧说："不过，也有一些问题。"领导又摇了摇头。他便说："问题不大。"领导再次摇头。他又忙说："我建议打回这个报告。"谁想领导一言惊醒梦中人，"这新衣领真不舒服。"

你看，这样为人处世，岂不很累？

追求"善于处世"本身并无过错，可善于处世，并不等于要圆滑、虚伪、八面玲珑、见风使舵或是大耍阴谋。一味在如何讨好别人，如何使自己不吃亏上下功夫，就会扭曲自己，使自己变成一条变色龙。因此，为人处世，多些正直、多些真诚、多些朴实、多些洒脱，实在难能可贵。

才华须韫，不可使人易知

【原文】

君子之心事情，天青日白，不可使人不知；君子之才华①，玉韫珠藏②，不可使人易知。

【注释】

①才华：指表露于外的才能。《颜氏家训》："才华不为妻子所容。"李白："复羡二龙去，才华冠世雄。"

②玉韫珠藏：韫、珍藏的意思。《论语·子罕》："有美玉于斯，韫匵而藏诸，求善而沽诸。"陆机《文赋》中说："石韫玉而山晖，水怀珠而川媚。"

【译文】

一个正人君子，其心地如青天白日一样光明正大，没有什么不可告人之事；一个正人君子，其真才实学像珍珠美玉一般深藏不露，不可轻易向人炫耀。

【活学活用】

胸怀坦荡是做人的原则之一，"才华须韬"则是处世的原则。人是生而平等的，人人都有追求幸福的权利，在一个公平、安定、民主的社会，人们才能以诚待人，才能避免尔虞我诈，进而建立和谐的人际关系与安定的社会，而使每个人都有机会发挥才华。但是在作者所处的封建社会里，假如锋芒毕露、炫耀才能，不仅会招致旁人的嫉恨，并且会被认为是轻浮或恃才傲物。

在现代社会，讲究自由平等，在才学方面自然也不例外，一个真正平等的社会，就是要为每个人发挥自己才干提供机会，假如每个人都使自己的才干深藏不露，那不仅会使他个人有空怀才学的悲哀，而且也是国家社会的一大损失。

在现实社会中，发挥才干和把握时机关系很大。在一个充满猜忌的环境中，就必须牢记因才招忌的教训。历史上权臣、小人运用权力杀死才干比自己强的人的例子不胜枚举。在这种情况之下就要暂时明哲保身、玉韬珠藏。这不是就此永远消极颓废，而是等待时机来临。

所谓"邦无道则隐，邦有道则现"，有时隐藏自己也是一种竞争的方式，避免"枪打出头鸟"不一定都是消极的。同时，"玉韬珠藏"也表现出一种深思熟虑，不浮躁虚夸，不鸣则已，一鸣惊人的方式。

在现代生活中，许多年轻人急于表现，想得到快速的"成功"。 因而，以为抢到别人前头就是胜利了，即使他的行为对社会造成消极影响也在所不惜。 这种对"争先"观念的重视，使得社会上人人感到自己在孤军作战，而周围都是敌人。 于是大家争先恐后地盲目争抢，殊不知"沉静内敛，积聚力量"是应对"争先"的最好办法之一。

近之而不染，知之而不用

【原文】

势利①纷华，不近②者为洁，近之而不染③者为尤④洁；智械机巧⑤，不知者为高，知之而不用者为尤高。

【注释】

①势利：指权势和利欲，《汉书·张耳陈余传》说："势利之交，古人羞之。"

②不近：不接近。

③不染：不感染。

④尤：更加

⑤智械机巧：运用心计权谋。

【译文】

权力和财富使人眼花而去追求，不接近这些的人就清白，接近了而不受其污染那就更加清白了；权谋诡诈，不知道者算高明，知道了却不使用就更加高明了。

【活学活用】

面对世间众多追逐名利的行为，若能像山峰一样不为所动，不随波逐流，说明此人的志向是高洁的。假如因为一些客观原因必须去接近，接近之后仍能保持品节，不随波逐流，那么此人的品质就更为高洁。有一位老者，身居高位，身边的大小官员平日里行贿受贿现象严重，终于有一天东窗事发，众多官员几乎全军覆没，唯有他一人平安度日，每天迎朝阳、送夕阳，好像什么事都没发生一样。周围人惊叹于他的泰然自若，更由衷地佩服他的远见卓识以及对人生的正确认识和判断，保持高尚的品节使他在社会这个大染缸里独善其身。

有一种人生来性情直爽，不懂人情世故和权谋诡计，即所谓"一根肠子通到底"，说话做事不转弯抹角，心直口快，无遮无拦，这样的人算是活得很清高的。但有一种人更厉害，他们对权谋诡计了如指掌，对其中的来龙去脉更是了解得清清楚楚，可就是不去使用。了解的目的只为了掌握对方的弱点，以奇制胜，但绝不以其人之道还治其人之身，甚至以德报怨。世上有各种不同类型的人，窃以为此种人最为高明。

常闻逆耳之言，常有拂心之事

【原文】

耳中常闻逆耳①之言，心中常有拂心②之事，才是进德修行的砥石③。若言言悦耳，事事快心，便经生埋在鸩毒④中矣。

【注释】

①逆耳：刺耳，使人听了不高兴的话，《孔子家语·六本》中

有"良药苦口而利于病，忠言逆耳而利于行"。

②拂心：不顺心。

③砥石：是一种磨石，此处当"磨炼、教训"解。

④鸩毒：鸩，是一种有毒的鸟，其羽毛有剧毒，泡入酒中可制成毒药，成为古时候所谓的鸩酒，人喝了这种酒后立即死亡。

【译文】

耳中假如能经常听些不爱听的话，心里经常想些不如意的事，这些都像是敦品励德、有益身心的磨刀石一样。反之，假如每句话都很好听，每件事都很称心，那就等于把自己的一生葬送在毒药中了。

【活学活用】

《孔子家语》中有"良药苦口而利于病，忠言逆耳而利于行"，这句话人们常说，道理也是显而易见的。忠言往往逆耳，却最有价值。假如一个人听忠实良言感到厌倦逆耳，不仅完全辜负了人家劝诫的美意，关键是难以反省自己言行的缺点。人家一夸奖就得意洋洋，那你的生活就显得轻浮，在无形中会削弱自己发奋上进的精神，最容易沉湎在自我陶醉的深渊中。如此就等于自浸于毒酒中而毁掉自己的前程，即使活着也丧失了生存的意义。人生不如意事常居八九，这就是说人生在世经常要接受各种痛苦的考验，必须经过几番艰苦的奋斗才能走上康庄大道。一生都想称心如意根本是不可能的事。可惜的是一些肤浅之辈，一听逆耳忠言就拂袖而去，一遇不顺利就怨天尤人。孟子说"天将降大任于斯人"必然会用各种困难来磨砺他的品格。所谓忠言逆耳、良药苦口，一个人要有所作为，必须先要敢于磨炼自己的品格，善于听取不同意见，勇于克服种种困难。

这些道理，对于现代社会初涉职场的人非常适用。刚刚踏上工作岗位，在工作中难免会犯错误，会遭到上司或同事的批评。对于这些批评，你应该正确面对并虚心接受，因为这会使你避免再犯同样的错误。但是，大部分人对批评最直接、最自然、最具孩子气的反应就是拒绝承认它，否定它的存在。

一个人不可能完美到不犯任何错误。当别人把自己的错误罗列出来时，没有一个人会感到高兴。但如果对方的批评是正确而合理的，就应该心悦诚服地接受。一旦同事或上司指出你的错误，那下一步该怎么走则完全要看自己了。如果你没有他人的协助根本无法纠正这种状况的话，就必须寻求别人的帮助；如果解决方案完全掌握在自己手中的话，你就应该了解这种情况并采取一些必要的步骤；如果对于该问题自己毫无办法解决的话，你就必须把这种情况向对方解释清楚，并寻求对方的谅解。

天地不可无和气，人心不可无喜神

【原文】

疾风怒雨，禽鸟戚戚[①]；霁日光风[②]，草木欣欣[③]。可见天地不可一日无和气，人心不可一日无喜神[④]。

【注释】

①戚戚：忧愁而惶惶不安。《论语》中说："君子坦荡荡，小人长戚戚。"
②霁日光风：雾、雨后转晴。指天气晴朗，风和日丽。
③欣欣：草木茂盛。
④喜神：心神愉快。

在狂风暴雨中，飞禽会感到哀伤忧虑，惶惶不安；晴空万里的日子，草木茂盛，欣欣向荣。 由此可见，天地之间不可以一天没有祥和之气，而人的心中不可以一天没有欢欣之气。

【活学活用】

世间万事万物常随我们的心理变化而变化：当我们怒气冲天时，看一切事物都觉得可恨可憎；当我们悲伤感叹时，看一切事物都觉得可悲可泣；当我们喜笑颜开时，看万事万物都觉得可喜可乐。 假如一个人终日愁眉苦脸，跟周围环境中的人怒目相向，这种生活又有什么乐趣可言？ 用现在的说法这叫"移情"，即把自己的主观情感移之于周围的人和事。 所以一个人经常保持开朗的心情、乐观的态度、豁达的心胸是事业成功、人生幸福的基础。悲观促使人丧失心志，暴戾容易招来意外之祸，时时怨天尤人会变得孤独。 只有肯乐观奋斗的人才能享受幸福的人生。 心胸坦荡，做事必然光明磊落；乐观开朗，做事必然条理分明。 而思想偏激，做事必然不合情理；悲观失意，做事必然横逆曲折。 可见世事的通与不通有时完全存于一念之间，立身首先要在涵养上多下功夫。 人们喜欢风和日丽的春景，同样也喜欢平和快乐的人生。 一个人若常保持一种健康、豁达的心态，那么他周围的世界就是一个欢快和谐的世界。

真味只是淡，至人只是常

【原文】

醲肥①辛甘非真味②，真味只是淡；神奇③卓异④非至人，至人⑤只是常。

【注释】

①醲肥：醲，美酒；肥，美食、肉肥美。《淮南子·主术篇》
中说："肥醲甘脆，非不美也；然民有糟糠菽粟，不接于口者，
则明主弗甘也。"

②真味：美妙可口的味道，喻人的自然本性。

③神奇：指才能智慧超越常人。

④卓异：才智过人。

⑤至人：道德修养都达到完美无缺的人，即最高境界。《庄子
·逍遥游》篇有："至人是无己，神人是无功，圣人是无名。"

【译文】

美酒佳肴并不是真正的美味，真正的美味只在那粗茶淡饭中；
才智卓绝超凡绝俗的人，还不算人间真正的伟人完人。其实真正
的伟人看起来是平凡无奇的人。

【活学活用】

人们往往忽视平凡，不重视常见的东西，像鸡鸭鱼肉、山珍海
味，固然都是美味可口的佳肴，但时间久了会觉得厌烦而难以下
咽；粗茶淡饭最益于身体，最耐吃。这只是就怎样做人打了个比
方。生活中，有的人往往自恃才学出众而洋洋得意、盛气凌人，
其实这种人并不能获得人们的尊重。因为一个有完美人格和高尚
品德的人，都是在平凡中坚守自己的岗位，在平凡中实践自己伟大
的人生理想，在不骄不躁中修养品德，这种人总有一天能达到理想
境界。

所谓"万丈高楼平地起"，就是说不论如何伟大的人物都要从平凡中做起。绝俗超凡可以视为一种人生态度，有卓越的才华也是好事，但要想成为一个伟人，就要专注地、多方面地要求自己，要把自己的美好追求置身于社会，置身于民众，脚踏实地，而不是标新立异，追求一时的轰动。只有在平凡之中才能保留人的纯真本性，进而才能在平凡中显出英雄本色。

在现在这个充满竞争的时代，想一下子功成名就非常不现实。大事业往往都是由一件件平凡小事成就的，在很多时候，恰恰是平凡小事决定着成败。

闲时要吃紧^①，忙处有悠闲

【原文】

天地寂然^②不动，而气机^③无息稍停；日月尽夜^④奔驰，而贞明^⑤万古不易。故君子闲时要有吃紧的心思，忙处要有悠闲的趣味。

【注释】

①吃紧：宋明时代的口头语，和今人说的紧急相同，即紧迫，抓紧。

②寂然：宁静的意思。白居易《偶作诗》有："寂然无他念，但对一炉香。"

③气机：机，活动，气机是指大自然的活动。换言之，"气"是天地阴阳之气，而"机"泛指宇宙的运动，"气"机就是天地运转。

④尽夜：夜以继日，也就是终夜的意思。

⑤贞明：指光辉永照。

【译文】

我们每天看到天地好像无声无息不动，其实大自然的活动时刻未停。早晨旭日东升，夜晚明月西沉，日月昼夜旋转，而日月的光明却永恒不变。所以君子应效法大自然的变化，闲暇时要有紧迫感，为将来作一番打算；忙碌时要忙里偷闲，享受一点生活中悠闲的乐趣。

【活学活用】

天地鸿蒙，看起来好像寂然不动，其实天地之间的勃勃生机一刻也没有停息。清晨旭日东升，傍晚夕阳西下，日月从来没有停止过运行。可是昼夜不停运转的日月，它的光辉却是亘古不变，一如既往地照耀着生生不息的人类。由此可见，正因为动静相宜，才有了我们今天看到的永恒存在的宇宙。人生亦如此，也需要动中有静，静中有动，唯此生命才能长存。在清闲悠然之时应随时存有应变之心，以防人生突如其来的变化或灾难。假如在悠闲时一味地享受那份安宁，不能居安思危，那么在灾难来临之时就会措手不及。本可与我们擦肩而过的危险，可能因为自己麻痹大意、准备不够而向着我们迎面撞来。所以明智的君子在清闲悠然之时也要保持一种紧迫感，随时准备迎接突如其来的变化。

我们要学会忙里偷闲，才能真正做到动静相宜。工作越繁忙的时候，越要提醒自己注意放松，所谓"一张一弛，文武之道也"。无论做什么事情，在高度的紧张和压力之下，总是不能取得最佳的效果。倘若能学会在紧张的工作之余调整自己的状态，或听一段音乐舒缓一下神经，或假寐一会儿让大脑得到片刻的休息，这样都更有助于我们的工作。 据说在战火纷飞的年代，宋美龄不管到哪个地方，都会叫人先在室内摆上几盆鲜花，营造一种生气宜人的气氛。 这个例子应该给我们以启迪。

独坐观心，妄穷而真独露

【原文】

夜深人静，独坐观心①，始觉妄穷而真独露②，每于此中得大机趣，既觉真现而妄难逃，又于此中得大惭忸③。

【注释】

①观心：佛家语，指观察一切事物，此处当自我反省解。据《辞海》注："观察心性如何谓之观心。"

②妄穷而真独露：妄，妄见。佛教认为一切事物皆非真有，肯定存在就是妄见。真，真境，脱离妄见所达到的境界。此处是比喻人应排除杂念。

③大惭忸：惭忸是羞愧，大惭忸是很惭愧。

【译文】

夜深人静的时候，独自一人静坐，观察自己的内心，你会觉得虚妄的杂念都荡然无存，心灵的真性显露无遗。 每当这个时候常常可以获得许多启发和趣味，既返璞归真，驱除了荒诞的杂念，又可以从中反省过失，为之感到羞愧。

【活学活用】

古人常讲真性与妄心，真性就如空中皎洁的明月，妄心就如遮掩明月的乌云，圣人之心经常平静如水，凡夫之心容易轻起妄念。

一个人生活在大千世界，终日忙忙碌碌，来不及对生命的意义进行仔细思考，难免会产生非分之想，以致丧失了纯真的本性，只有静心回首时，才会真正感悟到人生的真谛，也才会感觉到保持心灵宁静的那种幸福。

也许我们都有这样的感受，在夜深人静之时独坐灯下，是反省自己的最好时机。特别是当窗外月华如练时，会觉得自己的心情也跟着变得皎洁起来。这时候心思澄静如水，开始觉得什么私心杂念、什么荒谬的想法全都消失了，留下的只有最真实的自己，灯光映照着的是一颗赤子之心，这时候，人的本性就会自然流露。那一瞬间，你会觉得生命真切得清澈见底，在万籁寂静的夜空下，你甚至听得到花开的声音。那种感受，在喧闹不安的白日里是绝对享受不到的。可是这一瞬即过，又会发现真性的流露是那样短暂，赤子之心很快恢复成混沌之心，杂念仍未消除，此时不免觉得惭愧。可见饱受污染诱惑的当今世人，要根除内心的杂念是不容易的。知道反省自己，已是难能可贵！假如每一天在夜深人静时都能用十分钟洗涤一下自己的心情和思想，天长日久，也许心灵就会在不知不觉中得到净化。真性和妄心原本也是相对而言，不需要太去强求所谓的纯净，只需在荡涤心灵的过程中寻求一种平衡，人生会因此而变得越来越如意。

快意时早回首，拂心处莫放手

【原文】

恩①里由来生害，故快意②时，须早回首；败后或反成功，故拂心③处，莫便放手。

①恩：恩惠，蒙受好处。

②快意：得意，心情舒畅。

③拂心：不能随心所愿。

【译文】

身处顺境被主人恩宠，往往会招来祸患，所以一个人志得意满时应该见好就收，尽早觉悟；遭受挫败后有时反而会使一个人走向成功之路，因此，不如意时千万不可就此罢休，放弃追求。

【活学活用】

得意时早回头，失意时别灰心，这是人们根据长期生活积累而得到的经验之谈。尤其是第一句话，其政治含义很深。在封建社会，有"功成身退"的说法，因为"功高震主者身危，名满天下者不赏"，"弓满则折，月满则缺"，"凡名利之地退一步便安稳，只管向前便危险"，这都说明了"知足常乐，终生不辱，知止常止，终生不耻"。张良、范蠡等人功成身退，常让后人感叹赞赏。而李斯为秦国建大功却身亡，发出"出上蔡东门逐狡兔，岂可得乎"的哀鸣，正说明俗语"爬得越高，摔得越重"的道理，因为权力最能腐化人心，而人们由于贪恋名利，往往会招致身败名裂的悲剧下场。西汉的吴王刘濞等所发动的"七国之乱"，就是由于妄贪更大的权位和名利，才使七国之王个个惨遭灭门之祸。从做人角度看，得意时更要谨慎，不骄不躁。

至于后一句话，其生活意义更明显，所谓失败乃成功之母，一个人不受挫折是不可能的，关键是受了挫折不要气馁。人生总有迂回曲折，在人的成长过程中，还会遭遇更多的挫折，这就是人生的现实。 在这些人生的转折关头，应该如何去看待，进而如何去应付，就全看你自己了。 你可以把它当做是一种"挑战"；或者，你也可以像大多数人一样，把它当成是时运不济、危机、灾难……

在失望面前，你必须坚强起来，冷静应对。 失望与快乐，都是人生的一部分。 如果你在希望落空时，不能把它视为一时的退却或应该克服的考验，反而当做是毫无道理的大失败，那么你将会被失败击溃！ 这一点你应该铭记在心。 只有当甘失败，并且不思奋进时，那才是真正的失败。

很多人不到大难临头的时刻，往往不会激发出自己强大的实力。 除非不幸的悲哀、丧家的痛苦及其他种种创伤足以打动其生命内核，不然，他内在的潜力是不会被唤起的。

有许多年轻人遇到障碍的时候便对所追求的职业心灰意冷，他们退缩下来，说命运是冷酷的，逐渐地变成胆小的人，这实在是很遗憾的事。 人生中真正重要的，并不是那些偶发事件，而是我们如何面对这些偶发事件，并创造各种不同的人生，绝不能因为命运而阻碍了自己的前途。 面临困境时，就是你向命运挑战的时候，要有拒绝失败的勇气。 当然，打消念头，退缩放弃是很容易的，多数人在日常生活中也证实了这一点，但是这些人恐怕不是你所希望成为的。 拒绝失败的人，在一个地方吃了闭门羹，会敲另外一扇门，一次又一次不断敲门，一直到被接受为止。 在年轻时能具有这种处世方式的人，终将会获得成功。

志以澹泊明，节从肥甘丧

【原文】

藜口苋肠①者，多冰清玉洁②；衮衣玉食③者，甘婢膝奴颜④。

盖志以澹泊⑤明，而节从肥甘⑥丧也。

【注释】

①藜口苋肠：藜，藜科一年生草本植物，嫩苗可蒸煮吃。苋，
属苋科一年生草生植物，茎叶可食。据《昭明文选》曹植
《北启》说："余甘藜藿未暇此食也。良注：'藜藿贱菜，布衣
所食。'"应指平民百姓。

②冰清玉洁：形容人的品德像冰一样清明透彻，像玉一样，纯
洁无瑕，据《新论·妄瑕》说："伯夷叔齐，冰清玉洁。"

③衮衣玉食：指权贵。"衮衣"是古代帝王所穿的龙服，此处
比喻华服。"玉食"是形容山珍海味等美食。

④婢膝奴颜：也作奴颜婢膝，奴和婢都是古代的罪人，没有自
由和独立人格，后比喻自甘堕落而没骨气的人。

⑤澹泊：甘于寂寞清静无为的生活境界。

⑥肥甘：美味，喻物质享受。

【译文】

能吃粗茶淡饭的人，他们的操守多半像冰玉般纯洁；而讲求锦
衣玉食、生活奢侈的人，多半甘愿做卑躬屈膝的奴才。一个人的
志向要在清心寡欲的状态下才能表现出来，而一个人的节操都在贪
图物质享受中丧失殆尽。

【活学活用】

好逸恶劳、贪图享受的习惯大多是在娇宠的环境中养成的。要
培养良好的情操，就要首先培养自己吃苦耐劳的秉性。现代京剧
《红灯记》中有一句唱词："穷人的孩子早当家。"即穷人的孩子

由于经受了艰苦生活的磨炼，他们能更早地明白事理，勤劳而为。不嫌粗茶淡饭，不求华衣美食，历经艰苦磨炼的人，往往更能培养冰清玉洁的情操，更会懂得君子爱财取之有道，只有通过自己的劳动，用自己的智慧所得到的收获，才能让人受之无愧、心安理得。

一个人如果贪图物质享受，他的心志必将为物欲所役使，精神生活也将空虚不堪。为了满足私欲，有人不择手段去钻营谋利，有人甘愿去奉承权贵，有人不惜去作奸犯科。不管是哪一种，其动机就是为了追求享乐。所以，一个过度追求物质享受的人不会有高尚的节操，因为他的价值观已经被物化了。

古今中外，有卓越成就的人都不是骄奢之人。一个人若想有所成就，就决不能爱慕虚荣，而应该把勤俭节约作为自己的道德准则、人生追求。骄奢是一条绳索，是一个深渊，一旦被它束缚，人们就难以迈步向前；一旦掉了进去，就会丧失学习的动力。古往今来，纨绔子弟何时成就过一番事业？

田地要放得宽，惠泽应流得长

【原文】

面前的田地①要放得宽，使人无不平之叹②；身后的惠泽要流得长，使人有不匮之思③。

【注释】

①田地：指心田，心胸。

②不平之叹：对事情有不平之感时所发出的怨言。

③不匮之思：匮，缺乏。比喻永恒的恩泽。据《诗经·大雅》篇："孝子不匮，永锡尔类。"

【译文】

一个人待人处事的心胸要宽厚，使你身边的人不会有不平的牢骚；身后留给世人的恩泽要流得长远，才会使人不断地思念。

【活学活用】

我们活在世上，为人处世应心胸开阔，与人为善，给别人多留一点余地，这样才不容易招人怨恨。因为与人方便等于与己方便。有些人做事考虑欠周，只顾着眼前利益，不能用发展的眼光看问题，则容易留下后患。当他需要别人的帮助时，才发现周围树敌太多，已经找不到可以提供帮助和支持的对象了。这样做人，无疑是失败的。"海纳百川，有容乃大"，假如在与人交往中能常提醒自己包容忍让，以诚待人，就一定能赢得良好的声誉，因此也不会有人在背后怨恨你、诽谤你。声誉是一种无形资产，它的价值绝不亚于我们拥有的存款、房子、汽车。

与人为善的人，必定会赢得永久的美名，绝不会人一走茶就凉。通过自己的人格魅力而获得的良好声誉，不仅是自己在世时的一笔财富，就是自己百年之后，也会遗爱人间，受人怀念。只有目光长远的人才会在平日里像收敛钱财一样积聚着自己的信誉，而那些只顾着眼前利益不计后果、利令智昏的人，不管他是否活着，都永不可能被人怀念。

当然，要做到宽怀仁厚、豁达大度、谦和明礼、乐善好施，并不是容易的，这必须要不断提高自身的修养，深悟人生的真谛。因为这是一个至高的境界，并且它所呈现出的美丽往往如同彩虹一样出现在风雨之后。也就是说，当你付出高尚的行动之后，其恩德便会流传，美丽也就随之而生了。哪怕是在悄然之中，这种高尚的行为所散发的美丽会流播出悠远的清香。

窄处留一步，浓时让三分

径路①窄处，留一步与人行；滋味浓的，减三分让人嗜。 此是涉世一极安乐法②。

【注释】

①路径：小路。

②安乐法：享受快乐的方法。

【译文】

在狭窄的路上行走，要留一点余地让别人走；遇到美味可口的食物，要留出三分让给别人吃。 这就是一个人立身处世最快乐的方法。

【活学活用】

俗话说：“与人方便，与己方便。”处处为他人着想，不仅是对一个人德行的考验，也是为了取得别人对自己的帮助。 一个自私自利的人只能是一个孤家寡人。

中国自古以来就是礼仪之邦，谦和、礼让是中华民族的美德。当你在狭窄的路上行走时，要给别人留一点余地；两个人同时通过羊肠小道时，如果争先恐后，各不相让，那么两个人都有坠入深谷的危险，在这种情况下停住脚步让对方先过去，不仅是种礼貌，更是为了求得自身安全。

所谓谦让，绝非指一味地让步，这里不乏智巧的计算。 也就是说，凡事让步表面上看来是吃亏，但事实上由此获得的收益要比你失去的多得多。这正是一种成熟的、以退为进的明智做法。

事物的发展都是相对的。谦让很多时候都发生在竞争中，由于谦和礼让的出现而使矛盾完全化解，免去了一次不必要的争斗，对手变手足，仇人变兄弟。因此，让人是避免斗争的极好方法，对自身也具有一定价值。

世界很大也很小，要知道地球是圆的，山不转水转，后会有期的事情常有发生。你今天得理不让人，哪知他日你们又会狭路相逢。若那时他处于优势，而你处于劣势，你就有可能吃亏！故而，"得理让人"也是为自己留条后路！正所谓"人情翻覆似波澜"，今日的朋友，也许将成为明日的仇敌；而今天的对手，也可能成为明天的朋友。

世事一如崎岖道路，困难重重，走不过的地方不妨退一步，忍一时风平浪静，退一步海阔天空。让对方先过，哪怕是宽阔的道路也要留给别人足够的空间。你会发现，为他人着想，自己的路也会越走越宽。

摆脱得俗情，减除得物累

【原文】

作人无甚高远事业，摆脱得俗情①便入名流；为学无甚增益功夫，减除得物累②便超圣境③。

【注释】

①俗情：世俗之人追逐利欲的意念。

②物累：心为外物所牵累，也就是心遭受物欲损害。

③圣境：至高境界。

【译文】

做人并不是非要懂得多少高深的大道理、一定要做大事业才行，只要能摆脱世俗，就可跻身名流；要想求得高深的学问，并不需要特别的秘诀，只要能排除外界干扰，保持宁静心情，也就可以超凡入圣。

【活学活用】

每个人的人生目标各不相同，有人特别希望自己奋斗一生能功成名就，最终跻身于上流社会，拥有众人瞩目的头衔和地位。 所以为了达此目的，他们便会施尽各种手段，或阿谀奉承，或卑躬屈膝；但有时往往会适得其反，不管他怎样努力，离自己的目标总是距离遥远，这是因为他没有了解这其中的真谛。 实际上人活一世不需要总是考虑要成就什么伟大的事业，只要能静下心来，摆脱世俗的功名利禄，潜心做事，那么功成名就也就是水到渠成的事情。功成名就之后，社会地位、名誉、赞赏那还不是随之而来的东西吗？如果心术不正，过分强求功名利禄，结果总是适得其反。

做学问也是一样，没有什么特别的窍门。 做学问比成就功名更需要清心寡欲，虽然不需要视金钱如粪土，但一定要能抵制诱惑，消除内心的名利之累，这样才能清清静静地做学问。 和先人圣哲之间的交流是心对心的交流，需要用心领会和默契相处。 试想一下，假如我们的心都被名利之灰遮掩，又如何去与先哲圣人对话？

现代生活节奏越来越快，太多的诱惑，太多的欲望，产生了太多的压力，太多的痛苦。 人人身心疲惫。 就名利而言，能够得到而不去拼命争取，已经拥有而不看得过重，这是一种高雅的超脱。人的一生，名利也好，富贵也好，终生拼搏也好，逍遥自在也罢，都是一种对人生的抉择。 人生百态，法无定法，理无定理，究竟什么叫高远，怎样是名流，大抵每个人都有自己的一套标准。 但摆脱名利束缚能使人不拘于外物，不以物喜，不以物悲，进退升沉皆能安然处之，以清醒的心智和从容的步履走过岁月，这便是人生的至高境界。

带三分侠气，存一点素心

【原文】

交友须带三分侠气①，作人要存一点素心②。

【注释】

①侠气：指拔刀相助的侠义精神。

②素心："素"本来是指未经染色的纯白细绢，引申为纯洁，也就是通常所说的赤子之心。据陶渊明《归田园居》诗："素心正如此，开径望三益。"

【译文】

跟朋友相处时必须抱着患难与共、拔刀相助的侠义精神，而做人要有一颗天真善良的赤子之心。

【活学活用】

"有朋自远方来，不亦乐乎？"这是指真正的良友比骨肉还要亲近得多，而真朋友是不易得到的。 朋友往来不可只重视饮宴谈笑的交际应酬，更应重视道义之交，即有互相砥砺、患难相助的侠义精神，也就是通常所说的交朋友必须讲义气。交友如果能做到"带三分侠气"，自然就会做到锄强扶弱，不为暴力所屈，进而做到心心相印。

交什么朋友，怎样交友，这是一个问题的两个方面。朋友有君子、有小人；交友也有君子之交和小人之交。君子之间的友谊平淡清纯，但真实亲密而能长久；小人的友谊浓烈甜蜜，但虚假多变，经不起时间的考验。

君子之交以互相砥砺道义、切磋学问、规劝过失为目的，友谊是建立在互相理解、思想一致的基础之上的，故虽平淡如水，但能风雨同舟，生死不渝；小人之交是建立在私利的基础上的，平时甜言蜜语，信誓旦旦，一旦面临利害冲突，就会交疏情绝，反目成仇。

君子之交和小人之交的区别在于"同道"还是"同利"。小人之交是为了私利而互相勾结，所以，见利就争先，利尽就交疏。这样的朋友是假朋友，或者是暂时的朋友。君子之交是坚持道义的原则和社会的使命，所以能够相益共济，始终如一。这才是可靠的真朋友。

宠利毋居人前，德业毋落人后

【原文】

宠利①毋居人前，德业②毋落人后；受享毋逾分外，修为③毋减分④中。

【注释】

①宠利：荣誉、金钱和财富。

②德业：德行，事业。

③修为：修是涵养学习，修为即品德修养。

④分：此指本分。"分外"指本分之外；"分中"指本分之内。

【译文】

追逐功名利禄不要抢在他人之先，进德修业不要落在他人之后；享受物质生活不要超过允许的范围，修养品德要达到自己分内所应达到的标准。

【活学活用】

当恩宠名利来临时，我们应用慎重的态度去面对，切不可勇往直前，先声夺人。 恩宠名利是人人都喜欢的东西，此时我们若懂得谦让，则更能体现出我们的高尚。 假如遇到名利就想占为己有，这样的人迟早会遭人唾弃，他们获得的荣誉也不会保持得久远。 但是在修养品行、干好事业这方面就应该积极向上，切不可落在别人后面。 一个人原本就应该尽职尽责地做好自己的工作，同时完善自己的道德修养，这比起争名夺利来是更切实际的东西，因为荣华富贵始终是过眼云烟，而成就自己的事业、修炼自己的品行才是实实在在，可伴随自己一生的东西。

当我们享受自己应得利益的时候，也要注意把握好分寸。 属于我们的，一分也不能少拿，不属于我们的，则一分都不能多拿。也就是说不能超越自己的本分去要求应得之外的份额。 做人不可贪婪，贪婪往往会失去得更多。 保持一颗知足的心非常重要，同时还要注意修身养性的原则。 在生活中，每一个人都有自己不同的修身养性的标准，但总的说来，一个人应该乐观、豁达、积极、向上，这是修身养性起码的标准。 如果能随时提醒自己依此原则修行，并且没有太多的欲望，那么就应该可以拥有一个愉快的人生了，因为品行从某种角度上也决定了一个人的品位，而品行之中，犹以德为重。

让一步为高，宽一分是福

【原文】

处世①让一步为高，退步即进步的张本②；待人宽一分是福，利人实利己的根基。

【注释】

①处世：度过世间，即一个人生活在茫茫人海中的基本做人态度。
②张本：前提，准备。指为事态发展提前做好准备与安排。

【译文】

为人处世都要有退让一步的态度才算高明，因为让一步就等于为日后进一步做好准备；而待人接物以抱宽厚态度为最快乐，因为给人家方便实际上是日后给自己方便的基础。

【活学活用】

中国自古就有"君子宽以待人，严于责己"的说法。在为人处世中，"让一步"是心智远大，是气度宏阔，于人于己都有难以言尽的好处。

人生在世，免不了要和别人相处，由于各人的文化水平、工作生活、性格爱好不同，相处久了，难免会发生磕磕碰碰，如兄弟反目、婆媳不和、同事争执等。其实，这些矛盾都只是些小矛盾，只要有一方豁达一些，忍让一些，该宽容的宽容，该忘记的忘记，问题就会迎刃而解，干戈便会化为玉帛。

生活中常常有些人无理争三分，得理不让人，小肚鸡肠。相反，有些人真理在握，得理也让人三分，显得绰约超逸，风度翩翩。前者往往是生活中的不安定因素，后者则具有一种天然的向心力；一个活得叽叽喳喳，一个活得自然潇洒。有理没理，饶人不饶人，一般都在是非场上、论辩之中。假如是重大的或重要的是非问题，自然应当不失原则地辩个青红皂白，甚至为追求真理而献身。但日常生活中，人们往往为一些非原则、鸡毛蒜皮的问题争得面红耳赤，以至于非得决一雌雄才肯罢休，就太不值得了。

有道是"退步是进步的张本"，一个人肯原谅或宽让别人，也意味着给自己留有余地。尤其是做领导的，如果能宽恕下属的一些小错误，下属往往会加倍努力，想做得更好，并会竭尽全力地效忠于您。

待人处世有两种方法：一是把人压倒自己占先，二是与人为善互让互谅。前者是竞争的行为，后者是谦让的行为。这两种态度完全不同。"以退为进，欲取先予"，这是老子的处世哲学。

骄矜无功，忏悔①无罪

【原文】

盖世功劳，当不得一个矜②字；弥天③罪过，当不住一个悔字。

【注释】

①忏悔：本是佛家语，有认错请人饶恕之意。

②矜：自负、骄傲。据《尹文子》："名者所以正尊卑，亦所以生矜篡。"

③弥天：满天、滔天之意。

【译文】

即使有盖世的丰功伟绩，也承受不了一个"矜"字所引发的相反效果，一居功自傲便可能前功尽弃；即使有了滔天大罪，也挡不过一个"悔"字，只要忏悔，就能赎回以前的罪过。

【活学活用】

一个人即使有举世无双的才能，但如果恃功自傲，那么一世的英名也可能毁于一旦，他所拥有的一切都会很快消失。当年李自成风风光光地攻入北京，满以为可以做一个骄傲一世的顺天皇帝，可是不久就功亏一篑。我们都知道打江山容易保江山难，在获取的过程中，人们总是充满士气、斗志昂扬，因为前方有个巨大的目标在吸引自己；可是一旦功成名就之后，就容易飘飘然不知所以，不但躺在功劳簿上睡大觉，还开始骄奢腐化，以这种态度对待既得的胜利果实，所有的一切都会在顷刻间化为乌有。有些人往往忽视这一点，他们在爬到一定高位时，不是居功自傲，便是矜才使气，盛气凌人。想一想宇宙之大，人才之多，一人之功、一己之才算得了什么？更何况每一个人的"功"和"才"都是踩着别人的肩头摘得的，所以，"才"大而不气粗，居功而不自傲，才是做人的根本。

假如一个犯了错的人能及时改邪归正，那也是难能可贵的。所谓浪子回头金不换，纵然是弥天大罪，也当不得一个"悔"字，人非圣贤，孰能无过？人活一世，怕的不是犯错误，而是犯了错误不知道悔过。 执迷不悟的人最为可悲，他们就像瞎子一样在世间踽踽而行，可能一生都不能达到自己的目的，只有经常反省忏悔的人才能不断地修正自己的错误，以日趋完善的自我去迎接成功，所以人活在世上一定不要骄傲自负，要知道经常思过才可以净化我们的心灵，铸就我们完美的人生。

美名不宜独任，污名不宜全推

【原文】

完名美节，不宜独任，分些与人，可以远害全身①；辱行污名，不宜全推，引些归己，可以韬光②养德③。

【注释】

①远害全身：远离祸害，保全性命。

②韬光：韬，本义是剑鞘，引申为掩藏。"韬光"是掩盖光泽，喻掩饰自己的才华。萧统《陶靖节集序》说："圣人韬光，贤人遁世。"

③养德：修养品德，据诸葛亮《诫子书》说："君子之行，以静养身，以俭养德。"

【译文】

对那些能获得好名声与昭示高尚节操的事情，不要全揽在自己身上，要分给别人一些，以保全自身而免遭灾祸；对那些有辱操行和败坏名誉的事情，不要完全推到别人身上，自己应当承担一部分责任，这样反而能够提高自己的涵养德行。

做人不能只沾美名，害怕责任，应当敢于担责任、担义务。从历史上看，一个人有伟大的政绩和赫赫的武功，常常会遭受他人的嫉妒和猜疑，历代君主多半都猜忌开国功臣，因此才有"功高震主者身危"的警世名言。

所以，君子都宜明了居功之害。遇到好事，总要分一些给其他人，绝不自己独享，否则易招致他人怨恨，甚至引来杀身之祸。

人都喜欢美誉而讨厌污名。污名固然能毁坏一个人的名誉，然而一旦不幸遇到污名降身，也不可以全部推给别人，一定要自己面对现实，承担一部分，显得自己胸怀磊落。只有具备这样涵养德行的人，才算是最完美而又清高脱俗的人。让名可以避害，引咎便于韬光，这本身就是处世的一种良策，尤其适合领导者。

业不求满，功不求盈

【原文】

事事留个有余不尽的意思，便造物①不能忌我，鬼神不能损我。若业降求满，功必求盈者，不生内变，必召②外忧③。

【注释】

①造物：指创造天地万物的神，通称造物主。《庄子·大宗师》说："伟哉！夫造物者将以予为此拘拘者。"

②召：招引，招致。《荀子·劝学》说："故言有召祸，行有召辱也。"

③外忧：外来的攻击、嫉恨。

【译文】

做任何事都要留余地，不要把事情做得太绝，这样即使是造物主也不会嫉妒我，神鬼也不会伤害我。假如一切事物都要求尽善尽美，一切功劳都希望登峰造极，即使不为此而发生内乱，也必然会招致外患。

【活学活用】

"气忌盛，心忌满，才忌露。"明代思想家吕坤如是说。世间的事物没有十全十美的，但也正因为如此，这个世界才得以不断发展。月无常圆，金无足赤，正是因为有残缺，才会激起我们对完美的追求，虽然永远无法达到完美的境界，但这追求本身就是最有意义的。

水满则溢，月盈则亏。万事万物都在不停地发展，如果有什么东西达到了极致，从某种程度上说也就是停滞或死亡。所以我们经营事业也好，享受生活也好，都要掌握一个"度"。

很多人整日忙忙碌碌，如同拼命三郎，或是为了追求事业的成功，或是为了生活过得更好些。但是，高质量的生活应是一种平衡，该快则快，能慢则慢。如果我们愿意腾出空间容纳各种不同的速度，这个世界会变得更加多彩。

还有太多的人为了工作而疲于奔命。由于工作时间过长、劳动强度加重、心理压力过大，从而导致精疲力竭，甚至引起身体潜藏的疾病急速恶化，继而出现致命的症状，这样就潜伏着"过劳死"的危险。如今，疯狂工作、不注意休息的人真是太多了，这种不尊重健康的现象不仅出现在中国，在全球都是如此。

我们要对自己的事业负责，对自己的家庭负责，首先就要对自己的身体负责。很多人忙于事业，忙于挣钱，没有时间关爱自己，倒下后才发出感叹：忙得不顾命。为何不给自己、给自己的心灵偶尔放个假，好好享受生命呢？

清初著名学者朱舜水先生说过："满盈者，不损何为？慎之！慎之！"如果我们不过分追求事业完满，人生就不会有内患，也不会招来外忧。

家庭有真佛，日用有真道

【原文】

家庭有个真佛①，日用有种真道，人能诚信和气，愉色婉言，使父母兄弟间形骸两释②，意气交流，胜于调息观心③万倍矣！

【注释】

①真佛：佛，佛陀的略称，意译为觉者。真佛，真正的觉者。

②形骸两释：比喻心心相印，无隔阂。形骸，泛指人的肉体。两释，彼此消释。

③调息观心：调息，调匀呼吸，即调养身心，为道家养生之法。观心，观察心性。

【译文】

任何家庭都应该有一个真正需要敬拜的"真佛"，日常生活中需要有一种努力修行的"大道"。家庭成员之间以诚相待、和颜悦色，这样才能使父母兄弟和谐无间，相互理解。常拜此"佛"，胜过吃斋念咒；常修此"道"，胜过调气养性千万倍。

【活学活用】

中国有句古老的俗语叫"家和万事兴"，一个"和"字，充满着温馨，凝聚着亲情，营造出百福齐集、万事如意的美好。可以说，没有"和"字，就谈不上和谐、和睦、同舟共济，即使家庭再兴旺也终会败落。

三国时期的一代英豪曹操倾毕生精力建立起了魏国，而在正要将蜀国和吴国消灭、统一华夏之际，却由于几个儿子之间不相容，互相残杀，结果将江山轻易让给了司马家族。家破国亡之后，留给后人的是曹植永远的泣血悲吟：

煮豆燃豆萁，豆在釜中泣。

本是同根生，相煎何太急！

这首七步诗便是"家不和"所引发出的悲怆与叹息。

中国文化以"和"作为重要的价值取向，如"贵和谐，尚中道""和为贵""和气生财"等。在实践中，"和"往往体现为一种策略，一种目的和手段，在成人取向上体现为"和谐"，在自我修养上体现为"中和"，即"喜怒哀乐之未发谓之中，发而皆中节谓之和"。

"和"才能带给人们福祉，带给人们兴旺。

有道是"和气致祥，自有可昌盛之理"。家人之间应亲善相待，应该见利不争，见害不避。可我们时常会从电视、报刊中看到有些家庭兄妹之间为争家产对簿公堂，甚至大打出手，手足相残，实在令人叹息！兄弟姐妹间要把钱看得轻一些，把情看得重一些，毕竟是血浓于水。即使父母有偏爱，资助子女有厚薄，也要想开些，大可不必以怒相逼，尽失和睦之气。

须知，人一生中会经历无数波折，而家是我们永远的避风港，无论旁人怎样误解伤害我们，只要还有家人的信任与支持，我们就不会感到孤单力弱，就能坚持下去。家人是我们在世界上最为亲近的人，不要因为家庭中的琐事而伤害了最关心我们的人。

定云止水中，有鱼跃鸢飞

【原文】

好动者云电风灯①，嗜寂者②死灰槁木③；须定云止水④中，有鸢飞鱼跃⑤气象，才是有道的心体⑥。

【注释】

①云电风灯：形容短暂不稳定。

②嗜寂者：特别好静的人。

③死灰槁木：死灰是指熄灭后的灰烬，槁木是指枯树，比喻丧失生机的东西。据《庄子·齐物论》篇："形固可使如槁木，而心固可使如死灰乎。"

④定云止水：定云是停在一处不动的云，止水是停在一处不流的水，都是比喻极为宁静的心境。

⑤鸢飞鱼跃：鸢，形状如鹰。指极为宁静中的动态。

⑥心体："心"就是本体，因为古时以"心"为思想的主体。

【译文】

一个好动的人就像乌云下的闪电，像一盏风前的残灯；一个喜欢清静的人，宛如死灰枯树。过分的变幻和过分的清静，是两个极端，不合乎理想的人生观，只有缓缓浮动的彩云下和平静的水面上，出现鸥鹰飞舞和鱼儿跳跃的景观，才算是达到了理想境界，人也才具备了崇高的道德心胸。

【活学活用】

有一种人生性好动，既敏于事又敏于言，行动起来像云中的闪电一样飘忽不定，又像风中的残灯一样忽明忽暗，神出鬼没。他们没有一刻能安静下来。因为这些人奉行的是：生命在于运动，好像一刻不运动生命就会停止似的。而另一种人呢，天性好静，既慎于事又慎于言，有时候安静得可怕，就像一堆烈火燃烧之后的灰烬，又像那毫无生机的枯木，这种人让人联想到鲁迅说过的话：沉默，不在沉默中爆发，就在沉默中灭亡。可是以上这两种人都太走极端，不合乎中庸之道，不知道动静相宜可以让生命更和谐，而大自然比人类的确高明得多，它天生就懂得亦庄亦谐的美丽。我们看天上云舒云卷，看翱翔的飞鸟、扑翅的沙鸥，觉得很美，那是因为有静止的蓝天做背景；我们看寂静的水面上鱼儿欢呼跳跃，觉得鲜活生动，那也是因为有平镜般的湖面作背景，这一静一动，一张一弛，既让我们感受到生命的美好，也让我们感受到生命的真实。因为人生就应该以一种丰富的状态存在，让它具有色彩斑斓的表情，既有外在的喧闹、骚动，又有内在的安静、沉稳，在动静的结合状态中，找到生命的最佳平衡点，这样的人生才会和谐，才能达到我们理想的境界。

攻人毋太严，教人毋过高

【原文】

攻①人之恶②毋③太严，要思其堪受④；教人之善毋过高，当使其可从。

【注释】

①攻：攻击、指责。

②恶：指缺点、隐私。

③毋：无、不。

④堪受：能否接受。

【译文】

责备别人的过错时不可太严厉，要考虑到对方能否承受；教导别人行善时，不可以期望太高，要顾及到对方能否做到。

【活学活用】

每一个人都不愿意接受批评，就算是能面对自己的错误、勇于检讨自己的人，在接受别人批评时心中仍是非常难受的。牢记这一点可以提醒我们，当我们处在批评别人的位置时，也要考虑到别人的感受，不要太严格和苛刻，说出去的话要考虑别人能否接受得了，批评别人的目的是为了让别人改正错误，如果严厉过头，人心已承受不起，又怎会再有精力去纠正自己的错误？宽容以待，留出一定的时间和空间，让犯错的人在细细反省之后再改正，效果定会更好，因为人心顺畅之后其举止行动也会更端正。

同样的道理，引导别人学好、做善事，也不能操之过急、要求过高，要考虑别人的接受能力，考虑他是否真能达到你为他制定的那个标准，切不可使人为难，特别是对于那些弃恶从善的人，更需要时间去慢慢净化他的心灵。任何行为，如果是出于勉强，那就失去了原来的意义。

洁常自污出，明每从晦生

粪虫①至秽②，变为蝉而饮露于秋风③；腐草无光，化为萤④而耀采于夏月。 固知洁常自污出，明每从晦生也。

【注释】

①粪虫：粪，指粪土或尘土。虫，是尘芥中所生的蛆虫，此处指的是蛴螬（金龟子的幼虫），而蝉就是从蛴螬蜕化而成的。

②秽：凡是脏臭的东西都叫秽。

③饮露于秋风：蝉不吃普通的食物，只以喝露水为主，古以此为高洁的象征。据《淮南子·附形训》篇："蝉饮而不食。"又陆士龙《寒蝉化赋》说"蝉含气而饮露是清。"

④化为萤：腐草能化为萤火虫是传统说法，据《礼论·月令》篇："季夏三月，腐草为萤。"又《格物论》说："萤是从腐草和烂竹根而化生。"其实萤火虫是产卵在水边的草根，多半潜伏在土中，次年草蛹化为成虫，这就是萤火虫。

【译文】

粪土里所生的虫是最脏的虫，可是一旦蜕化成蝉，却只喝秋天洁净的露水；腐败的野草本来毫无光华，可是一旦孕育成萤火虫，却能在夏天的夜空中闪闪发光。 由此可知，洁净的东西常常是从污秽中来，光明常常在黑暗中产生。

【活学活用】

我们都厌恶粪土中的幼虫，因为觉得它从内到外都很肮脏，可是一旦它蜕变成蝉以后，就会生长出两只透明的羽翼，在空中飞来飞去，而且只在秋风中吸饮洁净的露水为生，永远不再回到那肮脏的出生地。 有一部电视片专门介绍了蛹化蝶的整个过程，我们眼睁睁地看着一条丑陋无比的青虫最后化为翩翩起舞的蝴蝶。 观看者无不为之惊奇、动容，我们看到了一个生命层层蜕变的挣扎和蜕变之后的美丽，前后差别之大，恍若隔世。 腐朽的草堆本身也不会有光泽的，可是由它孕育出的萤火虫却在夏夜里闪耀出荧荧光亮。 自然界的这些现象让人惊叹，也让人感慨！原来洁净的东西是出于污秽之中的，而光明也往往是被黑暗孕育而生。 其实做人也是一样，不要去抱怨环境的恶劣与险急，关键是在修行、提高、蜕变的过程中，自己能付出多少努力去争取化蛹为蝶。 当我们在黑暗中缓慢前行时，也一定不能放弃希望，因为光明就藏在黑暗之中，在你被黑暗的阴影笼罩过之后，光明就会从天而降。

降服得客气下，而后正气伸

【原文】

矜高倨傲①，无非客气②，降服得客气下，而后正气③伸；情欲意识④，尽属妄心⑤，消杀得妄心尽，而后真心⑥现。

【注释】

①矜高倨傲：自夸自大叫矜高，态度傲慢叫倨傲。

②客气，言行虚伪，不是出于至诚。《宋书·颜延之传》："虽心智薄劣，而高自比拟。客气虚张，曾无愧畏。"

③正气：至大至刚之气，例如孟子曾说："我善养我浩然之气。"这种浩然之气就是正气。

④意识：心理学名词，指精神觉醒状态，例如知觉、记忆、想象等一切精神现象都是意识的内容，此处含有认识和想象等意。

⑤妄心：虚幻不实叫"妄"，"妄心"本是佛家语，指人的本性被幻象所蒙蔽。

⑥真心：也是佛家语，指真实不变的心。据《辞海》注："按楞伽经以海水与波浪喻真妄二心：海水常注不变，是为真；波浪起伏无常，是为妄。众生之，对境妄动，起灭无常，故皆是妄心。得金刚不坏之心，惟佛而已。"

【译文】

心高气傲、妄自尊大，是虚浮之气的表现，如果能够抑制这种浮夸的不良习气，心中的浩然之气就可以展现出来；欲望、杂念都是意念活动的妄想，如果能够消除这些胡思乱想的念头，真正的本性就会出现。

【活学活用】

《道德经》中说："信言不美，美言不信。善者不辩，辩者不善。知者不博，博者不知。"意思是真实的话往往不动听，动听的话往往不真实。善良的人不无理狡辩，好辩的人往往强词夺理而不善良。真正有知识的不卖弄自己，爱卖弄的人不是真有知识。从老子这段经典的话中可以知道矜高倨傲、自以为是、喜欢卖弄的人，大多并没有什么真学问，不过是故作渊博而已。其实这是一种心性浮躁、虚荣心过度的表现，如果不将这种矫揉造作的毛病消除，正气就很难得以伸张。

唐代的杜审言是杜甫的祖父，唐中宗时做修文馆学士，为人恃才自傲，曾对人说："我的文章那么好，应该让屈原、宋玉来做我的衙役，我的字足以让王羲之北面朝拜。"杜审言太自不量力了，所以被后世所嘲笑。 这样骄傲自夸只是显出了他的见识短浅，并没有人认为他的才能真的有那么大。 人们所尊敬的大都是那些谦逊的人，而绝不会是那些爱慕虚荣和自夸的人。

情欲意识，尽属妄心。 生命如舟，载不动太多的物欲和虚荣，要想使之在抵达彼岸时不至于中途搁浅或沉没，就必须轻载，只取需要的东西，把那些应该放下的果断放下。

以事后之悔悟，破临事之痴迷

【原文】

饱后思味，则浓淡之境都消；色后思淫，则男女之见尽绝。故人常以事后之悔悟，破临事之痴迷^①，则性定^②而动无不正。

【注释】

①痴迷：心中只想一事一物叫迷，痴迷是指只见到事物的一面，而不能对事物做全面的明智的判断却又醉心其中。
②性定："性"是本然之性，亦即真心；"定"是安定，不动摇。"性定"即本性安定不动。

【译文】

酒足饭饱之后再回想美酒佳肴，所有的甘美味道都已经消失；房事满足之后再来回味性欲的情趣，鱼水之欢的念头已经全部消失。 所以假如人们常用事后的悔悟来作为另一件事情开端的判断参考，就可以消除一切错误而恢复聪明的本性，做事就算有了原则，一切行为自然都会合乎义理。

【活学活用】

人们把事后才明白或后悔的现象称为事后诸葛，所以做事要慎重。 但是对于没经历过的事，对于可逞一时之欢的事，人们往往不去考虑后果，不去想不利的因素。 只有经历了、实践了，才会思考、醒悟，有时难免会乐极而悲。 故有"事悟痴除，性定而动"的经验之谈了。 其实世间任何事都不可过贪，因为过分贪图享乐往往会得到反效果。 但要达到遇事不慌、临风不动、行而不贪、做而不过的水平，需要经过一个磨炼过程，建立和掌握一套方法，这就有必要先正心去痴，打破愚痴和迷惘的执著。 唯有这样才能稳定本性。 性定先要心定，行正先要心正。 这样，对事物就不会只看到好的一面而忽略坏的一面，使我们随时保持清醒的头脑，用正确的方法做事。

有山林气味，怀廊庙经纶

【原文】

居轩冕①之中，不可无山林②的气味；处林泉之下，须要怀廊庙③的经纶④。

【注释】

①轩冕：古代大夫以上的官吏，每当出门时都要穿礼服坐马车，马车就是轩，礼服就是冕。此喻高官。
②山林：泛称田园风光或闲居山野之间，和林泉均喻隐退的意思。

③廊庙：比喻在朝政做官。

④经纶：比喻策论。《中庸》说"唯天下至诚，为能经纶天下之大经。"即胸中要有供朝廷采用的谋略。

【译文】

身居显位高官，不可以不保持一种隐居山林、淡泊名利的情趣；隐居在田园山林之中，必须要有胸怀天下、治理国家的壮志和蓝图。

【活学活用】

身居高官要职的人，常年拿着丰厚的俸禄，过着养尊处优的生活，久而久之，心灵就会蒙上一层厚厚的污垢，而作为心灵窗户的眼睛，也不再如初生婴儿般澄净。因为这种人眼里装得最多的就是金钱、名利和权力，他们一旦上了台、做了官，便会终身在这种游戏中追逐，欲罢不能，乐此不疲。事实上，长期在名利中追逐是最消耗体力、心血的事，你要绞尽脑汁周旋于各种对你有利的人际关系网中，一不小心就会功亏一篑、前功尽弃。这样的人早就忘了世间还有另一种乐趣，那就是像陶渊明一样过悠闲、淡泊的日子。他们如能学会调节自己，在浮华的背后保持一颗沉寂淡泊的心，就不至于那么劳累，而且还可能会益寿延年。而处在江湖之外、隐居在山林清泉间的人呢，也不应一味地享受那份宁静，不能受林中的鸟鸣、石上的清泉、山间的夕阳这些美景迷惑而丧失了内心的志向。人是应该怀着淡泊之心生活，但不能碌碌无为地过一生。范仲淹说过："居庙堂之高则忧其民，处江湖之远则忧其君。"就是提醒那些隐居山林的隐士们胸中要常怀雄才大略和报国之志，要达到"非不能也，是不为也"的境界，这样国家需要它的臣民报效祖国时，他们才有能力尽自己的拳拳爱国心。所以，一个人不能只满足于自己的现状，还要花心思储备另一些才能，假如哪一天生活环境忽然变了，自己才能从容不迫地应付。

无过便是功，无怨便是德

【原文】

处世不必邀^①功，无过便是功；与人^②不求感德^③，无怨便是德。

【注释】

①邀：求取。

②与人：帮助别人，施恩于人。

③感德：感激他人的恩德，据《诗经·小雅》篇："忘我大德，恩我小怨。"

【译文】

人生在世不必想方设法去强取功劳，其实只要没有过错就算是功劳；救助人不必希望对方感恩戴德，只要对方不怨恨自己就算恩德。

【活学活用】

人活在世上，不需要也不能处处邀功争赏，太看重名利的人容易利令智昏。刻意去追求名利，会因名利之累而失去生活应有的乐趣。其实人一生能够做到不犯错已是最大的功劳了，这原本就是一个高难度的事情。如果不能避免自己的过错，就算争得很大的功劳，也会被所犯的错误所抵消，这是得不偿失的事情。唯有小心谨慎，最大限度地降低自己犯错的几率，特别是犯大错的几率，那么，我们原有的功劳才可能得以保存。所以，倘若能一生都不犯什么大错，那这个人的生命可以算得上是善始善终了。

对别人进行帮助或施舍，是出于内心的一种美好情感，故最好怀着一种不求回报的心情去做，《圣经》早就告诉我们：施者比受者有福。能施舍或帮助别人，本身就处于强势，而被施舍的人原本就处于劣势，那么你还要他怎样去回报呢？有施舍能力的人已经是得到上帝最大的恩赐了，不应再去强求别的。只要被施舍的人对于我们的帮助没有任何怨言，这就是最好的回报。他不抱怨你的钱财比他多，能力比他强，而是甘愿处在受者的位置，让你长期有机会做一个施者，享受施者的快乐，这就是最大的回报。如果人们都能这样去想，用一颗豁达宽容的心去对待周围的亲人和朋友，就会减去许多烦恼。

太苦无以适性怡情，太枯无以济人利物

【原文】

忧勤①是美德，太苦则无以适性怡情②；澹泊是高风③，太枯④则无以济人利物。

【注释】

①忧勤：绞尽脑汁尽力去做事。

②适性怡情：使心情愉快，精神爽朗。

③高风：高尚的风骨或高风亮节。

④枯：已经丧失生机的树木，此处有不近人情的含意。

尽心尽力去做事本来是一种美德，但是过于认真而心力交瘁，使精神得不到调剂就会丧失生活乐趣；把功名利禄看得很淡本是一种高尚的情操，但是过分清心寡欲而冷漠，对社会大众也就不会有什么贡献了。

【活学活用】

什么事情都讲究适度的原则。 "富贵于我如浮云"，心境自然也就平静清凉，如此无忧无虑该是何等飘逸潇洒。 不过什么事都不要走极端，假如以淡泊为名而忘记对社会的责任，忘记人间冷暖以至自我封闭，甚至演变为"不管他人瓦上霜"的自私自利，就会被人视为没有公德、没有责任感，甚至有害于社会，这样就会被社会大众所唾弃。 勤于事业、忙于职业是美德，是一种敬业精神，但如果陷于事务圈而不能自拔，因无谓的忙碌而心力交瘁则是不足取的。 因此儒家主张中庸之道，主张任何事物都要维持均衡状态。

有一句十分有道理的话，叫做"失度而亡，适度而存"。 "度"在社会当中无时不在，无处不有。 社会上充满着"度"的形影，自然界遍布着"度"的痕迹。 风雨存在于天地之间，也有一个度的问题。 风大而狂乱，风小而郁闷；雨多而涝渍，雨少而干旱。 只有风调雨顺，万物才好生长，人类才能幸福。 世上的很多灾难就是因没有把握好这个关键性的度而造成的。 一个人生命当中的很多祥和与快乐都是与适度分不开的。

做人需要做到有度。 谦虚是人的美德，但如果一味谦虚而越过了度，就成了虚伪；做人要有自信，但自信过了度，就成了自负、自傲；理想是人生的动力，但如果理想不切实际，过了度，就成了幻想、梦想，成了人生的阻力；诚信是做人的根本和基础，然而诚信一旦超出了一定的限度，就会敌友不分，成了痴人、呆人、傻人。

交友处世要有度。 交友一旦丧失原则，朋友就有可能会成为酒肉之友，甚至是狐朋狗友；交友太有原则，则无友可交，终为孤家寡人。 与同事共事，如果把握好了度，就能求同存异，群策群力，把事情做得好上加好；否则，要么人心涣散，要么钩心斗角，最终落了个于事无补、树倒猢狲散的后果。

在家过日子也要有度。 夫妻之间把自己从里到外赤裸裸地展示给对方，迟早会成为对方口中嚼烂了的口香糖；父母子女之间无度，父母就无法对子女进行恰当有效的教育，子女就无法从父母那里得到他们应有的关爱。 每一个家庭成员都是家庭里的一个分子，成员之间也应该保持恰当的距离，只有这样才能使成员之间相亲相爱，家庭和睦且美满幸福。

一个人在事业当中的度是最难掌握的。 从宏观上来说，普通人想要在事业上有所发展，所付出的努力要超出常人的度。 别人娱乐时，你要工作；别人休息时，你要思考；别人思考时，你要做事。 也就是说，你很可能要超前消费你的身体资本换取你未来的事业基础。 所以，你要想想为了事业超过了正常人的度是否值得。 从日常工作来说，上班时你来得太早不行，走得太晚不行，同事会嫉妒。 老板的秘书与你说话太多不行，老板会生气；说得太少了也不行，秘书会觉得你为人傲气，说不准在情绪不好时还会奏你一本。 办公室里休闲时间太多不行，即使你提早完成了工作任务，老板会觉得你的薪金定高了；你在办公室里忙得团团转也不行，老板与同事会觉得你能力差别人一等，工作效率低下。

人是航行在大海中的一叶小舟，波涛汹涌时帆扯得太满，有舟覆人亡之险；风平浪静时不扬帆高歌，那么美好的光阴就自然会虚度。 我们每个人都应该做到审时度势，把握好人生之度，从而使得自己的人生之舟顺利驶向光明的彼岸。

原其初心，观其末路

【原文】

事穷势蹙①之人，当原其初心；功成行满②之士，要观其末路。

【注释】

①蹙：穷困，或精疲力竭。
②功成行满：事业有所成就，一切都如意圆满。

【译文】

对于事业失败陷入困境而心灰意冷的人，要思索而不是责难，回想他当初奋发的精神；对于事业成功感到万事如意的人，要观察他是否能长期坚持下去，考虑结局如何。

【活学活用】

对于在事业上遭受挫败、遇事不顺的人，不要过于责怪，应该体谅他的初心。 也许他当初的本意并非如此，他也想做好每一件事。 每一个人在做事的初始，总是有着很完美的设想和良好的愿望。 但有的时候会事与愿违，事情并不是按照我们想象的轨迹在运行，有时候它会偏离轨道，这时如果过分地责怪他人就显得太急躁了。 这世间原本就没有一帆风顺的事情，大部分事情总是曲曲折折地进行才能到达终点。 所以对于遭遇失败的人我们应多一点耐心，让他们多一些机会做得更好。

至于那些踌躇满志而又事业有成的人士，反倒不能将结论下得太早，因为三十年河东，三十年河西，人的一生必定是起伏不定的，谁笑到最后谁才笑得最好。 人的一生中不乏得意的时刻，但是否能将成绩一直保持下去，却要到人生终了才能见分晓，即盖棺定论也。 在我们周围晚节不保的例子比比皆是，故对于那些暂时取得了一些小小成就的人，我们也应该多一点耐心，看他能否坚持到最后，能否善始善终，这才是最重要的。

宜宽厚而反忌刻，宜敛藏而反炫耀

【原文】

富贵家宜宽厚，而反忌刻①，是富贵而贫贱其行矣！ 如何能享？ 聪明人宜敛藏②，而反炫耀，是聪明而愚懵③其病矣！ 如何不败？

【注释】

①忌刻：忌，是猜忌或嫉妒；刻，是刻薄寡恩。
②敛藏："敛"含有"收""聚""敛束"等意，"敛藏"就是深藏不露。
③懵：本意是指心神恍惚，比喻对事物缺乏正确判断，不明事理。

【译文】

一个富贵的家庭待人接物应该宽容仁厚，可是很多人反而刻薄，担心别人超过自己，这种人虽然暂时富贵，可是他的行径已走向贫贱之路，这样又如何能行得通呢？　一个聪明的人，本来应该谦虚有礼，不露锋芒，可是很多人反而夸自己本领高强，这种人表面看来好像很聪明，其实他的言行跟无知的人并没什么不同，他的事业到头来又怎能不受挫、不失败呢？

【活学活用】

富足是做事的经济基础，聪明是做人的内在要求。但是，应明了富贵不足炫耀，才智不可仗恃，只有宽厚仁慈才可能成功。假如富贵而为人刻薄寡恩，就会陷入终日钩心斗角、与人争利的苦海中，完全丧失生活乐趣，丧失周围的亲友，到头来落得孤立无援，空虚寂寞。人有才智而缺正气，正应了"聪明反被聪明误"的俗语。因此聪明人要有自知之明，我们为人应该虚怀若谷，遇事不要锋芒太露，凡事都要低调一些。

低调一点，谦和为人，再辅以才能，想不成功都难。低调者取得一些成功后，从不恃才放旷、目中无人，这样既能显露才华，又不招嫉妒，这才是为人处世之上策。

一个人如果取得了一定的成功，遭到别人的嫉妒是不可避免的，但低调的人绝不自招嫉妒。自招妒忌，其实也就是在为自己树敌。由自招妒忌而树敌，这"敌"比通常意义上的"敌"还可怕，因为他们常常是隐藏在暗处的，是难以对付的。有些人表面上和你一团和气，其实在暗地里却因为嫉妒你而给你下"绊子"。即使你知道有对手存在，却不知道对手在哪里设陷阱，等你掉入陷阱之后，也许你精心筹划的事业已经付诸东流了。所以，一个低调的人，虽然知道遭人妒忌常常是免不了的，但决不自招妒忌，他们会收敛锋芒、掩饰才华。

当你把别人比下去，就给了别人嫉妒你的理由，为自己培养了敌人。所以，在与人逞强之前请先三思。

登高之为危，向明之太露

【原文】

居卑①而后知登高之为危，处晦②而后知向明之太露；守静③而后知好动之过劳，养默④而后知多言之为躁⑤。

【注释】

①居卑：泛指处于地位低的地方。

②处晦：在昏暗的地方。

③守静：隐居山林寺院的寂静心理。

④养默：沉默寡言。

⑤躁：不安静、急促。

【译文】

站在低处仰望，才知道登到高处的危险；处在晦暗的地方，才知道光亮的地方显眼；宁静沉思，才能知道四处奔波的辛劳；养成沉默的心性，才能知道言语过多是浮躁。

【活学活用】

任何事物都有正反两方面，要想把事物看得清、看得明、看得透，就需要人们站在不同的角度去分析、去审视。对于人生的体验与思考也是如此，如果能从不同的高度、不同的层面，以全面的眼光来观察问题，体会可能会更加深刻。身居高位的人往往容易自我陶醉，得意忘形，一旦失去官位，才明白身居高处的危难，后悔当初没能把握住自己。 一年到头在外四处奔波的人，回到家中静心养神时，才明白在外四处奔波的辛劳。 人的体验和感想，往往在对比之中才会更深刻。 所以，人在得意之时，千万不要忘记失意；在享受之时，千万不要忘记艰辛。 被物欲眩惑而不自觉，自然不知处境的危险。

简单地说，这段话就是告诫人们要善于保持理性思维，多角度地思考问题，得意之时切不可忘形。

得意忘形是人生的大忌，因为人一到此时便会忘乎所以，该谨慎的不知谨慎，该思考的不会思考，该忌讳的也不太忌讳了。 它会使人把心气引入到目中无人、自高自大、自以为是的坏毛病中。而这正是人生中最危险和最可怕的陷阱。

踌躇满志、春风得意是人人都向往的人生境界。 但越是春风得意之时，越要经常反躬自省，这样才能趋利避害，切不可忘乎所以。

放得心下，入圣脱凡

【原文】

放得功名富贵之心下，便可脱凡①；放得道德仁义之心下，才可入圣②。

【注释】

①脱凡：脱俗，即超越尘世外的意思。

②入圣：进入光明伟大的境界。

能丢开追逐功名富贵的思想包袱，就可以超越庸俗的尘世；不受仁义道德等教条的束缚，才能进入圣贤的境界。

【活学活用】

人们常说一个人要拿得起放得下，而付诸行动时，拿得起容易，放得下难。所谓放得下，是指心理状态，也就是我们常说的要敢于放弃，就是遇到千斤重担压心头，也能把心理上的重压卸掉，使之轻松自如。

放弃不是颓废，不是厌世，而是一门学问。人生在世，忙忙碌碌，疲于奔波，我们常常被强烈的愿望所驱赶，不敢停步，不敢懈怠，也不敢轻言放弃。背上的包裹越来越多，越来越沉，而我们什么都不愿放弃，因而，当收获越来越多的时候，身心也越来越累。

在现实生活中，放不下的事情实在太多了。比如做了错事，说了错话，受到上级和同事指责，以及被好心人误解受到委屈，于是心里总有个结解不开。总之，有些人就是这也放不下，那也放不下，想这想那，愁这愁那，心事不断，愁肠百结。这些心理负担有损于健康。有的人之所以感觉活得很累，无精打采，未老先衰，就是因为习惯将一些事情吊在心里放不下，结果把自己折腾得疲劳而又苍老。

其实简单地说，让人放不下的通常是财、情、名这几个方面。想透了，想开了，也就看淡了，自然也就会放得下了。

今天的放弃，是为了明天的得到。干大事者不会计较一时的得失，他们都知道如何放弃、放弃些什么。

一个人倘若将一生的所得都背负在身，那么纵使他有一副钢筋铁骨，也会被压倒在地。

昨天的辉煌不能代表今天，更不能代表明天，过去的成就只能让它过去，必须毫不痛惜地放弃。

什么时候学会放弃，什么时候便开始成熟。我们都要学会放弃，放弃失恋带来的痛楚；放弃屈辱留下的仇恨；放弃心中所有难言的负荷；放弃费精力的争吵；放弃没完没了的解释；放弃对权力的角逐；放弃对金钱的贪欲；放弃对虚名的争夺……凡是次要的、枝节的、多余的，该放弃的都应放弃。

在通常情况下，"放得下"主要体现于以下几方面：

财能否放得下。李白在《将进酒》诗中写道："天生我材必有用，千金散尽还复来。"如能在这方面放得下，那可称是非常潇洒的"放"。

情能否放得下。人世间最说不清道不明的就是一个"情"字。陷入感情纠葛的人，往往会理智失控，剪不断，理还乱。若能在"情"上放得下，可称是理智的"放"。

名能否放得下。据专家分析，高智商、思维型的人，患心理障碍的几率相对较高。其主要原因在于他们一般都喜欢争强好胜，对名看得较重，有的甚至爱"名"如命，累得死去活来。倘然能将"名"放得下，就称得上是超脱的"放"。

愁能否放得下。现实生活中令人忧愁的事实在太多了，就像宋朝女词人李清照所说的："才下眉头，却上心头。"忧愁可说是妨害健康的"常见病""多发病"。狄更斯说："苦苦地去做根本就办不到的事情，会带来混乱和苦恼。"泰戈尔说："世界上的事情最好是一笑了之，不必用眼泪去冲洗。"如果能将忧愁放得下，那就可称是幸福的"放"，因为没有忧愁的确是一种幸福。

意见害心贼，聪明障道屏

【原文】

利欲未尽害心，意见①乃害心之蟊贼②；声色③未必障道，聪明乃障道之屏藩④。

【注释】

①意见：意思、见解。这里指偏见或成见。

②蟊贼：危害人类社会的败类，这里指祸害的根源。蟊，专吃禾苗的害虫，据《诗经·小雅》篇："及其蟊贼，传：'食根日蟊，食节日贼。'"

③声色：歌舞女色，这里泛指一切享乐的生活。

④屏藩：屏风和藩篱，这里指障碍。

【译文】

名利与欲望未必都会扼杀心性，心存偏见才是伤害心性的最大害虫；声色享乐的生活未必都阻碍人们学习求知，自作聪明才是阻碍人们获取真知的最大障碍。

【活学活用】

名利和欲望如果能把握适度，未必能伤害自己的心性，而刚愎自用、自以为是才会真正残害心灵。主观臆断常常会让我们对事物做出错误的有失公允的判断。有欲望并非坏事，欲望可促使我们积极地面对人生，追求高品质的生活。但是在这个过程中，我们应学会理性和客观。用理性的思维去看待事物、处理问题，学会听取别人的意见，这样才能让自己保留一颗公正的心。

同样，喜好美色也不一定会妨碍一个人的前程，而自作聪明、目中无人才是人生成功路上的最大障碍。 聪明的人都知道敏于事而慎于言，只有自作聪明的人才会既敏于事又敏于言。 心中有一点念头便想昭告天下，什么事情都是准备好了一半就以为做好了全部；以为只有自己才是最棒的，从不将别人放在眼里，一副世人皆醉我独醒的样子。 这样的人只有在栽了跟头以后才可能醒悟，人生有的错误可以弥补，有的错误却无法弥补，即使你俯首跌足，也追不回来了，所以能及时将聪明转化为智慧的人才是真正聪明的人。

退一步之法，让三分之功

【原文】

人情反覆^①，世路崎岖。 行不去处，须知退一步之法；行得去处，务加让三分之功。

【注释】

①人情反覆：人情是指人的情绪欲望，反复变化无常。

【译文】

人世冷暖变化无常，人生道路崎岖不平。 当你遇到困难走不通时，要明白退一步的方法；当你事业一帆风顺时，一定要有谦让三分的胸襟和美德。

【活学活用】

世路险阻，人情反复，人生之路曲折漫长。 要在这充满艰难坎坷的征程中走稳走好，最为重要的一点，就是要学会谦恭礼让，绝不能处处抢占上风，事事胜人一筹。

每个人都有自己的个性，都可能在某些方面与别人有差异。相处之中常常会发生大大小小的矛盾，当我们面对这些矛盾时，不可以偏激冲动，因为偏激冲动之中，一份友情可能也就消失了。

退一步，让三分，是一种谨慎的处世方法。适当的谦让不仅不会招致危险，反而是寻求安宁的有效方式。个人生活中，除了原则问题必须坚持外，对于小事，对于个人利益，谦让一下会带来身心的愉快，以及和谐的人际关系。

遇事不知退让，最易气填于心，而"生气是用别人的过错来惩罚自己"，受害的是自己的心灵，轻则自我折磨，重则失去理智，疯狂报复，往往搞得自己痛苦不堪，这又何必呢？知退懂让是交际成功者的一个特征，忘记前嫌是一种心理平衡。既往不咎的人，才可甩掉沉重的包袱，坦荡地行事，并且退一步让三分就等于为日后的进一步打下基础，给人方便实际上也是给自己留下方便。

退一步，让三分，要求我们在人生得意的时候，把功劳让与别人一些，不要得意忘形。必要时，牺牲一些自己的利益，得益独享、一毛不拔绝不是智者所为。须知，退一步、让三分，不仅是一种谦让的美德，也是一种安身立命的善策。只有做到如此，人生道路才会少一分坎坷，多一分顺畅。

待小人不恶，待君子有礼

【原文】

待小人①不难于严，而难于不恶②；待君子不难于恭，而难于有礼。

①小人：泛指一般无知的人，此处含品行不端的人的意思。

②恶：憎恨。《论语·里仁》篇："惟仁者能好人能恶人。"

【译文】

对待品德不端的小人，对他们抱严厉的态度并不困难，困难的是在内心不憎恨他们；对待品德高尚的君子，做到尊敬并不困难，困难的是对他们真正有礼。

【活学活用】

对待心术不正的小人，要做到对他们严厉苛刻，并不是一件难事，我们已习惯了以一身正气、理直气壮的态度去呵斥他们，责难他们，难的是怎样才能做到不憎恶他们。 在生活中，人们往往容易因事及人，因为某人做错了事，就认定这个人也该全面否定，那是很片面的做法，也有失公正，那个时候的批评者是理不直气也壮。 假如我们可以做到一分为二地看问题，只批评错误之事，不攻击犯错之人，所谓凡事对事不对人也，就不会让自己随便地迁怒别人憎恨别人，这样便可以成为真的君子。

而反过来，对待品德高尚的君子，要做到对他们毕恭毕敬也不是什么难事，因为大家都知道对待不同的人要用不同的态度。 倘若对方是君子，那我们必定也会让自己像君子一样地去与对方交往。 可是如果做过头了，就会显得虚伪，会让人觉得你是在东施效颦。 所以在与君子打交道时，怎样做到合乎礼节而又不失自我本色，这的确是一件难事。 但是我们如能保持内心的宁静，不去随波逐流，坚守自己的风格，在与品德高尚的人交往时，做到有礼有节、谦卑适度，既对他的高风亮节表示敬仰，也对自己的渺小和普通坦然接受，那么自然就不会让自己流于献媚了。

守浑噩黜聪明，谢纷华甘澹泊

【原文】

宁守浑噩①而黜②聪明，留些正气还天地；宁谢纷华③而甘澹泊，遗个清名在乾坤④。

【注释】

①浑噩：同"浑浑噩噩"，泛指人类天真朴实的本性。

②黜：摒除。

③纷华：繁华富丽。

④乾坤：象征天地、阴阳等。

【译文】

宁可保持淳朴天真的本性而摒除后天的奸诈乖巧，保留一些刚正之气还给大自然；宁可抛弃世俗的荣华富贵而甘于淡泊、清虚恬静，留一个纯洁高尚的美名还给天地。

【活学活用】

"聪明"是个很值得玩味的词，它既有"脑子好""反应快""思维敏捷"的含义，相反，也隐含着"不稳重""浮躁""爱表现"的意思。这个词用在成年人身上，常常不是褒义的。

俗话说：天妒聪明，其实人更是如此。老子说："大巧若拙，大辩若讷。"意思是最有智慧的人，真正有本事的人，虽然有才华学识，但平时像个呆子，不自作聪明；虽然能言善辩，但好像不会讲话一样。无论是初涉世事还是位居高官，无论是做大事还是一般人际关系，锋芒不可毕露。有才华固然很好，但能在适当的时机运用才华而不被或少被人忌，避免功高盖主，才算是更高的才华，这种才华于人于己才有真正的用处。

老子曾告诫孔子说："君子盛德，容貌若愚。"这里的盛德是指"卓越的才能"，整句话的意思是，那些才华横溢的人，外表上看与愚蠢笨拙的普通人毫无差别。无论是谦虚还是谨慎，可能会让不少人觉得是消极被动的生活态度。实际上，倘若一个人能够谦虚诚恳地待人，便会赢得别人的好感；若能谨言慎行，更会赢得人们的尊重。

老子告诫世人："不自见，故明；不自是，故彰；不自伐，故有功；不自矜，故长。"这句话的大意是，一个人不自我表现，反而显得与众不同；一个不自以为是的人，会超出众人；一个不自夸的人，会赢得成功；一个不自负的人，会不断进步。相反，老子还告诫世人："企者不立，跨者不行。自见者不明，自足者不彰，自伐者载功，自夸者无长。"如果一个人锋芒毕露，一定会遭到别人的嫉恨和非议，甚至可能引来杀身之祸。

智者需学会守愚。所谓"守愚"，实际上就是培养自己超凡的智慧与美德。郑板桥"难得糊涂"的字幅四处可见，但真正懂得这句话的含义却不容易。

"大勇若怯，大智若愚"是苏轼的观点。他在《贺欧阳少师致任启》中说："力辞于未及之年，退托以不能而止，大勇若怯，大智若愚。"我们可以理解为对于那些不情愿去做的事，可以用智回避之。

本来有大勇，却显出怯懦的样子，本来很聪敏，却表现出很愚拙的样子，如此可以保全自己的人格，同时也可不做随波逐流之事。真正的大智大勇者未必要大肆张扬，而要看其实力。李贽也有类似的观点："盖众川合流务欲以成其大，土石并砌务以实其坚。是故大智若愚焉耳。"百川合流，而成其大；土石并砌，以实其坚，这才是大智若愚。

中国的道家和儒家都主张"大智若愚"，而且要"守愚"。孔子的弟子颜回会"守愚"，深得其师的喜爱。他表面上唯唯诺诺、迷迷糊糊，其实他在用心功，所以课后他总能把先生的教导清楚而有条理地讲出来，可见若愚并非真愚。大智若愚的人给人的印象是：虚怀若谷，宽厚彰和，不露锋芒，甚至有点木讷。其实在"若愚"的背后，隐含的是真正的大智慧、大聪明。大智若愚，真是一种智慧人生！

降魔先降心，驭横先驭气

【原文】

降魔①者先降自心，心伏则群魔退听②；驭横③者先驭此气，气④平则外横不侵。

【注释】

①降魔：降，降服。"魔"的本意是鬼，此处当障碍修行解。其实"魔"是梵语"魔罗"的简称，意译是"夺命障碍，扰乱破坏"。

②退听：是指听本心的命令，又当不起作用解。

③驭横：控制强横无理的外物。

④气：此处当情绪讲。

【译文】

要想制服修行的障碍，首先必须制服自己内心的邪念，自己内心的邪念平息了，其他障碍也自然退却；要想控制不合理的横逆事件，必须先控制自己容易浮动的情绪，自己的情绪控制住以后自然不会心浮气躁，到那时所有外来的强横事物都不能侵入。

【活学活用】

佛经里认为，你的内心是什么形象，你看着别人就是什么形象。 也就是说别人是你内心世界的一种反射，完全由你的意念来控制。 如果你想改变对方，你首先要改变自己。 所以当我们遇到邪恶的事物时，不要急着想要制服它，而应先考虑自己内心是否也有同样邪恶的念头，如果有就要想办法消除自己内心不好的意念。以暴制暴是不可取的，假如能驱除自己内心的恶念，以风雨不动安如山的心境去面对对方的邪恶，一定能够达到以静制动、四两拨千斤的效果。 当自己将内心的邪恶制伏以后，那来自于心底深处的正气足以让所有外来的邪恶退去。

要想驾驭和控制凶恶蛮横的人或事件，首先要学会平息自己心中的怒气，控制自己容易浮躁的情绪。 因为心才是一切行为的主宰，做人必须在锤炼自己的心性上多下功夫，这样便可让自己内心有足够的力量去驾驭和控制外来的入侵事件。 有时候安详的心灵是对付敌人最有力的武器，在这个时刻，任何凶猛的东西都可能化为绕指柔，所以我们常常说以柔克刚是处理事情的最高境界。 当一个人定力十足、心如止水之时，又怎可能惧怕外来的凶恶蛮横事件呢？

人最大的敌人是自己，人最大的心魔也是自己，每一次对自己的挑战，都意味着自己内省反思心理的启动，都意味着自己已经意识到了局限性的存在，都意味着自己的层次又上升了一个台阶，这才是真正的进步。 当人无法自我突破与提升时，当人无法反省到自己局限性时，这才是最大的悲哀，因为这意味着生命已经失去了意义。

教弟子要严出入，谨交游

【原文】

教弟子①如养闺女，最要严出入，谨交游。 若一接近匪人②，是清净田中下一不净种子，便终身难植嘉禾③矣！

【注释】

①弟子：子弟，指男孩子。

②匪人：坏人，品行不端的人。

③嘉禾：长得特别茂盛的稻谷。

【译文】

培养男孩子，要像养育女孩子那样谨慎，最关键的是要严格管束他们的出入和注意所交往的朋友。 万一不小心结交了行为不正的人，就好像是在良田之中播下了坏种子，便可能一辈子也难长成有用之才。

【活学活用】

作为长辈，无论是老师还是家长，都应认识到，教育子弟就如同养育一个闺阁中的女儿。 为什么这样说呢？ 在古代，未出阁的女孩子所受的教育和应遵守的规矩特别严格，从思想到行为都要受到非常细致的约束。 在现在这样复杂的社会，青少年受诱惑的机会比以前更多，所以他们的出入、与人的交往，都是老师和家长应该关注的焦点。 一个人一生受朋友的影响是很深的，如果能遇上几个正直而又有头脑的知心朋友将是人生一大幸事，可万一交友不慎，遇上了坏朋友，那么对自己的危害也是相当大的。 而青少年朋友在自己人生起步的阶段，往往缺乏正确的判断能力，他们需要提醒，需要有人引导他们向着一个健康的方向前行。 我们都知道近墨者黑、近朱者赤，孩子们被染成什么颜色，除了他自己的一小部分因素外，很大一部分在于家长和老师如何去引导他们，使他们远离身边的不良朋友。 就好像种植庄稼一样，你必须得清除田间的杂草，禾苗才会茁壮地成长，到了年底才会有一个好的收成。教育子弟时若能及时地使他们与周围的坏朋友终止往来，远离不良环境的干扰，他们就会健康地成长。 否则，就会像在肥沃的土壤里播下了一颗不干净的种子，永远也不会有好的收成。

欲路毋染指，理路毋退步

【原文】

欲路①上事，毋乐其便而如为染指②，一染指便深入万仞③；理路④上事，毋惮⑤其难而稍为退步，一退步便远隔千山。

【注释】

①欲路：泛称有关欲念、情欲、欲望，也就是佛家所说的"五欲烦恼"的意思。

②染指：喻巧取不应得的利益。

③仞：古时以八尺为一仞。

④理路：泛称有关义理、真理、道理。

⑤惮：害怕。

【译文】

关于欲念方面的事，绝对不要贪图便宜而不正当地占为己有，一旦贪图非分的享乐就会坠入万丈深渊；关于真理方面的事，绝对不要由于畏惧困难而生退缩的念头，因为一旦退缩就会和真理正义有千山万水之隔。

【活学活用】

出于人的天性，情欲物欲是人人都有的，这本身并不为错，但无论何事都要讲究分寸。如果一味贪图快乐，就如跌入万丈峡谷了。

这段话的重点是告诫人们，不正当的利益不要谋取，倘若被欲望牵引迷惑，那就意味着在悬崖上走钢丝，会摔得很惨。对于增进品德的义理之事，要尽力去做，不要因为稍遇困难就畏惧退缩，因为一退缩就会和真理正义相隔万里。

任何对真理或成功的追求都需要用信心点燃希望，用勇气铺路架桥，用执著接近目标。这种信心、勇气、执著就是对胜利的自信，对畏难的拒绝。

《尚书》中有"为山九仞，功亏一篑"之语，意思是堆九仞高的土山，只差一筐土而不能完成，比喻一件事情放弃了最后的努力就会与成功无缘，这也正与《菜根谭》中"一退步则远隔千山"所言意同。可以说，退步既是胆怯，也是对真理或成功的放弃。

大凡"铁肩担道义"之人，俱是勇于追求事业成功之人，他们都懂得没有困难的人生是不存在的，没有困难的人生也绝不会精彩。因此，不轻言放弃、不轻易退缩是他们共同的特征。无数事实证明，遇难而进，以勇气付诸行动，成功之门就会为你打开。

不可太浓艳，不宜太枯寂

【原文】

念头浓①者，自待厚待人亦厚，处处皆浓；念头淡②者，自待薄待人亦薄，事事皆淡。故君子居常③嗜好，不可太浓艳④，亦不宜太枯寂⑤。

【注释】

①念头浓：心胸宽厚，"念头"当"想法"或"动机"解。

②淡：浅薄。

③居常：日常生活。

④浓艳：指丰盛豪华，此处作"奢侈无度"解。

⑤枯寂：寂寞到极点之意，此处当"吝啬"解。

【译文】

一个热情的人，往往能够善待自己，对待别人也温馨仁厚，他要求处处都丰富、气派、讲究；而一个冷漠淡薄的人，不仅处处苛求自己，同时也处处苛求别人，于是事事显得枯燥无味而毫无生气。可见，作为一个真正有修养的人，在日常生活及待人接物方面，既不可过分热情奢侈，也不可过度冷漠吝啬。

【活学活用】

处世待人应该是辩证的。一个人在日常生活中，必须在宽厚与淡泊之间拿准尺度，因为宽厚过度就流于奢侈，淡泊过度就流于吝啬。每个人都有七情六欲，现实中的是是非非需要我们去判断，待人的浓艳枯寂一定要适中，做人才会合群受敬。浪费无度足以败身，刻薄寡恩必将失人，这是使人们失败的两个因素。所以做人待人必须在自己的心里有一把准确的尺子，什么事太过或不足都是不对的。

俄国著名寓言作家克雷洛夫写过一篇著名寓言——《杰米扬的汤》，说的是有位擅做鲜鱼汤的杰米扬，为了款待老友福卡，做了一锅香美可口的鱼汤，一盆接着一盆地敬劝老友多喝，直喝得老福卡大汗如注，叫苦不迭。可是杰米扬还是一个劲儿地劝："喝得痛快！好，再来一盆吧!"结果尽管福卡很爱喝汤，也不得不赶紧拿起帽子、腰带和手杖，用足全力跑回家去，从此再也不敢登杰米扬的家门了。

这则寓言告诫人们，事情做过了头，好事也会变成坏事。《杰米扬的汤》生动形象地揭示了这个辩证法。我们处理人际关系时，应当时刻记住这个真理。比如坦诚、热情、谦逊、活泼、谨慎等等，无疑都是待人必不可缺的品格。然而，这里同样也有一个"度"的问题，即要注意掌握分寸，尽量做到恰到好处，否则便极易失度，从而影响人际交往。

也就是说，在为人处世上不要过亲，也不能过疏，保持一段合适的距离为好。

为什么这么说呢？一般来讲，人与人密切相处当然不是一件坏事，否则怎么会有"亲密的战友""亲密的伙伴""如胶似漆的伴侣"等誉词呢？但做任何事情都不能过分，过分就会走向极端。俗话说"过俭则吝，过让则卑"，就是这个道理。但在现实生活中，这种"亲则疏"的现象却较为普遍。所以，"君子居常嗜好，不可太浓艳，亦不宜太枯寂"。具体到现实生活中，也就是说朋友之间的交往不能过于亲密，夫妻之间不可过于腻腻歪歪，上下级之间不可以称兄道弟，邻里之间不要过于私密。 不然的话，很容易对彼此造成伤害。

彼富我仁，彼爵我义

【原文】

彼富我仁^①，彼爵我义，君子固不为君相所牢笼^②。 人定胜天^③，志一动气^④，君子亦不受造化^⑤之陶铸^⑥。

【注释】

①彼富我仁：出自《孟子》一书：“晋、楚之富不可及也。彼以其富，我以吾仁；彼以其爵，我以吾义，吾何谦乎哉？”

②牢笼：“牢”的本义是指养牛马的地方，此含有“限制”“束缚”等意。据《淮南子·本经》篇：“牢笼天地，弹压山川。”

③人定胜天：指人如果能艰苦奋斗，必然能战胜命运而成功。

④志一动气：“志”是一个人心中对人生的一种理想愿望，“一”是专一或集中，“动”是统御、控制发动，“气”是指情绪、气质。《孟子·公孙丑》上：“志一则动气，气一则动志。”

⑤造化：命运。

⑥陶铸：造就，培养。

【译文】

别人有财富我坚守仁德，别人有爵禄我坚守正义，所以君子绝对不会被君相的高官厚禄所束缚或收买。 人的智慧一定能战胜大自然，思想意志可以改变自己的感情气质，所以君子绝对不受命运摆布。

【活学活用】

　　一个活得洒脱的人，不应为身外物所累，诗曰：我行我素。孟子说："居天下之广居，立天下之正位，行天下之大道，得志与民由之，不得志独善其身；富贵不能淫，贫贱不能移，威武不能屈。"具有高风亮节的君子，胜过争名夺利的小人的一个重要因素，在于君子保持自我的人格和远大的理想，超然物外，不受富贵名利的诱惑，不为任何权势所左右，甚至连造物主也无法约束他。所以佛家才有"一切唯心造，自力创造非他力"一语。遵从大义，相信自我，一个有为的人理应锻炼自己的意志，开阔自己的心胸，铸造自己的人格，不为眼前的名利所累，把眼光放得长远。具有了人定胜天的气概，广阔天地就会任我驰骋。

　　人生在世，欲求得事业的成功，欲过一种自主的安详生活，最要紧的莫过于保持一颗"不动心"。心不动则烦恼不起。"不动心"能从根本上使你免除"心火无烟日日烧"的痛苦；它使你在众生欲望被频频唤起而又无法满足的生活跑道中，独具一片阴凉，独饮一瓢甘露，让你恬然走完安详而无悔的人生。当你拥有了一颗"不动心"，你的生命之流就不会徒然流耗在欲念和烦恼的沙漠中，而能自始至终地款款地流向宇宙生命的永恒大海；当你拥有了一颗"不动心"，你就不会因为别人的工作待遇好而徒生烦恼、怨天尤人，失却内心的平静与安详，而能安于本职，毫无损耗地发挥自己生命的能量，从工作中发现乐趣，并体验生命的神圣；当你拥有了一颗"不动心"，你就不会因为别人有钱有势而丧失自己的人格，你会从自己的社会地位和生活中发现生命的伟大，并力图无愧于这难得易失的人生；当你拥有了一颗"不动心"，你就不会无理性地对自己一向认为神圣并加以追求的事物和理想发生怀疑，踌躇不前，半途而废，乃至一生功业无成，穷年浩叹，你会安于孤寂，安于清苦，在自己的一方净土中，默默地辛勤耕耘，抛洒汗水，最后你会因生命无悔而得到加倍的报偿；当你拥有了一颗"不动心"，你就会发现，在工作、职业上无贵贱之分，都是生命之流、真如本性无限丰富的显现，诚如河流中有微波涟漪，有流水淙淙，有激流澎湃，你就会从无限多样的职业和生活方式中感受到同样尊贵与伟大的人格，你就不会因愚蠢的攀比而生种种烦恼，白白地消耗自己的生命。

请保持一颗"不动心"，因为人只有保持一颗"不动心"，才能真正地自信，才可以实现真正的自主的选择，才可以做到生命无悔，才可以安详处世，才可以弥合因外在环境的冲突而造成的心灵的裂痕，才可以培养起健全而和谐的人格，才可能最大限度地发挥自己的聪明才智，而不至把这些聪明才智徒然地耗费在见异思迁、迷茫、虚荣、嫉妒、猜疑、烦恼、妄想、自我否定等等错误心态之中。

高一步立身，退一步处世

【原文】

立身①不高一步立，如尘里振衣②，泥中濯足③，如何超达④？处世不退一步处，如飞蛾投烛⑤，羝羊触藩⑥，如何安乐？

【注释】

①立身：在社会上立足，接人待物。

②尘里振衣：振衣是抖掉衣服上沾染的灰尘，故在灰尘中抖去尘土会越抖越多，喻做事没有成效，甚至相反。

③泥中濯足：在泥巴里洗脚，必然是越洗越脏，比喻做事白费力气，《孟子·离娄》篇："沧浪之水浊兮，可以濯吾足。"濯，洗。

④超达：超脱流俗，见解高明。

⑤飞蛾投烛：飞蛾是一种喜欢近火的昆虫，因此又名"灯蛾"。每当飞蛾接近灯火往往葬身火中，喻自取灭亡。

⑥羝羊触藩：羝，指公羊。藩，是竹篱笆。公羊雄健鲁莽，喜欢用犄角顶撞，往往把犄角卡住不能自拔。据《易经·大壮》篇："羝羊触藩，不能退，不能遂。"所以世人就用羝羊触藩来比喻做事的进退两难。

【译文】

立身假如不能站得高、看得远一些，就好像在飞尘里打扫衣服，在泥水里洗濯双脚，又如何能超凡绝俗、出人头地呢？处世假如不留一些余地，就好比飞蛾扑火、公羊去顶撞篱笆被卡住角，哪里能够使自己的身心摆脱困境而感到愉快呢？

【活学活用】

为人处世应立大志、立高志，唯有比别人高一步立身，才可以超越眼前事物带给人的那些局限。否则，就如在尘土飞扬之时整理衣服，在泥泞中洗脚……展开的只能是一团糟的人生。

反观历史和现实，常常可以看到，成功者与失败者往往仅有一步之遥、一分之差。高一些立身，高一步追求，往往就能使一个人成为生活中的强者、竞争中的赢家。揭竿而起的陈胜曾叹：

"唉！低飞觅食的燕雀哪会理解鸿鹄的冲天志向呢？"闻名天下的班超曾说："庸碌小人怎么理解壮士的胸怀与志向啊！"

立身要高，如此才不至于将来默默无闻，才不至于力有余而心不足，才不至于让"我这辈子只能如此"的想法妨碍自己更上一层楼，才不至于安于现状而养成惰性……立身高的人，不会与人斤斤计较，争执不休，他目光远大、顾全大局，以退为进，因此他能达到自己的目的，实现自己的志向，安乐地生活。

立身要高，但处世一定要低。 这就是所谓的高标立身、低调做人。 当今社会，与人相处，只要稍有处理不当，就会招致不少麻烦，轻则工作不愉快，重则影响职业生涯。 因此，与人相处，关键是要学会低调！

低调做人，就是用平和的心态看待世间的一切，修炼到此种境界，为人便能善始善终，既可以在卑微时安贫乐道、豁达大度，也可以在显赫时持盈若亏、不骄不狂。

学会低调做人，就要不喧闹、不矫揉、不造作、不故作呻吟、不假惺惺、不卷进是非、不招人嫌、不招人嫉，即使你认为自己满腹才华，能力比别人强，也要学会藏拙。 而抱怨自己怀才不遇，那只是肤浅的行为。

在一个群体里，如果一个人太在乎自己的形象，便会不择手段地粉墨登台，争取一切出头露脸的机会。 结果，其周围的人似乎都成了"敌人"，自己则变成名副其实的孤家寡人。

低调是一种风度，高标是一种气魄。 懂得高标立身，善于低调做人，不仅是体面生存和尊严立世的根本，也是赢得人生、成就事业的最佳姿态。 高标处世以低调做人为基点，因为低调做人既可处逆又可处顺，既可韬晦又可精进，实可为圆熟睿智的处世哲学。

学者要收拾精神，并归一路

【原文】

学者要收拾精神①，并归一路②，如修德而留意于事功③名誉，必无实诣④；读书而寄兴⑤于吟咏⑥风雅⑦，定不深心。

【注释】

①收拾精神：指收拾散漫不能集中的意志。

②并归一路：指合并在一个方面，也就是专心研究学问。

③事功：事业

④实诣：实在造诣。

⑤兴：兴致。

⑥吟咏：指做诗歌时的低声朗诵，据《诗经·关雎》序："吟咏性情。疏：'动声曰吟，长言曰咏。'"

⑦风雅：风流儒雅。后世以此比喻诗文。

【译文】

求取学问一定要集中精神，专心于研究，如果立志修德却又留意功名利禄，必然不会取得真实的造诣；如果读书不重视学术上的讨论，只把兴致寄托在吟咏诗词等风雅之事上，那一定不会在学业上有所成就。

【活学活用】

俗话说"一分耕耘一分收获"，如果没有耕耘，哪里来的收获？ 学习正是如此，如果不刻苦努力，也就不能在学习上取得进步。 三心二意，心思散漫，对于学习来说是需要克服的障碍。 学习需要我们专心致志，一心一意，这样才能学有所获。 诺贝尔奖获得者李政道教授自幼就酷爱读书学习。 他整天手中拿着书，不停地看，就连去卫生间都会带着书。 有时候他会忘带手纸，却从来没有忘记带着书。 在抗日战争期间，他到西南联大读书。 不久，他的大哥回上海读书，二哥去了广西大学，只有李政道一个人仍然留在昆明坚持学业。 他到广西去看二哥，每次总会丢几件行李，可是他的书就从来没有丢过。 有一次，他给二哥打去求救电话，请二哥快去接他。 原来他在旅途中把行李都丢了，又饿又累。 等到二哥赶到火车站一看，却发现弟弟正在候车室里全神贯注地读书。 就是这种好学的精神，使李政道在学业上取得了非凡成就。

读书学习需要认真，如果一心吟诗作对，追求风雅韵事，也不能取得大的成就。 清朝人写的小说《儿女英雄传》中，有一段议论很精辟。 安公子娶了张金凤与何玉凤两位美妻，少年得意，难免有些不务正业，开始讲究风雅韵事。 何、张两人商量着规劝夫婿，使他认真读书考取功名："殊不知便是真'风雅'，这两个字也最容易误人，误人还误得不浅！果然性情持得住风雅，也不过成个墨客骚人；倘被风雅移动了性情，竟会弄成个轻薄子弟。 前贤所说'人无风趣官多贵，案有琴书家必贫'的两句话，虽是过激之谈，却也确有道理。 你只看古往今来那些风雅先生们，哪一个是置身通显的?"读书如果只认风雅韵事，那么对于功名事业势必是不利的。 对于古人而言，读书并考取功名是他们求取发展的主要途径。 现代社会有了很大变化，一个人假如喜欢琴棋书画、诵读诗书，把这种爱好发扬光大，也能成为一种有前途的事业。 只是需要注意的是，无论人们选择什么作为自己的学习发展目标，一旦选定，就需要有专心致志、全力以赴的精神与态度，只有这样才能取得成功。

人人有大慈悲，处处有真趣味

【原文】

人人有个大慈悲①，维摩②屠刽③无二心也；处处有种真趣味，金屋④茅舍非两地也。只是欲闭情封，当面错过，便咫尺⑤千里矣。

【注释】

①大慈悲：能给他人以快乐叫"慈"，消除他人的愁苦叫"悲"，这是佛家语，《观无量寿经》有"佛心是大慈悲"指佛菩萨广大之慈悲。全句意：人人都具有成佛的佛性。

②维摩：是印度大德居士，汉译叫净名。与释迦同时人，辅佐佛来教化世人，被称为菩萨化身。

③屠刽：屠是宰杀家畜的屠夫，刽是以执行罪犯死刑为专业的刽子手，但同样具有佛性。

④金屋：指富豪之家的住宅，建筑金碧辉煌，汉武帝有"若得阿娇当以作金屋藏之"的典故，佛教认为世间事物皆虚幻，故金屋茅屋并无差别。

⑤咫尺：一咫是八寸，一尺十寸。"咫尺"指极短的距离。

【译文】

每个人都有仁慈之心，维摩和屠夫的本性是相同的；世间到处都有合乎自然的真正的生活情趣，富丽堂皇的高楼大厦和简陋的茅草屋也没什么差别。 可惜人心经常为情欲所封闭，因而错过真正的生活情趣，不能排除物外杂念，虽然只在咫尺之间，实际上已相去千里了。

【活学活用】

人之初，性本善，人们初来这个世界时，都是具有一颗慈悲之心的。 以慈悲为怀的维摩居士和杀人不眨眼的刽子手之间没什么不同，他们的本性其实是一样的。 人间处处都存有一种自然的情趣，住在富丽堂皇的高楼大厦里与住在简陋的茅屋里也没有太大的区别。 杜甫的草堂就以简陋闻名，可是那儿却别有一番景致。 但是为什么在平日里我们却觉得彼此的生活千差万别呢？ 其实相差的不是表面上看到的这些东西，真正的距离在人们心里。 因为人心经常为情欲所封闭，在欲念和私情之间徘徊，当身心被外物所左右的时候，我们就容易与真正的生活情趣擦肩而过。 其实人生能否过得快乐，就在我们的一念之间，人心只要不贪婪，是很容易得到快乐的，这就是知足常乐的道理。 只希望获得自己应得东西的人，不以奢侈为快乐，也不以廉洁为悲苦，这样的人无论是在高树之下还是在洞穴之中，都可以调节性情，自得天性！ 反之，人心如果过于贪婪，错过了生活中的那份悠然与情趣，看起来好像离得不远，实际上已经相差千万里了。

进德修道，要个木石的念头

【原文】

进德修道①，要个木石②的念头，若一有欣羡，便趋欲境；济世经邦，要段云水③的趣味，若一有贪著④，便坠危机。

①修道：佛家语中"谓见道之后，更修习真观"，泛指修炼佛道两派心法。

②木石：木柴和石块都是无欲望无感情的物体，喻无情欲。《孟子·尽心篇》中"与木石居，与鹿游"。

③云水：佛家称行脚僧为云水，这种和尚手持三宝云游天下，四海为家毫无牵挂，行迹飘忽有如行云流水。他们不受物欲束缚而具淡泊雅趣。

④贪著：对富贵等欲念的执著。

【译文】

磨炼心性，提高道德修养，必须有木石一样坚定的意志，假如羡慕外界的荣华富贵，就会被物欲包围困惑。治理国家，必须有一种宛如行云流水的淡泊胸怀，假如有贪恋名利的念头，就会陷入危机四伏的险地。

【活学活用】

古人修身养性讲究心定，不为外物所扰，排除一切杂念。这种寻求内心悟性的方式用于经邦济世、从政当权，是有积极意义的。一个当权者可能权倾朝野，一个有钱人或许富可敌国，一个入仕者可能雄心万丈，但决难具备隐世者的淡泊趣味，及行脚僧人手持三宝云游天下的那种无忧无虑飘然出世的风貌，其恬淡超逸的清高志趣，绝对不是一个奔波于名利中的凡人所能望其项背的。但一个经邦济世的人也应具有这种胸襟，这样就可能看淡名利而保持清廉。如果一味贪恋荣华富贵功名利禄，就等于一个一心向上的人没有基础，终有一日会跌落无底深渊，不仅不能为国为民服务，恐怕连身家性命也难保全。

恒心守志，意向坚定，是成熟的标志，是自信心的体现；沉静的修养，是铁打不弯的气概，也是一种力量美和沧桑美。 "讲德修道，要个木石的念头"，就体现了坚定与沉静的统一。 面对大千世界、滚滚红尘，清者自清，浊者自浊。 一旦抵御不住外界的诱惑，杂念便会渐起，贪心便会萌发。 总的来说，这段话告诫人们要坚守贞操，不要为世间的名利奢华所动，一旦心被牵引，便会落入被物欲困扰的境地，由此就会陷入深渊。

善人和气，凶人杀机

【原文】

善人①无论作用安详②，即梦寐神魂③，无非和气；凶人无论行事狠戾，即声音笑语④，浑是杀机⑤。

【注释】

①善人：心地善良的人。

②作用安详：言行从容不迫。

③梦寐神魂：指睡梦中的神情。

④声音笑语：言谈说笑。

⑤浑是杀机：言谈间流露着害人的迹象，"杀机"是指令人感到有杀人的恐惧感。

【译文】

一个心地善良的人，言行举止总是镇定安详，即使睡梦中也都洋溢着一团祥和之气；一个性情凶暴的人，不论做什么事都手段残忍，甚至在谈笑之间也充满杀气。

【活学活用】

俗话说，江山易改，禀性难移，一个人的个性可以表现在他生活的各个方面，想伪装是很难的。一个遵守礼法的人，由于他的内心毫无邪念，所以言行显得善良，谁都觉得他和蔼可亲。由于心地善良，不论在什么时候，都能散发出一种安详之气；反之一个生性残暴的人，不论处于何时，总会令人感到一种恐怖之气。因为这种人时时想着算计别人。可见一个人是善是恶，能从其言谈举止中察觉，即使在睡梦中也能显出各自的心性。路遥知马力，日久见人心，我们要善于识人。

交友贵在交心。社会上形形色色的人很多，千姿百态，错综复杂，似乎让人很难辨清：有诚实的，也有虚伪的；有善良的，也有歹恶的。尤其有些人心地阴险，却装出一副道貌岸然、和蔼可亲的面孔，更会忽悠得人迷迷糊糊。为此，对于不太了解的人，当多留个心眼，更要善于从本质上去观察和识别一个人。可见一个人是善是恶，能从他的言谈举止中觉察出来，任何虚伪的掩饰都无法永远骗过人们的耳目。

那么如何比较准确地识别一个人呢？这里面大有学问。如果你想了解一个人的语言表达能力，可以向他突然隐晦模糊地提出某些问题，连连追问，直到对方无言以对，这也可以观察一个人的应变能力；与人暗地里策划某些秘密，可以发现一个人是否诚实；直来直去地提问，能看出一个人的品德如何；让人外出办理有关钱财的事，就能考察出一个人是否廉洁；用女色试探他，可以观察一个人的节操；要想知道一个人有没有勇气，可以把事情的艰难程度告诉他，看他有何表示；让一个人喝醉酒，能看出他的定力。

宋人林逋也说："恶之性不能易，如水之不能燥，火之不能温，形色语然之间，善恶自见。"

人之心迹，常浮现于其言行举止之中，常暗藏在神色气韵之间。只要你用心，必能窥测到许多信息。

无得罪昭昭，无得罪冥冥

【原文】

肝受病则目不能视，肾受病则耳不能听；病受于人所不见，必发于人所共见。故君子欲无得罪于昭昭[1]，必先无得罪于冥冥[2]。

【注释】

[1]昭昭：显著，明显可见，公开场合。据《庄子·达生》篇："昭昭乎若揭，日月而行也。"

[2]冥冥：昏暗不明，隐蔽场所。《荀子·劝学篇》："无冥冥之志者，无昭昭之明。"

【译文】

肝脏感染上疾病，眼睛就看不清，肾脏染上疾病，耳朵就听不清。病虽然生在人们看不见的地方，但病的症状必然发作于人们都能看见的地方。所以君子要想表面没有过错，必须先从看不到的细微处下功夫。

【活学活用】

古人修身主要是对自我道德的完善，俗话说问心无愧，正是说明人欲无错、无祸于世，不能只是外表的完善，关键是内心不能有犯罪的念头。 不要以为黑暗可以成为罪恶的温床，所谓天知、地知、你知、我知，天网恢恢，谁可漏脱呢？ 所以儒家教人修养品德，必须要从慎独功夫作起。 所谓慎独，就是指在别人看不见、听不到的情况下，也绝对不做任何见不得人的事。 其实这才是君子的聪明之处。 俗话说得好，"要想人不知，除非己莫为"，修省如果只是为了让自己披上一件道德外衣，岂不成了伪道学？ 本心就已具备了优良的品质，又怎么会去担心"祸""罪"呢？

汉代枚乘在《上书谏吴王》中说："欲人勿闻，莫若勿言；欲人勿知，莫若勿为。"要想人家不知道，除非自己不去做，干了坏事终究要暴露。 暗地里做的事情，总有一天会暴露在阳光之下。 别人都不知道的事情，还有天与地知。 黑暗与隐秘的环境里，更不应该做见不得人的事。 在没有人监督的情况下，更应该严格要求自己。

慎独是人生修养的较高境界，在这个物欲横流的社会里，要做到并非易事。 古希腊哲学家德谟克利特说："要当心，即使你独自一人时，也不要说坏话做坏事，而要学得在你自己面前比别人面前更知耻。"

少事之为福，多心之为祸

【原文】

福莫福于少事[①]，祸莫祸于多心。 唯苦事[②]者，方知少事之为福；唯平心者，始知多心之为祸。

【注释】

①少事：指没有烦心的琐事。

②苦事：指令人心烦的苦差。

【译文】

一个人最大的幸福莫过于无烦心的琐事可牵挂，一个人的灾祸没有比疑神疑鬼更可怕的了。 只有那些整天奔波劳碌、琐事缠身的人，才知道无事一身轻是最大的幸福；只有那些经常心如止水、宁静安详的人，才知道猜疑是最大的灾祸。

【活学活用】

一个有为的人应当具备“大智若愚、大巧似拙”的境界，这样就不会被琐事缠身，不会为闲言困扰。 而一个平常人也应该以一生平安无事、没有任何祸端为幸福。 所有是非都由多事而招来，多事又源于多心，多心是招致灾祸的最大根源。 所谓“疑心生暗鬼”，很多人由于疑心而把事情弄坏，其道理就在于此。 所谓“君子坦荡荡，小人长戚戚”，一个心地光明的人自然俯仰无愧，根本不用怀疑别人对我有过什么不利的言行。 只有庸人、小人、闲人才整天为闲事、琐事忙碌，为依附权势、争夺名利奔波，为人言碎语费尽心神地猜疑，可见他们的思想境界很低，难以意识到自己的可笑、可悲。

英国哲学家培根这样告诫人们： “心思中的猜疑有如鸟中的蝙蝠，它们永远是在黄昏里飞的……这种心理使人精神迷惘，疏远朋友，而且也扰乱事物，使之不能顺利有恒。”古诗云： “长相知，不相疑。”意思是说，彼此要深切了解，才不会彼此猜疑。 与人交往要不相疑，就必须“长相知”， “让一个灵魂孕育在两个躯体里”，努力改变有碍于与人交流的癖性。

猜疑是一种十分不负责任的心态，也是一种不信任他人的心理，更是人际关系的一大祸害。

多一分猜疑，人与人之间就少一分诚意，多一分庸俗的烦恼和无聊的忧愁，也就给了别有用心的人一分可乘之机。互相猜疑，会使集体涣散，人心各异，影响学习和生活。无端地互相猜疑，会使人与人之间产生隔阂与矛盾，难免伤感情、结芥蒂。好朋友之间也可能因此反目，产生怨恨。

处治世宜方，处乱世宜圆

【原文】

处治世①宜方②，处乱世③宜圆④，分叔季之世⑤当方圆并用；待善人宜宽，待恶人宜严，待庸众之人当宽严互存。

【注释】

①治世：指太平盛世，政治清明，人民安居乐业。

②方：指品行端正。

③乱世："治世"的对称。

④圆：没有棱角，圆通，圆滑，随机应变。

⑤叔季之世：古时少长顺序按伯、仲、叔、季排列，叔季是兄弟中排行最后，比喻末世将乱的时代，《左传》云："政衰为叔世"，"将亡为季世"。

【译文】

生活在政治清明、天下太平的治世时，待人接物应严正刚直、爱憎分明；处在政治黑暗、天下纷争的乱世时，待人接物应圆滑老练、随机应变；当国家行将衰亡的末世，待人接物就要刚直与圆滑并用。 对待善良的君子要宽厚，对待邪恶的小人要严厉，对待一般平民大众要宽严互用。

【活学活用】

这是古代知识分子待人处世的一种典型方式，这和他们的从政观有关。 太平盛世有明君贤相为政，能采纳善言表彰善行，所实行的是大公无私的善政，所以一个人的言行即使刚直严正，也不会受到任何政治迫害。 反之，假如是处于昏君奸臣当政的乱世，言行就必须尽量圆滑，否则就有招致杀身之祸的危险。 从政如此，待人亦同，具有一定的借鉴意义。

人的思想变幻无穷，高深莫测，令人难以捉摸，而人的性格却相对简单得多。 一个人活在世上，如何处好事做好人，关键在于他把圆与方糅合得是否相互依存却又不冲突。 举个例子，清朝雍正时期的田文镜，是个有名的"铁公鸡"。 他办事一丝不苟，事无巨细，但他的方式实在有些让人受不了。 这样一来，朝中便没有什么人与他交好。 可同朝为官的李卫就不同，他办事同样是一丝不苟，但他懂得方圆兼用，刚柔并济，其实这才是最好的为官之道。 方，是田文镜的处世为官之道，他只以不变应万变，好比刺猬。 而李卫则既有田文镜之刚硬，又有狐狸的谋略，这样，李卫的官路就比较顺达。

"方"是壮士立志平天下的思想气度，做人的脊梁；"圆"是处世的锦囊，是聪明者适应社会、协调乾坤的行为准则。 "方"是以不变应万变，"圆"是以万变应不变。 有圆无方则不立，有方无圆则滞泥。 做人要外圆内方，办事要刚柔相济，交友要有所选择，说话要恰到好处，沟通要讲究技巧，处世要乐观豁达。 人立于世，必得在社会上行走，少不了要和人打交道。 为人处世无方，会使你到处碰壁、寸步难行；为人处世得法，会使你柳暗花明、事半功倍。

有功于人不可念，有恩于我不可忘

【原文】

我有功①于人不可念，而过②则不可不念；人有恩于我不可忘，而怨则不可不忘。

【注释】

①功：对他人有恩或有帮助的事。

②过：对他人的歉疚或冒犯的言行。

【译文】

自己帮助或救助过别人的恩惠，不要常常挂在嘴上或记在心头，但是对不起别人的地方却不可不经常反省；别人曾经对我有过恩惠不可以轻易忘怀，别人做了对不起我的地方不可不忘掉。

【活学活用】

古人云：施惠无念，受恩莫忘。我们要提倡真心诚意地帮助别人，不要怀有某种个人目的。因为一旦对方发觉自己是被利用的"工具"，即使你对他再好，也只会适得其反。带着个人的目的去帮助他人，只能得逞一时，终将失掉人心。真心帮助别人，别人对于你的帮助会永记在心，只要有机会，他们会主动报偿。真正的帮助是不以是否有回报作为出发点的，也正因为如此，无私真诚地帮助别人才是一种高尚的助人境界。在施予他人援手的时候，我们会感到一种幸福，心灵上会得到一种安慰、宁静、祥和的满足。

做人除了施惠无念、受恩莫忘，还要能够不念旧恶、宽以待人。不要在意他人是否与自己意见相左，不计较他人的过失和对自己的亏欠，不挑剔别人的短处。这是一种大度、宽容、高尚的思想境界。

君子坦荡荡，小人长戚戚。君子之所以坦荡，是因为他善"忘"，存亡、得失、哀乐、好恶、纷扰，全都忘得干干净净，心存仁厚、和颜悦色地面对世界，那么，还有什么烦恼呢？小人之所以悲戚，是因为他记忆力太强，功过、名利、恩怨，全都记得清清楚楚，心胸狭隘、怒目横眉地看待人生，这样还有什么快乐可言？

有些人对别人给予他的好处视而不见，对他的不利却耿耿于怀。殊不知，记住别人对我们的恩惠，抹去我们对别人的怨恨，在人生的旅程中才能自由翱翔。正如洪应明所说，对自己忘功不忘过，对别人忘怨不忘恩，是一种明智的选择。

施恩者无求，利物者不计

【原文】

施恩者，内不见己，外不见人，则斗粟①可当万钟②之报；利物者，计己之施，责人之报，虽百镒③难成一文之功。

【注释】

①斗粟：斗，是量器的名，十升为一斗。粟，是古时五谷的总称，凡未去壳的粮食都叫粟。

②万钟：钟，是古时量器名。万钟形容多。

③百镒：古时重量名，二十四两为一镒。

【译文】

施恩惠给别人的人，不可老把恩惠记在心头，不应有让别人赞美的念头，这样，即使付出一斗米也可收到万钟米的回报；用财物帮助别人的人，如果计较自己对人的施舍，而且要求人家的报答，这样即使付出一百镒，也难收到一文钱的功效。

【活学活用】

一个人既然要施恩惠于别人，就不要老将此事记在心中，等着别人的回报。希望别人回报的这种给予，是一种很虚伪的给予，不是发自于内心的一种怜悯，而是沽名钓誉，谋求一个好的名声而已。真正想帮助别人的人是从不指望回报的，那种人具有天生的爱心和同情心，在他们看来，能够对别人有所帮助就是一种难于言传的快乐，哪里还需要什么回报呢？其实对于那些真心帮助别人的行为，就是施予者不说，人们也自然看在眼里，记在心里，是非善恶自有公断。可是如果做了一点善事就总是挂在嘴上，希望全世界的人们都知道，这样的人就算做得再多，在别人眼里也一文钱都不值。这样的举动不仅可笑而且俗不可耐，聪明的人做了也不说，其实这比说出来的效果要好上百倍。

有齐有不齐，有顺有不顺

【原文】

人之际遇①，有齐②有不齐，而能使己独齐乎？己之情理③，有顺与不顺，而能使人皆顺乎？以此相观对治④，亦是一方便法门⑤。

【注释】
①际遇：就是机会境遇。
②齐：相等、相平之意，例如《孟子·公孙丑》篇"地丑德
齐"
③情理：此处作"情绪"解，也就是精神状态。
④相观对治：相互对照修正，治是修正。
⑤方便法门：佛家语，"方便"有权宜之意，"法门"是指佛
法，佛法就是人生法则，指领悟佛法的通路，因此称为法门。

【译文】
　　每个人的际遇各有不同，机运好的可施展抱负，机运坏的将可
能一事无成，自己又如何能要求机运的特别待遇呢？　自己的情绪
有好有坏，有稳定的时候也有浮躁的时候，又如何能要求别人事事
都顺从自己的意愿呢？　平心静气地对照观察，也就是设身处地反
躬自问，是领悟人生的一个最好途径。

【活学活用】
　　曾国藩曾经说过："大命由天定。"这话有些"宿命论"的意
味，但是许多与生俱来的东西的确是无法改变或者说非常难以改
变的。
　　生不由你，生在什么地方不由你，生为男人女人不由你，生于
贫家富家不由你，从而在某种程度上决定了你的人生起点不由你。
死不由你，古代多少帝王将相梦想长生不老，最终不过南柯一梦。
有的人天生丽质，人见人爱；有的人天生丑陋，羞于见人；有的人

吃得再多也不发胖，有的人只喝凉水也能长肉。人的许多疾病，细究根源，多多少少都与遗传基因有关，而遗传基因是自己能决定的吗？

如此来看，人是不是就要在命运面前俯首称臣？

不然！

首先，无论怎样的人生，都有顺与不顺。相对顺的人，对命运的看法可能会乐观些，不顺的人，可能会悲观些。在这个竞争异常激烈的年代，每个人的生存压力都会不断地加大。所以，哪怕你认为只有 1% 的命运掌握在自己手里，你也应该付出 100% 的努力，因为命运是上帝伸出的一只援助之手，能不能拉住是你的运气，而去不去拉则全在你自己！

其次，世事无常，顺逆的反复，我们无法预料。失去也许会让我们收获更多，悲伤只能让自己无谓地消沉。阵痛总要过去，总有破茧而出的一天。

对待生活，我们要学会坦然处之，这是生活的哲理、做人的学问。真正的坦然是独享寂寞，而又坚守有成；是处事无奇，而又为人有道；是淡泊明志，而又宁静致远。

生活中发生了什么并不是最重要的，重要的是你如何面对这已经发生的一切。只有坦然面对，才能固守一份超脱！学会坦然，你就会不以物喜而开怀大度，不以己悲而沉醉低迷。学会坦然，才有一颗平常心，才会生活美好，才会快乐。

心地干净，方可读书学古

【原文】

心地干净①，方可读书学古。不然，见一善行，窃以济私②；

闻一善言，假以覆短③，是又藉寇兵而赍盗粮④矣。

【注释】

①心地干净：心性洁白无瑕。朱子有："有古圣贤皆以心地为本"的说法。

②窃以济私：偷偷用来满足自己的私欲。

③假以覆短：借佳句名言掩饰自己的过失。

④藉寇兵而赍盗粮：李斯《谏逐客书》中有"此所谓藉寇兵而赍盗粮者也"。兵，武器。赍，付与。句意为：这就是所谓把武器借给敌人，把粮食交给强盗。

【译文】

只有心地纯洁的人，才能真正读圣贤书，学古人的道德文章，否则，看到善行好事就用来满足自己的私欲，听到名言佳句就拿来掩饰自己的缺点，这就等于资助贼子武器，接济强盗粮食。

【活学活用】

清代顺治年间的学者五蝉曾言："文章者，人之枝叶也；道德者，人之根本也；必根本立而枝叶繁焉。中鲜道德，外饰文章，虽有枝叶，其本立主亡。"这句话鲜明地道出了"心地干净，方可读书学古"的根本原因。一个有学问的人，未必就是利于社会、益于大众的人，还要看其品德好坏。持有纯洁的品德而求得学问，才能使自身发出美丽之光，从而，造福于人，对社会做出贡献。

道德是人立身的根本，假如个人品行败坏，心术不端，那么有了学术不但不会去施德行善，反而会做出更多的坏事来。因为，他们会将所掌握的学术作为作恶的武器。比如社会上有些人利用所学的技能，盗制淫秽光盘，偷制假钞，在网络上行骗等等，皆属此类。因此，可以说，如果一个人缺德太过，则其才越高，祸害越大。所以无论是过去还是当今，德才兼备才具意义。学问只有掌握在有德之人手中才能发挥出良好的作用，也才能对人和社会有益。

俭者贫而有余，拙者逸而全真

【原文】

奢者富而不足，何如俭者贫而有余；能者劳而府怨①，何如拙者逸而全真②。

【注释】

①劳而府怨：劳苦而怨谤集身。

②逸而全真：安闲而能保全本性，本为道家语，因为道家把完美无缺的人称为"真人"。

【译文】

奢侈无度的人，财富再多也感到不够用，这怎么比得上虽然贫穷却生活节俭而感到满足的人呢；有才干的人，假如由于心力交瘁而招致大众怨恨，哪里比得上笨拙的人由于安闲无事而保全纯真本性。

【活学活用】

我们看到一些聪明人，想得多，算计得多，结果弄得自己身心俱疲，倒是那些老实巴交的人生活得快乐而充实。

很多人都对金庸笔下郭靖的"傻里傻气"记忆犹新。 就是这个傻小子，最终成了受人尊敬的武林高手。

这正是傻人有傻福的真实写照。 傻人的福气主要体现在：

(1)傻人不过多使用权术。 他们缺少精明人的一些算计和设想，不会凡事都要策划一番。 有想法虽是好事情，可过头了常常就是陷阱，造成人的过失。 而傻人没有乱七八糟的想法，就自然地避免了那样的过失。

(2)傻人往往不患得患失。 他们一般情况下不会主动出击，这样反而可以避免使危险扩大，做到了顺其自然。

(3)傻人的眼光往往不够深，不够透，所以，也就不会百般挑剔。 一个不去挑剔生活和别人的人，谁能怀疑他的幸福呢？

(4)在傻人的眼里，过去的就过去了，没有什么大不了的，什么吃亏了，占便宜了，都不去计较。 因而，在生活里，只有傻人活得最痛快、最轻松，似乎也就最完备。

而精明人却不这样，他们看不起傻人，为防止自己做傻事，每一步都谨小慎微，恐怕有一点闪失，结果却总是让他们不满意，甚至不但干了错事傻事，还招来许多危险，落入怪圈或陷阱。

傻人有傻福，这绝对不是句空话。 傻一点往往会比十足的精明带来更多的好处，尤其是在这个人与人信任程度逐渐降低的社会里，傻一些，做傻事，说傻话，更容易取得别人的信任。 从某种意义上说，傻人比精明人更容易在社会上生存。

读书见圣贤，居官爱子民

【原文】

读书不见圣贤，如铅椠佣①；居官不爱子民，如衣冠盗②；讲学不尚躬行，如口头禅；立业不思种德，如眼前花。

【注释】

①铅椠佣：抄写匠。铅，铅粉笔，指古人蘸铅粉点校或抄写文字之笔。椠，用以写字的木板。佣，雇来工作的人。

②衣冠盗：偷窃俸禄的官吏。

【译文】

读书只知一味背诵文句，而不去研究古圣先贤的思想精义，最多只能成为一个写字匠；做官如果不爱护人民，每天只知道领取国家的丰厚俸禄，那就像一个穿着官服戴着官帽的强盗；只知研究学问却不注重身体力行，那就像一个不懂佛理只会念经的和尚；事业成功以后却不想为后人积一些阴德，那就像一朵艳丽却很快就凋谢的昙花。

【活学活用】

研读诗书不能只学表皮，还应仔细洞察先哲圣人的思想精髓，如此才能够有真正的收获，否则就等于是一个写字匠、抄写工。有许多人做学问只满足于形式上的追求，以附庸风雅的形式里作自我欣赏和自我陶醉。以为会读几首诗歌，会背几篇文章，便成了学者，实际上这是很幼稚的表现；当官的人如不能爱护黎民百姓，不体恤下属，不能真正地为老百姓做一些实实在在的事情，那又和穿着官服戴着官帽的强盗有什么区别呢？为官的人要么清廉，要么腐败，倘若不能将老百姓当做自己的衣食父母，只知道搜刮掠夺，那么他的末日也会很快来到。

教人学问应该身教言传，假如只知道讲述而从不愿做示范，那么这样的老师无异于一个整天只会念经而不通佛学的和尚。 教人学问应该耐心，很多时候有必要身体力行地做一些示范，才能将知识更有效地传送给学生，切不可因偷懒而误人子弟；建功立业的同时一定要考虑积累功德，从某种程度上说，积累功德比建功立业更重要。 如果忽略了后者，所有的功业都可能会如昙花，转眼之间就已凋谢。 因为功德是坚守功业的根基，故我们在创建事业时一定不可忘记积累我们的品行和功德。

学者须扫除外物，直觅本来

【原文】

人心有一部真文章①，都被残编断简②封锢了；有一部真鼓吹③，都被妖歌艳舞湮没④了。 学者须扫除外物，直觅本来，才有个真受用⑤。

【注释】

①真文章：真正的文章，好文章。

②残编断简：指古代流传下来的残缺不全的书籍。简，古代用来写字的竹板。

③鼓吹：古时用鼓等演奏乐曲，这里用"鼓吹"代指"音乐"。

④湮没：埋没。

⑤真受用：实在的好处。

【译文】

人们心中原本有一部好文章，却都被残编断简给封闭了；人们心中原本有真正动听的乐曲，却被一些妖艳的歌舞给埋没了。 所以求取知识的人需要清除外来诱惑，直接寻觅原来的本性，才能获取真实的好处。

【活学活用】

古人说"尽信书，则不如无书"，读书时不能盲目迷信书中内容。 如果一切都从书本知识出发，那么必然会陷入僵化的困境中。 随着历史的发展，人类积累的文化知识会越来越丰富，在这样的形势下，需要我们学会利用各类书籍，使其为我所用，而不是被各类书籍束缚住。 既要读书学习，也要学会独立思考，要相信自己的判断能力，相信自己心中原本有一部好文章。 与其在书山文海中迷失方向，还不如舍弃这些封闭人心、扼杀人智慧的"残编断简"。

人心中本来有美妙的音乐，如果不能发现自己内心，使其被各种杂念欲望遮蔽，那么本真也就被埋没了。 求学问道需要扫除杂念干扰。 需要寻求本性，这样才能真正有所收获。 在现代信息社会中，知识更新非常快，各种新知识层出不穷。 在这种情况下，如果不能明白自己真正想要追求什么，不能为自己设立学习目标，并坚持不懈地追求下去，那么就很有可能迷失方向。

没有长期总体规划，见猎心喜，什么都想学一点，对什么都有一点兴趣，结果就是什么都学不好，什么都学不专、学不精。 有一个学生，跟着一位有名的学者学习。 这个学生很苦恼，因为他对什么都有点兴趣，不知道自己到底应该学习什么。 他为自己设立了一个庞大的学习目标，并且向他的老师咨询。 他的老师告诉他，一个人的时间与精力有限，不可能完成那么多目标。 这个学生没有听从老师的劝告。 十几年过去之后，一个偶然的机会，学者遇到自己当初的学生，这个当年天赋很高的学生如今变得碌碌无为。 原因就是他什么都想做好，结果什么都没有做好。 因此一个人要想取得进步，必须有一个可以实现的学习目标，并坚持不懈地实现这个目标。 在学习过程中，可能会有各种杂念欲望，以及各种各样的诱惑，这些诱惑也可能是新知识、新的研究领域，这个时候需要我们坚持原则，坚守目标。 这样做，才能使自己有所收获。

苦心常悦心，得意生失意

【原文】

苦心①中常得悦心②之趣，得意时便生失意之悲。

【注释】

①苦心：伤心痛苦。

②悦心：心情愉悦。

【译文】

伤心痛苦的时候，要保持快乐喜悦的趣味，使自己身心愉悦。一切顺利的时候，要想到失意遇挫时的痛苦悲伤。

【活学活用】

生活艰难困苦的时候，不要再自己给自己施加压力，这个时候应该保持身心愉快，适当娱乐，使自己能得到放松。 要相信生活中的困难是能够克服的，道路虽然曲折，但前途是光明的。 做人要张弛有度，既不能使精神过于放松，也不能使自己的神经绷得太紧。

有一个记者到生活在贫困线以下的家庭采访，这个家庭是单亲家庭，男主人几年前因病去世，看病住院花掉许多钱。这个家庭本来就不宽裕，这一来还欠了债。女主人是一个女工，有两个孩子，都在上学。一家三口都靠着她那点工资过活，还要还债，过得很清贫。当记者见到女主人时，却吃了一惊。通常情况下，处于这种境况下的家庭，难免有些愁苦之气，但是这个家庭却不是这样。女主人脸上总露着笑容，爽快明朗。家里虽然没有很多家具，而且很多是别人不用的旧家具，却打扫得十分干净，布置得十分整洁。有许多小物件都是女主人自己动手做的，用的原材料都是不值钱的旧东西。孩子们也都很乖，知道体贴母亲。他们有时候会全家一同出去，逛书店游公园，总能找到生活乐趣。

苦与乐是一对矛盾，有苦必有乐，有乐也必然有苦。得意与失意同样也是共生的关系，人生有得意时，也不可避免会有不如意的时候。身处顺境中，不可得意忘形；身处逆境中，也不可萎靡不振。

富贵名誉，自道德来

【原文】

富贵名誉，自道德来者，如山林中花，自是舒徐①繁衍；自功业来者，如盆槛中花，便有迁徙兴废；若以权力得者，如瓶钵中花②，其根不植，其萎可立而待矣。

【注释】

①舒徐："舒"是展开，"徐"是缓慢，"舒徐"指从容自然。

②瓶钵中花："瓶钵"是僧人用具，"瓶钵中花"是指插在花瓶里的无根之花。

【译文】

荣华富贵的显名，假如是从道德修养中得来，那就如同生长在大自然环境中的野花，会不断繁殖，绵延不绝；如果是从建功立业中得来，那就如同生长在花园中的盆景一般，只要稍微移植，花木的成长就会受到严重的影响；假如是靠特权，甚至恶势力得来，那就如同插在花瓶中的花朵，由于根部并没有深植在土中，所以花朵很快就会凋谢枯萎。

【活学活用】

虽然说荣华富贵转头空，可是荣华富贵确实有其不可估量的吸引力。古往今来多少能力杰出的人才，为取得荣华富贵付出了极大代价。他们当中有些人并不是贪恋荣华富贵，之所以执著于荣华富贵，是因为取得富贵，光宗耀祖，也是个人能力的一种象征。这种能力又分为几等，一种是强取豪夺、仗势欺人的能耐，一种是纵横天下、建功立业的能力，还有一种是以德服人、以德服天下的能力。

荣华富贵如果是从强取豪夺中得来的，那么就像是花瓶中插的花，美则美矣，可惜美不了多久。没有收服人心，用不了多久就会有人起来反对。用权力获得富贵，当别人起来争夺权力之后，富贵也跟着失去。没有人民的真心臣服与拥护，荣华富贵势必短暂。如果是通过自己努力，立下无数功劳、建功立业而取得的荣华富贵相对长久一些。而且因为是自己通过努力得来的富贵，所以享受这份荣华富贵时心中没有愧疚之感。尽管如此，这份富贵依然不能长久享有，时时有失去的危险。 俗话说一朝天子一朝臣，谁也不能保证自己能得到所有皇帝的喜爱。 当皇帝换人时，臣子往往也跟着换，受以前皇帝信任的臣子，未必能得到新皇帝的信任。 这样一来，荣华富贵也就有了转手的危险。 何况即使皇帝不换，这份功名也未必能长久拥有下去。 俗话说伴君如伴虎，皇帝掌握生杀大权，一个不谨慎得罪了皇上，那么不仅荣华富贵保不住，项上人头也有可能丢。

孟子认为依靠道德，实行仁义政策，可使天下人真心归服。 即使没有强大的国力，一样可以收服人心，使天下归服。 商汤仅凭七十里的土地使天下归服，文王也仅凭纵横百里的土地收服天下。 时代变迁，在当今社会中，道德的作用依然显著。 无论从事哪行哪业，以德服人才能真正获得人心，获得人们的支持。

花铺好色，人行好事

【原文】

春至时和①，花尚铺一段好色②，鸟且啭③几句好音。 士君子幸列头角④，复遇温饱，不思立好言，行好事，虽是在世百年恰似未生一日。

【注释】

①时和：气候和暖。

②好色：美景。

③啭：鸟的叫声，发出婉转悠扬声。

④头角：指气象峥嵘，比喻才华出众。据韩愈《柳子厚墓志铭》说："虽年少，已自成人，能取进士第，崭然见头角。"

一般说成"崭露头角"。

【译文】

当春天到来时阳光和暖，就连花草树木也争妍斗奇，为大地铺上一层美景，甚至连飞鸟也懂得在这春光明媚的大自然里婉转动听地鸣叫。士君子假如能侥幸出人头地，列入杰出人物行列，同时每天又能酒足饭饱过上好生活，却不想为后世写下几部有益的书，做一些有益于世人的事，那即使他活到一百岁也如同一天都没活过。

【活学活用】

寒冬过去了，温暖的春天又来了。大地现出了活泼生气，花朵现出美丽的颜色，鸟也叫出清脆的声音，它们为春色增加了许多情趣。无心的花草和天真的雀鸟，都不断地给自然增加许多美感。何况人是万物的灵长，生在这一个世界，我们便不该没有作为。

人如果生来既不知自己是为何而生，更不想为社会尽点力量，就是所谓的醉生梦死之徒。若把自己可尊可贵的一生当做破蔽的鞋履一般扔掉，这可以说人不如草木与雀鸟了。

君子生于此世，若处身于社会的上等行列，而且衣食无缺，却只图物质上的享受，无声无息地终此一生的话，也等于一天都没有存在过，这真是和行尸走肉、石像木偶一样了。

《史记》中写石奋的幼子石庆，当了九年丞相，未给皇帝提过一条意见，做了几十年的官，死后老百姓不记得他有哪一件事值得称道，只有一条，就是城府深，为人谨慎。这样的人，之所以能如乡人之愿，使俗人向往，实在只是因为他们善于圆滑自处，会经营和保住自己的那点利益，使之平安无恙。 一句话，他们把自己的一切保护得好好的，像这种人实属最没有责任心的庸碌之辈！

孔子说：无是非、无骨气的好好先生是足以败坏道德的小人。这种人，貌似不错，就像稗草危害稻子、紫色混乱朱红一样，最能危害人道。 如果你没有建立大事业，自己觉得为人类的贡献小，那就请坚守最后一块阵地——保持人格上的高贵：像李白那样狂放——天子呼来不上船，像陶渊明那样清高——不为五斗米折腰，成为孔子说的"狂狷"，孟子所说的"大丈夫"。

这样的人，有真气，有个性，虽然缺点不少，但也很可爱。

兢业之心思，潇洒之趣味

【原文】

学者有段兢业^①的心思，又要有段潇洒^②的趣味。 若一味敛束^③清苦，是有秋杀无春生，何以发育万物？

【注释】

①兢业：兢兢业业，小心谨慎。
②潇洒：洒脱不羁。
③敛束：收敛约束。

【译文】

求学的人既要有谨慎小心的态度、刻苦研究的精神，又要有潇洒不俗的兴趣爱好。 如果只知道约束自己、刻苦求学，使自己过着极其清苦的生活，那么生活就像只有秋天的清冷却没有春天的生机，这样怎么能培育万物呢？

【活学活用】

治学是为了求得高深的学问，这当然要有勤奋耕耘的苦读精神，但在埋头苦读的同时，善于调节身心也是非常必要的。有道是良好的休息是为了更好地工作。

这段话的核心义旨是，专心致志、奋发上进的精神固然很好，但也不可忽略了读书之外的"潇洒趣味"，即要善于调节，让德、智、体、能等全面发展，不要只知关起门来"面壁"，那种关起门来"只知读书、不会做事"的书呆子是不足取的。

当然，就当今而言，那种具有十足"书呆子"劲的人是极少见的，也是鲜有所闻的。比如就中学生、大学生来说吧，他们在求学问道的同时，大多是不乏"潇洒趣味"。稍有空，就上网转悠，天南海北地聊上一番，有的甚至有了网瘾，出现逃课现象。对这种"潇洒趣味"，还是宜敛束为好，它与洪应明先生所说的意思也是有本质的区别的。

总的来说，这段话着重强调的是苦中有学，学中有乐。学要学得坚韧、刻苦，乐要乐得心灵舒畅、高雅。这就要求不失张弛之道，其目的是为了更好地学习，更好地获得成果。

一张一弛，文武之道，无论做什么事情既要专注，也要保持一颗灵动之心。正如运动员上场对阵比赛一样，倘若缺乏好的心理素质，即使有好的技法，也难以收到好的成效。这就是弦太紧会崩断，弦太松不出声音的道理。

真廉无廉名，大巧无巧术

【原文】

真廉①无廉名，立名者正所以为贪；大巧②无巧术，用术者乃所以为拙。

【注释】
①廉：廉洁。
②大巧：大智慧。

【译文】

一个真正廉洁的人不与人争名，不一定有很响亮的名声，那些到处树立名誉的人，正是为了贪图虚名才这样做；一个真正聪明的人不炫耀自己的才华，那些卖弄自己聪明才智的人，实际上是为了掩饰自己的愚蠢才这样做。

【活学活用】

真正清廉的人，不会刻意树立廉洁的名声。 树立一个廉洁的名声，正是贪恋名声的做法。 清廉是君子应当具有的品德，保持清廉是君子应当做的事情。 特意为自己树立一个清廉的好名声，这还是看重虚名而不是更看重实际的做法。 看重虚名超过实际，这是被真君子所鄙视的。 真正廉洁的人把保持清廉作为自己分内之事，看成是自己的责任与义务，不会特意为自己树立一个清廉的名声，惹来沽名钓誉的嫌疑。 当今社会，有些人在活着的时候我们并没有听说他们的清廉事迹，而当这些人去世之后，他们清廉的名声传播开来，各种赞美荣誉也纷纷跟着而来。 人们也许会想在这些人活着的时候，为什么不多给他们一些荣誉与奖励，非要等他们离开人世间了才给加冕，是不是为时已晚？ 其实换一个角度想这个问题，我们或许能得出不同结论。 这些人之所以在生前默默无闻，恰恰是他们在默默奋斗，尽职尽责履行自己的义务，默默做好自己的事情。 他们不贪虚名，不会花心思花时间为自己树立良好名声。

真正具有大智慧的人，不会去玩弄机巧，不会耍一些小聪明骗人。 《红楼梦》中有一位非常聪明的女人王熙凤，她的聪明不只是小聪明那么简单，她确实很有才干。 文中借仆人之口说她口才非常好，十个会说的男人都说不过她一个。 管理家事，讨老祖宗贾母喜欢，这些事她都做得很好。 她很会活跃气氛，她讲笑话时小丫头们都呼朋唤友赶着去听。 就是这样一个聪明人，十二金钗的判词里说她"机关算尽太聪明，反误了卿卿性命"。 她确实聪明，只是她的聪明多用在怎么样算计别人，怎么样为自己捞取更多金银珠宝上。 用各种巧术算计别人，最终自己也不会有什么善果。 真正有智慧的人是不会用机巧算计别人的，俗话说"大智若愚"，真聪明的人有时宁可吃一些小亏，而不是要处处争先，占尽别人便宜。

居无不居有，处缺不处完

【原文】

欹①器以满覆，扑满②以空全；故君子宁居无，不居有，宁处缺，不处完。

【注释】

①欹器：欹，不正的意思。欹器是古代用来汲水的陶罐，因提绳位于罐体中部，所以，一旦装满了水就会翻倒，当水满一半时能端正直立，当水空时就会倾斜。古时帝王把它放在座位左侧，作为规劝警惕的器具。据《荀子·有坐》篇："孔子曰：'我闻有坐之器者，虚则，中则正，满则覆。'孔子故谓弟子

曰：'注水焉！'弟子把水而注之，中而正，满而覆，虚而。孔子怅然叹曰：'吁，恶有满而不覆者哉！'"。

②扑满：用来存零钱用的陶罐，有入口无出口，满则扑破取出。

【译文】

敧器因为装满了水才倾覆，扑满由于腹中空无一物才得以保全。所以君子宁愿处于无争无为的地位，也不要站在有争有夺的场所，日常生活宁可感到欠缺一些，也不要过分完满。

【活学活用】

一个有追求的人，会觉得学问越做越深，真理之路越走越难，所以深信"满招损，谦受益"的道理。这个道理古今中外的认识似乎有共性，如《圣经》中耶稣说"心理贫穷的人是幸福"，意思就是忠告世人要经常虚怀若谷。

"慢心"与"满心"读音是很接近的，因为杂念充满了心头便失去了真心，代之而起的便是慢心，所谓慢心，就是傲慢之心，也是满心以后的骄狂状态。一个人一旦处于骄狂心态之下，对事物的追求便有如一堵墙挡住了他的视线，使他在自我封闭的圈子里自满。而且一个人一旦有了骄狂的态度，就容易招致他人的嫉恨，因而四面楚歌，岂有不失败之理？就物质方面来说，处于"无物"的环境是无害无碍的。因为无害与无碍，就有向上发展的生气。反之，"有"的境界是有害有碍的，因为有物之处必定生出种种的障碍与争夺，结果悲惨不幸的事就发生了。何况满足正是缺欠的开始，世间小人以无为苦，因而多行不善与不义的事，唯有君子能够安贫乐道，以其为进德修业的基础。

我们经常看到：那种痛楚后的失声大哭；对世事不平的狂呼怒吼；酒后失态者倾诉埋在心里发酵了的往事；单相思者于心上人的新婚之夜，在雨中久久伫立；平日沉默寡言者喋喋不休地诉说苦难；狂傲者忏悔爱情的失意；官场失意者独品清茶；红颜逝去的佳丽对镜哀叹；"好汉不提当年勇"的长吁短叹……这是人们在最脆弱、最不设防的时候，挖出自己最痛、最疼的那一部分东西，然后，颤抖、哭泣，最后让心灵流出血来。这是一种平凡者残缺的美，这种美是人心最纯、最美的闪光点。

具有残缺美的人，必定真正活过。林黛玉的残缺，在于她有刻骨铭心的爱情；梁山伯的残缺，在于他有坚贞不渝的情感；三毛的残缺，源于她历尽沧桑后一刹那的透彻与超越；贝多芬的残缺，则是聆听自己的键符撞击生命的悲壮乐章。这是优秀者人生的残缺，就像天空中那开满了的礼花。正因为这各种各样残缺的美，才为文豪们、艺术家们提供了很多很好的素材，使它们成为千古绝唱。

我们不喜欢这种残缺的美，可又不得不敬佩这种美具有强大的生命力。这种美能直接触动人们心灵中最脆弱、最敏感的那一部分，使人们随着他们流泪、欢笑、叹息，或者沉默——这是一种令人心悸的快感。然而，每个人只要能静下心来，就会享受到这种别致的幸福和欢乐。

断臂维纳斯的美丽，在于她的体态，更在于她的残缺。

残缺一点，贫困一点，并不是什么极坏的事情。

拔去名根，融化客气

【原文】

名根①未拔者，纵轻千乘②，甘一瓢③，总堕尘情④；客气未融者，虽泽四海，利万世，终为剩技。

【注释】

①名根：名利的念头，即功利思想。

②千乘：古时把一辆用四马拉的车叫一乘。

③一瓢："瓢"是用葫芦做的盛水器，"一瓢"是说用瓢来饮水吃饭的清苦生活。《论语·雍也》篇："贤哉回也，一箪食，一瓢饮，居陋巷，人不堪其忧，回也不改其乐。"

④尘情：俗世之情。

【译文】

名利思想没有彻底拔除的人，即使他能轻视富贵荣华而甘愿过清苦的生活，最后仍然无法逃避名利世俗的诱惑；一个受外力影响而不能在内心加以化解的人，即使他的恩泽能广被四海以至遗留万世，其结果仍然算是一种多余的伎俩。

【活学活用】

世上有很多人都表示自己愿意过清淡的生活，甚至不失时机地标榜自己的淡泊与脱俗，可是过清静淡泊的生活并不那么简单，不止是说说而已。有的人表面上看像过清心寡欲的生活，而内心仍然对灯红酒绿的花花世界流连忘返，老是放心不下。这种人仍不能真正的脱俗，好比六根未尽的和尚常常要下山偷点酒喝一样。如果追逐名利的思想不能从根本上清除，那么所做的、所说的都只是一种形式罢了。最终此人仍不能摆脱物质世界的诱惑，可能会再次落入俗套，坠入红尘中去！

有一种人常常施恩于别人，广布善缘，恩泽天下。可是他的内心并不像外表一样安详平静。 他一样要受许多外力作用的影响，内心活动因客观因素的影响而变化加剧，不能真正保持内心的平静。 也许他能做到宠辱不惊，可还是不能达到宠辱偕忘的境界。 这样的人需要加强心理的锤炼，让内心的力量增强，强到可以化解外来的任何影响！无论是怎样的腥风血雨，杀气腾腾，只要一进入他的内心，就会化为淙淙清泉滋润心田。 否则即使是他的恩泽广施天下，遗留千秋万代，仍是一种多余的伎俩，不能从本质上滋润人们的心灵。

心体光明，暗室有青天

【原文】

心体①光明，暗室②中有青天；念头暗昧③，白日下有厉鬼。

【注释】

①心体：指智慧和良心。

②暗室：隐秘不为他人所见的地方。

③暗昧：不光明叫"昧"。指阴险见不得人。

【译文】

一个心体光明磊落的人，即使立身在黑暗世界，也能看到万里晴空；一个欲念邪恶不端的人，即使生活在光天化日之下，也像被魔鬼缠身一般终日战战兢兢。

【活学活用】

天地之所以成为天地，就是有了人；人之所以成为人，就是有了心。 天地间以人为神，而人又以心为神。 拥有一颗光明与希望之心，自会有"日暖风和草木幽"与"万顷波中得自由"的朗朗境界，也自会有一种沐浴晨光，清风舒徐的心灵潇洒。 倘若心地不轨和幽暗，必然会有浮云蔽日之感，亦会有心亏胆战之惊。 这段话的义旨是人要心怀坦荡，不要暗怀鬼胎。 心体光明，晴空朗朗。 如果念头污浊，必生恶意，恶事一行，麻烦或灾祸也就离你不远了。

心中存一分光明，少一分暗昧，才是高山望远，才是气定神闲，它既有着"身正不怕影子斜"的坦然，也能在"不做亏心事，不怕鬼敲门"中保持一个真实的自我。 如此，不但不会受魔气缠身，而且即使在黑暗处也能望见朗朗的繁星。

无名无位之乐，不饥不寒之忧

【原文】

人知名位①为乐，不知无名无位之乐为最真；人知饥寒为忧，不知不饥不寒之忧为更甚。

【注释】

①名位：泛指名誉和官位，也就是功名利禄。

【译文】

人们都知道求得名誉和官职是人生一大乐事，却不知道没有名声没有官职的人生乐趣是最实在的；人们只知道饥饿寒冷是最痛苦是值得忧虑的事，却不知道在不愁衣食后，由于种种欲望，由于患得患失导致的精神折磨才更加痛苦。

【活学活用】

人们追求财富显贵而使生活过得更好些是很现实和正常的，但并不能因此而忘却自身修养。

曹雪芹的《红楼梦》中写了一首《好了歌》说明了世俗心理："世人都晓神仙好，唯有功名忘不了！古今将相在何方？荒冢一堆草没了！世人都晓神仙好，只有金银忘不了！终朝只恨聚无多，及到多时眼闭了。"陶渊明因为讨厌官场倾轧，讨厌玩弄权势的人，不为五斗米折腰，挂冠而归田园，成为千古美谈。从这种寻求内心平衡和道德完善的角度来讲，生活清贫而不受精神之苦，行为相对自由洒脱而不受倾轧逢迎之累是可羡慕的，安贫乐道未尝不好。快乐可以很简单，在于明月清风之间，在于劳动后树阴下的小憩里。

哲人说："当官为民，有钱没钱，其实都一样可以活得有滋有味，各有各的活法儿。一切都随时空的转移，个人的条件为依据。"不必刻意去追求功名利禄，官大五品，腹中空空，也是虚有官禄。"芝麻绿豆"一个，身怀绝技，照样悠哉快哉！

但是，人没有追求就活得乏味，没奔头，还得要追求。功名利禄到手了，"七品"的还想闹个"六品"，有了"六品"想"五品"，有了"五品"又眼馋"三品"。于是就得巴结，拼命地巴结，只在"品"级上巴结，结果"人品"是巴结一级少一品，到头来累得精疲力竭。仔细品味品味，竟不知道人生是个啥滋味，一辈子不懂得真人生，也不曾享受过真人生，"活得真累"！

在功名利禄之上，"难得糊涂"，一切顺其自然，认认真真地做事，老老实实地做人，得则得，不能得则不争；当得没得，不急不恼；不该得，得了，也不要。这才叫聪明人，活得轻松，悟得透彻。

人总是会说活得很累。细究起来，生活中的累，除了体力之累，还有精神之累、欲望之累。欲望的满足不是满足，而是一种自我放逐，欲望会带来更多更大的欲望。

其实，从生活的价值来说，能够体味人生的酸甜苦辣，做过了自己所喜欢的事，没有虚度这百岁年华的生命，心灵从容富足，则富在贫在，皆足安心。

为恶有善路，善处是恶根

【原文】

为恶而畏人知，恶中尤有善路^①；为善而急人知，善处即是恶根^②。

【注释】

①善路：向善学好的路。
②恶根：过失和根源。

【译文】

一个人做了坏事而怕别人知道，这种人还保留了一些羞耻之心，也就是在恶性之中还保留一点改过向善的良知；一个人做了一点善事就急着让人知道，证明他行善只是为了贪图虚名和赞誉，这种有目的才做善事的人，在他做善事时已经种下了恶根。

【活学活用】

我们说一个人道德修养高，并非是因为他做了一件或几件善事。做好事只是表面现象，而长期的心灵磨炼才是他们修身的目标。 他们把做善事作为自己修省内心的一种方式，所以并不想让人知道，而沽名钓誉之辈常以善举来装点自己的形象，却唯恐别人不知道。

孟子说："羞恶之心人皆有之。"正是由于羞恶之心的存在，人才不至于为恶，能坚守做人的底线。 如果一个人没有了"羞恶之心"，作恶就不知可耻。 作恶而知可耻，唯恐被人知道，说明他还有"羞恶之心"，还不为大恶，因为无耻之耻才是真正耻辱，也就是我们所说的"恬不知耻"。

老子也说过一句类似的话，叫"上德不德，是以有德；下德不失德，是以无德"。 什么意思呢？ 也就是说一个人要求名求利，立功立德，首先必须要从不求名利做起，不能自恃有德；假如处处表现自己的有德，唯恐失去自己的"善"名，那实则就已失去了德、名。

我们也可以从字面上理解这句话："上德不德"，做善事是应该的，做到了也没名气可捞，别人不晓得你在做善事，我们可以理解为"做善事不是以追求名声"。 这里省略了两个字，本意应该是不故意做好事以追求名声，也就是不为名声而故意去做好事，这样才能安心，心平则气和。 为了做好人而做好事，为了让人家去表扬，为了让人家叫我们好人，看到我们做了善事，那就不算善事了。 比如，有很多人捐款救助别人而不留下姓名，不企求任何回报，这就是"为善而不急人知"，这就是真为善。

君子只是逆来顺受，居安思危

【原文】

天之机缄①不测，抑而伸②，伸而抑，皆是播弄③英雄，颠倒豪杰处。 君子只是逆来顺受，居安思危，天亦无所用其伎俩矣。

【注释】

【注释】
①机缄：机，发动；缄，封闭。机缄，一动一闭，比喻气运变化。
②抑而伸：抑，困窘；伸，显达。抑而伸，就是有时抑之使人陷入困境，有时伸之使人置身荣华。
③播弄：颠倒反复有如玩弄。

【译文】
上天的奥秘变幻莫测，绝对不是人类智慧所能全部洞察的，它有时先使人陷于窘境然后再让人春风得意，有时又会让人先得意一番之后再让人遭受挫折，所谓的英雄豪杰都在它的捉弄之中。 因此一个有才德的君子，当不如意时要适应环境，从容对之，在平安无事时要想到危难的来临，假如君子真能做到这样，那么上天也就无法施展捉弄人的戏法了。

【活学活用】
天机的奥妙是难以思忖的，不要说未来的事不可预料，就连目前的事也很难推断。 它有时让人先饱受磨难后再春风得意，有时让人先得意一番后又陷入困苦挫折之中。 有高深修养的人对此看得很清楚，并有一套良好的对付办法：逆来顺受，居安思危。 他们很清楚，祸福、得失、苦乐在人自取，人能求福，也能避祸。求福与避祸，也全在自己。

姜太公曾经对周文王说："涓涓流水不堵塞，将来有成为江河的可能。 星星之火不扑灭，就会燃烧成熊熊烈焰。 大树两边的枝叶不除去，以后怎么用斧子去砍伐呢？"管仲说："祸患没有发生之前就应该做好预防的准备。"这是古代圣贤在成事、立业及治天下时秉持的谨慎持重的原则。

可以说，思危求安，虑退得进，是宽柔，是远见，是至高智慧。它对于保护自我、成就未来具有非常重要的意义。

当今我们所处的时代，物质文明高度发达，社会生活安定，人们不需要为最基本的生存问题而日日愁烦了。然而，谁也保证不了在风和日丽的春天，不能响起晴空霹雳。尤其在竞争异常激烈的事业场上，奇波诡谲，风云跌宕，变数更难捉定。因而，我们应常有忧患意识，少一些安乐多一分忧患。居安思危是长远的眼光，是推进事业立于不败之地的重要所在。

躁性者火炽，寡恩者冰清

【原文】

躁性者火炽，遇物则焚；寡恩①者冰清，逢物必杀；凝滞固执②者，如死水腐木，生机已绝，俱难建功业而延福祉。

【注释】

①寡恩：性情冷酷而缺乏人情。

②凝滞固执：凝滞，是停留不动的意思，比喻人的性情古板。固执，是顽固不化。

【译文】

一个性情急躁的人，他的言行如烈火一般炽热，仿佛跟他接触的物体都会被焚烧；一个缺乏同情心，刻薄寡恩的人，他的言行就像冰雪一般冷酷，仿佛任何物体碰到他都会遭到残害；头脑顽固而呆板的人，像死水朽木，已经完全断绝了生机，这都不是建功立业为社会人类造福的人。

【活学活用】

要想做一番事业，就必须认清人的个性。 每个人有自己的性格，世间有三种人很难与之共事：性情急躁而慌慌张张的人，刻薄寡恩而无情无义的人，顽固不化而固执己见的人。

性情急躁的人对于任何事都缺乏全面考虑，完全听凭自己的浮躁之气去做，毫无沉着稳重之谋。 他的个性好像一团烈火，遇事好生气，事后求原谅，即使在事业上取得成就，不久也会破坏无遗，自毁前程。

刻薄无情的人，或许有一副冷静的头脑，但是他的心是冰冷而寒酷的，对人对事冷酷无情，人们见到这种人就觉得不寒而栗，他与别人很难建立起信任，他在事业上也很难有什么建树。

顽固不化的人，遇到事丝毫不讲究通融变化，凡事没有商量的余地，一点也不能让人，他们的心性就宛如死水朽木毫无生气，认定一样东西，不管对错坚持到底，自以为是坚持原则，实际上是在坏事，所以这种人根本谈不上创造性，一切事业只有退步而无进展。

如果和以上的三种人去协力同心建功立业，可以断定不会有什么成就，恐怕本身的幸福也得牺牲在里面，更不会有什么悠久绵长的希望。 要寻求事业上的合作者，必须是志同道合、能知人容人用人的人。

现实生活中，凡不能正确地对待别人的人，就一定不能正确地对待自己。 见到别人做出成绩，出了名，就认为那没有什么了不起，甚至千方百计诋毁贬损别人；见到别人不如自己，又冷嘲热讽，借压低别人来抬高自己。 处处要求别人尊重自己，而自己却不去尊重别人。 在处理重大问题上，意气用事，我行我素，主观武断。 像这样的人，干事业、搞工作，成事不足，败事有余，在社会上恐怕也很难与别人和睦相处。

养喜神召福，去杀机远祸

【原文】

福不可徼^①，养喜神^②以为召福之本而已；祸不可避，去杀机^③以为远祸之方而已。

【注释】

①徼：当"祈福"解。
②喜神：喜气洋洋的神态。
③杀机：在暗中有杀害他人的动机。

【译文】

福分不可强求，经常保持愉快的心情，就是招来福分的根本；灾祸难以躲避，能消除害人的念头，就是远离灾祸的良方。

【活学活用】

人活着是一种心情！这个世界本来很简单，是我们把它弄复杂了，结果得到的就是痛苦。

生命不是用来寻找答案，也不是用来解决问题的，它是用来愉快生活的。 人生多一份烦恼，就需要有一份禅心来解救。 红尘凡夫，人人都需要一颗禅心。

福分是人人都渴求的一种东西，每个人在自己的一生中都祈祷幸福、安乐，希望五福临门，但是却有很多人都不知道怎样才能获得真正的福分，让自己平平安安地过一生。 真正的福分不是求来的，尽管平常我们经常做一些祷告，设一些祭坛，向上天祈求赐福给我们，但那些说到底只是因为我们心中有美好的愿望，然后自欺欺人找一些形式来安慰自己干涸的心灵。 真正的福气其实就在人的内心，那才是一切福分之源泉。 内心的安宁、愉快的心境，像一个巨大的超声波，呈辐射状散发到四周，身体的每个细胞、每根神经在接收到这个信息之后，人就会感到精神的愉悦，而这些东西不是靠祈求得来的，它需要人内心的平和与安详，才能换取人生最大的幸福。 反之，人生的祸患也是不可逃避的，如果内心充满了怨恨和愤怒，必定会招来许多灾难，所以远离祸害最好的办法就是清除内心的不良情绪。 只要这些不良情绪不再充斥于内心，就不会导致我们有什么过激的行为，我们就不会因为少得到一些东西而抱怨，不会因为多做了一些工作而烦躁。 平静的心情会让我们在遇到问题时保持应有的冷静，处理得当，自然不会留下后患。 所以要远离祸患，须得从清除自己内心的杂念开始。

宁默毋躁，宁拙毋巧

【原文】

十语九中，未必称奇，一语不中，则愆尤①骈集②；十谋九成，未必归功，一谋不成，则訾议③丛兴。 君子所以宁默毋躁，宁拙毋巧。

【注释】

①愆尤：过失叫"愆"。尤，责怪。"愆尤"是指责归咎的意思。

②骈集：骈，与"并"同，"骈集"就是"接连而至"。

③訾议：诋毁叫"訾"。訾议，有非议、责难的意思。

【译文】

即使十句话能说对九句也未必有人称赞你，但是假如你说错了一句话就会接连受人指责；即使十次计谋你有九次成功也未必归功于你，可是其中只要有一次失败，埋怨和责难之声就会纷纷到来。所以君子宁肯保持沉默寡言的态度，绝不冲动急躁；做事宁可显得笨拙，绝对不能自作聪明，显得高人一等。

【活学活用】

"好事不出门，坏事传千里。"好事之所以出不了门，那是因为人们有嫉妒心，看到你有光彩的事就绝口不提，结果就使这种好事遭受尘封和冷冻，以致永远无法让世人知道。反之，一旦做了一件坏事，在人们幸灾乐祸心理的驱使下，立刻一传十十传百，很快就能让所有人知道。所以作者才发出了"十语九中，未必称奇，一语不中，则愆尤骈集；十谋九成，未必归功，一谋不成，则訾议丛兴"的慨叹。

在纷繁复杂的社会中，种种关系扑朔迷离，让人眼花缭乱。尤其在人际交往中，嫉贤妒能的情形并不在少数。当你所说的话中，十句对了九句，未必有人对你赞誉称奇，可是你说错了一句，往往会受到种种指责。

这就是告诫人们，在某些特殊的场合或特殊的情形之下，说话一定要深思熟虑，要像收紧的小口袋那样，将想表达的意思好好地组合成合适的语言，且用合适的语气表达出来；如果考虑的不成熟，宁可沉默，也切不可随意而发。

因此，在一定的场合中说话必须三思。须知，多一份思考，少一份粗莽；多一份慎重，少一份是非。这既是一个人的涵养，对人生也有很大益处。可以说，"宁默毋躁，宁拙毋巧"是为人立身处世的良训。

和气热心，福厚泽长

【原文】

天地之气①，暖则生，寒则杀。故性气②冷清③者，受享④亦凉薄；唯和气热心之人，其福亦厚，其禄亦长。

【注释】

①天地之气：指天地间气候的变化。

②性气：性情气质。

③冷清：清高冷漠。

④受享：所享有的福分。

【译文】

大自然四季运转，春夏和暖万物就获得生长，秋冬寒冷万物就丧失生机。做人的道理也和大自然一样，一个性情高傲冷漠的人，他所能得到的福分自然就淡薄；只有那些性温和而又热情助人的人，他获得的福分不但丰厚，他的官位也会久长。

大自然四季变化，春夏气候温暖，万物就获得生机，秋冬寒冷，万物就丧失生机。 同样，做人的道理也是如此，古道热肠让人愿意接受，和和气气更是持家立业的基础。 反之，一个性情过于冷漠的人就如寒冬一般，让人无法接近，这种人很难得到别人的协助。 从做事来说，个人的力量是有限的，"人多力量大""众人拾柴火焰高"，我们必须互相合作才有更大力量，才能成就大的事业。 而一个人整天板着面孔自命清高，那谁还愿意与之相处，与之精诚合作呢？这样的人缺少人与人之间的和谐，势必过着没有温情的孤寂生活。

孟子说过："天时不如地利，地利不如人和。"三者之中，"人和"是最重要的、起决定作用的因素。 一个低调的人，懂得与人沟通、合作，在和和气气的交往过程中，成就自己与他人的大事。 和和气气就是与人交往时，在非原则的问题上不斤斤计较，能够大度容人，宽以待人，求同存异，以德报怨。 和和气气有助于扩大交往的空间，滋润人际关系，消除人际间的紧张和矛盾。一个人由于出身不同、阅历各异、文化程度有高有低、气质性格存在差别，在交往中难免产生误会和矛盾，发生磕磕碰碰的事情。这就需要遵循和和气气的原则。 如果有人伤害到你，你就耿耿于怀，以牙还牙，必然导致矛盾激化和恶性循环。

天理路上宽，人欲路上窄

【原文】

天理①路上甚宽，稍游心②，胸中便觉广大宏朗；人欲③路上甚窄，才寄迹④，眼前俱是荆棘泥土⑤。

①天理：天道，佛教语。

②游心：动心

③人欲：人的欲望，据《礼记·乐记》篇："灭天理而穷人欲者也。疏：'灭其天生清静之性，而穷极人所贪嗜欲也。'"

④寄迹：立足投身。

⑤荆棘泥土：荆棘多刺，因此用于比喻坎坷难行的路或繁琐不好办的事，又引申为艰难困苦的处境。"泥土"是污浊，范仲淹文中有"泥土轩冕"。

【译文】

天道就像一条宽敞的大路，只要人们稍一用心探讨，心灵深处就会觉得豁然开朗；人世间欲望就好像一条狭窄的小径，刚一把脚踏上就觉得眼前全是一片荆棘泥泞，稍不小心就会陷进泥淖，寸步难行。

【活学活用】

追求真理的道路十分宽广，而欲望之路就十分狭窄。 人生在世如白驹过隙，是抓紧时间及时享乐还是追求光明真理，这全在个人选择。 真理的道路会越走越宽，是一条走向光明的道路；相反欲望之路则会越走越窄，到最后简直寸步难行。 因为人的欲望是无穷无尽的，有了银想得金，有了绸缎衣服又想念貂裘，鸡鸭鱼肉吃厌又想着鱼翅燕窝。 不控制自己的各种欲望，只是一味顺应这些欲望，只会使自己的人生道路越走越窄，甚至走向绝路。 人的欲望不仅表现在对物质生活的追求上，也表现在其他方面。

有这样一个故事，说的是有一位叫张旭的有为青年，他各方面表现都很出色，只有一个缺点：喜欢抽烟，烟瘾非常大，一直戒不了烟。　有一天晚上，他到外地去出差，住在一个偏僻的旅店里。走时比较匆忙，他没来得及买烟，而且带的烟都抽光了。　这时候天下起雨来，雨很大，外面一片漆黑。　旅店里不卖烟，他要想买烟得到外面去。　旅店附近没有超市也没有小商店，最近的一家超市，步行走过去大概得半个小时。

他的烟瘾犯了，坐卧不宁。　烟瘾驱使他带着雨具出门。　但是当他站在茫茫雨中时，忽然停住了，他问自己："我这是在做什么？"他一个成熟有理智的青年，在一个大雨夜，被自己的烟瘾驱使，冒着雨也要去买烟。　为什么要被自己的欲望驱使？他想，如果我不能在抽烟上控制我自己，那么当我在别的事情上又怎么能控制自己？一个理智健全的人是不应该屈从于自己的欲望的，他这样想后，转身回房，安稳入睡。

正如故事中张旭自己对自己说的话，一个人不应该受自己欲望的驱使。　不能控制欲望，放纵自己跟着欲望走，最终只能沦为自己欲望的奴隶。　相反追求真理则会使路越走越宽，前途越来越光明。

磨炼成福者，参勘出真知

【原文】

一苦一乐相磨炼，炼极而成福者，其福始久；一疑一信相参勘①，勘极而成知者，其知始真。

【注释】

①参勘：对比参照着考察。

【译文】

在人生路上经过艰难困苦的磨炼，就会获得幸福，这样的幸福才会长久；对知识的学习和怀疑交替验证，探索到最后而获得的知识，才是千真万确的智慧。

【活学活用】

经过苦难与快乐的反复磨炼，能够使人成长，使人增长才干，也使人明白幸福生活来之不易，从而更懂得珍惜。中国历史上一些明君和良相贤臣，其中有很多都经历了苦难磨炼。从安逸生活到清苦生活，从清苦环境再到显贵环境，在这些转化过程中，他们饱尝了人世间的冷暖滋味，对人生有了更深刻的认识。这样，当他们获得某些机会时，就会牢牢抓住，取得成功。汉文帝在我国历史上可称明君，"文景之治"中的"文"指的就是汉文帝。他在位时期，重视生产，废除严酷刑罚，使经济得到稳步发展，国家呈现出繁荣昌盛的景象。汉文帝重视民间疾苦，体恤民情，这与他个人的经历有关系。在他继承皇位之前，他一直在战战兢兢的状态中生活。当时汉高祖刘邦去世之后，政权被吕太后掌握。吕氏家族掌权，汉文帝只有谨慎小心，绝不能出一点差错，才能保住性命。因为他自己经历一番磨难，所以在当上皇帝之后，能够体会民间疾苦，关心百姓生活。他关心生产，亲自率领大臣耕作；提倡节俭，以身作则，自己不穿华丽的衣服。他曾想造一座露台，结果听工匠说要花费百金之多，就嫌太贵，放弃了建造露台的打算。

在做学问的过程中，学者需要有不厌其烦的精神，反反复复、细致入微地考察研究问题，这样才能真正解决问题。既要相信自己掌握的知识是正确的，同时也不放弃怀疑。在怀疑与信任中反复研究考察事物，经过反复勘察得出的结论才靠得住。 真理是经得住推敲的，不能经受人们反复推敲的那些认识不是真理。 真理不怕人们反复考察，真理经得住人们反复研究。 人们在反复考察，不断提出疑问又解决疑问的过程中，能够对事物产生新的认识与发现。 反复研究考察，这样的工作虽然很琐碎枯燥，但是坚持下来后的收获也是丰厚的。 刻苦做学问虽然很苦，但最后收获的是甜美的果实。

虚心居义理，实心拒物欲

【原文】

心不可不虚①，虚则义理②来居；心不可不实③，实则物欲不入。

【注释】

①虚：虚心，谦虚。

②义理：言辞、文章的含义与观点。

③实：充实，真实。

【译文】

一个人不可以不虚心，虚心才能接纳真理和学问；一个人的心里不可以不充实，充实的内心才能抵制各种物质欲望的诱惑。

【活学活用】

虚心的人才能接受真理和各种知识。 宋朝时候的张咏是一个非常聪明的人，他不指定某一个人当他的耳目，遇到事情便亲自到民间访查，了解真实情况。 张咏说："别人都有自己的好恶，这样会扰乱我的视听，我分别与各方面的人接触，不是只听一面之词。 既向君子询问，也要向小人请教。 这样就能对事情的真实情况有所了解了。"保持这种虚心的态度，不是用自己已有的成见看法去认识世界，这样才能接受真理。 如果对待一切事情都自以为是，不能够虚心地接受别人的意见，不能够虚心地调查研究，这样也就无法获得真正的知识，也无法认识真理。

人既要虚心，又要使自己的内心充实。 一个心中空无一物的人，是无法抵制各种诱惑的。 许衡少年的时候，一天和同伴经过河阴，路边有梨树，结了不少果子。 同行的人都爬到梨树上去摘梨吃，只有许衡不为所动。 同伴问他："许衡，你怎么不摘梨吃啊?"许衡回答说："不是自己的东西，却把它拿走是不对的。"同伴说："现在是乱世，梨树的主人早已经不知道去哪里了，这棵梨树现在没有主人了。"许衡回答说："梨树没有主人，我心里却有判断是非的标准。"正因为坚持自己的道德标准，所以许衡能够面对梨树却不摘梨。 生活中，有许多人能够做到见利不忘义，面对各种各样的诱惑都能抵制而不动心，这是因为他们心中都有自己的是非观念、道德标准。 具有充实丰富的内心，才不会在欲望之海中迷失方向。

地秽者生物，水清者无鱼

【原文】

地之秽者多生物，水之清者常无鱼；故君子当存含垢纳污①之量，不可持好洁独行之操②。

【注释】

①含垢纳污：本意是一切脏的东西都能容纳，此处是比喻气度宽宏而有容忍雅量。

②好洁独行之操：生活中喜欢保持独善其身的态度，"操"是"操守"或"志向"。例如《新书·道术篇》中有"厚志隐行谓之洁。"

【译文】

一块堆满了腐草和粪便的土地，才是能生长许多植物的好地；一条清澈见底的河流，常常不会有鱼虾来繁殖。所以君子应该有容忍低俗的气度和宽恕他人的雅量，绝对不可因自命清高不跟任何人来往而陷于孤独。

【活学活用】

处世之道，不能行止高绝，自命清高。如果过于清高，往往不能容忍别人的缺点和错误，久而久之，他也无法让别人相容，就容易陷入孤立无助的境地。我们生活在社会群体中，必然要和各种各样的人打交道，不可能凡事都按自己的意愿来办，更何况金无足赤，人无完人，这就必须学会适应社会和人生。正如《孔子家语》中所言："水至清则无鱼，人至察则无徒。"苛刻和过分地要求别人，只会孤立自己，而只有多多包容，不恃清高，才能使人乐于与你共事，才能赢得好的人际关系，并使生活中充满着愉快与欢乐。

古人说："泰山不让土壤，故能成其大；江海不择细流，故能就其深；王者不却众庶，故能明其德。"这是一种可贵的容量，是一种王者气象，也是古代贤人传给我们的穿越千年沧桑时空的宝贵智慧。

其实生活中也是如此，在为人处世中做人固然不可以玩世不恭或者游戏人生，不过也无须事事太较真儿，认死理。太认真了，就会对什么都看不惯，连一个朋友都容不下，会把自己同社会隔绝开。镜子很平，但在高倍放大镜下，就成了凹凸不平的"山峦"；肉眼看上去很干净的东西，拿到显微镜下，满目都是细菌。试想，如果我们"戴"着放大镜、显微镜生活，恐怕喘气都会紧张。

在处理与周围的人的关系的时候，要互相谅解，求大同，存小异，有度量，能容人，如此，你就会拥有一个和谐的社交平台，且左右逢源，诸事遂愿；相反，"明察秋毫"，眼里容不得半粒沙子，过分挑剔，什么鸡毛蒜皮的小事都要论个是非曲直，有理不饶人，无理撑三分，人家肯定会躲你远远的，最后，你只能成为孤立的异己，成为使人避之唯恐不及之徒。

俗话说，林子大了，什么样的鸟都有，美的、丑的，都要容纳。与人相处也是这样，善的、恶的、清的、浊的，都要包容，界线不必画得那么明确，只需把握分寸即可。否则，你很难在为人处世中感受到光明和生机。这也正是洪应明先生所言"君子当存含垢纳污之量，不可持好洁独行之操"的至理所在。

多病未足羞，无病是吾忧

【原文】

泛驾之马①可就驰驱，跃冶之金②终归型范③；只一优游不振，便终身无个进步。白沙④云："为人多病未足羞，一生无病是吾忧。"真确论也。

①泛驾之马：性情凶悍不易驯服控御的马，借以比喻不守常规的人。

②跃冶之金：当铸造器具熔化金属往模型里灌注时，金属有时会突然暴出模型外面，这就是所谓的跃冶之金。比喻不守本分而自命不凡的人，语出自《庄子·大宗师》篇。

③型范：铸造时用的模具。

④白沙：明朝学者陈献章，广东新会人，字公甫，由于隐居白沙里，因此世人就称他为"白沙先生"，于明正统十二年进士及第，然而并未因此踏入仕途，被誉为"活孟子"，著有《白沙集》十二卷传世。

【译文】

一匹性情凶悍的马，只要训练有素驾驭得法，仍然可以骑上它飞奔疾驰；在溶化时爆出熔炉以外的金属，最终还是被人注入模型变成利器。 一个人如果只贪图吃喝玩乐而游手好闲，就会使精神陷于委靡不振的状态，如此就一辈子也没有什么出息。 所以白沙先生说："做人有过失并没什么可耻的，只有一生不知道自己错了的人才最值得忧心。"这真是至理名言。

【活学活用】

一个有大志、有追求的人不要怕艰苦的磨炼。 孟子说"忧劳足以兴国，逸豫足以亡身"，"天将降大任于斯人也，必先苦其心志，劳其筋骨，饿其体肤，空乏其身，行拂乱其所为，所以动心忍性，增益其所不能"，这就说明一个人要想创立大事业，必须先在艰难困苦的环境中磨炼心性，然后才经得起巨浪的冲击，担当起

"挽狂澜于既倒"的重任。 那些精神不振、贪图安逸，如八旗子弟那般无所事事的人，一生没什么波澜，终将被社会厌弃，被历史遗忘。 一个追求者的一生可能要走弯路，有过失，但只要认识正确，不停下脚步，终将会有所成就。 这比起那些一生都没有犯过错，或者犯了错一生都不愿意悔改的人还是要高明得多。

不贪为宝，度越一世

【原文】

人只一念①贪私，便销刚为柔，塞智为昏，变恩为惨②，染洁为污，坏了一生人品。 故古人以不贪为宝，所以度越③一世。

【注释】

①一念：一刹那所引起的观念，《二程遗书》说："一念之欲不能制，而祸流于滔天。"

②变恩为惨：恩，惠爱。惨，狠毒。

③度越：超越的意思。据《汉书·杨雄传》："若使遭遇时君，更阅贤知，为所称善，则心度越诸子矣。颜师古曰：'度，过也。'"

【译文】

一个人只要心中刹那间引出贪婪或偏私的念头，那他就容易把原本刚直的性格变成懦弱，聪明被蒙蔽得很昏庸，慈悲的心肠就会变得很残酷，原本纯洁的人格就会很污浊，结果是毁灭了一辈子的品德。 古圣先贤认为，做人要以"不贪"二字为修身之宝，这样，才能战胜物欲，度过一生。

贪心的人往往不择手段，为了达到自己的目的，甚至不惜牺牲个人的人格和名誉。这样的人即使拥有万贯家财，也不属于强者之列。正所谓：来得正，黄金美玉不嫌轻；来得不正，一瓢一饮也算重。

贪婪是人性弱点中的一剂致命的毒药，它会破坏你的灵魂和身体的健康。贪婪的人，总是觉得自己吃亏，总是觉得自己得到的少而付出的多。贪婪的心态使得心存贪婪的人，心情总是不愉快，压抑，忧愁，不满，嫉妒。

人之求利，情理之常，但君子爱财，应取之有道，如果无视社会法律、规则、道德，一味巧取豪夺，贪婪成性，只能让人唾弃。

放下贪婪，会让自己活得轻松、坦然。

耳目见闻为外贼，情欲意识为内贼

【原文】

耳目见闻为外贼^①，情欲意识^②为内贼。只是主人翁惺惺不昧^③，独坐中堂^④，贼便化为家人矣！

【注释】

①外贼：来自外部的侵害。

②情欲意识："欲"是七情之一，所以叫情欲。即内心的情感欲望。

③惺惺不昧：惺惺，是警觉清醒；不昧，是不昏聩不糊涂。

④中堂：中厅。

【译文】

耳目所喜欢的东西属于外来的侵害；感情欲望等心理上的邪念是内在的敌人。不管是内贼也好外贼也罢，只要自己保持清醒的头脑，做事遵循原则，做人恪守信念，所有的心理敌人反而都会变成你修养品德的助手，变成受自我指控的下人了。

【活学活用】

外贼，也就是来自外部的侵害。佛家认为色、声、香、味、触、法六尘，都是以眼等六根为媒介劫夺一切善法，所以佛家才用"贼"这个字代表六尘。

社会是个大染缸，人的周围布满了权、钱、色、名、利等诱人的陷阱，稍一小心就会摔跤。

比如，"情到深处情转薄"，一方面是因为情甚苦，一方面是因为情爱难久。情是一种执著，因此不得必苦；情又是一种难以捉摸的思念，因此掌握甚难；再加上生命短暂，环境多变，见人不见心，见心不见人。所以，多情之人在备尝捉弄之后，多半要远离情感，而变得寡情了。

人们要修身养性，排除私心杂念，可内贼和外贼这两种心理敌人实在可怕，稍一疏忽它们就乘虚而入向你进攻。既然是处在这两种敌人夹攻的环境之间，你就必须时时提防，不要成为贼人的俘虏。

然而，人不可能是不食人间烟火的神仙，是不能饿着肚子去修炼的。但对物欲情欲的需求，必须多作自我克制。官能上的享乐可以调剂身心，但若是过度，也可以腐化人性：情欲上的活动可以创造人生，但是走向极端也可以毁灭生命。

因此，我们在日常生活中必须遵守一定的原则，要发乎情止乎礼，否则一失足而入欲望之海，就有丧生的危险。

保已成之业，防将来之非

【原文】

图①未就之功，不如保已成之业②；悔既往之失③，不如防将来之非④。

【注释】

①图：筹划、谋划的意思。

②业：指基业、事业，据《孟子·梁惠王》篇："君子创业垂统，为可继也。"

③失：错误。

④非：过失。

【译文】

与其谋划没有把握完成的功业，不如维护已经完成的事业；与其懊悔以前的过失，不如好好预防未来可能发生的错误。

【活学活用】

古人说："前事不忘，后事之师。"其意就是说把以往的得失当做将来的借鉴。 也就是说总结以往，警示将来的意思。 这段话着重表达了两层意思：一是告诉我们要把握现在；二是要求我们善于反省过失，避免将来再犯。

"图未来之功，不如保已成之业"，道出了把握眼下非常重要，它既是立足的资本，也是发展未来的基础和条件。 有些人在事业上脚跟未稳，便想急于做大做强，或只顾着去做大做强，却忽视了守住已有的功业，这是一种偏激与致命的弱点。忽视这一点，则很难谈得上进取与作为。

"开拓未来"是好事，但绝不能忽视"把握现在"的重要之基。在现实中，我们应认真客观地分析情形；做事时，要抓住自己已经拥有的一切，充分利用已有的资源稳步发展，不能盲目追求，好高骛远。这绝不是不思进取，而是为了更好地生存与推进。

"悔既往之失，不如防将来之非"，要求我们对以前所犯下的过失不要停留在懊悔之中，而应该在反省之中更好地懂得如何去规避和防范。人生之路漫长而艰辛，在奋斗的过程中，遇到一些差错与失败也是难免的，重要的是要吸取教训，修正目标，避免再犯，而不是沉于哀怨气馁。

气象高旷，不偏不激

【原文】

气象①要高旷，而不可疏狂②；心思要缜密③，而不可琐屑④；趣味要冲淡，而不可偏枯；操守要严明，而不可激烈。

【注释】

①气象：气质、气度。

②疏狂：狂放不羁的风貌。例如白居易诗中有"疏狂属年少"。

③缜密：细致周全。

④琐屑：繁杂琐细。

【译文】

一个人的气度要高旷，却不可流于粗野狂放；心思周详，却不可繁杂纷乱；生活情趣要清淡，却不可过于枯燥单调；言行志节要光明磊落，却不可偏激刚烈。

【活学活用】

做人当然应该有气度，而且还要高远旷达，与人交往时显示出自己不凡的气质。对事物不但有深刻的理解、宽厚的包容，而且能用发展的眼光来看问题，见解独特，品味高雅，这是人人都羡慕和欣赏的品质。但处世旷达并不等于狂放不羁。

狂放不羁的人不能受任何约束，他们喜欢的是自由自在、天马行空的生活。但是有时候因为自己追求自由的生活会给别人带来很多的不便，故洒脱也需要掌握好尺度；人的心思不可太粗，细致周密可以将事情做得更加完美。大大咧咧的人像个马大哈，做事情丢三落四，会犯很多原本可以避免的错误。但是太细密，细密得近乎琐碎也不可取，这样就显得斤斤计较，气量狭小，所以人的心思要缜密却不可琐屑。

再说到趣味，一个人的趣味高雅还是低俗，属于阳春白雪还是下里巴人，可以表现出一个人素质的高低。综合素质较高，修养也好的人趣味高雅而清淡，他们不会去随波逐流，而是保持只属于自己的品味。但同时要切记不能太偏执枯燥，完全无人与共的时候，再高雅的趣味也将失去它原有的意义；严正光明的操守是一个正直的人必须具备的品质，但又不可太刚烈武断，这样就显得毫无人情味了。生活中要坚持一定的原则，同时也要学会忍耐和包容。

事来心始现，事去心随空

【原文】

风来疏竹，风过而竹不留声；雁度寒潭①，雁去而潭不留影。故君子事来而心始现②，事去而心随空。

【注释】

①寒潭：大雁都是在秋天飞过，河水此时显得寒冷清澈，因此才称寒潭。

②心始现：本心才显露出来。

【译文】

轻风吹过稀疏的竹木会发出沙沙的声响，可是当风吹过去后竹林并不留下声音而仍旧归于寂静；大雁飞过寒潭会倒映出雁影，但是雁飞过后清澈的水面依旧是一片晶莹，并没有留下雁影。由此可见，君子遇事其本性才会显现出来，事后其本性也就恢复了原来的空虚平静。

【活学活用】

有的人常常会为一些过去很久的事情而耿耿于怀，让它影响自己的心情达很长的时间，这种人纯属庸人自扰。事情过去了就过去了，没有必要老去纠缠。我们应该学习那大彻大悟的竹林和深潭，当轻风吹过竹林时，竹林会迎风起舞，发出沙沙的响声，好像是在同风声一起唱和，可当轻风过后，一切也都随之过去，竹林也恢复原有的平静，不会留下一点声音的痕迹；当大雁从寒潭上空缓缓飞过时，潭中会留下大雁美丽的影子，可大雁过后呢？清澈的水面上一片宁静，干干净净的什么都没有。

这种现象正好能说明佛家的思想：相由心生，相随心灭！人间的万事万物到最后都是一场空。 所以真正的君子具有这样的觉悟：当事情来临之时，他会认真地去面对，积极地处理；当事情过去之后，他又会让自己的心回到原有的空灵平静状态。 有高深修养的君子绝不会让自己老是沉湎于往事之中，他知道做人应该向前看的道理，积极地面对将来，冷静地处理过去，这才是君子应有的人生态度。

清能有容，直不过矫

【原文】

清能有容，仁能善断，明不伤察①，直不过矫。 是谓蜜饯不甜，海味不咸，才是懿德②。

【注释】

①伤察：失之于苛求。

②懿德：美德，例如《诗经》中有"民之秉彝，好施懿德"。

【译文】

清廉而有容忍的雅量，仁慈而又能当机立断，精明而不妨碍细察，刚正而又不固执，这种道理就像蜜饯虽然浸在糖里却不过分的甜，海产的鱼虾虽然腌在缸里也不过分的咸，一个人要能把持住不偏不倚的尺度才算是处人做事的美德。

【活学活用】

清能有容，仁能善断，明不伤察，直不过矫，都是说的做人处事的"分寸"。把握得好，就能息事宁人；把握不好，反而过犹不及。

无论是生活还是工作中，对绝大多数的人、行为、事件，分寸这两个字始终躲避不开。比如古人如此称道女人的美丽：增之一分则太长，减之一分则太短。

特别是与人相处，几乎每一分钟，每一秒钟，都必须要有分寸感。有分寸感的人，在做事的时候，能放、能收、能转弯、能下台、能适可而止、能留有余地、能使对方知难而退，也能使自己保持主动。没有分寸感的人，做起事来就一发不可收拾，弄成僵局，没有转弯回旋的余地。为了一些无足轻重的小事，发生很严重的争吵，造成许多不便，是非常不值得的。

当然，一个有分寸感的人，是不会轻易跟别人闹不愉快的。很多事情，都能够很有分寸地和对方商谈、讨论，晓以利害，动以真情，摆事实，讲道理，解除对方的疑虑，提出具体的建议。每一句话，都能够说得轻重适宜，进退有据，合情合理，婉转动听。很多纠纷、困扰、争执、冲突都可以通过细致的商谈、切实的讨论，找出解决的途径，根本无须吵架。

有时候，我们需要对那些犯了错误的人提出忠告或加以批评。这时，分寸感也是要细心地加以把握的。因此，分寸感很强的人，当他要批评别人的时候，他能够把对方的错误照实指出，对方不但不生气，反而觉得心悦诚服，觉得他的话非常有道理，他的态度也真诚有礼。

可是如果超过了应有的分寸，那么别人虽然承认错误，但心里却会很不好受，很不甘心。如果再重一些，别人就可能不肯接受，甚至于动怒、发火，从此把你当做冤家，让怨气久久不散。批评的效果，就荡然无存了。

老子说：治大国如烹小鲜。 连做饭炒菜都是如此，与人相处又何尝不需要多花点心思呢？

景色虽不艳丽，气度自是风雅

【原文】

贫家净扫地，贫女净梳头，景色虽不艳丽，气度自是风雅。士君子一当穷愁寥落①，奈何辄自废弛②哉！

【注释】

①寥落：寂寞不得志。吕温诗中有"独卧郡斋寥落意，隔帘微雨湿梨花"。

②废弛：应做而不做。王冕《剑歌行》中有"学书学剑俱废弛"。

【译文】

一个贫穷的家庭要经常把地打扫得干干净净，贫家的女子经常把头梳得干干净净，摆设和穿着虽然算不上豪华艳丽，但是却能保持一种高雅脱俗的气度。 因此，君子一旦际遇不佳而处于穷困潦倒的时候，为什么要萎靡不振、自暴自弃呢！

【活学活用】

一个人一生中会遭遇很多人生境遇，有顺境也有逆境。 但无论是顺境还是逆境，都应该保持良好的精神状态，这才是最重要的。 这正如贫穷人家虽然身居简陋的房屋，但每天仍然将房间打扫得干干净净，家具摆放得整整齐齐，看上去虽简陋却很整洁，使家里平添一份温馨；生长在贫穷人家的女子，虽然穿得朴素，没有艳丽的服饰，更没有玳瑁做的梳子，但是每天仍然将头发整理得顺顺当当，面带着微笑迎接每一天的朝阳，那份与生俱来的高洁不凡的气质不会因贫穷而被遮掩。

由此我们知道，外在的贫穷和朴素并不代表内心真正的缺乏；外在的华丽和奢侈也并不代表内心真正的富有。真正的富翁应该是精神上饱满丰富的人，只要精神屹立不倒，气度风范就会永存，那种自然朴实的典雅气质不是靠一些形式上的武装便可得到的。所以说君子在贫困潦倒、际遇不佳之际一定不可让精神崩溃、颓废，甚至自暴自弃，一个人的精神面貌是支撑他活下去的很重要的力量，随时让自己充满活力，就算暂时不得意，也一定能找到发挥自己才能的机会。

闲中不放过，忙处有受用

【原文】

闲中不放过，忙处有受用①；静中不落空，动处有受用；暗中不欺隐，明处有受用。

【注释】

①受用：受益，得到好处。《朱子全书》中有"认得圣贤本意，道义实体不外此心，便自有受用处耳"。

【译文】

在闲暇的时候不要轻易放过宝贵的时光，要利用空闲做些事情，等到忙碌紧张时就会有受益不尽之感；当安闲的时候也不要忘记充实自己的精神生活，等到大批量的工作一旦到来才会有从中得利之感；当你一个人静静地在无人处，却能保持你光明磊落的胸怀，既不生邪念也不做坏事，那你就会受到人们的尊重。

【活学活用】

时间是人生所拥有的最为昂贵的东西，它对于任何人都是公平的，但如何去管理和运用它，所表现出的事业成果则是不同的。即一个人生活和工作效率的高低取决于他对时间利用的好坏。有心做事的人，不会让时间在闲暇中轻易地流过，而会合理地计划利用。

西方哲学家认为，不能管理时间，就不能管理一切。时间管理确实是人生管理、事业管理、自我管理的重大课题。

做事做人都不是一朝一夕就能功德圆满、功成名就的，平时不抓紧时间积累知识，平时不注意修身养性，指望临时受用不可能有长久的效果。为此，"闲中不放过"是很值得深思而行的。

一个人的修省也应如此，应认真处理好"动与静""暗与明"的关系。不要认为一个人在深夜独处，没人知道而做些坏事，像鸡鸣狗盗之徒一样夜间蠢动，那样只能欺人于一时，其劣行丑迹终将会败露的，一旦事情败露就将永远难以做人。所以一个君子必须注意平时的磨炼、积累，才会临事有一定之规，做事有一定见识。

"闲而不怠，超越平庸"，可以说是对本文一段话的精炼概括，它要求人们不要让闲暇的时光过多地付诸东流，而是要尽量把这些时光利用起来多做一些实用而有意义的事。这其中蕴含着高贵，更蕴含着幸福。

生活中，我们不仅要为眼前的利益而谋划，更要把眼光放于长远，向故事中的这位和尚学习，善于把闲暇的时光利用起来做长远有益的事。

"闲中不放过，忙处有受用"就是告诫人们要善于利用零碎时间。零碎时间虽短，但倘若一日、一月、一年地不断积累起来，其总和将是相当可观的。

一觉便转，转祸为福

【原文】

念头起处[①]，才觉向欲路上去，便挽[②]从理路上来。一起便觉，一觉便转，此是转祸为福、起死回生的关头，切莫轻易放过。

【注释】

①起处：刚开始，刚萌发。
②挽：拉。

【译文】

当你心中邪念刚一浮起时，你能发觉这种邪念有走向欲路的可能，你就应该立刻用理智把这种欲念拉回正路上来。坏的念头一起就立刻警觉，有所警觉就设法挽救，这是到了转祸为福、起死回生的紧要关头，绝对不可以轻易放过这个机会。

【活学活用】

常言说："一失足成千古恨，再回头已百年身。"所以，人要自觉地遵守道德伦理规范，控制自己的私心邪念，每时每刻对自己的心灵不能有半点松懈，不然，一念之间就会带来终身的遗憾。

每个人心中都有善恶之想，并且善恶之间也仅是一步之遥。为什么贤明之人，能去除恶念，施义行善呢？原因在于他们能警觉自我，善于反省。

贤者修身，必有缺漏，人生日常须自省。圣人之所以不造恶果，并非他们天生注定了清纯，也并非是他们从来没有错误的念头，只是他们常省常察，稍一觉察错误的念头就立即加以改正，自然比常人少犯错误。为此，我们应常常秉记"莫以善小而不为，莫以恶小而为之"的警训，每当邪欲妄念刚露"尖尖角"时，便当清醒自我，悬崖勒马，由此，也就不会形成祸端。

人的理性是在理智与情欲的斗争中获得发展的，只要能在错误的念头还未主导心智时收敛约束，挥之而去，就是贤明之人。

人生是走向光明坦途，还是堕入黑暗欲路，只在一念之间。一失足就会成千古恨，管好我们的脚步，走好每一步，阳光便会常伴在生活中。

静中见真体，淡中得真味

【原文】

静中念虑澄澈①，见心之真体；闲中气象从容，识心之真机②；淡中意趣冲夷③，得心之真味。观心证道，无如此三者。

【注释】

①澄澈，河水清澈见底。

②真体：人性的真正本源。

③冲夷：冲是谦虚、淡泊；夷，是夷通、和顺、和乐。

人在宁静中心绪才会像秋水一般清澈，这时才能发现人性的真正本源；人在安详中气概才会像晴空白云一般舒畅悠闲，这时才能发现人性的真正灵魂；人在淡泊中内心才会像平静无波的湖水一般谦逊和蔼，这时才能获得人生的真正乐趣。 大凡要想获得人生的真正道理，再也没有比这三种方式更好的了。

【活学活用】

诸葛亮用"宁静以致远，淡泊以明志"两句话来作为自己的座右铭，借以磨炼淡泊明志的心胸和恢宏辽阔的气度。 从古至今，许多有志之士修身养性同样尊奉这两句名言。 这里包含的方式，和本篇讲的悟道是相通的，即在宁静、闲适、淡泊中来悟出本性。一个人的心静如止水，就不会害怕邪念袭来，因为这时的心有如一尘不染的明镜，最能反映出一个人的本然之性，也就是能反映出作者所说的"真体"和"真机"；当一个人内心非常安闲时，就能出现从容不迫的神态。 这时考虑任何事情，就容易发现其中的奥妙，也就是最能找出作者所说的内心的真机；当一个人的心处于淡泊状态，他就会悠然自得之中，没有任何东西可以遮蔽他内心的真趣。

动处静得来，苦中乐得来

【原文】

静中静非真静，动处静得来，才是性天①之真境；乐处乐非真乐，苦中乐得来，才是心体之真机。

①性天：就是天性，《中庸》有"天命之谓性"，说明人性是由天所赋予的。

【译文】

在万籁俱寂中所得静并非真静，只有在喧闹环境中还能保持平静的心情，才算是合乎人类本然之性的真正宁静；在歌舞宣泄中得到的快乐并非真快乐，只有在艰苦的环境中仍能保持乐观的情趣，才算是合乎人类本然灵性的真正乐趣。

【活学活用】

在原本就悄无声息的环境中寻求来的宁静，不能算是真正的宁静，因为那种宁静自然天成，不需要人为的努力就能得到。而真正的宁静是在人的内心，这种宁静不会因环境的改变而改变。它根植于我们的体内，依靠我们的学识、修养、品行等许多综合的因素来实现。在喧闹不安的环境中要寻找一份安静并非易事，它需要的不仅是决心，还需要长时期的自身修行、磨炼以及净化。经过这样一个磨砺的过程，我们的内心会变得更成熟和沉稳，由此而得来的宁静才是人的本性中一种永恒的宁静。

同样的，在原本就很快乐的环境里得来的快乐，也不能算是真正的快乐，这种快乐的源泉太轻松、太简单，所以这种快乐的体验不会长久。只有在艰苦的条件下仍然保持积极乐观的心境去面对各种困境，这样得来的快乐才算是人类心性中真正的快乐。以乐观积极的态度去攀登人生一个又一个高峰，跨越人生一个又一个障碍，这种征服的喜悦会更激励我们勇往直前，伴随我们度过充实的一生，这种深沉的快乐也才具有更长的生命力。

舍己毋疑，施恩毋报

【原文】

舍己[1]毋处其疑[2]，处其疑，即所舍之志多愧矣；施人毋责其报，责其报，并所施之心俱非矣。

【注释】

①舍己：牺牲自己。

②毋处其疑：不要存犹疑不决之心。

【译文】

假如一个人在关键时刻需要自我牺牲，就不应计较利害得失，有了计较就会对自己要做的牺牲感到犹疑不决，就会使志节蒙羞；一个人施恩惠给他人，绝对不要指望得到回报，如果责成人家感恩回报，那原来帮助人的一番好心就会变质而面目全非了。

【活学活用】

舍己是紧要关头的自我牺牲，施人是几十年如一日的自愿奉献。两者表现形式不同，但其本质上是一致的。

对舍己而言，如果没有理想追求，没有平日的修养作基础，那么在需要舍己的关头就很可能退却。从古至今无数的先贤，因为他们志向远大、品质高尚，所以在生命与国家利益、民族大义之间，他们毫不犹豫地舍生成仁，终于流芳百世。

对施人来说，就是热心帮助别人，为让别人活得更好，自己默默奉献。像雷锋就是典型，他有伟大的理想，有甘愿奉献的精神，所以我们怀念他、学习他。

舍己、施人是高尚的品德，不是虚情假意的欺骗，不是利用虚假的话语、施舍来达到自己的目的。否则，这样的人最多只能算是一个伪善家，一旦被人识破阴谋、撕下虚伪面孔，恶行就暴露无遗。

厚德积福，修道解厄

【原文】

天薄我以福，吾厚吾德以迓①之；天劳我以形，吾逸吾心以补之；天厄②我以遇，吾亨吾道以通之。天且奈我何哉！

【注释】

①迓：迎接。

②厄：灾难，困苦。

【译文】

假如上天不给我福分，我就多做些善事来培养我的福分；假如上天用劳苦来困乏我，我就用安逸的心情来保养我疲惫的身体；假如上天用穷困来折磨我，我就开辟我的求生之路来打通困境。假如我能这样做，上天又能对我如何呢！

【活学活用】

天命难违，但天助自助者。一个人天生愚笨，但可以选择笨鸟先飞；天生不机灵，但可以选择踏实认真；天生体弱，但可以选择运动；天生不美丽，但可以选择更有涵养；天命可以嫁祸于人，但可以选择自强不息。

命运不会对每个人都一样地公平，在不公平的命运面前，只能自强不息，依靠自己来拯救自己，绝对不能自叹命薄，自暴自弃。只有锐意进取、信念不丢，才是改变命运的最佳方法。

一场突然而来的沙漠风暴使一位旅行者迷失了前进的方向，更可怕的是，旅行者装水和干粮的背包也被风暴卷走了。他翻遍身上所有的口袋，找到了一个青青的苹果。"啊，我还有一个苹果!"旅行者惊喜地叫着。他紧握着那个苹果，独自在沙漠中寻找出路。每当干渴、饥饿、疲乏袭来的时候，他都要看一看手中的苹果，抿一抿干裂的嘴唇，陡然又会增添不少力量。

一天过去了，两天过去了，第三天，旅行者终于走出了荒漠。那个他始终未曾咬过一口的青苹果，已干巴得不成样子，他却宝贝似的一直紧攥在手里。

在深深赞叹旅行者之余，人们不禁感到惊讶：一个表面上看来是多么微不足道的青苹果，竟然会有如此不可思议的神奇力量!

是的，这是信念的力量! 这是精神的力量! 信念，是成功的起点，是托起人生大厦的坚强支柱。在人生的旅途中，不可能总是一帆风顺。有的人身体可能先天不足或后天病残，但他却能成为生活的强者，创造出常人难以创造的奇迹，靠的就是信念。对一个有志者来说，信念是立身的法宝和希望的长河。

天之机权最神，人之智巧何益

【原文】

贞士①无心徼②福，天即就无心处牖③其衷；憸人④着意避祸，天即就着急中夺其魄。可见天之机权⑤最神，人之智巧何益。

148

①贞士：指志节坚定的人。

②徼：同"邀"，作祈求解。《左传·僖公》四年："君惠徼福于敝邑之社稷，辱收寡君。"

③牖：诱导、启发。

④憸人：憸，邪妄。憸人，行为不正的小人。

⑤机权：机，灵巧。权，变通。机权，灵活变化。

【译文】

一个志节坚贞的君子，虽然无意祈求福祉，可是老天偏要在他无意的地方，来开导他完成衷心要完成的事业；行为邪恶不正的小人，虽然用尽心机以逃避灾祸，可是上天却在他巧用心机时，来夺走他的魂魄。由此观之，上天神奇无比，变化莫测，极具玄机，人类平凡无奇的智慧在上天面前实在无计可施。

【活学活用】

中国有句古话说："人算不如天算。"有时候人们竭尽全力，谋划得十分圆满，怎奈何总有意外打破自己的计划。有时上天最冷酷无情，人类祈求幸福，祈求避免灾祸，它统统置之不理。如何对待天命？祈求与用尽心机都不是好办法。顺应自然，做好自己的事情，成为一个有德行的人，这样往往就可以获得意想不到的福分，避开祸患。

老子说："天网恢恢，疏而不漏。"这也正是我们常说的"善有善报，恶有恶报"。这并不是毫不可取的"宿命论"，而是一句警世真言。

平时如果行善积德，做一个志节坚贞的君子，那么心里就非常踏实，心情也会非常平静，更会得到别人的赞扬，因此在工作上能左右逢源，在生活中能延年益寿。 这也就是"善有善报"！相反，如果一个人作恶多端，到处巧用心机损人利己，他心中便会有一种负罪感，又会遭到别人的指责，因此工作生活皆不如意，甚至会因此遭受大的灾祸。 这也就是"恶有恶报"！

因此，做人一定要正直善良，做一个正人君子。 这样才会一帆风顺，永远平安幸福。

看人后半截，晚节不可丧

【原文】

声妓^①晚景从良^②，一世之烟花^③无碍；贞妇白头失守，半生之清苦俱非。 语云："看人只看后半截。"真良言也。

【注释】

①声妓：本指古代宫廷和贵州家中的歌舞伎，此指一般妓女。

②从良：古时妓女隶属乐籍（户），被一般人视为贱业。脱离乐籍嫁人，就算是从良。

③烟花：妓女之代称，此指妓女生涯。

【译文】

妓女以卖身卖笑为业，到了晚年如果能嫁人从良，那么她以前的妓女生涯并不会对后来的正常生活构成影响；可是一个一生都坚守贞操的节烈妇女，到了晚年由于耐不住寂寞而失身，那她半生守寡所吃的苦就会付诸东流。 俗话说："要评定一个人的功过得失，关键是看他的晚节。"真是一句至理名言呀。

少年人犯了错误，往往容易得到世人的原谅。 俗话说"年少无知"，因为年少对世界认识不是那么深刻，难免会犯这样或那样的错误。 少年人有错不怕，只要能改过来就好。 相比之下，一个成熟有理智的人突然由正人君子变成卑鄙小人，则往往不那么容易得到世人的原谅。 孔子说"三十而立，四十不惑，五十知天命"，随着年龄的增长，世界观、人生观、价值观渐趋成熟，这个时候人们做出的选择，往往是他们比较成熟的选择。 因此人们往往不能接受丧失晚节的人，而可以原谅晚年悔改的人。 俗话说"浪子回头金不换"，"放下屠刀立地成佛"，对于有过错的人，只要肯悔改，不论其过去如何堕落，世人往往会钦佩其有过能改的决心与志气。 对于那些前半生是好人，晚年丧失节操的人，世人对他们往往更为厌恶。

有一句英国谚语说"谁笑到最后谁笑得最好"，就是指在做事上，不只要有一个很好的开头，还要有一个令人满意的结尾，不能给人留下一种有始无终、只重开始不管结果的印象。

许多起初可以两肋插刀的朋友，最后却反目成仇；许多情人起初爱得死去活来，最后两人形同陌路；有的人年轻时是时代弄潮儿，到老来却成了历史的绊脚石……诸如此类善始不能善终之事举不胜举。

看来，好的开头不容易，好的结局就更难。

只有能慎终如始的人，老来才能不断地清洗身上的暮气，不断地解剖自己，晚年才能恰如衔山的夕阳，红霞满天，光彩耀目。

种德施惠，无位公相

【原文】

平民肯种德①施惠，便是无位的公相②；士夫③徒贪权市宠④，竟成有爵的乞人。

①种德：行善积德。苏轼有"种德如农之种植"的句子。
②公相：公卿将相。
③士夫：士大夫的简称，因为作者要在文字上和上一句的"平民"对称，才把士大夫写成"士夫"。
④贪权市宠：贪婪权势祈求获得宠信。"市"是买卖。

【译文】
一个普通百姓只要肯多积功德，广施恩惠，就像是一位没有实际爵位的卿相受人景仰；反之，一个达官贵人只是一味贪图权势，把官职权力作为一种买卖，欺下瞒上，炙手可热，这种人行径卑鄙得如同一个带爵禄的乞丐一样。

【活学活用】
假如一个人有钱有势，生活奢华，但他只知道获取功名利禄，贪恋权位，甚至为了获得权位阿谀谄媚，胡作非为，拉帮结派，招朋呼友，争权纳贿，这种人就是人格上的乞丐。他们中有的人为了得到某种利益而抛弃了做人的尊严，有的人利用不法手段掠夺别人钱财，然而他们心灵空虚，每天花天酒地，为所欲为，做尽坏事。这种人格上的乞丐在现实生活中很多，比物质上的乞丐更可怕。

特别是一小部分有身份有学问的人，为了追逐地位和权力，享受荣华富贵，却不顾老百姓的利益，为了捞取资本去讨好比他权力更大的人，阿谀奉承，溜须拍马，甚至不惜出卖人格，而不是为了行善积德，比如说人所共知的陷害岳飞的秦桧，虽然有权势有地位，可是他的心里却充满了罪恶，人格是卑鄙无耻的，连一个乞丐都不如。

金钱只能衡量一个人物质财富的占有程度，但却不能用来衡量一个人的精神状况。

平民百姓如果肯多做善事，广结善缘，其行为好比是没有爵位的公卿将相。种德施惠其实与自己的社会地位和身份财产等都没有太大关系。只要有心，无论什么样的人都能力所能及地帮助别人。就像一个笑话中讲的那样：有一个流浪汉在公园里睡觉，这时候有一对情侣在公园里约会。突然有几个歹徒跑了出来，抢劫这对情侣的财物，与这对情侣搏斗起来。他们谁都没有注意流浪汉，流浪汉站起身来，来到公园中设置的电话旁边，拨打110报警电话。等到警察赶到之后，那对情侣对打报警电话的人很是感激，却不知道打电话的人就是在不远处安睡的流浪汉。这虽然是一个笑话，却也说明只要肯去做，那么无论处在什么样的境况下，都能够种德施惠。

念积累之难，思倾覆之易

【原文】

问祖宗之德泽①，吾身所享者，是当念其积累之难；问子孙之福祉②，吾身所贻③者，是要思其倾覆之易。

【注释】

①德泽：恩惠。例如《汉书·食货志》中有"德泽加于万民"。

②福祉："福、祉"同义，幸福。

③贻：和"遗"的意思相通，可作遗留解。

【译文】

假如要问祖先是否给我们留有恩惠，我们现在生活所能享受的东西就是祖先所累积下的恩德，我们要感谢祖先当年留下的这些德泽的不易；假如我们要问子孙将来是否能生活幸福，就必须先看看自己给子孙留下的德泽究竟有多少，假如留下的恩惠很少，就要想到子孙势必无法守成而容易使家业衰败。

【活学活用】

一份家业的积累相当不易，它是由先辈多年的苦心励志辛勤努力而来。想想他们当初创造一份家业的时候，少不了要顶风冒雨，克勤克俭，对此，我们怎能不感念他们的恩德，而认识到自身的责任更加重大呢？创业难，守业更难。如果精神懈怠，不勤不俭，再大的家业也易遭倾覆。所以，重视德操，勤俭持身，并将可贵的持家理念灌输给子孙，是自己的责任，也是为子孙后代谋取幸福的重要所在。

综观人类家业兴衰的历史经验和教训，家业兴衰的根本法则就是：勤则兴，懒则败。齐家大师曾国藩经常在家书中告诫子弟："历览有国有家之兴，皆由克勤克俭所至。"又说："即今世运艰屯，而一家之中，勤则兴，懒则败。一定之理。"

客观来说，每个人都有懒惰的天性，而善于进行时间管理的人能够克服这种天性，使自己勤奋起来。或许单靠勤奋不一定能成功，但不勤奋肯定不会成功。懒惰的人在浪费时间的同时，也丧失了成功的机会。

须知，幸福的人生不是安逸中的空想，而是跟跄中的执著，重压下的勇敢，逆境中的自信，艰苦中的勤勉和奋发，是在任何环境下都应具备的自我适应、自我调节能力。有了这种能力，家业何愁不兴？再崎岖的路也会变成坦途，再荒芜的土地也会翠盖亭亭。

家业如此，而国家更是如此。由古至今，多少家国兴盛于一时，又旋即衰败，都是由于不能勤俭守恒。因此，把人生重要的道理传授给后辈，就是为他们谋求长远的幸福；让他们谨记"恒念物力维艰"，保持克勤克俭之风，就是让他们掌握成就人生的重要之本。

唯此才能积极进取，兴业不衰。

君子诈善，无异小人

【原文】

君子而诈善①，无异小人之肆恶②；君子而改节③，不及小人之自新。

【注释】

①诈善：虚伪的善行。据《汉书，张汤传》说："臣固遇忠，若张汤乃诈忠。"此诈忠也就是诈善。

②肆恶："肆"是放纵，即恣意作恶。

③改节：改变志向。

【译文】

伪装善良的正人君子，和恣意作恶的小人没什么区别；君子如果改变自己的操守志向，还不如一个小人痛改前非重新做人。

【活学活用】

俗话说："明枪易躲，暗箭难防。"生活中无恶不作的小人，常常披着君子的外衣，这种小人比真正的小人更具有欺骗性和危险性。

在生活中，尤其是工作中这种道貌岸然的人不在少数。他们满嘴的仁义道德，其实肚子里全是阴谋诡计，表面上和你称兄道弟，实际上是想着办法把你挤下去。

世界上每个地方都有小人，小人之所以如此为人们所厌恶，是因为他们身上有许多不良品质。诸如言而无信、阳奉阴违、两面三刀等，这些理应为常人所不齿。

在生活和工作中，不要忽视小人，更不要得罪小人。小人可能帮不上我们，但是他能坏我们的事。如果一不小心得罪了那些小人，他们可能会处心积虑地对付我们，甚至不把我们置于死地而不甘心。所以，不要轻易得罪那些人，说不定有一天，我们心目中的"小人"会在关键时刻成为影响我们前程和命运的"大人"。

不论是否愿意、是否高兴，在生活工作中总得面对小人的张牙舞爪，面对小人的阿谀奉承。我们必须要学会过小人这一关。

（1）说话时要特别当心。美国前总统林肯曾经说过：对暂时斗不过的小人要忍耐。与其和狗争道被咬伤，还不如让狗先走。因为即使你将狗杀死，也不能治好被咬的伤。所以，如果我们要对的是小人，就应当忍让为上，千万不要冲动。

（2）任何时候都不要欠小人的人情。小人是最斤斤计较的，谁也没他们的算盘打得精。我们若欠了他们的人情，这笔债迟早是要讨还的，而且我们根本不知道会加多少"利息"，说不定就是"驴打滚"般要人命的"阎王债"。如果在我们忙得不可开交的时候，小人主动提出要帮我们接洽一个客户，可不要随便接受这双

"援助"之手。 要知道，一旦生意谈成了，小人就会以我们的救兵和恩人自居，以后他碰到什么棘手的事就会找我们当替罪羊，若不答应，那就会被他说成是忘恩负义。

毫无疑问，对君子要善待，要亲近；对小人，既要回避，又不失礼。 俗话说，宁得罪君子，不得罪小人！要防备小人对我们背后捅刀。

春风解冻，和气消冰

【原文】

家人有过，不宜暴扬，不宜轻弃。 此事难言，借他事隐讽①之；今日不悟，俟②来日再警之。 如春风解冻，如和气消冰，才是家庭的型范③。

【注释】

①隐讽：借用其他事情来暗示，委婉劝人改过。

②俟：等待

③型范：典型模范。

【译文】

家里有人犯了过错，不能随便大发脾气，也不应该轻易地放弃不管。 如果不好直接说明其错误，可以借其他的事来提醒暗示，使他知错改正；当时不能使他醒悟，可以过一些时候再耐心劝告。就像温暖的春风化解大地的冻土，暖和的气候使冰融一样，这样才是处理家庭事务的典范。

家是温馨的,家是美丽的港湾。 在整个人生的旅程中,和睦的家庭是沁满芳香,令人羡慕的。 那么要使家庭和睦的氛围永远荡漾着暖人的春意,必须要用心去创造。 如何去创造呢?这便是值得思考的重要所在。 首先要明确一点,人非圣贤,孰能无过?家人难免有犯错误的时候,要正视和允许错误的产生。 其次,当家人错误一旦犯下时,要冷静地去处理,暴斥怒打是无济于事的,它往往不能从根本上解决问题,最好的办法是通过耐心的说服教育,令其幡然悔悟。 再次,家庭矛盾往往表现在一方偏袒、自私、狭隘的心理和行动上,那么,受到伤害的一方如能宽厚大度,不计怨仇,仍能用爱心更多地想着对方,不去与其争斗,必能有着良好的启悟和感动效果。

心常看圆满,天下无缺陷

【原文】

此心常看得圆满①,天下自无缺陷之世界;此心常放得宽平,天下自无险侧②之人情。

【注释】

①圆满:美好。
②险侧:邪恶不正。

【译文】

心中把万事万物都看得美好,天地间的事也就毫无缺陷;心理总处在平衡状态,也就不去体会人事倾轧,人间邪恶了。

不平则争，不满则怨。

生活中的诸多矛盾，许多是因为人不平、不满之心引起的，付出与得到不成正比，希望与现实大相径庭，这些都让人难以释怀，不平、不满之心渐起。

其实，人并不是与生俱来就是这样。对一个孩子而言，世界总是美好的，孩子天性善良、心地纯洁，不知道什么叫恨。只有当孩子长大成人进入了社会，面对利益、地位、权势后，纯真的赤子之心才开始不平、不满，争怨之念时时充溢。

由此可见，有争怨之心，是由于人的赤子之心的失去。如果一个人能常保赤子之心，知足常乐，就没什么可以抱怨的。心胸开阔，就可以友善待人；自己知足，人际和谐。若此，那展现在眼前的便是一方和平美好的世界。

不可少变操履，不可露其锋芒

【原文】

澹泊之士，必为浓艳者①所疑；检饬②之人，多为放肆者所忌。君子处此，固不可少③变其操履④，亦不可露其锋芒。

【注释】

①浓艳者：指醉心名利、生活奢侈的人。

②检饬：言行谨慎，自我约束。检：约束。饬：谨慎。

③少：稍微，略微。

④操履：操守和行为。

志远而淡泊的人，一定会遭受热衷名利之流的怀疑；言行谨慎的真君子，往往会遭受那些邪恶放纵之辈的嫉恨。所以君子如果处在这种既被猜疑而又遭嫉恨的环境中，固然不可改变自己的操守和志向，也绝对不可锋芒尽出，过分表现自己的才华。

【活学活用】

一个人事业有成、春风得意，难免锋芒毕露。若不知收敛，一味卖弄奇巧，耍小聪明，甚至逞强斗勇，定会伤及上下左右，招致诋毁诽谤，最终落个聪明反被聪明误的下场。如果糊涂一点，大智若愚，藏巧于拙，不仅保全了身家性命，而且也为最后取得胜利奠定了基础。

要知道，在当今这个社会，人际关系占着举足轻重的地位，狂人是很容易得罪人的，而一旦不幸遭到小人的打击，那结果将是你想象不到的惨！

如果你锋芒太露，就容易招人陷害，虽容易取得暂时成功，却为自己掘好了坟墓。当你施展自己的才华时，也就埋下了危机的种子，所以才华显露要适可而止。

不要把自己看得太了不起，不要把自己看得太重要，不要把自己看成是救国济民的圣人君子似的，还是收敛起你的锋芒，低调做人为好，这样可以让你少受很多无端的伤害。

逆境砥节砺行，顺境销膏靡骨

【原文】

居逆境中，周身皆针砭药石①，砥节砺行②而不觉；处顺境中，眼前尽兵刃戈矛，销膏靡骨③而不知。

【译文】

一个人如果生活在逆境中，身边所接触的全是犹如疗治自身疾病的良药，在不知不觉中会使你敦品硕行，磨炼自己的意志；反之，一个人如果生活在顺境中，这就等于在你的面前摆满了消磨你精神意志的刀枪，在不知不觉中使你身心受到腐蚀而走向失败的路途。

【活学活用】

人处于逆境中挣扎，就像患病的人周围充满了药物，所谓"良药苦口利于病"，针刺石砭是消毒化脓的最好方法。所以，人在逆境中生活虽然痛苦，可由痛苦中培养节操，锻炼行为，这正是有利于精神修养的地方。反之，人在顺境，一切事情都合乎理想，久而久之，骄傲、奢侈、放纵不羁等种种行为就都发生了。这从精神修养上来说，就像一个人在刀枪林立兵戈满布的环境中，一不留意就被这些杀人利器穿透了胸膛而肝脑涂地，因此越安全就越不可大意。

　　人生的路有起有落，看待人生的起落顺逆应该用辩证的观点。居逆境固然是痛苦压抑的，但对一个有作为、能自省的人来讲，在各种磨砺中可以锻炼自己的意志，修正自己的不足，一旦有了机会，就可能由逆向顺。　居顺境当然是好事，但对于一个没有良好的品质和远大追求的人来讲，优裕环境中往往容易堕落腐败，这和在清苦环境中的容易发奋上进的道理一样，就恰如食物在温暖环境中容易发酵腐败，而在寒冷环境中容易保存长久的道理相同。　一个人生活一优裕，就容易游手好闲不肯奋斗；反之，如果处在艰苦穷困的环境中，却会"穷则变，变则通"。　所以贫与富不是绝对不变的，顺与逆也是可以相互转化的。　喜好顺境而讨厌逆境是人之常情，但从精神修养上来看，顺境不一定是喜事，逆境也不一定是坏事。

富贵嗜欲猛，宜带清冷气

【原文】

　　生长富贵丛中的，嗜欲①如猛火，权势似烈焰。　若不带些清冷气味，其火焰不至焚人，心将自烁矣。

【注释】

　　①嗜欲：多指放纵自己对酒色财气的嗜好。

【译文】

　　生长在豪富权贵之家的人，不良嗜好的危害有如烈火，专权弄势的脾气有如凶焰。　假如不及早清醒，用清淡的观念缓和一下强烈的欲望，那猛烈的欲火虽然不至粉身碎骨，但终将会让心火自焚自毁。

【活学活用】

在达官富贵之家生长的人，一般没有劳作之苦，缺少艰苦体验，而物质方面却是心想有得，丰盛如意，因而大多养成了不良嗜好和喜欢作威作福的个性。这种不良个性的滋长会越来越麻醉自己的心智，使种种欲望膨胀而生。那么，加强思想教育，提高思想认识，进行必要的艰苦锻炼，对其人生健康的成长是很重要的。

一般来说，富家子弟对欲望的满足，对权势的追求就像炽热的火，势焰逼人。如果不用道德修养来稀释一下强烈的欲念，不增强一点儿克己的工夫，那他就会随心所欲，为非作歹，不知收敛，无度享受，这样做既危害社会，也必定危害自己。

所以说，一个人的道德修养、思想境界很重要，尤其是有了一定物质基础的人，应该注意培养自己高尚的情操，倘若没有一个正确的人生观，那么他的各种欲望就会恶性膨胀，不仅会毁掉他的财富，而且会毁了他的一切。这正如老子所说："祸莫大于不知足，咎莫大于欲得。"只有多带一点清凉的定静气息，冲淡或缓和自己的强烈欲望，才能使人生走得美好长远。

贪欲的膨胀，使简单变得复杂，轻松变得沉重，不仅会使人痴迷心智，失去本该拥有的东西，还会使人失去生存的智慧，务必慎而对之。

人心一真，金石可镂

【原文】

人心一真，便霜可飞^①，城可陨^②，金石可镂^③。若伪妄^④之

人，形骸徒具，真宰⑤已亡，对人则面目可憎，独居则形影自愧。

【注释】

①霜可飞：本意是说天下霜，实际是比喻人的真诚可以感动上天，变不可能为可能而在夏天降霜。据《淮南子》说："万事燕王尽忠，左右谮之，王之狱，衍仰天哭泣，天五月为之下霜。"衍，指邹衍。

②城可陨：本来是说城墙可以拆毁崩溃，此处是比喻至诚可感动上天而使城墙崩毁，据《古今注》中卷，"杞植战死，妻叹曰：'上则无父，中则无夫，下则无子，是人生之至苦。'乃亢声长哭，杞这座都城感之而颓。"陨，崩塌。

③镂：雕刻。

④伪妄：虚伪，心怀鬼胎。

⑤真宰：宰，是主宰，真宰，此指人的灵魂。

【译文】

一个人的精神修养功夫如果能达到至诚地步，就可以感动上天，变不可能为可能，邹衍受了委屈感动了上天，上天竟在盛夏降霜为他打抱不平，杞植的妻子由于悲痛他战死竟然哭塌了城墙；甚至就连最坚固的金石也会由于精诚所至而被凿穿。 反之一个人如果心存虚伪邪恶的念头，那他只不过是空有人的形体而已，肉体虽存但灵魂早已死亡，与人相处，会使人觉得面目可憎而惹人讨厌；一人独处，面对自己的影子也会觉得万分羞愧。

【活学活用】

真诚这个常常挂在人们嘴边的字眼，其意思是：真实诚恳，没有一点虚假。 而我更愿意把真诚理解成认真、诚实、诚信，没有欺瞒。

在人生的舞台上最重要的信条之一便是真诚，我们呼唤真诚，大力宣传"做人要做老实人"的口号，并非没有缘由。 然而，要做到真诚却不是那么容易，因为人与人之间关系非常复杂，每一个人都有"自我"的两面性，即一个是经过包装的"外在自我"，一个是没有经过包装的"内在自我"。 两者都具有适应社会的双重属性，是矛盾的统一体，但不可回避的是："外在自我"带有虚假性和伪装性，"内在自我"则是一种纯真，是人性中本性的表现。

在人与人的相互沟通中，如果能够更多地以本来的"内在自我"真诚地与人交往，将会起到长久的效果。 现实社会中的每一个人的外在形象，往往都被自身的社会地位、家庭背景、工作职位、学识高低等包裹着。 由于有这层外在的包装，也就使人与人之间的交流与沟通产生了距离，但是如果能撕开这层包装，便会发现人与人之间除了性格之外，在人格、尊严、生存需求等方面都是同等的、无差异的，如果能以这种无差异的"内在自我"与人真诚地沟通与交流，必将获得更多的尊重、信任与信赖。

做人真诚不仅是理念，也是经验，不只是挂在嘴上说说，还需要用心对待，真诚会让生活非常坦然，谎言会让人坐立不安。 俗话说："天下没有揭不穿的谎言。"不要让真诚成为一种迷惑对方的手段，不要自以为很聪明、很高明，把别人都当成傻子，说谎实际上是一种愚蠢至极的行为，是搬起石头砸自己的脚。 现实生活中我们都需要与人真诚相处，朋友之间相处需要真诚，合作伙伴之间需要真诚，对于恋人、夫妻间更需要真诚相待。 我想很少有人喜欢听谎言，愿意生活在谎言之中，要知道哪怕是善意的谎言，也会给对方以伤害。 这些最简单最朴素的道理，是否非要等到自食恶果时才能明白呢?

时有四季, 天有阴晴, 月有圆缺, 人分老幼。 任何事物都有它的两面性, 真诚也是如此, 真诚并不是对于任何人都表现为真诚, 比如对于你的敌人或是对手, 就不能真诚, 而更多的则是尔虞我诈与欺骗, 但这些并不是我们所追寻的。 真诚需要信任与信赖为基础, 而信任与信赖的建立也非一朝一夕所能造就, 它缘于彼此的默契、彼此的宽容。 如果缺少了彼此的信任与信赖, 谈何真诚的相处呢? 俗话说: 一个人如果没有感动对方, 是因为诚意不够, 是因为不能把心真诚地交给对方, 是因为没能信任对方。

真诚是可贵的, 虚伪是可怕的, 没有了真诚, 这个世界除了污秽就是虚伪。 做人千万别失落真诚, 因为真诚还没有发现代用品, 人生的历程亦是不可以重来的, 越是珍惜的东西也越是脆弱也越是容易失去, 所以真诚更显无比珍贵, 一旦玷污就很难还其清白。

文章只恰好, 人品只本然

【原文】

文章做到极处①, 无有他奇, 只是恰好; 人品做到极处, 无有他异, 只是本然②。

【注释】

①极处: 登峰造极的最高成就。

②本然: 本, 性, 本来如此。

【译文】

文章写到登峰造极的水平, 并没有什么奇特的地方, 只是把自

166

己思想感情表达得恰到好处；人的品德修养如果达到炉火纯青的境界，就和平凡人没有什么特殊的区别，只是使自己回归到纯真朴实的本性而已。

【活学活用】

真正的好文章，不是无病呻吟、堆砌华丽辞藻的文章。好文章既能表达真挚感情，又能传达深刻思想。好文章不会故意堆砌生涩怪癖的词句。一篇令人感动的文章，不会有多少奇异之处，恰恰是那些语言清新流畅、感情质朴真实的文章更能打动读者。文章写得恰到好处，既没有废话，也没有缺乏内容、空洞无物的毛病，这样的文章才是好文章。中国历史上唐朝时期的古文运动，就是要反对文坛上堆砌华丽辞藻、没有实质思想内容的风气，恢复从前清新自然的文风。清新自然的文章正如有句诗形容的那样："清水出芙蓉，天然去雕饰。"没有多余的修饰，却能够自然打动人，这样的文章读起来既能使人感到轻松自然，又能从中有所收获。

道德高尚的人，没有什么奇特怪异的地方，表现的恰恰是自己的自然本性。"清水出芙蓉，天然去雕饰"，这句诗同样可以用来形容一个人清新自然的品质。温润如玉，出自天然，不骄不躁、不卑不亢，质朴善良，这样的人品可以称之为君子的人品。所以我们在学习求知的过程中，没有必要崇拜奇特怪异的人或事物。写文章不需要刻意追求新奇怪异，保持清新自然，出自自己的真情实感，这样的文章才是好文章。做人也是如此，保持自己的自然纯朴本性，不要丢掉自己的优良本质，这样就能成为一个有德行的人了。

人能看得破，才可任负担

【原文】

以幻迹①言，无论功名富贵，即肢体亦属委形②；以真境③言，无论父母兄弟，即万物皆吾一体。 人能看得破，认得真，才可以任天下负担，亦可脱世间之缰锁④。

【注释】

①幻迹：空虚境界。

②委形：委，赋予。委形，上天赋予我们的形体。例如《列子·天瑞》篇："吾身非吾有，孰有之哉？曰：是天地之委形也。"

③真境：是超物质的形而上境界，也就是超越一切物相的境界，这种境界是物我合一永恒不变的。《庄子·齐物论》中说："天地与我并生，而万物与我为一。"

④缰锁：套在马脖子上控制马行动的绳索，比喻人世间的互相牵制。

【译文】

世事变幻无常，不管是功名富贵，即使自己的四肢躯体也是上天赐给的；我们超越一切物相来看客观世界，不论是父母兄弟，甚至连天地间的万物也都和我属于一体。 一个人能洞察物质世界的虚伪变幻，又能认得清精神世界的永恒价值，才可能担负起救世济民的重任，也只有这样才能摆脱人间一切困扰我们的枷锁。

【活学活用】

有一句话，叫做人生如梦，是说人生就像做了一场大梦一样。在智慧的人的眼里，其实整个生活就是一场梦，与我们平时所说的梦的唯一区别在于，时间长久而已。无论是什么样的人生，也只不过是在有限的生命范围里，随着地球的运转周而复始地虚度时间罢了。

假如人生真的是一场梦的话，等到梦醒的一刻，不论人们有多么大的权力，有多么高的地位，无论过着怎样大富大贵的生活，都会变成虚无的了，甚至就是我们自己的身体，也只不过是一种虚假的假象和形态而已。区区人生不过百年，稍纵即逝，如同过眼云烟，不是梦又是什么呢？

《庄子》中有这样一句话："小惑易方，大惑易性。"也就是说，小的迷惑会使人弄错方向，大的迷惑会使人丧失本性。人的物质欲望是没有止境的，在疯狂追求物质利益的同时，人们也就失去了幸福的生活。而只有看破功名利禄，保持原本无羁无绊的本性，我们才能不被物质利益所迷惑。

其实，当我们在社会上担当了某一角色，当我们懂得追求名誉的时候，已经被束缚了。

那么，我们应该怎么样保持本性，去获得人生的幸福呢？在这个过程中，没有别人可以解放自己，只有自己解放自己的心、释放自己的魂，一切一切已经自自然然了，到这样的时候，天下的芸芸万物会各归其根的，因为人不再矫情了，人不再强制了，去掉了所有的强制，这个世界会是葱茏的面貌。

假如我们可以大彻大悟，把人生看透的话，就会十分清楚：如果我们从起点来到了这个世界上，只不过是经历了人生的百十年，在自己的那方舞台上奔波劳苦；当我们走到了终点的时候，那么一切又都归于平静，好像这个世界从来就没有多什么，也没有少什么一样。

爽口味五分，快心事五分

【原文】

爽口①之味，皆烂肠腐骨之药②，五分便无殃；快心之事，悉败身丧德之媒，五分便无悔。

【注释】

①爽口：可口、快口。

②烂肠腐骨之药：强调山珍海味足以伤害肠胃。

【译文】

可口的山珍海味，多吃会伤害肠胃，等于是毒药害人，如果吃个半饱就不会伤害身体；称心如意是好事，其实有一些是引诱人们走向身败名裂的媒介，所以凡事不可只求心满意足，保持在差强人意的限度上就不至懊悔。

【活学活用】

人的欲望是无穷无尽的，如果对于自己的欲望不加以控制，而是一味满足自己的欲望，那么不仅不会给自己带来幸福，相反会招来祸患。 美味佳肴虽好，吃多了会损伤肠胃；使身心快乐的事情虽好，沉溺于其中，往往会损害德行，严重时甚至使人身败名裂。人不能完全压制自己的欲望，也不能完全放纵自己的欲望，控制在一定范围内，那么就能收到良好的效果。 既不会使自己因为放纵欲望而招来祸患，也不会使自己因为过分压制欲望而产生异常扭曲心理。 根据道德原则来做事情，在一定的条件下，可以尽量使自己欲望得到满足。 时时压制自己的欲望不可取，因为欲望如果不能得到及时疏导，而总是压制，那么也许会在某一时刻以一种不可控制的方式发作，从而带来一系列危害。 当条件不允许的时候，就需要控制自己的欲望，采用某种方式疏导欲望。

"过犹不及"，说的就是凡事恰好最妙，如果一件事情做过头了，反而会给自己带来损害。 也就是说凡事都需要掌握一定尺度，超过一定的尺度，好事变坏事，美味佳肴变成伤身毒药。 世界上万事万物都是如此，在一定尺度内，我们能够利用许多事物为我们服务，超过一定尺度，这些事物就会给我们带来危害。

老子给后人留下了许多至理名言，其中有一句是这样说的："知足不辱，知止不殆，可以长久。"这句话的意思是显而易见的，只有"知足"和"知止"的人，才能立身长久，而且可以免去生活中的许多忧愁和悲伤，让快乐的心情永远占据自己思维的空间，从而尽享人生的乐趣。

现实生活中的每一个人，大都是希望活得潇潇洒洒、快快乐乐的，谁也不想自己做"林黛玉式"的人物。 然而，如果在人生的历程中企求得太多，认识不到愿望与现实总是有距离的，适可而止是一种理智；或者对自己已经得到的东西不好好珍惜，而是在利益面前没有止境，那么其结果不会好到哪里去。 一味去追求个人利益之所以后果可悲，是因为客观方面的荒漠不可逾越，自己却偏要拼命往里撞，朝里钻，其结局便可想而知了。 这种失去理智的作为是快乐的生活离其越来越远乃至消失的一个主要原因。

当然，我们这样说，并不是要求现实生活中的人们，都摒弃对"名"或"利"的欲望。 在一定意义上讲，人的包括名、利在内的各种欲望，尤其是正当、积极的欲望，是一个人走向成功的强大驱动力。 但是，在人生的征途中，如果一个人的欲望太过分，尤其是追求金钱、享乐的欲望太过分，那就是无异于自寻穷途末路，到头来必然是欲极悲来，悔之晚矣。

不责人小过，不念人旧恶

【原文】

不责人小过^①，不发人阴私，不念人旧恶。 三者可以养德，亦可以远害。

【注释】

①小过：微小的过失。

【译文】

不要责难别人轻微的过错，不要随便揭发他人的隐私，更不可对他人过去的坏处耿耿于怀。 这样做既可以培养我们的道德品行，还可以远离灾祸。

【活学活用】

为人处世不能过于计较，对待别人需要有宽厚包容的精神。现实生活中不存在至善至美的完人，即使是非常杰出优秀的人都或多或少存在一些缺点。 因此我们对待别人不可以求全责备，有时候别人有小的过失，能忘就尽量忘掉。 揭发别人隐私，是小人的做法。 在现实生活中，对他人隐私的尊重，也是对自己隐私的尊重。 别人从前犯下的错误，时隔日久，也就不必总是提起。 总是记得别人的过失，对于自己毫无益处，反而有损害。

一位朋友说："我只记着别人对我的好处，忘记了别人对我的坏处。"因此，这位朋友深受大家的欢迎，拥有很多至交。

乐于忘记是一种心理平衡。有一句名言说："生气是用别人的过错来惩罚自己。"老是"念念不忘"别人的"坏处"，实际上最受其害的就是自己的心灵，搞得自己痛苦不堪，何必呢? 这种人，轻则自我折磨，重则可能招致疯狂的报复。乐于忘记是成大事者的一个特征，既往不咎的人，才可甩掉沉重的包袱，大踏步地前进。

人要有点"不念旧恶"的精神，况且在许多情况下，人们误以为"恶"的，又未必就真的是"恶"。退一步说，即使是真"恶"，对方心存歉意，诚惶诚恐，你不念恶，礼义相待，进而对他格外地表示亲近，也会使为"恶"者感念其诚，改"恶"从善。

做人最难得的是将心比心，谁没有过错呢? 当我们有对不起别人的地方时，是多么渴望得到对方的谅解，是多么希望对方把这段不愉快的往事忘记! 我们为什么不能用如此宽厚的理解宽恕他人?

古往今来，不计前嫌、化敌为友的佳话举不胜举。以古为鉴，可以让我们明白事理，明辨是非，把握前途。

持身不可轻，用意不可重

【原文】

士君子持身①不可轻②，轻则物能扰③我，而无悠闲镇定之趣；用意不可重，重则我为物泥④，而无潇洒活泼之机。

【注释】

①持身：做人态度、原则。

②轻：轻浮，急躁。

③扰：困扰、屈服。

④泥：拘泥。

【译文】

君子平日待人接物绝对不可轻浮急躁，因为一旦轻浮急躁，就会受到困扰，这样自然就会丧失悠闲宁静的趣味；处理事情不可思前虑后想得太多，不然就会陷入外界制约，丧失潇洒旺盛的生机。

【活学活用】

作为一个正人君子来说，他的言行举止非常重要，万不可轻率，在任何时候都应该善于把握自己。小人如果口吐秽言，行为乖张，我们会认为那原本就是他固有的东西，小人就应该那样。而君子就不一样了，如果君子言行轻率，就容易受到外界事物的困扰，而且也容易引起人们的轻视。其实别人用怎样的态度对你并不是别人决定的，而是你自己决定的。你如果自尊自爱，行为慎重又有礼有节，别人自然也会以同样的方式对你。一个人如果懂得自重，自律性很强，就不容易受到外物的困扰，这样就能保持悠闲宁静的生活情趣。对事物有着执著的追求原本也不是坏事，可如果过了头，则显得呆板而有失洒脱。执著有时也是固执的代名词，对待人生应该潇洒一些，提得起放得下。该坚持的时候一定要坚持，该放弃的时候也要懂得放弃。

如果一味地认死理，在任何时候都要坚持自己的东西，这样非但行不通，反而让自己陷入一种两难的境地。所以，在遇到走不通的路时，我们可以绕路而行，绕路都还走不通，就不如潇潇洒洒地放弃，另辟蹊径，这才是明智的选择。

知有生之乐，怀虚生之忧

【原文】

天地有万古①，此身不再得；人生只百年，此日最易过。 幸生其间者，不可不知有生之乐，亦不可不怀虚生②之忧。

【注释】

①万古：永恒不变的时间，喻其长。

②虚生：虚度一生无所作为。

【译文】

天地万古运行不变，可人的生命只有一次，死后就不再复活；一个人最多只会活百岁，可是百年的时间跟天地来比只不过是一刹那，逝者如斯。 有幸诞生在天地间，既不可不了解我们生活中所应享的乐趣，也不可蹉跎岁月，而有虚度一生之叹。

【活学活用】

有人说能做只乌龟很幸福，因为可以长命百岁；有人说做棵小树不错，随着光阴流逝，不但枝繁叶茂，生命的长度还可能超过乌龟呢。 不幸的是，我们是人，是发出这些感慨的人。 生活中的人，一定要懂得活着的乐趣，而不能蹉跎岁月，空有虚度年华之叹。

生老病死是自然规律，惜时如金是千百年来古人的明训。

陈子昂说：“前不见古人，后不见来者，念天地之悠悠，独怆然而涕下。”

曹操叹"人生几何"，"譬如朝露，去日苦多"。

人生不过百年，也就是说人的生命是有限的，虽然生命存在于大自然运行之中，但是就如同流水般匆匆易过，一百年的时光对大自然来说，就如同流星一般，稍纵即逝，可见人生是多么短暂。

短暂的一生，是一味地苦干，还是"人生得意须尽欢，莫使金樽空对月"呢？似乎都是，又都不全是。

佛经中说："醉生梦死，恒言也，实至言也。世人大约贫贱富贵二种，贫贱者，固朝忙夕忙以营衣食。富贵者，亦朝忙夕忙以享欲乐。受用不同，其忙一也。忙至死而后已，而心未已也。赍此心以往，而复生，而复忙，而复死，死生生死，昏昏蒙蒙。如醉如梦，经百千劫，曾无了期。朗然独醒，大丈夫当如是矣。"

人的生命虽然短暂，但是却是有价值的。人要珍惜人生之乐，但"不可虚度"的标准在于，要将有限的生命投入到干一番利于他人的事业中去。只有在为他人的服务中才会更觉人生之乐，体会到生命的价值。

德怨两忘，恩仇俱泯

【原文】

怨因德彰①，故使人德我②，不若德怨之两忘；仇因恩立，故使人知恩，不若恩仇之俱泯③。

【注释】

①彰，明显。

②德我，对我感恩怀德，此处的"德"当动词用。

176

③泯：消灭，泯灭。

【译文】

怨恨会由于行善而更加明显，可见行善并不一定使人都赞美，所以与其让人感恩怀德，不如让人把赞美和埋怨都忘掉；仇恨会由于恩惠产生，可见与其施恩而希望人家感恩图报，不如把恩惠与仇恨两者都消除。

【活学活用】

恩仇德怨是相对的，在一定条件下可以相互转化。人们都知道"由爱生恨""由恩变仇"的道理，所以不想让人怨恨自己，最好的办法就是不让他人感念自己的恩德。但一个人的立身处世，并不是没有原则，像不倒翁那样八面玲珑是不对的。历史上杀身成仁的事很多，这些人即使已有美名，有丰功伟业，大义当前，仍毫不犹豫舍身而殉。可见大丈夫做人做事，只要俯仰无愧，世俗小人与邪恶之徒的怨恨非议是不足计较的。所以做事要从大处着眼，恩仇德怨也要从全局来看，不能限于某人某事而论长短。

持盈履满，君子兢兢

【原文】

老来疾病，都是壮时招的；衰后罪孽，都是盛时造的。故持盈履满①，君子尤兢兢②焉。

【注释】

①持盈履满：盈，是丰富；履，是福禄；持盈履满，是指已达

最好程度的美满的物质生活。

②兢兢：小心谨慎。

【译文】

年纪大时，体弱多病，都是年轻时不注意爱护身体所招来的病根儿；一个人事业失意以后还会有罪孽缠身，那都是得志时埋下的祸根儿。 因此一个有高深修养的人，即使生活在幸福环境处在事业巅峰，也要兢兢业业，戒骄慎言，为今后打下好基础。

【活学活用】

《小窗幽记》中有这样一句话：“成名每在穷苦日，败事多因得志时。”

我们经常可以看到，一个人到老年的时候，不仅没有健康的身体，反而体弱多病，这都是因为在自己年轻的时候，不注意对身体的保养，因为那时候年轻力壮，对什么都满不在乎，我行我素，日积月累，结果导致了这样的后果。

同样的道理，如果一个人的事业到后来越来越衰败，甚至一败涂地，那都是由于在事业鼎盛时期，不注重自己品德的修养，胡作非为，傲慢无礼，不能够勤勤恳恳、脚踏实地做事情。

盛时要为衰时想。 就像是人的体格，青壮年时不注意保养锻炼，老来多病又能怪谁呢？而一个有修养有道德的人，在顺境、在有势时，总是小心翼翼，居安思危，绝不会像市井之徒那样抱今朝有酒今朝醉的生活态度。

谨慎，确实是我们办好事情的前提条件。 “如临深渊，如履薄冰”，有了这种小心谨慎的态度，跌的跤就肯定要少一些。 所以，真正有智慧的人，无论是对自身，还是对事业，都会保持虚心谨慎的态度，有居安思危的思想。"持盈履满，君子兢兢"，这是每个人都应该遵循的道德原则。

私恩不如公议，奇节不如谨行

【原文】

市私恩①，不如扶公议②；结新知，不如敦③旧好；立荣名，不如种隐德；尚奇节，不如谨庸行④。

【注释】

①市私恩：市，买卖。私恩，是出自私所施的恩惠，指收买人心。

②扶公议：公议是社会舆论，扶是指扶持。扶持公议，就是以光明正大的行为争取社会声誉。

③敦：厚，加深。

④庸行：平常行为。

【译文】

施恩惠给别人收买人心，还不如以光明磊落的态度去争取社会大众的舆论；一个人与其结交很多不能劝善规过的新朋友，倒不如重修一下跟老朋友之间的情谊；一个人与其想法子提高知名度，倒不如在暗中积一些阴德；一个人与其标新立异去显示名节，倒不如平日谨言慎行多做一些好事。

【活学活用】

这个世界上有很多事情都是有利又有弊的，我们在遇到这样的问题时应该学会权衡和取舍。做官的人都希望在民众中留下好的名声，所以会想很多办法收买人心，这样做固然可以笼络一大批人在自己身边，但毕竟不是长久之计。因为人心总是变幻莫测的，人会因自己的利益而改变自己的心之所向，所以与其收买人心，不如去做点实事，真正地为人民群众谋福利。这样做群众根基扎实，才能让自己的功业流芳百世。

有一句话说的是：衣服是新的好，朋友是老的好。真正的朋友像一坛酒，越久香味越醇。所以与其去结交新朋友，不如呵护好与老朋友之间的关系，在这个前提之下去交新的朋友。有人总喜欢标榜自己的名声，但他们不知道，能标榜的名声一定是虚的，唯有暗中积累德行，才能让自己真正获得别人的尊重。有人喜欢异想天开，总希望哪一天发生奇迹，不用努力就能获得成功，但是这样的事永远也不会降临在空想主义者身上，所以还不如脚踏实地做些小事，每一步都走得实实在在，这样成功的速度也许更快。

公论不可犯手，权门不可著脚

【原文】

公平正论不可犯手①，一犯则贻羞万世；权门私窦②不可著脚③，一著则玷污④终身。

【注释】

①犯手：触犯、违犯。

②私窦：窦，是储藏粮食的窖，壁间的小门也叫窦。私窦，就是私门，暗喻请托之门，即走后门。

③著脚：著脚就是踏进去。

④玷污：指美誉受污损。

【译文】

社会大众所公认的规范不可以触犯，你触犯了，那就会遗臭万年；凡是权贵营私舞弊的地方千万不可踏进去，走进去了，一辈子的清白人格就被玷污。

【活学活用】

每个人都有自己的处世原则，正直的人则有正直的原则。一个有操守讲气节的人，宁可穷困也不依附权贵，因为那种阿谀奉承达官贵人的言行和正直的人格水火不容。一个正直的人同样不会去违背公德，触犯国法，他的操守决定了自己不会这样去做。正因为不依附权贵，又奉公守法，那么就不可能去坑害公家致富，污损别人发财，如此他就会安贫乐道，保持清白的人格。

持守道德、遵循规章的人，为人所敬而不会成为众矢之的，营私舞弊、要弄奸术的人为人所恶而必将斧钺加身。佛经里就有这样几句醒世偈语："荣华终是三更梦，富贵还同九月霜。谄曲贪嗔堕地狱，公平正直即天堂。"

一个有操守讲气节的人，他们会奉公守法，而不唯利是图；他们会洁身自好，而不同流合污；他们会气宇轩昂，而不依附权贵。有道是人生如棋，一步失误，会招致满盘皆输。因此，提高修养，明辨是非，正确抉择，十分关键。那些不顾"正论"，而只知攀附权贵的人最终是不会有好下场的。

一个人要想立足于社会，其行止就必须合乎道义，合乎大众所公认的道德准绳。如果偏离这个轨迹，不讲廉耻，搞为人不齿的勾当，最终不仅会自毁前程，也会留下恶名。为此，做人要行得正，走得直，切莫陷入污水泥潭之中。

曲意使人喜，直躬使人忌

【原文】

曲意①而使人喜，不若直躬②而使人忌；无善而致人誉，不若无恶而致人毁。

【注释】

①曲意：委屈自己的意志。
②直躬：刚正不阿的行为。

【译文】

一个人与其委屈自己的意愿去博取他人的欢心，实在不如以刚正不阿的言行而遭受小人的嫉恨，使人们能赞同其品行；一个人没有善行而接受他人的赞美，还不如没有恶行劣迹却遭受小人的诽谤。

【活学活用】

违背自己的意愿去讨好别人，还不如保持自己刚正不阿的节操，即使招来别人的嫉恨，也好过刻意奉承讨好别人。自己并没有做过善事，却无缘无故得到别人的赞美，这种赞美恐怕有一定目的，俗话说"无事献殷勤，非奸即盗"，别人无缘无故地赞美你，说你的好话，很可能是想利用你达到一定目的，因此无故得到别人的赞美还不如无故惹来别人毁谤更令人心安。

在生活中，如果我们为了使别人高兴，而总是违背自己的意愿，服从于他人的意愿，这样不仅会使自己活得很累，而且使自己变得没有主见，丧失了自己的独立人格。 对待他人应当谦虚有礼，但是在必要的时候还是需要坚持自己的原则，能够拒绝别人，坚持自己的意见。 有一个人，他从来都不会拒绝别人的要求，所以他自己生活得非常累。 后来有一天，他终于下决心坚持自己，在遇到和别人意见不一致的时候，坚持自己的意见立场。 后来他发现坚持自己的原则，并没有使他失去朋友，相反还使他交到一些真正的好朋友。 所以我们在生活中，不需要刻意去违背自己的意愿讨好别人。

从容处变，剀切规友

【原文】

处父兄骨肉之变，宜从容，不宜激烈；遇朋友交游之失，宜剀切①，不宜优游②。

【注释】

①剀切：切合事理，切实。
②优游：犹豫不决。

【译文】

当你不幸遇到父母兄弟或骨肉至亲之间发生家庭纠纷或人伦惨变事故时，你应该扼住悲痛心情保持沉着的态度，绝对不可以感情冲动、采取激烈言行而把事情弄得更坏；当你跟知心朋友交往时，万一遇到朋友犯了什么过失，你应该很亲切诚恳地来规劝他，绝对不可以由于怕得罪他而眼看着他继续错下去。

家庭矛盾和社会矛盾不一样，家人天天在一起，如果有了问题以激烈的方式解决，就可能没有缓冲余地，甚至激化出更大的矛盾。 只有遇事冷静理智，沉着从容，才能找到妥善的解决办法。关键是要有主心骨，具有承担家庭变乱的能力。 做人要持正直的原则，如果朋友出现了过失，要直言相劝，而非一味袒护，更不可怂恿，否则形成不良后果，反而害了朋友。

小处不渗漏，暗处不欺隐

【原文】

小处不渗漏①，暗处不欺隐，末路不怠荒②，才是个真正英雄。

【注释】

①渗漏：水从上往下慢慢滴，有侵蚀和疏漏的意思。

②怠荒：懒惰无进取心，有颓丧不上进的意思。

【译文】

做人做事，即使是细微的地方也不可粗心大意，有所疏漏；即使在没人听见没人看见的地方，也绝对不可以做见不得人的坏事；尤其是处于穷困潦倒不得意的时候，仍旧不要忘志。 这样的人才算得上是真正有作为的英雄。

【活学活用】

英雄未必都做大事，一个人的成就是平时点滴积累而致。 立志、品德、待人，无不从小处做起，而能成大事者关键是志向远大，胸怀宽广。 常言道，"大行不拘细节"，因此洪应明才用"小处不渗漏，暗处不欺隐，末路不怠荒"来为英雄豪杰立下一个做人处世、创造事业的座右铭。

真正的英雄有三点必须做到：第一，对于小事也不要漠不关心，应当面面俱到。 第二，在人所不见之处，不要认为人家不知道便去做坏事，暗室欺人等于自杀。 第三，在失意的时候不可自暴自弃，追逐逸乐的刺激，那样只有害了自己。 这三点是英雄豪杰最容易犯错的地方。 英雄豪杰多顾大节而不注意细行，不拘小节，总认为大而化之的作风才是英雄本色。 其实，一个人一生事业成功与失败，往往就在于一些不为人所注意的小节上，古人有曰："千丈之堤，以蝼蚁之穴溃。"小事不加注意，往往是招致失败的根源；因此在小的地方必须注意到，所谓"防微杜渐"就是这个意思。

有些人做事重大略小，因而一事无成。 真正的成事之道是：不急于做大事，而重在做小事。 所谓从大处着眼，小处着手，就是看问题要识整体，做事情要具体。 换言之，做事情绝不能只有大的想法而无小的手法。 那些成就非凡的大家总是于细微之处用心、于细微之处着力，这样日积月累，才能渐入佳境，出神入化。

爱重反为仇，薄极翻成喜

【原文】

千金难结一时之欢，一饭竟致终身之感①，盖爱重反为仇，薄极反成喜也。

【注释】

①一饭竟致终身之感：据《史记·淮阴侯列传》中记载，韩信穷困的时候，没有人瞧得起他，可有一位人称"漂母"的老太太看他饿，就给他饭吃。韩信当然说些感激的话，这老太太很生气地回答说："大丈夫不能自食其力，我不过同情你这个小伙子，谁指望你报答？"韩信以后显贵发达，始终记得这一饭之恩。

【译文】

价值千金的重赏或恩惠，有时难以换得一时的欢娱，一顿粗茶淡饭的小小帮助，可能使人一生不忘此事，永远心存感激。 这或许就是当一个人爱一个人受到极点时很可能会翻脸成仇；平常不重视或者淡泊至极的一些人，给予一点帮助，就可能转而对你表示好感成为好事。

【活学活用】

人与人之间相处，有时候别人送他很贵重的礼物，收到礼物的人也不一定会觉得多么高兴；相反一点小小的恩惠他也许会牢牢记在心中。 正如韩信在贫寒之时，漂母请他吃顿饭，他就一直牢牢记在心里。 显贵之后，以千金报答漂母。 而一些达官显贵，巴结他们的人送金银玉石、奇珍异宝给他们，收到巨额礼物的显贵们如何高兴姑且不论。 但显而易见的是他们对这些送礼人未必会有多么深厚的感激之情，更不见得会把这些送礼人放在心上。 正所谓"爱重反为仇，薄极反成喜也"，这样的现象在生活中很常见。

小林很喜欢种花，她家的阳台上摆了许多花。 她有一盆昙花，快开花了，就请朋友小李去她家观赏。 小李一边等着昙花开放，一边欣赏其他的花。 她注意到有一种如小星星一般的黄花，开得蓬蓬勃勃，每个花盆里都有。 朋友问小林这是什么花，小林说她也不知道这花叫什么名。 平时小林根本不在意它，可这小黄花热情无限，几乎什么时候都在开花，自生自灭还活得热热闹闹。 小李感叹偶尔开花的如此受重视，一年四季常开不败的花反而不被珍惜。

这种现象在家人相处之间也常见到。 家人之间，因为至亲，所以有时会理所当然接受对方付出，想不到珍惜，一点点瑕疵都不能容忍，而他人的一点关怀，因为出乎意料，往往会放在心上。 有一个女孩正处于青春期，常和母亲吵架。 这一天，她又和母亲大吵一架，一怒之下，她转身离开家。 她在街上漫无目的地到处走，走累了，肚子也感觉很饿。 看到前面有一个小吃摊，她打算去买点东西吃。 小吃摊的主人是一个中年妇女，看上去与女孩母亲的年龄差不多。 女孩说："来一碗牛肉面。"牛肉面端上来了，热气腾腾。 里面有香菜，白萝卜与牛肉都切成非常薄的片，味道很好。 吃过面条，女孩心情平静了许多。 她问摊主："多少钱?"打算结账走人。 摊主说："五块钱。"女孩一摸自己的衣兜，顿时呆住了。 她出门时随便捞起一件外套穿，钱包放在另一件外套里。 女孩很窘迫，不知道怎么和摊主说自己没带钱。 摊主看出女孩的窘迫，就说："不用找了，一碗面条就算了吧，算我请你吃的。"女孩感激得落泪，说："我们不认识，你对我都这么好。 我妈妈只会骂我。"摊主愣了下，随后笑着说："我也有你这样大的一个女儿，大概她也觉得我经常骂她吧。 我只不过请你吃一碗面，你就觉得我对你好；你想想你妈妈为你做过多少顿饭!"

藏巧于拙，用晦而明

【原文】

藏巧于拙，用晦而明，寓清于浊，以屈为伸，真涉世之一壶①，藏身之三窟②也。

【注释】

①一壶：壶，是指葫芦，体轻能浮于水。《朝冠子·学问》篇中就有"中流失船，一壶千金"，此处的一壶就是指平时并不值钱的东西，到紧要关头就成为救命的法宝。

②三窟：通常都说成狡兔三窟，比喻安身救命之处很多，出自战国时代孟尝君的故事，据《战国策·齐策》说："狡兔有三窟，仅得免其死耳。今君有一窟，未得高枕而卧也，请为君复凿二窟。"

【译文】

做人要把智巧隐藏在笨拙中，不可显得太聪明，收敛锋芒，才是明智之举，宁可随和一点也不可太自命清高，要学以退缩求前进的方法。 这才是立身处世最有用的救命法宝、明哲保身最有用的狡兔三窟。

【活学活用】

才华横溢而不知"藏巧于拙"的人，最易受到别人的妒忌，有刚无柔而不知"用晦而明"的人，最易受到别人的攻击。 因此，一个人避免清高，亲切随和，知退知让乃是立身处世、保全自我的良方。 这也是一种良好的境界，如果立身不能站在这一境界中，就会如同在灰尘中抖衣服，在泥水中洗脚一样，难有清爽可言。

一个人要想有所作为，首先要藏巧于拙，尽量避免他人的猜忌，还要有韬光养晦的修养功夫，办任何事都应当留有余地才是。

《易经》上说："君子藏器于身，待时而动。"这里的"器"，便可指才华、实力。 没有才干，想要有大作为，无疑是很困难的。 但有了才干，却不加掩饰，锋芒尽露，就会变成带刺的玫瑰，它很可能触痛人的不平衡心理，于此，负面效应就会产生很多。 所以，真正具有智慧的人一定会懂得"藏锋本是蓄志，屈是为了伸"的道理。

从现实角度来说，这个道理并不是教人要一味伪装自己，而是教人在纷繁复杂的社会中，要从大处着眼，认清周围环境，善于避过湍流险浪、暗石巨礁。 如此，才能使你更好地施展才华，实现抱负，从而创造出一片蔚蓝的天空。

居安宜虑患，处变当坚忍

【原文】

衰飒①的景象，就在盛满中；发生②的机缄③，即在零落④内。 故君子居安宜操一心以虑患，处变当坚百忍⑤以图成。

【注释】

①衰飒：飒，本义是风吹落叶的声音。衰飒，就是凋落、枯萎，指境遇衰败没落。

②发生：生育、生长。

③机缄：关键因素，指运气的变化。据《庄子·天运》篇：

"天其运乎，地其处乎，日月其争于所乎，孰主张是，孰维纲
是，孰居无事推而行是，意者其有机械而不得已邪？"

④零落：指人事的衰败凋落。例如陆机有"亲友多零落"的
诗句。

⑤百忍：比喻极大的忍耐力。

【译文】

衰败零落的景象往往是在很早的繁茂时就种下祸根，机运转变
的种子多半是在零落时就已经种下。 所以君子应当在平安无事时
保持清醒的理智，以便防范未来某种祸患的发生。 一旦处身于变
乱灾难之中，就要拿出毅力咬紧牙关，坚定信念继续奋斗，以求事
业成功。

【活学活用】

高明的人总是承认事物总有看不透、不可料的一面，所以人要
立身唯谨，避嫌疑，远祸端，凡事预留退路，居安思危，这样你才
能在人生海洋中自由遨游。 事物发展壮大到一定程度之后就会衰
落，这个时候与其与自然相抗衡，勉强为之，还不如知止不殆，急
流勇退。 《老子》第九章说："功遂身退天之道。"物盛则衰，
所以在自己还没有衰退之前退下来，岂不是更好，免得被人赶下
来，遭到迫害。

《老子》第五十五章里有一句话说："物壮则老，谓之不道，
不道早已。"事物壮盛到了极点就会衰朽，这是一切事物盛极必衰
的自然规律。 人在最得意的时候，要小心谨慎，收敛行为，谨防
坏事不期而至。

事实上，无论是盛极而衰，还是否极泰来，完全由人本身所促

成。 因为人在志得意满之际，大多会生出骄傲的心理，而出现狂妄、轻佻的言行举止，这样就等于为日后种下衰败的祸根；反之，当人身处逆境时，如果能乐观面对，不被现实所击倒，而能进一步解决困难，当然就否极泰来了。

天地间万事万物在达到极致之后，往往接着就要走下坡，所以俗话说"花无百日红，人无千日好"，《周易》也提出了"日中则昃，月盈则亏"的道理。 由此来看，盛极而衰似乎是必然之结果。 然而，另有"否极泰来"的说法，意谓在经历一番厄运之后，好运便会随之而来。 但更重要的是处乱不惊的修养要早日炼成，从而临危不惧。

惊奇喜异者，无远大之识

【原文】

惊奇喜异者，无远大之识；苦节独行者，非恒①久之操。

【注释】

①恒：长久不变。

【译文】

一个喜欢标新立异甚至喜欢怪诞不经的人，不会有高深的学识和远大的见解；一个只知道苦苦恪守名节而自以为清高的人，无法保持长久的信心操行。

【活学活用】

喜欢新鲜好奇是人之性情所决定的，但我们绝不应把精力投注于此。对于一个性格稳重、修养厚实的人来讲，不应当像孩子那样标新立异、耸人听闻。奇特怪异之行多了只会使人看了讨厌，对于自己的形象绝无任何好处。

有些人为了表现自己不俗，处处"惊奇喜异"，一味地证明自己不落俗套；或是离开实际，盲目地求"深"，搞得玄乎乎的。

其实，这种人是最俗、最浅的。为什么这么说呢？因为俗人们全都认为自己不俗，一味求"不俗"，已落了俗套；浅薄的人都认为自己高深，脱离实际而一味求"深"，已掉进了最浅薄的圈子。

至于那种事事都要显得自己不俗，事事都想显得自己高深的人，他们的行为，只不过是严重自大的一种表现而已。因为真正不俗的人，真正高深的人，是不会处处显示自己的。

再高深的东西，也不离实际；再不俗的东西，也不离平常。离开实际求"高深"，如何求得到？离开平常去求"不俗"，不俗又在哪里？

那些连走都不会就想跑的人，那些连基础都没掌握反要求精髓的人，实在是让人笑掉了牙。

那些坚守气节的人，非有恒久的节操不可，因为人坚持下来不容易，坚持一天、一月、一年容易，坚持一辈子难。

能猛然转念，邪魔为真君

【原文】

当怒火欲水正腾沸处，明明知得，又明明犯着。知时是谁？犯的又是谁？此处能猛然转念，邪魔①便为真君②矣。

【注释】

①邪魔：邪恶的魔鬼，实指欲念。魔，是梵语"魔罗"的简称。

②真君：指万物的主宰。

【译文】

当怒火上升欲念翻滚时，虽然他自己也明知这是不对的，可是却不加控制。知道这种道理的是谁呢？明知故犯的又是谁呢？假如当此紧要关头能够突然改变观念，那么邪魔恶鬼也就会变成慈祥命运的主宰了。

【活学活用】

心理学研究表明，一个人心情舒畅、精神愉快时，中枢神经系统处于最佳功能状态，他的内脏及内分泌活动就会在中枢神经系统调节下处于平衡状态，使整个机体协调，充满活力，身体自然也健康。

人一旦有了火气，不仅心情不好，而且嗓子发干，嘴角起疱，还有可能引发其他疾病。最重要的是，火气太旺，做事情往往不能站在客观的角度，个人的情绪往往占了上风，不利于问题的解决。

许多人因为无法抑制自己的怒火，失去了解决问题和冲突的良好机会。而且，一时冲动而发火，可能意味着事过之后付出高昂的代价。在实际生活中，发火导致的损失往往可能是无法弥补的。你可能从此失去一个好朋友，失去一批客户；你的形象可能从此在领导眼里受到损害，别人也从此开始对与你的合作产生疑虑。

发火时最坏的后果是，人在情绪的支配下，往往不顾及别人的尊严，并且严重地伤害了别人的面子。损害他人的物质利益也许并不是太严重的问题，而损害他人的感情和自尊却无异于自绝后路，自挖陷阱。

偏信为奸欺，自任为气使

【原文】

毋偏信而为奸所欺，毋自任①而为气②所使；毋以己之长而形③人之短，毋因己之拙而忌人之能。

【注释】

①自任：自信、自负、刚愎自用。

②气：发扬于外的精神，此处指一时的意气。

③形：对比。

【译文】

一个人不要误信他人的片面之词，以免被一些奸诈之徒所欺骗；不要过分信任自己的才干，以免受到一时意气的驱使；不要倚仗自己的长处去对比人家的短处；尤其不要由于自己笨拙，就嫉妒他人的才能。

【活学活用】

人最难得的是有一分明鉴之心，能保持明鉴，就意味着慧眼明亮，不失自我。要做到这一点，平时既要客观公正地审视他人，也要清醒正确地审视自我。

如果只听一面之词就妄下判断，那就说明你是个轻信之人；如果只凭自己的感觉行事而听不进别人的劝告，那就说明你是自以为是的刚愎自用之人；如果喜欢用自己所长笑话或攻击别人所短，那就只能表明你的刻薄无知；如果因自己的短处而嫉妒别人的才能，那就只能显示你的狭隘幼稚。

有道是"兼听则明，偏听则暗"。偏听偏信是一种人格上的欠缺，也是缺乏明智，昏庸糊涂的反映。偏听偏信的人，大多意气用事，凭感情左右而依赖或疏远一个人，由于不善于观察分析，不多方听取意见，所以最容易受逸言蒙蔽和利用。

作为一个领导者，善于识别身边人的个性是很重要的。因为个性和一个人的品德往往是有紧密联系的。不善识人者，必难用好人，并很容易被花言巧语、欺上瞒下之人所蒙蔽。因此在个人修养中，必须注意克服主观盲动，找到自己思维盲区，不能偏听偏信，防止被小人所利用。

弥缝人之短，化诲人之顽

【原文】

人之短处，要曲①为弥缝②，如暴而扬之③，是以短攻短；人有顽固④，要善为化诲，如忿而疾之，是以顽济⑤顽。

【注释】

①曲：含蓄、婉转尽力。

②弥缝：修补、掩饰。

③顽固：愚蠢之处。

④暴而扬之：揭发而加以传扬。

⑤济：救助。

【译文】

别人有缺点过失，要婉转地为他掩饰并私下里规劝他，假如去揭发传扬，就是在证明自己的无知和缺德，是用自己的短处来攻击别人的短处；发现某人个性比较愚蠢固执时，就要很有耐心地诱导启发，假如生气厌恶，不仅无法改变他的固执，同时也证明了自己的愚蠢固执，就像是用愚蠢救助愚蠢。

【活学活用】

世界上没有绝对完美的人，也没有绝对不犯错误的人。错误有大有小，有轻有重，终难避免。这就要求人们正确地认识自身与他人。一旦发现别人的某些缺点时，不可当做新闻到处宣扬。须知，有意识地宣扬别人的缺点的行为本身就是一大缺点。假如对他人的缺点，四处宣扬，唯恐无人不知，不仅是对他人自尊的伤害，也意味着自身的浅薄。当然这并不是说对别人的缺点要视若不见、一味隐瞒，而是应该本着帮助他人的善意心理，加以规劝，婉转点击。

"人之短处，要曲为弥缝"，"人有顽固，要善为化诲"，就是要求我们针对别人无意中所犯的错误，要掌握艺术的处理方法，其中说话的艺术便是关键。它既显出一个人的能力和修养，也往往决定着转化他人缺点的良好效果，尤其当领导的对此应更加注重。

当下属因一时疏忽而发生错误时，有时不必立竿见影地批评一通。如能给对方留出自我反省的时间，效果往往会更好。

另外，对于别人的缺点，运用婉转、幽默的方式进行批评，也不失为一种很好的方法。这既能缓解紧张的情绪，也能创造轻松的氛围，由此，达到更好的教育目的。

在工作中和生活中，有些人经常都会不经意间对身边的人进行批评。他们自己并没在意这位员工或是同事会有什么样的反应，但时间一长，却会给当事人带来很大的精神压力。其实在批评别人时，可以考虑换一种方式，或许那样更容易让别人接受。在生活当中只有批评而没有表扬是做不好事情的，如果对方真的有错，那就委婉地提出，真诚地帮助，甚至以情感的力量去感化对方，相信对方一定会在意你所付出的一切。

遇沉沉者莫输心，见悻悻者须防口

【原文】

遇沉沉①不语之士，且莫输心②；见悻悻③自好之人，应须防口。

【注释】

①沉沉：阴险冷酷的表情。

②输心：推心置腹表示真情。

③悻悻：生气时愤恨不平的样子。此处比喻人的傲慢、固执己见。

【译文】

假如你遇到一个表情阴沉、默默寡言的人，千万不要一下就对他推心置腹表示真情；假如你遇到一个自以为了不起又固执己见的人，你就要小心谨慎尽量少说话。

【活学活用】

　　人外在的喜怒哀乐往往是内心世界的反映，每个人都有其独特的习惯、个性，表现出来的方式也不一样。有的人高谈阔论，有的人沉默不语，有的人阴险狡诈，有的人高深莫测。

　　如果对方是一个沉默不语的人，这样的人往往城府很深，在应当发言的时候一语不发使我们看不透他们的真实内心，可以说是一种阴险的人。对他们切不可大意。

　　某些人，在交往的初期，看起来是那么充满善意，那么富有诚意，对你又那么关心，你可能感动地把自己的一切私密都和盘托出，表明自己对好友的信任，而一旦你跟他的利益发生冲突，他就会狠狠地踩你一脚，泄露你私人以及公司的秘密。有时候，他们甚至是"损人不利己"的。而且，我们不了解他们的人品，更无法知道他们内心的心理活动，这样的话往往会给自己带来不利的因素，言多必失。

　　对付这类人，要小心为妙，平时努力做好工作，绝不和他们同流合污，也绝不要相信与这类人能建立什么"推心置腹"的"办公室友谊"。对于他们偶尔给你的小恩小惠，也不要被一时的假象所蒙蔽，而应随时保持警惕，千万不要对这样的人推心置腹、开诚布公，反而应该防其暗箭伤人。

　　假如对方是个很傲气的人，这等人的性格一般都狂妄自大，自以为是，常常不把别人看在眼里。同这样的人说话，就不能信口开河，想说什么就说什么。否则不仅自己没有交到朋友，反而会引火烧身，给自己带来更大的麻烦；不仅使自己自讨没趣，而且容易受到对方的奚落和攻击，对自己没有什么好处。

　　俗话说"千人千面"，"知人知面不知心"。无论在生活还是在工作中，我们都应该多思忖，多交友，多请教，多警觉，眼观六路，耳听八方。 只有这样，我们才能在职业发展的道路上顺利成长，步步高升。

昏散知提醒，吃紧知放下

【原文】

念头昏散①处，要知提醒；念头吃紧时，要知放下。 不然恐去昏昏之病，又来憧憧②之扰矣。

【注释】

①昏散：迷惑。
②憧憧：心意摇摆不定。

【译文】

头脑感到昏沉纷乱时应该平静下来让头脑清醒；工作烦琐情绪紧张时，要懂得把工作暂停一下，以便使情绪恢复镇定轻松。 否则恐怕刚刚治好昏沉纷乱的毛病，却又处在左右为难思绪摇摆不定的困扰中。

【活学活用】

在生活中，我们可能都会有这样的经验，当为一件事情过于紧张，以至于头脑昏沉、无法集中精神的时候，先把这件事情放下，转而去做别的事情，休息一段时间之后，最初难以解决的问题突然变得容易解决了。 当我们想办好一件事情的时候，就需要集中精神、全力以赴，才能收到良好的效果。

有这样一个故事，说的是有一位学者，利用假期研究一个学术问题。 他收集了大量资料，每天都把自己关在书房里研究学习。过了一段时间，他的研究遇到一个难以克服的困难，他很苦恼。为了这个难以克服的困难问题，他几乎达到了废寝忘食的程度，整天在书房里集中精神研究。 他闭门谢客，从不外出。 他读中学的儿子来找他，希望父亲和他一起出去走走，不要总是把自己关在房间里。 学者拒绝了儿子的建议，并且不让儿子来打扰他。 他的妻子希望丈夫和自己一同逛街买东西，他同样拒绝了妻子，觉得妻子简直是捣乱。 他告诉妻子，以后不要为逛街买东西这样琐碎的事情来打扰他。 他的妻子和儿子发现不能改变他，也只好任由他关在书房中自己苦恼。 学者废寝忘食地研究了一段时间，依然没有成果。 这一天，妻子与儿子都不在家，他突然发现书房窗户前有杂草。 杂草长得异常茂盛，把院子里的花都盖住了。 院子里的花是学者亲手种植的，他不能忍受杂草把花的养分夺走，于是拿起工具除草。 杂草清理完之后，他发现院子里还有些空地，于是又在那些空地上种植土豆、南瓜。 干完活之后，他洗手进书房继续进行他的研究，突然之间发现自己从前的思路不正确。 他换了一个思路看问题，从前难以解决的问题竟然迎刃而解了。

气机无凝滞，太虚无障塞

【原文】

霁①日晴天，倏②变为迅雷震电；疾风怒雨，倏转为朗月晴空。 气机③何尝一毫凝滞？ 太虚④何尝一毫障塞？ 人之心体，亦当如是。

【注释】

①霁：雨后转晴。

②倏：迅速，突然。

③气机：气，指构成天地万物的本原物质。机，使气变化的本原力量。此处比喻主宰气候变化的大自然。据《吴子·论将》篇："三军之众，百万之师，张设轻重，在于一人，是谓气机。"

④太虚：广漠无际的天空。例如《文选·孙绰游天台山赋》说："太虚辽阔而无阂。"

【译文】

万里晴空，会突然乌云密布、电闪雷鸣；狂风怒吼倾盆大雨之时，会突然转为皓月当空、万里无云。可见主宰天气变化的大自然一时一刻也不曾停止运转，而天体的运行何曾遇到丝毫的阻碍？所以我们人类的心理也要像大自然一样，使喜怒哀乐的变化合乎理智准则。

【活学活用】

自然界总是千变万化的。比如，刚才的天空还是一片晴朗，风和日丽，万里无云，不一会儿工夫，就可能突然"神色"大变，电闪雷鸣，狂风大作，风雨交加。可是过了不一会儿，疾风怒雨却又突然停止了，天空又变得一片晴朗，彩虹出现在天边，阳光现出了灿烂的笑容。这是自然界的常见现象，是一种规律。

人们的心情，同自然界的变化规律有着千丝万缕的联系。人的一生不可能总是平平淡淡，也不可能永远风平浪静、一帆风顺，总会有这样或那样的挫折。有了大悲大喜的经历，心情当然也会变幻无常了。

但是，关键的问题是，你的心情在喜怒哀乐后能否恢复平静，就像狂风大作、风雨交加之后出现晴朗的天空。

有人说："过去的得失犹如一杯隔夜茶。"当一个人对生活失望时，就是打雷下雨的时候，雨停了，人心也雨过天晴，日子还得一天一天过。也许是老天给人类的考验，让我们更珍惜身边的人与事，懂得知足和生活，才能得到真正的幸福。

如果我们所做的事情，没有实现我们的愿望，或者有的人对不起我们，对我们做了过分的事情，我们都要让它"雨过天晴"，而不是耿耿于怀，对过去所经历的事情念念不忘，甚至天天琢磨这些事情，被这些琐碎的事情困扰着，那么我们的心情将会永远是灰色的。

不沉湎于往事，不被凡尘俗事牵绊，常保新意、长心智，如雨过天晴，日日保持新气象，才是智慧的选择。

识乃照魔珠，力是斩魔剑

【原文】

胜私制欲之功，有曰：识不早，力不易者；有曰：识得破，忍不过者。盖识是一颗照魔的明珠①，力是一把斩魔的慧剑②，两不可少也。

【注释】

①明珠：价值昂贵的宝珠，引申为人或物的最贵重者。佛经《净土论注》说此珠："置之浊水，水即清净，投之浊心，念念之中罪灭心净。此照魔明珠之谓也。"

②慧剑：佛家语，是用智慧比喻利剑，认为利剑能斩断俗世万缘、烦恼与魔障。《维摩诘经·菩萨行品》中说："以智慧剑破烦恼贼。"

战胜私情、克制物欲的功夫，有人说是由于没及时发现私欲的害处而又没坚定的意志去控制，有人说虽然能看清物欲的害处却又忍受不了物欲的吸引。所以一个人的智慧是认识魔鬼的法宝，而意志等于是一把消灭魔鬼的利剑，智慧和意志是战胜情欲不可缺少的。

【活学活用】

意志力对于一个人来说是很重要的东西，它是一个人成功的必要条件，在很多时候我们需要用它来战胜内心的怯弱、外界的诱惑。很多时候，人们都战胜不了自己的邪念和私心，有人认为是因为自己没有坚强的意志力，所以无法克服；有人则认为是虽能看破欲念的害处，但确实又受不了它的诱惑。说来说去就是自己的意志力薄弱，内心没有坚定的信念来做支撑。当然，一个人的成功不仅需要坚定的意志，还需要过人的智慧。智慧是一颗可以照出邪恶的明珠，它可以帮助我们分辨出世间的恶浊，于重重险难中寻出一条通往成功的光明大道。而坚强的意志力则是一把能斩除邪魔的利剑，它能将内心的种种邪念斩光杀绝，使我们没有心理包袱、轻装上阵。所以对于一个想成功的人来说，智慧和意志力缺一不可，它们犹如我们的一对翅膀，有了它们，我们才可以展翅高飞。

觉人诈不形于言，受人侮不动于色

【原文】

觉①人之诈②，不形③于言；受人之侮，不动于色。此中有无穷意味，亦有无穷受用。

①觉：发觉、察觉。

②诈：欺骗。

③形：表露。

【译文】

发觉被人家欺骗，不要在言谈举止中表露出来，遭受人家侮辱时，也不要怒形于色。 一个人能够有吃亏忍辱的胸襟，在人生旅程上自会觉得妙处无穷，对前途事业也是一生受用不尽。

【活学活用】

孔子说："人心比山川还要险恶，知人比知天还要困难。"天还有春秋冬夏和昼夜，可人呢？表面看上去一个个都好像很诚实，但人的内心世界却包得严严实实，深藏不露，谁又能究其底里呢？有的人外貌和善，行为却骄横傲慢；有的人看似坚贞，实际却疲沓松软；有的人言辞动听，内心却阴险狡诈。 我们会感叹，人确实不容易了解，了解人真的太不容易！对此不用惊恐，这是真实世界所存在的一种自然现象。 任何一物都是相对的，有妍必有丑，有诚必有诈嘛。

尽管自古及今，有不少书中都谈到了如何识别和判定人的真伪方法，比如古代的"五征"（即观诚、考志、观色、恻隐、揆德）识人法，以及当今可以在书市上看到的所谓"一眼看透人心"类的书等，但真的了解一个人、识别一个人谈何容易！唐代大诗人白居易曾发出真切的感言："试玉要烧三日满，辨材须待七年期。"意思是，要验证宝玉是真是假，就得用火烧三天；要分辨枕木和樟木，必须等它长七年。 用形象的比喻说明了识别事物的真伪必须经过长时间的考验。 人心如此难测，难道就不与人交往了吗？显然是不现实的。 在人际交往频繁、处处充满合作的当今，任何一个想开拓人生、扩展专业的人，不仅需要交往，而是还需要交往的面更宽、更广。 一方面要做到"信人者，未必尽其诚，己先诚实"，如果连自己都怀着狡诈的心理去待人，那么还怎么要求别人真诚待己？另一方面，就是人的一生在与形形色色的人打交道时，不可能全遇上至诚至善的人，或多或少，或大或小地会碰上一些狡诈之徒，摊上一些被愚弄、受欺骗的事，如受人迷惑而买东西上当吃亏；借出去一些小钱得不到偿还；谈好的合作事项，结果在利益上得不到享受以及身陷其他一些圈套等等。 对此，怎么办呢？法律的保护不可能涉及所有的内容，莽撞冲动的行为更不可取，那样搞不好还会导致更坏的结果。 鉴于一些狡诈之人，大多就是你身边的同事或联系相对密切的人，你若怒气直斥，撕破脸皮，不仅问题很难得到良好的解决，还会多结一个仇敌，多竖一堵墙，这绝不是良好的方法。 如果利害不大，可以适时地容忍，并且没必要立即表现在言行和脸色上。 这其中有很多良方妙意。 须知，在相对的和谐局面下，许多问题往往慢慢都能得以解决，不管是君子还是小人，都会想要脸面的。

古人在道德修养方面便很注重"忍"，所谓喜怒不形于色就是如此。 孔子曰："而行之本，忍之为上。"认为忍是最大的策略，并且还说："小不忍则乱大谋。"陆游曾说："小忍便无事，力行方有功。"可见，忍在为人处世中是多么的重要。 忍，能于险恶的激流中立稳脚跟，能使平静的水面不起波涛。 忍不是懦弱，不是没有骨气，而是一种极好的智慧，通过忍让、大度与宽容，往往会使施诈之人萌生羞耻，心生惭愧。

横逆困穷，受其锻炼

横逆困穷^①，是锻炼豪杰的一副炉锤^②。 能受其锻炼，则身心交益；不受其锻炼，则身心交损。

【注释】

①横逆困穷：横逆，是不顺心的事；困穷，就是穷困。

②炉锤：比喻磨炼人心性的东西。

【译文】

横逆困难是锤炼英雄豪杰心性的洪炉，按受这种锻炼对形体与精神均有益处，如果承受不了这种恶劣环境的煎熬，那么便也成不了豪杰。

【活学活用】

不要把逆境看成绝境，不要把穷困认为是命薄，不要把磨难当做是烦事。 为什么这样说呢？最简单的解释就是想一想：不经历风雨，怎见得彩虹；不经一番寒彻骨，哪得梅花扑鼻香？

纵览古今，凡成大事之人，无不具有优良的意志品质。 而这种品质不可能是与生俱来的，只有通过艰苦的磨炼才能形成。 其困难逆境正是铸造美好人格的熔炉，在这个熔炉中经得住锻炼考验的，必定是铮铮铁骨的硬朗汉子，而且此熔炉会带给他成就一生的重要资本。 由此来说，逆境、穷困与苦难又岂不是一笔宝贵的财富？ 又岂不值得亲近？

古人云："穷且益坚，不堕青云之志。"正体现了一种坚忍不拔的刚强之志，这种气节、这种志向，足以燃起一个人的热情，唤醒一个人的潜力而使他达到成功。

伟大人物无一不是经由苦难而造就的。一个人如果好逸恶劳、贪图享受，就无法战胜困难，也就不会有什么发展。俗话说得好："生前没有经历困难的人，他的生命是不完整的。"

如果一个年轻人从出生到长大，一贯依赖他人，从不想为自己的面包而奋斗，这样的青年只会葬送掉自己的一生。森林里的橡树之所以高大挺拔，是它和狂风暴雨作斗争的结果。人们驾驭生活的技巧和主宰生活的能力，是从困境生活中磨砺出来的。

吾身小天地，天地大父母

【原文】

吾身一小天地也，使喜怒不愆①，好恶有则，便是爕理②的功夫；天地一大父母也，使民无怨咨③，物无氛疹④，亦是敦睦的气象。

【注释】

①愆：过失、错误。

②爕理：调和、调理。

③怨咨：怨恨、叹息。

④氛疹：氛，当凶气解。氛疹，恶病。

【译文】

我们自己的身体就等于是一个小世界，不论高兴或愤怒都不可以犯错误，尤其对于好恶的东西也要有一定标准，这就是协调整理的功夫；大自然就像人类的大父母，要让每个人没有牢骚怨尤，使万物没有灾害而顺利成长，这也是造物者的一番恩德，天地间一片平和的景象。

【活学活用】

　　人是自然的一部分，人与天地自然之间具有相通之处。古人有天人感应论，讲人与天地自然之间交相感应。人与自然确实有相类似之处，由大自然的变化可以反省人类自身。人与自然相通，人有喜怒哀乐的情绪变化，自然有春夏秋冬的四季变化。喜怒哀乐都不过分，控制在一定程度内，那么对人就不会造成损害。如果喜怒哀乐没有节制，则必然会使人身心受到伤害。大自然阴晴变化，风云雨雪天气交替，如果不超出一个度，那么能使自然万物顺利生长。如果雨雪阴晴变化没有规律，暴风暴雨暴雪或者干旱无风云雨雪，这样的环境都不利于万物生长。人与自然都遵守一定规律，才能呈现稳定和谐的气象。

　　人的喜怒哀乐各种情绪，缺一不可，但哪种情绪过于泛滥也都不可以。过喜过怒过悲，对人的身心都会造成损害。控制自己的情绪，避免大喜大悲，生气发火只针对值得的事情，而且不宜过度，这是有修养的人具有的品质。荀子说：水与火有气，但是它们没有生命；草木等有生命，但是没有知觉；飞禽走兽虽然有知觉，但是不懂得礼义廉耻。人有生命，有知觉，又懂得礼义廉耻，因此人是天下最高贵的。人的力气不如牛，奔跑又比不上马，但是牛马却被人们驱使劳作，原因就在于人能合群，牛马不能合群。人之所以能够合群，又因为人有等级名分之分，等级名分的贯彻实行又有赖于礼义来协调。由此，以礼义定等级名分，使人各得其所，各归其位，这样就能发挥集体的力量。 团结一致，集体力量强大，就能战胜万物。 知礼义廉耻，言行举止与为人处世，都合乎一定规范，人比其他生物高明的地方也正在于此。 人知道礼义廉耻，能以此约束自己，喜怒哀乐，憎恶或是喜欢别人，都不从自己个人偏好出发，而是根据礼义规范，以礼仪规范来要求约束自己。

害人之心不可有，防人之心不可无

【原文】

害人之心不可有，防人之心不可无，化戒疏于虑也。 宁受人之欺，毋逆①人之诈，此警伤于察②也。 二语并存，精明而浑厚矣。

【注释】

①逆：预先推测。

②察：本意是观察，此处作偏见解，有自以为是的意思。据《庄子·天下》篇："道德不一，天下多得一察焉以自好。"

【译文】

"害人之心不可有，防人之心不可无"，这是用来劝诫在与人交往时警觉性不够、思考不细的人。 宁可忍受他人的欺骗，却不事先拆穿人家的骗局，这是用来劝诫那些警觉性过高、想得太细的人。 一个人在和人相处时能把上面两句话并存警诫，才算是警觉性高又不失宽厚的为人之道。

【活学活用】

人之所以不能有害人之心，是因为你能害人，人家也会害你。"防人之心不可无"，这句话有其狭隘的地方，它会让人变得谨小慎微，毫无磊落气度，但这句话也并非毫无道理。

不过，明枪易躲，暗箭难防，别人要害你不会事先告诉你。例如有人为了升迁，不惜设下圈套打击其他竞争者；有人为了生存，不惜在利害关头出卖朋友；有人走投无路，狗急跳墙……

在人生的漫长岁月中，免不了会遇到出卖、敌意、中伤、陷阱等种种料想不到的事情，如果事先预料到这些事的发生并一一克服，便能使你的工作生涯一帆风顺。

那么该如何防呢？

首先是"巩固城池"，也就是让人摸不清你的底细，不随便露出个性上的弱点，不轻易显露你的欲望和企图，不露锋芒，不得罪人，勿太坦诚。别人摸不清你的底细，自然不会随便利用你、陷害你，因为你不给他们机会。两军对阵，虚实被窥破，就会给对方可乘之机，"防人"也是如此。

其次是"阻却来敌"。兵不厌诈，争夺利益时人心也不厌诈，因此对他人的动作也要有冷静客观的判断，凡异常的动作都有异常的用意，把这动作和自己所处的环境一并思考，便可以发现其中玄机。

俗话说得好，"人无打虎心，虎有伤人意"。如果我们在同人相处时，心中先存几分戒心，那么世界上绝大多数骗局都将被识破。

可惜的是，我们很多人自幼受的教育并不是要我们存有防人之心，而是被灌输了许多不恰当的"人与人之间应相互信任""人性是善良美好"的观念。由于大多数人心地非常坦荡，总觉得自己所言所行没有什么不可告人的，于是，不分轻重，不看对象，结果为此反而授人以把柄，这就犯了太相信人的大忌。

但防人是有前提的，对坏人、小人、俗人是非防不可的，而如果人人防、事事防，人便成为"套中人"了。

毋因群疑阻独见，毋任己意废人言

【原文】

毋因群疑而阻独见，毋任己意而废人言，毋私小惠而伤大体，毋借公论以快①私情。

【注释】

①快：称心如意，满足、发泄。

【译文】

不要因为大多数人都怀疑就放弃个人的独特见解，也不要因个人好恶固执己见忽视别人的忠实良言；不可因个人私利搞小恩小惠而伤害整体利益，更不可以借助社会大众的舆论，来满足自己的私人原望，发泄个人不满。

【活学活用】

你可能自认为自己是一个智慧超群的人，但正所谓"智者千虑，必有一失"。有时自己的见解也未必高明，那时就要本着谦逊的态度多听听人家的话。一个人的能力表现在能明辨是非，认识大体，在众多议论中保持清醒，而个人的真知灼见又是建立在集体的智慧之上。

也就是说，对于自己的看法，或者是某一行为，不要总是以自己的意志为转移，处处以自己为中心，使自己失去了辨别是非的能力，听不进去任何劝告，反而放弃了别人的正确意见，甚至对别人的好意产生误会、偏见。

话又说回来，人固然要有从善如流的习惯，但绝不是人云亦云，所谓"千人盲目一人明，众人皆醉我独醒"，有时真理掌握在少数人手中，该坚持的原则绝不可动摇。

有一句成语叫"三人成虎"。对于自己的见解，或者某一举动，只是因为受到了许多人的怀疑，就产生了动摇的思想，甚至放弃了自己独特的见解和观点，这是极端错误的，这是对自己不负责任的表现。只要我们做的事，我们的观点是正确的，就应该责无旁贷地坚持下去。

环顾我们生活的世界，我们能十分明显地感到，要想使每个人都对自己满意，这是十分困难的。实际上，如果有50％的人对你感到满意，这就算一件令人愉悦的事情了。要知道，在你周围，至少有一半人会对你说的话提出不同意见。只要看看西方的政治竞选就够了：即使获胜者的选票占压倒多数，但也还有40％之多的人投了反对票。因此，对一般的常人来讲，不管你什么时候提出什么意见，有50％的人可能提出反对意见，这是一件十分正常的事情。

以小惠而伤大体是不划算的，这叫因小失大；借公以快私情是不道德的，这叫假公济私，这里不仅指物质上的，更是精神上的。

善人不预扬，恶人不先发

【原文】

善人未能急亲①，不宜预扬②，恐来谗谮③之奸；恶人未能轻去，不宜先发，恐遭媒孽④之祸。

【注释】

①急亲：急切与之亲近。

②预扬：预先宣扬其善行。

③谗谮：颠倒是非恶言诽谤。

④媒孽：借故陷害人而酿成其罪。例如《汉书·李陵传》中有："随而谋孽其短。"注："媒，酒教；孽，曲也。谓酿成其罪。"

【译文】

要想结交一个有修养的人不必急着地跟他亲近，也不必事先来宣扬他，避免引起坏人的嫉妒而在背后诬蔑诽谤；假如一个心地险恶的坏人不易摆脱，绝对不可以草率行事随便把他打发走，尤其不可以打草惊蛇，以免遭受报复陷害。

【活学活用】

对于有德能的人，我们不必着急与其建立亲密的关系，因为那些无才无德的人看着呢！引起他们的嫉妒就不好了，弄不好背后给你一刀，捏造点不三不四的话来，影响自己的形象。

对小人，我们也不能随便打发，小人更能坏大事。

生活中，我们都不希望与小人打交道。但是，又不可避免。为什么呢？因为小人的脸上没有贴标签。我们要交友，也要防人，特别是防小人，应时刻提防不要上了小人的当，更不要被小人当枪使。否则，也许真应了那句老话："被人卖了还在帮着人家数钱。"

有些小人虽然大多时候都不敢乱说乱动，但他们的本性难改，没准什么时候就会"兴风作浪"。也可能他们慑于你的权威不敢"太岁头上动土"，但却可能利用你这杆大旗办自己的事，借点光，沾点油水，他们把你当做挡箭牌或者清道夫；更有少数人，为了满足自己的私欲，经常会采取两面三刀的手法，借你之威，干你没有想到的事。如果不出事，那还好说，顶多让小人占点便宜。万一出了事，那一切后果就全得由你一人承担了。谁叫你平时不注意提防小人呢？

君子之交是道义之交，君子之交淡如水，靠爱好、情趣、学识为纽带来建立感情。这个过程，是个渐进的相互观察了解的过程。和善人交、与君子游是人所愿也。但道不同不相为谋，小人与善人，奸猾之辈与君子从各个方面都格格不入。想与君子善人急于交往而过分亲密，小人很可能因为被冷落而生出破坏的念头。

与小人接近容易，远小人不易。正所谓请神容易送神难。

小人很阴险，不受道德规范的拘束，为所欲为又善于伪装，工于心计又长于逢迎。凡事都以自己的利益为出发点，两面三刀、出尔反尔，极度善变，这是小人常用的技巧，也是他们生存的必要条件。

所以，人们通常不信任小人，因为他们心地大多不善良，有害人之心，他们也不配博得别人真诚的信任。人们经常惜其才而叹其为人。

对于诡诈的小人，要离得远远的，交往不要过密，但也绝不能得罪。因为不知道什么时候，这些人就可能诡诈到你头上。

对这种人，平时见面该点头的点头，该问好的问好，心里知道他是什么样的人就可以了。但做事要严格按原则，不能给这种人空子，否则其必定会得寸进尺，有可能将你拖进泥坑。

节义漏屋培，经纶履薄出

青天白日①的节义②，自暗室漏屋中培来；旋转乾坤的经纶③，自临深履薄④处缲⑤出。

【注释】

①青天白日：光明磊落。

②节义：名节义行，此处指人格。

③经纶：本指纺织丝绸，引申为经邦治国的政治韬略。

④临深履薄：面临深渊，脚踏薄冰，比喻人做事特别小心谨慎。据《诗经·小雅》篇："战战兢兢，如临深渊，如履薄冰。"

⑤缲：同"缫"，抽茧出丝，此处作整理领悟解。

【译文】

青天白日一般光明磊落的人格和节操，是在暗室漏屋的艰苦环境中磨炼出来的；足可治国平天下的宏伟策略，是从小心谨慎地做事中磨炼出来的。

【活学活用】

凡是光明磊落的伟大人格和节操，可以说都是经过蓬门敝户的艰苦环境磨炼出来的，没有人生来就具有这些品质。人的性格与环境有着紧密的联系，优裕的生活环境不可能锤炼出坚定的性格，刚强的意志。因为在优越的条件下，人们就只需要好好享受，不需要再去创造，也没有任何危机感，久而久之，好逸恶劳的习惯就在不知不觉中形成。 只有在恶劣的环境条件下才能考验出一个人的耐力、承受力以及斗志，因为这时候需要我们去面对很多意想不到的问题，需要我们有极强的应变能力才能处理好那些突如其来的变化。 所以要想磨炼一个人的意志，必须将他放在艰苦的环境中去锻炼。 治国平天下的本领，必然是从谨慎严密的处事态度中磨炼出来的。 凡能担当此重任的人，必然要有谨慎严密的思维、果断坚定的行为，而这些东西必定是经过长期的历练才能形成，从思想深处改变之后才可能导致行为的改变。 凡是做大事的人一定要承受比常人多得多的痛苦和磨难，否则他不会轻易成功。

父慈子孝，合当如此

【原文】

父慈子孝，兄友弟恭，纵作到极处，俱是合当如此，着不得一毫感激的念头。 如施者任德①，受者怀恩，便是路人，便成市道②矣。

【注释】

①任德：任人感激。

②市道：市场交易原则。

【译文】

父母对子女的慈祥，子女对父母的孝顺，兄姐对弟妹的爱护，弟妹对兄姐的尊敬等等，即便拿出最大爱心做到最完美境界，也都是骨肉至亲之间所应这样做的。 因为这完全都是出于人类与生俱来的天性，彼此之间绝对不可以存有一点感激的想法。 假如父母的养育子女，兄姐的友爱弟妹，个个都怀着一颗思恩图报的观念；如若子女对父母的孝顺，弟妹对兄姐的尊敬，也都怀着感恩报答的心理，那就等于把骨肉至亲变成了路上陌生的人，而且也把出自真诚的骨肉之情变成了一种市井交易。

【活学活用】

父母对子女的慈爱，子女对父母的孝顺，兄弟姐妹之间的互爱互敬等等，都是天经地义的人之常情。可我们身边，有人为了钱财，弄得父子不和、夫妻反目；有人为了离婚或再婚，逃避对父母、子女的责任和义务，这些都是人格的退化，是一种道德的堕落。如果亲情关系变成了金钱关系，彼此以市井交易的方式对待亲人，那么亲人就无所谓亲人，就变成了形同陌路的陌生人，那整个社会也就丧失了亲情，丧失了温暖，多的只是自私自利的冷漠。

有妍必有丑，有洁必有污

【原文】

有妍①必有丑为之对，我不夸妍，谁能丑我？ 有洁必有污为之仇，我不好洁，谁能污我？

【注释】

①妍：美好。据陆机《文赋》说："妍蚩好恶，可得而言。"

【译文】

事物有美好就有丑陋来对比，假如我不自夸美好，又有谁会讽刺我丑陋呢？ 世上的东西有洁净就有肮脏，假如我不自好洁净，有谁能脏污我呢？

【活学活用】

事物的矛盾是对立统一的，美与丑，善与恶，好与坏，智与愚，得与失……无不包含在辩证法中。对事物而言，美丑善恶是在比较衬托下才看得出来的。假如没有丑和恶，也就没有了美和善，明白了这一现象的内在变化条件，才能对一个事物有一种全面地认识，而不会拘泥于某一极端。

正所谓"人外有人，山外有山"，自己认为是优点，在别人看来也许正是缺陷；自己认为是美丽，在别人看来也许就是丑陋；自己认为是高洁，在别人看来也许就是卑污。智者说："天不言自高，地不言自厚。"自己有修养、有本领，修养有多高、本领有多大，别人都看得见，心里都有数。如此说来，无论如何还是应该谦虚多一点、谨慎多一点，谦虚谨慎是安身立命的根本所在。

富贵更炎凉，骨肉尤妒忌

【原文】

炎凉之态，富贵更甚于贫贱；妒忌之心，骨肉尤狠于外人。此处若不当以冷肠①，御以平气，鲜不日坐烦恼障②中矣。

【注释】

①冷肠：本指缺乏热情，此处当冷静解。

②烦恼障：佛家语，例如贪、嗔、痴、疑、邪见等都能扰乱人的情绪而生烦恼，在佛家来说这些都是涅槃之障，故名"烦恼障"。《佛地论》："身心恼乱不成寂静，名之为烦恼障。"

世态炎凉冷暖的变化，在富贵之家比贫穷人家显得更鲜明；嫉恨、猜忌的心理，骨肉至亲之间比陌生人显得更厉害。 一个人处在这种场合假如不能用冷静态度来应付这种人情上的变化，用理智来压抑自己不平的情绪，那就很难不陷于如日坐愁城中的烦恼状态了。

【活学活用】

虽然生活在不同的家庭和不同的环境中，但人生在世欢乐与痛苦，愉快与忧愁等情感却是共存的。 富贵人家有富贵人家的麻烦，贫穷人家有贫穷人家的欢乐。 而富贵人家的人情冷暖却表现得更为突出，这主要是因为利益和财富所致。

试看，中外历史上的许多宫廷政变，无不是争权夺利的结果。父子相互残杀，兄弟相互残杀，上演了许多嫉恨相斗的人间惨剧。因此，权欲财富可以换来许多东西，却往往换不来人间真情。 并且，那种嫉恨相斗而带来家不和的局面，足以让外人轻松钻空子。

兄弟骨肉之间应宽厚大量、仁义为怀，不能为权欲物欲所羁绊，倾心相轧、嫉怀斗恨，否则亲情难在，平安难保。 如唐太宗李世民英雄盖世，但玄武门事变杀其兄长成为其一生的隐痛。 这对于当今的人们来说也是值得深思并引以为戒的。

功过不容少混，恩仇不可太明

【原文】

功过不容少混，混则人怀隋隳①之心；恩仇不可太明，明则人起携贰②之志。

①隳隳：疏懒堕落，灰心丧气。
②携贰：怀有二心，有疑心。

【译文】

对于功劳和过失，不可有一点模糊不清，功过不明就会使人心灰意懒而不肯上进；对于恩惠和仇恨，不可表现得太鲜明，假如对恩仇太鲜明就容易使人产生疑心而发生背叛。

【活学活用】

一个人，尤其是当官的人，在对待下属方面有两条原则，首先要分清功过，这两者不容混淆，赏罚要分明。功过混淆，赏罚不明，如果有功的不赏、有过的不罚，那些奋勇的人们，虽然建立功劳，也得不到名誉与升赏，自然就起了怠慢的心情，不再忠于职守了。其次，恩义与仇怨不可分得太开。当官的如果恩仇分得太开，有恩的人就对他好一点，对于有怨的人就冷酷无情。这样一来，部属无论如何忠实尽职，也得不到上级的欢心。久而久之，起了二心而激变背叛，这都是基于私情之一念，致使部下不忠。

从领导者来讲，需要"恩威并用"，同时必须功赏过罚。赏罚是使人努力的诱因，一个丧失工作诱因的人，他的工作情绪必然不会高昂。假如是一两个人这样还不要紧，万一群体也如此，这个集体乃至社会必然要陷入不进步的停顿状态，所以赏罚又是促进整个社会进步的一大动力。

历朝皇帝打天下，哪一个不是以论功行赏作为调动文臣武将积极性的手段的呢？就现实生活中的人来讲，不论是做官还是一般人的交际，也需要克己，需要讲究方式方法。恩怨分明本是做人的原则，但在这里需要忍耐，其目的就是分清功过而勿显己之恩仇，以便使大家能为一个共同的事业团结一致。 如果领导能够对下属的过错既往不咎，就会以自己的宽容赢得下属的忠诚。

爵位太盛则危，能事尽必则衰

【原文】

爵位①不宜太盛，太盛则危；能事不宜尽毕，尽毕则衰；行谊②不宜过高，过高则谤兴而毁来。

【注释】

①爵位：君主时代把官位分公、侯、伯、子、男五等爵位，指官位。

②行谊：合乎道义的品行。

【译文】

官位不宜太高，权势不应太盛，如果太高就会使自己陷于危险状态；一个人才干所及的事不应一下子都发挥出来，如果都发挥出来就会处于衰落状态；一个人的品德行为不可以标榜过高，如果太高就会惹来毁谤和中伤。

【活学活用】

所谓"官大担险，树大招风""否极泰来""物极必反"，都说明了这个道理。 一个人的爵禄官位到了一定程度就必须急流勇退，古代开国功臣被杀的一个很重要的原因在于不能急流勇退，可惜很多人不懂这个道理。 最典型的例子是汉初三杰，帮刘邦打下天下后，结局都不相同，因此司马光才很感慨地说："萧何系狱，韩信诛夷，子房托于神仙。"

置身官场的人，除了少部分的奸佞之辈、利禄之徒，许多人总还是希望生前身后能够留下个好的名声。岂不知这却潜伏着危险。古时封建统治的最高掌权者不只对战功卓著的大将们心怀猜忌，对那些政绩突出、德行优异、名望崇高、口碑传颂的大臣，也是心存嫉恨的，一旦你的光芒超过了君上，形成了一种喧宾夺主的势态，你的灾祸大约也快要临头了。

古代大臣中的一些智者，总留心把握分寸，不使自己的光芒太露，避免使得君上的形象显得相形见绌，黯然失色；有意识地掩饰自己的美德卓行，甚至故意干出几件不怎么得人心的事，自毁名声，以使君上得到一种心理上的平衡，从而释疑化妒，以求自身的安全。

其实，何止在做官上应知进退，其他事同样应知进退深浅。人和人只要在一起就会产生矛盾，因利益之急，因嫉妒之心，因地位之悬，因才能之较都可能结仇生怨。

孔子年轻的时候，曾经受教于老子。当时老子曾对他讲："良贾深藏若虚，君子盛德容貌若愚。"即会做生意的商人，总是隐藏其宝货，不轻易示人；而真正的君子，虽品德高尚，而容貌却显得愚笨。其深意是告诫人们，过分炫耀自己的能力，锋芒毕露，是毫无益处的。

恶之显祸浅，善之显功小

【原文】

恶忌阴①，善忌阳②。故恶之显者祸浅，而隐者祸深；善之显者功小，而隐者功大。

①阴：指事物的背面，这是不容易被人发现的地方。

②阳：指事物的正面，是大家都能看得到的地方。

【译文】

做了坏事最忌讳不被人发觉，做了好事最忌讳自己宣扬出去，所以坏事如果能及早被发现那灾祸就会相对小些，如果不容易被人发现那灾祸就会更大；如果一个人做了好事而自己宣扬出去那功劳就会变小，只有在暗中默默行善才会功德圆满。

【活学活用】

人不能做坏事，做损人利己的坏事，会让人憎恶。有的事不论对他人或自己都会造成极大灾祸，这样的事更是不应该做。

做恶事忌讳隐藏，所谓"阴恶是大恶"。一般来讲，做在明处的坏事，人们看得见或许还可以预防弥补。凡恶事显露于外的人，则众目所视，十手所指，其恶行不得扩张，所以为祸尚浅。

做在暗处的坏事更讨厌，让人防不胜防，这种"阴坏"的危害更大，为祸更深。

一个人从哪个方面讲都不应做坏事，而是应该抱着为善不求名的态度。做善事忌讳显露，所谓"阳善是小善"。做好事不是为了宣扬吹捧，至于别人宣扬是为了推广这种精神，自己宣扬则失去了做好事的目的。

这种好事客观上是有益的，在主观上过分宣扬则表明是动机不纯；从做人角度看，等于伤害了受惠者的自尊心，反而表现出一种沽名钓誉的肤浅心理。

做善事喜欢显露于外面，使人家知道，功德是小些；在暗中做的善事，功德反而很大。 所以说，"善之显者功小，而隐者功大"。

德者才之主，才者德之奴

【原文】

德者才之主，才者德之奴。 有才无德，如家无主而奴用事矣，几何不魑魅①猖狂②。

【注释】

①魑魅：泛称山川木石的精灵怪物。例如《孔子家语》中有："木石之怪曰魑魅。"

②猖狂：过分放纵。

【译文】

品德是才学的主人，而才学不过是品德的奴隶。 一个人假如只有才干学识却没有品德修养，就等于一个家庭没有主人而奴隶当家了，这又哪能不使家中遭受鬼怪肆意侵害呢？

【活学活用】

理想的人是德才兼备，但是现实中有一些人是有才无德，还有一些人有德无才，而用人单位在挑选人才时，多要德才兼备的人才，同时又强调在德才兼备的基础上，以德为先。 一个人的品德与才干都很重要，但是品德与才干的地位却不是平等的。 无才无德之人，对社会的危害比有才无德之人对社会的危害小。 同是无德之人，没有才干的就好比手中没什么武器，想做坏事只能赤手空拳，危害面有限。 有才干却没有德行的人，就好比坏人手中握有破坏力极强的重型武器，对社会的危害很大。 德行是才干的主人，为有德者所用，而不能反过来以才干为主人，以德性为奴仆。

宋太宗选用人才时，德行与学识相比，他更看重士人之德行。如果是一个有才华，但是德行欠缺的人，他是不会选用的。 当时南唐投降过来的臣子张洎很有才干，是一个饱学之士。 论才学，当时北宋朝廷中很少有人比得上他。 于是有人向宋太宗推荐他，但是宋太宗对他并不重用，不让他担任重要职位。 宋太宗说：
"张洎确实很有才华，但是士大夫应当以德性为第一位，如果只重视才学，却少德行，那么这个人是不可取的。"

锄奸杜幸，要放一条去路

【原文】

锄奸杜①幸②，要放他一条去路。 若使之一无所容，譬如塞鼠穴者，一切去路都塞尽，则一切好物俱咬破矣。

【注释】

①杜：当动词用，阻止。
②幸：得宠的佞臣。

【译文】

铲除邪恶之徒，杜绝投机取巧的小人，有时应留一条改过自新的生路。 如果逼得他们毫无立足之地，那就好像为了消灭一只老鼠，而把老鼠的一切逃路都堵死了，可是其他一切好东西却也都被老鼠咬坏了。

【活学活用】

《孙子兵法·军争》曰："归师勿遏，围师必阙，穷寇勿迫，此用兵之法也。"什么叫"围师必阙"？意思是当你包围敌人的军队时，一定要留个缺口，不要逼得太紧，给敌人留一条生路，使他能由那里逃跑，否则，对方的士兵一看反正逃不了了，就会殊死搏斗，自己的损失就会大得多。

想想，能把敌人包围，全部歼灭的时候，军事家尚且给对方留一条生路，我们处世，在有些时候是不是也有必要"能胜而不胜"，为人"解围"呢？所以，日常工作中，若想处理或处分某些人，要注意恩威并施，为其留一些改正的机会和希望。总要放他一条生路，叫他自己逃生。不然，如同捉鼠而阻塞了一切洞口，穷急反噬，一切器物反而被破坏光了。

为人处世如果能顿悟这个道理，也就等于明白了人类的大半生存法则。"恶"要看到什么程度，是否非得采用根绝方式。所以除恶的方式有很多，有快刀斩乱麻，有钝刀割肉，有只剔去恶处。既可以用非常外力加以根治，也可以到一定程度听其自灭，还可以放他一条改过的生路。另外，在待人的方法上也必须是具体问题具体分析。俗话说，得饶人处且饶人。放对方一条生路，给对方一个台阶下，为对方留点面子和立足之地。这样做并不是很难，而且如果能做到，还能给自己带来很多好处。如果你得理不饶人，让对方走投无路，就有可能激起对方"求生"的意志，而既然是"求生"，就有可能不择手段、不顾后果，这将对你自己造成伤害。放他一条生路，他便不会对你造成伤害。如果在别人理亏而你在理时，放他一条生路，他会心存感激，就算不如此，也不太可能与你为敌。这是人的本性。况且，这个世界本来就很小，变化却很大，若哪一天两人再度狭路相逢，届时若他势强而你势弱，你想他会怎么对待你呢？

当与人同过，不当与人同功

当与人同过，不当与人同功，同功则相忌；可与人共患难^①，不可与人共安乐，共安乐则相仇。

【注释】

①患难：患，是忧愁；患难就是艰难困苦。

【译文】

应当有与人共同承担过失的雅量，不要有共享功劳的念头，因为共享功劳彼此就会互相猜忌；可以有与人共患难的胸襟，不要有跟人共安乐的贪心，因为安乐之中彼此容易互相仇视。

【活学活用】

从古到今，能够同享安乐、共受富贵的例子不多，倒是兄弟相煎、君臣猜忌、父子干戈的例子却俯拾皆是。争杀的原因大都为富贵、安乐。想想人生在世，不过短短数十寒暑，不断地争名夺利，到头来也不过是黄土一堆而已。谁都知道这个道理，所谓"旧时王谢堂前燕，飞入寻常百姓家"，功名富贵恰似过眼云烟，偏偏是当局者迷，不到盖棺难以清醒。人为什么只在患难之中才会团结呢？人在有过之时盼望别人的原谅，人在病中、在弱时盼望别人同情，可得势、强健时便忘乎所以，所以待人处事要勿争。争则陷入一种自寻烦恼之中，不争则是与人相安的一种方式，而且欲为大事者连世俗之利都看不透，何谈发展？

在现实生活中也存在着只愿共同患难不能共同欢乐的现象，存在着有功就抢、有过就推、有乐就享、有难就躲的人。每个人都希望自己与荣誉和成功联系在一起，但是，如果你无视别人，就很难在社会上立足。

出一言解救，亦无量功德

【原文】

士君子贫不能济物①者，遇人痴迷②处，出一言提醒之，遇人急难处，出一言解救之，亦是无量功德③。

【注释】

①济物：用金钱救助人。

②痴迷：迷惑不清。

③功德：佛家语，通常指功业和德行。

【译文】

明理达义的人，虽说家贫不能用财物来救济人，可是当遇到有人感到迷惑而不知如何解决时，能从旁边指点一番使对方有所领悟，或者遇到急难事故能从旁边说几句公道话来解救他人的危难，也算是一种很大的善行。

【活学活用】

人们有一种传统的习惯，仿佛救助别人要么做事，要么拿钱，要么出力，很重视有形的东西。对于出个点子、指点迷津、用道理劝诫一番等无形的东西往往忽视。其实，要想建立功德并非一定要用钱财，只要有心就能做到。

一个有学问有品德而没有钱财的读书人，也可以通过努力来建立自己的功业。虽然说家中贫穷而不能用钱财来救助别人，但可以用自己所学的知识去帮助别人，也算是学有所用。特别是遇到人生路上的迷路者，更应该主动指点迷津，帮助他们解决人生中的各种问题。如果能好好地引导他们，使之迷途知返，那份功德绝不可低估。假如能在人家发生紧急危难的关头说几句公道话，救别人于水深火热之中，那更是一种很大的善行。有时候，引导人的思想，解救人的灵魂，远远比给人钱财更重要，或者说，对人的帮助更彻底。除了钱财，还有很多很多东西可以对别人有所帮助，由此可见，功业是可以通过多种方式建立的。

趋炎附势，人情通患

【原文】

饥则附，饱则飏[1]；燠[2]则趋，寒则弃。人情通患也。

【注释】

①飏：飞翔，据《晋书·慕容垂载记》说："垂犹鹰也，饥则附人，饱则高飏。"
②燠：温暖，此处形容富贵人家。

【译文】

穷困饥饿时就投靠人家，吃饱了就远走高飞；富贵了的就巴结，贫困了的就鄙弃。这是人际交往中普遍存在的毛病。

　　从古至今，趋炎附势是人的通病。《史记》有"一贫一富乃知交态，一贵一贱交情乃见"的感慨。生活是艰难的，生活为强者所垄断，在这种环境中，人很难有选择的余地。为了生存，人总是向权势者靠拢，因此，从旁观者看来，就会有人情冷暖、世态炎凉的感觉。

　　面对剧变的社会，面对纷繁的生活，许多人感到人际关系变得越来越复杂，为人处世也变得越来越难。实际上，做人只要保持平和的心态，刚正不阿坚守自己的道德底线，就会受到人们的钦佩。趋炎附势、奴颜媚骨、阿谀奉承，最为人所不齿，活在世上谁都瞧不起。

　　当今社会，趋炎附势的人多，避世的人多，敢于直面丑恶并与之斗争的人却很少。有的人遇到有利可图的事，就削尖脑袋往里钻，贪图一点便宜；有钱有权有势的人周围，天天都有趋炎附势的人聚集一堂，由于都是怀着一个贪字有求而来。所以，如此以利益为驱动的人际交往不可能有人间真情，因而出现了"富居深山有远亲，贫在闹市无人问"，即所谓世态炎凉是不足为奇的。

　　每个人都有欲望，也许有时你会为了得到提拔而绞尽脑汁地在领导面前表现自己的才能，也许有时你会对繁华的物质世界产生强烈的占有欲。或许，你也知道这些欲望的产生对你来说不是一件好事，但是由于终日忙忙碌碌而根本无暇思索这一切。但是当你能够静静地待一会儿时，不妨抓住这个机会，好好地反思一下自己的人生，你会感到一种从未有过的心灵的宁静。既然你不能摆脱这个尘世，那么你就应当学会经常地反思人生，给自己的心灵保留一块净土。

　　庄子曾说过："不为轩冕肆志，不为穷约趋俗，其乐彼与此同，故无忧而已矣。"这句话大意是说那些不追求官爵的人，不会因为高官厚禄而沾沾自喜，也不会因为穷困潦倒、前途无望而趋炎附势、随波逐流、在荣辱面前一样达观，所以他也就无所谓忧愁。庄子主张"至誉无誉"，在他看来，最大的荣誉就是没有荣誉。他把荣誉看得很淡，他认为，名誉、地位、声望都算不了什么。尽管庄子的"无欲""无誉"观有许多偏激之处，但是当我们为官爵所累、为金钱所累的时候，何不从庄子的哲理中发掘一点值得效法和借鉴的东西呢？

宜净拭冷眼，勿轻动刚肠

【原文】

君子宜当净试冷眼①，慎勿轻动刚肠②。

【注释】

①冷眼：冷静观察。元曲中有"常将冷眼观螃蟹，看你横行到几时"的句子。

②刚肠：个性耿直。嵇康《绝交书》说："刚肠嫉恶，轻肆宣言，遇事便发。"

【译文】

君子不论遇到什么情况，都应注意保持冷静态度细心观察，切忌随意表现自己耿直的性格。

【活学活用】

正派人一般为人正直，胸怀坦荡。 但为人处世也要讲究方法，因一时的感情用事而轻举妄动，或许还会铸成大错。即便出发点是好的，也很可能由于性格刚直而难以成事。做事的目的是为了解决问题把事情办好，而不是只为了表达一下自己直率的观点。

有时做人顶不得真，太刚直了容易折断，但也不可太圆滑，外圆内方最适宜。社会复杂，人性各异，在与人交往沟通时，由于种种原因，人有时不得不违心地处世待人，在此种情势下，就需要采取方中有圆的策略。

俗话说：圆的不稳，方的不滚。圆为灵活性，为随机应变，具体情况具体分析处理。方为原则性，为坚守一定之规，以不变应万变。外圆内方包括修身处世之要义。方是原则，是目标，也是本质；圆是策略，是途径，也是手段。

做人方正也要处世圆融。圆是用智，方是行事，用智周圆是为了行事方正。只知方，不知变，通常碰壁，一事难成；只知圆，多机巧，却是没有主见的墙头草；方圆之理才是智慧与通达的成功之道。

做人需内方外圆，太强必折，太张必缺。过于坚硬必被折断，过于扩张，必会裂开。

为人处世也是这样，要既有原则性又不失灵活性。时势变迁，事物的发展也随之变化，因而对策也要随之改变，须内里端方正直，对外灵活圆通。笔直的树木不能形成阴凉，过于直率的人容易得罪别人，使别人远离你。处理事情要精细之中有果断；认识道理要正确之中有通达灵活，才不至于古板僵化。

德随量进，量由识长

德随量①进，量由识②长。 故欲厚其德，不可不弘③其量；欲弘其量，不可不大其识。

【注释】

①量：气量，气度。

②识：知识，经验。

③弘：宽宏，扩大。

【译文】

人的品德会随着气度的宽大而上升，气度会由于人生经验的丰富而更为宽宏。 因此想要深厚自己的品德就不能不使自己的气度宽宏，宽宏自己的气度，就不能不增长自己的生活历练，丰富人生知识。

【活学活用】

常言"德高望重""量宽福厚"，只有品德高尚才会度量宽宏，其结果是在社会上受到人们尊敬，取得应有地位。 而要有高尚的品德就必须先有高深的学问，有了高深的学问待人接物才会有远大眼光，眼光远大做事就不易发生谬误，处世也少有过与不及的缺憾。

学问又分做书本知识和人生经验两大类，一个是死的，注重思考探求；一个是活的，要求实践总结。 二者的目的都在于增强观察力和判断力，分辨是非曲直，分出善恶邪正，能知善恶邪正才可行善去恶从正避邪。 增加学问是德、量的一个重要基础，是增量进德的一个有效方式，而量弘德进又是做学问做人的基础。

由此可见，见识、气量、品德是一个循序渐进的完善过程。一个人的生活阅历丰富了，他就明白许多人生道理；一个人的气量越大，对于别人就越加宽容；一个人的品德越深厚，思想境界就越高。 见识、气量、品德三者互为前提，互为因果。 一个人不断增长自己的见识，他因学识的增长而不与短视的人计较；不计较，其气量自然宽宏；气量宽宏，他会处处以人为先，以己为后，他的品德就会高尚。 所以说增加了见识，其气量也随之增加，气量增加，其品德也会增进，如此我们为人处世就能圆通浑厚，就能准确地判断是非，分辨善恶，也就可以无往而不胜了。

耳目口鼻皆桎梏，情欲嗜好悉机械

【原文】

一灯萤然^①，万籁无声，此吾人初入宴寂^②时也；晓梦初醒，群动未起，此吾人初出混沌处也。 乘此而一念回光，炯然返照，始知耳目口鼻皆桎梏，而情欲嗜好悉机械矣。

【注释】

①萤然：是形容灯光微弱得像萤火光的闪烁一般。
②宴寂：安息寂灭。

【译文】

在微弱夜灯中，大地无声，万籁俱静，这是我们身心刚刚进入

234

休息的时刻；清晨夜梦过后才醒，万物还没有开始一天的活动，这是我们刚从朦胧的梦境中走出来。 乘着这刚刚安息和刚刚睡醒的一刹那间，好像有一线灵光闪烁在我们脑海，这时会突然使我们的内心有所醒悟，才知道耳目口鼻都是束缚我们心智的桎梏，而情欲嗜好也全是堕落我们性灵的机械。

【活学活用】

人们为了寻求内心的平衡，为了求得心灵的安宁，从古到今进行了苦苦探索。 人不可能与世隔绝，不闻外物的进入。 当宇宙初开与万物尚未分明时，天地就宛如鸡蛋般浑然一团，不久清气才上升，浊气才下降，于是慢慢有了山川草木和各种有生命动物的形成。 当我们夜间睡觉时，精神与肉体相对进入安宁状态，此刻没有善恶苦乐之分，像开天辟地之初的混沌时期。 从梦中睡醒，身心到现实，不再空虚，又有了实际行动，是非善恶观念便又开始发生。 所以在夜深人静万籁俱寂时，我们要像曾子那样，以是非善恶的标准反省自己，反省由于耳鼻目口所产生的情欲在静寂中、在是非标准中是否有违道义。 当然，不能割掉耳目口鼻来阻止物欲的需求，否则人岂不是变成无情无欲的顽石枯木？ 在万籁俱寂中反省觉悟，会感受到世外之物与精神是相辅相成的。 处在一种空寂与现实的困扰中的人，往往是矛盾的，在保持心灵的虚空寂静方面多下些苦工夫，经常反省自己，不失为修身养性的一种好办法。

反己者，触事皆成药石

【原文】

反己①者，触事皆成药石②；尤③人者，动念即是戈矛。 一以辟众善之路，一以浚④诸恶之源，相去霄壤矣。

【注释】

①反己：反省自己，以正确待人。

②药石：治病的东西，此引申为规诫他人改过之言。《左传》中有："孟孙之恶我，药石也。"

③尤：埋怨，例如《道德经》中有"夫唯不争，故无尤。"

④浚：开辟疏通。

【译文】

经常做自我反省的人，日常接触的事物，都成了修身戒恶的良药；经常怨天尤人者，只要思想观念一动就像是戈矛一样总指向别人。可见自我反省是通往行善的途径，怨天尤人是走向奸邪罪恶的源泉，两者之间真是天壤之别。

【活学活用】

真正聪明的人应该学会随时反省自身，每天都放弃一个过去的我，每天都让一个全新的我诞生。

人类历史是在不断的自我反省中发展的，没有自我反省，就没有发展。学会自我反省并实事求是地把以前的经验教训总结出一个规律性的东西，及时修正我们自己的错误，寻找更好的方法，那么成功一定就在不远的地方等着我们。作为一个社会人，要发展完善自己，必须会自我反省，并且经常自我反省。

当你背向太阳的时候，你会只看到自己的身影，而别人看你，也只会看见你脸上阴黑一片。只拿愤世嫉俗来代替反省自己，对自己的成长是一种最大的耽误。有一句话说得好："一个人的成长＝经验＋反思。"一个人工作二十年、三十年，如果没有反思，就相当于将一年的经验机械地重复了二三十次而已。 低调者倡导每天都自我反省，思索自己做人、处事的方法是否正确，好给自己以后的行动指明方向，这对低调者的成功有极大的促进。 自我反省不是故意要把自己弄得愁眉紧皱，跟自己的大脑过不去，而是对自身深刻审查，以求进步。

每个人在做事情、做工作的时候都要有自我反省的态度，并不断以实际行动去追求、去实现自己美好的愿望。 一个不善于自我反省的人，会一次又一次地犯同样的错误，不能很好地发挥自己的能力。 相反，一个善于自我反省的人，往往能够发现自己的优点和缺点，并能够扬长避短，发挥自己的最大潜能。

布朗宁说："能够反躬自省的人，就一定不是庸俗的人。"再伟大的人也不可能是完美的，在性格、逻辑、处事方面总有缺憾与不足，这就需要学习自我反省来洞察自己的言行。 真正的低调者不断地反观自己、不断地反省自己，这是值得极力赞扬的。 自我反省是从古至今人们都很看重的一种为人品格，它是低调修身的重要方面。 孔子尚"日三省其身"，更何况常人乎？学会自我反省，才能不断地修正自己的言行，提高自己的身心修养；学会自我反省，才能在事业上有所成就，获得人生的更大进步。

事业随身毁，精神万古新

【原文】

事业文章随身销毁，而精神万古如新；功名富贵逐世①转移，而气节千载一日②。 君子信不当以彼易此也。

①逐世：随着时代转换。

②千载一日：千年有如一日，比喻永恒不变。

【译文】

一般来说，事业和文章，会随着人的死亡而消失，只有伟大的精神万古不朽；功名利禄富贵荣华，会随着时代的变迁而转移，忠臣义士的志节却会永远留在人间。可见一个君子绝对不可以放弃能留名青史的气节，去换取会随身销毁的东西。

【活学活用】

大丈夫为人处世，最少不了气节。何谓气节？气节是为人所必需的志气和节操。在中国历史上，具有高尚气节者，不可尽数，岳飞、文天祥、林则徐……在他们身上我们看到了支撑中国历史的脊梁，看到了他们在气节中所体现出来的民族尊严和人格力量，看到了气节化为生命的信念、生存的支柱。

总而言之，气节精神所体现出的尊严与崇高情操，不像个人的事业文章，往往随着个人生命的自然终结而终结；也不像个人的功名富贵那样，往往随着时势的不同而有所转移。气节精神能超越时空、光耀千秋，万古常新，有气节者的精神境界是崇高的。气节，无须自我标榜，却总会在他们的言行中表现出来。人活着，必须有一种精神支撑着。气节，正是这种精神之根源。气节使人时刻不忘根本，使人不忘之所以为人的原则，使人不忘国家与民族的利益，使人保持人格的尊严……功名富贵仅为一时，而气节者却名垂青史。

机里藏机，变外生变

【原文】

鱼网之设，鸿①则罹②其中；螳螂之贪③，雀又乘其后。机里藏机，变外生变，智巧何足恃哉。

【注释】

①鸿：雁中最大的一种，俗称天鹅，头和背部呈暗褐色，腹部白色，尖嘴，翅膀长约一尺七八寸。

②罹：遭，碰上。

③螳螂之贪，雀又乘其后：比喻人只见到眼前的利益而忽略了背后的灾祸，据《说苑·正练》篇："园中有树，其上有蝉，蝉高居悲鸣饮露，不知螳螂在其后也，螳螂委身曲欲取蝉，而不知黄雀在其傍也。"

【译文】

本来是张网捕鱼，不料鸿雁竟碰上落在网中；贪婪的螳螂一心想吃眼前的蝉，不料后面却有一只黄雀想要吃它，可见天地间事太奥妙，玄机中还藏有玄机，变幻中又会发生另外的变幻，人的智慧计谋又有什么可仗恃的呢？

【活学活用】

孔子主张："尽人事以听天命。"对于人来讲，不可知的东西太多了，许多事往往用尽心思仍一无所得。而在生活中，"螳螂捕蝉，黄雀在后"的事太多了。任何事物都不是孤立存在的，往往一环套一环，牵一发而动全身。 对于物欲的贪求，有时偏偏"有心栽花花不开，无心插柳柳成荫"。 有的时候却是"机关算尽太聪明"，最终一无所得。

中国人向来对"智"与"愚"持辩证的观点，《列子·汤问》里愚公与智叟的故事，就是我们理解智愚的范本。 庄子说："知其愚者非大愚也，知其惑者非大惑也。"人只要知道自己的愚和惑，就不算是真愚真惑。 是愚是惑，各人心里明白就足够了。

有的人外表似乎固执守拙而内心却世事通达，才高八斗；有的人外表道貌岸然而内心却空虚惶恐，底气不足。

一个人在复杂莫测的变幻之中要以足够的聪明智慧来权衡利弊，以防失手于人。 但是，人有时候不如以静观动，守拙若愚。 这种处世的艺术其实比聪明还要胜出一筹。 聪明是天赋的智慧，糊涂是后天的聪明，人贵在能集聪明与愚钝于一身，需聪明时便聪明，该糊涂处且糊涂，随机应变。

苏东坡聪明过人，却仕途坎坷，曾赋诗慨叹："人人都说聪明好，我被聪明误一生。 但愿生儿愚且蠢，无灾无难到公卿。"

为人真恳，涉世圆活

【原文】

作人无点真恳念头，便成个花子①，事事皆虚；涉世无段圆活机趣，便是个木人，处处有碍。

【注释】

①花子：乞丐的俗称。

做人没有一点真情实意，就会变成一个一无所有花子，不论做任何事情都不踏实；一个人生活在世界上如果不懂得一点灵活应变的情趣，就像是一个没有生命的木头人，不论做任何事都会到处碰壁。

【活学活用】

华而不实的人可能会给人一个生动的印象，但绝不会长久；心地诚善的人或许不会给人以深刻的印象，但随着时间的推移，人们感到诚善之中的力量就越来越强。 做事如果不诚恳，对方总认为你滑头滑脑，就不敢跟你一起做出任何重大决断，这样你就什么事也无法进行，当然也就谈不到创任何大事业，到头来必将一事无成。 即使在相互倾轧的生意场中也讨厌一锤子买卖的人。 "诚信"是个首要原则，当然诚而善只是基础，办事还须灵活，尤其是具体事物应有变通之法。 待人上更要有人情味和幽默感，往往很严肃很尴尬的事，由于当事人富有幽默感，说上几句很逗趣的话，大家哈哈一笑，事情也办通了。 有的事这样办不行换个方式就行，此时不行换个时间就成。 尤其是现代社会，既要讲做人原则，也要求办事效率。

去混清自现，去苦乐自存

【原文】

水不波则自定，鉴①不翳②则自明。 故心无可清，去其混之者，而清自现；乐不必寻，去其苦之者，而乐自存。

①鉴：与"镜"同。

②翳：遮蔽。

【译文】

没有被风吹起波浪的水面自然是平静的，没有被尘土掩盖的镜子自然是明亮的。 所以人类的心灵根本无须刻意清洗，只要除去心中的邪念，心灵自然会变得平静明亮；日常生活的乐趣也根本不必刻意追求，只要排除内心烦恼，那么快乐幸福自然会呈现。

【活学活用】

中国古代有些思想家认为人的本性光明善良，所以只要排除人心中的杂念、欲念、邪念，人的心就会恢复本来的光明。 人的善良本性不被杂念遮盖，人们的生活自然能过得快乐自在。 人类的苦恼都是自己招惹的，所谓"天下本无事，庸人自扰之"，除掉心中杂念干扰，能保持内心纯净，生活中的苦恼会减少许多。 人是社会动物，人的生存与发展都离不开社会，所以人不可避免地要受到社会的影响。 一个良好的社会环境，有利于造就优秀人才。 社会环境不好，不利于培养人才。 然而社会虽影响个人，但不等于说个人在社会面前毫无作为，人可以努力使自己少受社会不良影响，多受社会有益影响，时时排除心中各种杂念，扫去社会在自己心中留下来的灰尘。

著名戏剧家萧伯纳享有盛名，他经常收到一些邀请。 有一次他在莫斯科遇见一个很可爱的小孩子，萧伯纳便与这个小孩子一起玩。 分别时，萧伯纳说自己是世界上非常有名的萧伯纳，小孩子也很骄傲地报上自己的名字。 小孩子骄傲的样子使得萧伯纳突然有所触动，他发现自己潜意识中还是存在傲慢的念头。 从那以后，他时时警戒自己保持谦虚态度。 养成时时反省自身的好习惯，有利于培养良好德行。 时常反思，驱除心中杂念，保持心地干净，则生活中就没有那么多苦恼与烦躁。

一言一行，切戒犯忌

【原文】

有一念犯鬼神之禁，一言而伤天地之和，一事而酿①子孙之祸者，最宜切戒②。

【注释】

①酿：本来当制酒解，此处是造成的意思。
②切戒：深深的引以为戒。

【译文】

假如有一种念头触犯了鬼神的禁忌，有一句话破坏了人间的祥和之气，或者做了一件事成为后代子孙的祸根，所有这些行为都必须特别加以警惕加以警戒。

【活学活用】

一个人立身处世，在言行方面必须小心谨慎。 如果只图自己一时之快，给自己的前程伏下败笔，到那时真是后悔莫及了。

尤其是现在的年轻人，不要以为"嘴上没毛办事不牢"就可以原谅自己，不要觉得"初生牛犊不怕虎"，做事眼高手低，盛气凌人。 有时过失成祸并非闯祸人的本意，而是由于经验不足，言行不慎，诚为可惜。 做事假如稍不留意，就容易招致失败甚至祸患。 所以对于一言一行都不可不加谨慎。

在现实生活中，有些人往往不懂得掩饰自己的情绪，也不管时间、场合、对象是否适当，更不理会讲话的后果，心里有啥就说啥，想说啥就说啥。 而且说出话来不讲究方式方法，往往是采取最直露的表达方式，甚至不乏尖酸刻薄。 这样的直率最易得罪人，往往使对方下不了台，自己也最易招人嫉恨，陷入孤立状态。因此，在平常说话时，没过脑子的话别说出口。 在一些特殊的时刻和场合，尤其是当你要开口发表意见，评论别人的是非时，更应该三思之后再开口。 否则，一不小心说错了话，就像泼出去的水一样无法收回来，弄湿了别人的衣服，无疑要得罪一个本不该得罪的人。 即便在当时自己并不受什么损失，但也难保不把一条重要的路径给堵死了，给以后的生活带来相当大的麻烦。

宽之或自明，纵之或自化

【原文】

事有急之不白者，宽①之或自明，毋躁急以速其忿；人有操之不从者，纵之或自化②，毋躁切以益其顽。

【注释】

①宽：舒缓。
②自化：自己觉悟。《老子》中有"我无为而反自化"。

【译文】

很多事情越是急着想弄明白越难清楚，倒不如暂时放一放缓一

244

下，也许头脑冷静之后事情自然就弄明白了。 千万不可太急躁，以免增加情绪上的紧张气氛；对于不愿服从指挥的人，倒不如放松不管，让他自由发展，他也许会慢慢觉悟。 千万不能操之过急，以免增加他的专横和固执。

【活学活用】

世间的事物都有自身的发展规律，一个人不论做任何事，都要摒弃浮躁，稳定情绪，不能操之过急，否则难以如愿。《清静经》中说："人的精神善于清静，心就不受干扰，心善于恬静而牵挂就少。 经常排除欲望，心就自然镇静，澄下心而精神自然清朗。"清静在心，而神明在躬。 浮躁的人缺严谨，失理智，往往于浅陋的见识中莽然行事，这就难免不做出轻率、荒唐的事来。

古时候有则揠苗助长的故事，说有一个宋国人靠种庄稼为生，他嫌禾苗长得太慢，而生出了一个自为得意的想法，把禾苗一棵棵地往上拔起一些，晚上回到家后，对妻子夸口说："今天我帮助禾苗长了!"妻子听说后，大吃一惊，赶忙提起灯笼深一脚、浅一脚地跑到田里去看，可禾苗都死了。 可以说这是急于求成，反而坏事的生动说明，也是"心急吃不了热豆腐"的典型表现。

任何诞生于浮躁中的决定都可能让你付出代价，而在宁静中产生的智慧往往是你成功的最佳选择。 在当今错综复杂的社会中，会有很多突如其来的事情发生，如职场上的人员分流、下岗待业；置身于股市的人面对股市动荡、股票下跌等，对此，一定要少安毋躁，稳定情绪，理智地寻找最佳的解决方法，切不可躁然行事。

须知，放远眼光，注重自身知识的积累，厚积薄发，才可以少走弯路，而且可以最大限度地避免伤痛的出现，达到事半功倍的效果。

不以德性陶熔，终为血气之私

节义傲青云[1]，文章高白雪[2]，若不以德性陶熔之，终为血气之私[3]，技能之末。

【注释】

①青云：比喻身居高位的达官贵人。

②白雪：是古代曲名，比喻稀有杰作。《昭明文选》陆机《文赋》说："缀下里于白雪。"

③血气之私：血，本指有血液和气息的动物，此指感情，即个人意气。

【译文】

气节和正义足可傲视任何达官贵人，情真而生动的文章足以胜过"白雪"名曲。 然而如果不用高尚的道德来陶冶它们，所谓的气节与正义不过是出于一时意气用事或感情冲动，而生动的文章也就成了微不足道的雕虫小技。

【活学活用】

孔子在《论语·宪问》篇中说道："有德者必有言，有言者不必有德。 仁者必有勇，勇者不必有仁。"在孔子看来，有道德、有修养的人，就一定会有好的言论表现。 然而反过来，常常说出一些好听的话，却不一定是一个真正有道德的人。 勇和仁的关系也一样，一个有仁德的人一定有勇气，这种勇气是大智大勇；而一个有勇气的人未必有仁德，比如杀人的魔王或匹夫之勇便是如此。"义傲青云"，强调了节气和正义，也正是强调了道德的高贵。

气节犹如擎天柱石，能放射出一个人顶天立地的豪情。自古以来，刚直不阿的人，受人敬仰；光明坦荡的人，受人钦羡；阿谀献媚的人，为人不齿；奸佞谄谀的人，为人嗤鼻。为此，重视气节就是爱护己身，就拥有一种凛然之气，具有这种凛然之气和做人的尊严，那么必定大气悠闲，境界高远，任何卑劣的引诱都会苍白无力。

谢于正盛之时，居于独后之地

【原文】

谢事①当谢于正盛之时；居身②宜居于独后③之地。

【注释】

①谢事：谢绝世事。指引退。
②居身：自身的居所。
③独后：不与人争而居后。

【译文】

一个人如果想不再过问世事，最好在事业辉煌时急流勇退；一个人平时修养自己的心性，最后去与世无争的清静地方。

【活学活用】

"功成名就"固然是好事，但处理不好也会引发祸端。凡事发展到顶峰，随后而来的就是衰退和败落，聪明的人应不贪图虚荣，放下功名利禄这些身外之物，否则便会招致灾祸。因而古人奉劝人们趁早罢手，见好即收。

寒尽暑来，变化更替不止，这是自然界的变化规律。然而有些人处在鼎盛时期不知及时醒悟，结果如羊撞在藩篱上一样，进退两难。

比如秦国丞相李斯即是如此。李斯在秦国为官，已经做到丞相之位，可谓富贵集于一身，曾经叱咤风云，不可一世，然而最终却被腰斩于市。

临刑时，他对儿子说，"吾欲与若复牵黄犬，出上蔡东门，逐狡兔，岂可得乎?"不仅丞相做不成了，连做一个布衣百姓与儿子外出狩猎的机会也没有了，这是多么典型的一个事例! 可惜李斯没有领会"谢世当谢于正盛之时"的真谛。

任何事都有个度，一个人的爵禄官位到了一定程度就要懂得急流勇退，李斯为秦国建大功却死刑加身，最终发出"出上蔡东门，逐狡兔，岂可得乎"的哀鸣，正说明俗语"爬得越高，摔得越重"的道理，因为权力最能腐化人心，而人们由于贪恋名利，往往会招致身败名裂的悲剧下场。

谨于至微之事，施于不报之人

【原文】

谨德①须谨于至微之事；施恩②务施于不报之人③。

【注释】

①谨德：谨守道德。

②施恩：给别人恩惠。

③不报之人：无法报答的人。

【译文】

要想敦品厉行，必须从小事做起；要想帮助别人，应该帮助那些无法回报你的人。

【活学活用】

常言道："勿以善小而不为，勿以恶小而为之。"小事可于细微处见精神。有做小事的精神，就能产生做大事的气魄。人人都从小事做起，用小事堆砌起来的事业大厦就是坚固的。

人只要一心一意地做事，世间就没有做不好的事。这里所讲的事，有大事，也有小事，所谓大事小事，只是相对而言。很多时候，小事不一定就真的小，大事不一定就真的大，关键在于做事者的认知能力。不要小看做小事，不要讨厌做小事。只要有益于工作，有益于事业的事都是应该做的事。那些一心想做大事的人，常常对小事嗤之以鼻，不屑一顾。然而，连小事都做不好的人，大事是很难成功的。大事往往都是由踏踏实实做成一件件小事而成就的。

小事，一般人都不愿意做。但成功者与一般人最大的不同，就是他愿意做别人不愿意做的事情。一般人都不愿意付出这样的代价，可是成功者愿意，因为他渴望成功。别人不愿意端茶倒水，你就要更加端出水平；别人不愿意洗涮马桶，你就要洗涮得更加干净；别人不愿意付出，你就多付出。只要你每件事都多做一点，你的成功率一定会提高不少。

一个人能够做到帮助那些无力回报自己的人，是善良伟大的人。 有些人只会对富贵的人表现出恭敬的样子，尽做些锦上添花的事情，而不肯周济贫苦，做些雪中送炭的善事。 有些人虽然肯略略地布施些财物，但是谁又知道他是不是真的有布施不求回报的至善至纯的心意呢？

积小善终成大德，积小功终成大功。 勿以善小而不为，勿以恶小而为之。 常言道：积善之家必有余庆；积恶之家必有余殃。常将好事于人，祸不侵于自己。 这是在告诫人们，积善有善报，积恶有恶报；得道者多助，失道者寡助。 在这里我们可以把这个道理理解为做人正直、有爱心、乐于帮助别人，这样的人才能得到更多的帮助和福泽，否则祸事丛生。 所以，我们要想改善命运，就要改善人际关系，广结善缘，千万不可结下恶缘。 用金钱济人之急、解人之困，令人感激心生欢喜，是结善缘；用物质救济贫穷人，或供给父母师长，令其生活安定，是结善缘；用知识学问教人，止恶行善，旌德修业，是结善缘；用诚恳态度对人微笑，表示亲善，是结善缘；用体力行动，对父母师长，执役服劳，或义务协助一切人，是结善缘；用言语来赞美别人，或鼓励人向上，都是结善缘。

闻牧歌樵咏，述嘉言懿行

【原文】

交市人不如友山翁[①]，谒朱门[②]不如亲白屋[③]；听街谈巷语，不如闻樵歌牧咏，谈今人失德过举，不如述古人嘉言懿行。

【注释】

①山翁：此指隐居山林的老人。

②朱门：本指红色的大门，比喻富贵之家。杜甫有"朱门酒肉臭，路有冻死骨"的名句。

③白屋：平民穷苦人家的房屋，用简陋的材料搭建，因此就用"白屋"来代称。

【译文】

交一个市井之人做朋友，不如交一个隐居山野的老人；巴结富贵豪门，不如亲近平民百姓；谈论街头巷尾的是非，不如多听一些樵夫的民谣和牧童的山歌；批评现代人的错误，不如多讲讲看看古圣先贤的格言善行。

【活学活用】

如果结交市井小人，听到的都是追逐利益的俗事；如果整天奔走于富贵豪门，听到的都是功名利禄的权势之争；如果经常谈论别人的是非、批评别人的过失，那么心难静、气不顺、神不宁。如此倒不如去结交山野村夫，去亲近平民之家，去听牧童的歌谣，去传述圣贤的言行，远离世俗的功名利禄，远离人世的是非对错，保持脱俗的心境。

因此，人要修身洁行，就应尽量少一分俗气，多一分朴实。俗人难免做俗事，但俗事也有通俗与庸俗之别。沾染庸俗之气者，巴望结交权贵，奢望从中捞得实惠，且专好听闻街谈巷语，以绯闻猛料当新闻，指望这些填补心灵的空虚。苏轼曾有诗云："人瘦尚可虎，士俗不可医。"俗不可耐者，还能剩几分德性示人？

德者事业基，基固栋宇坚

【原文】

德者，事业之基①，未有基不固而栋宇坚久者。

【注释】

①基：基础。《诗经·小雅》有"乐只君子，邦家之基"。

【译文】

一个人的品德是他一生事业的基础，如同兴建高楼大厦，假如不事先把地基打稳固，就绝对不能建筑坚固耐久的房屋。

【活学活用】

品质，对于一个人的事业发展具有非常重要的影响。 一个品德败坏的人，即使取得一时的成功，时间一长，当大家认识了他的真实面目，其事业也就无法再继续发展下去了。 火柴大王刘鸿生说过，做生意不能欺骗别人，只要你欺骗一次，顾客就会记住你，下次就不会再来。 要保住生意，就得做到"童叟无欺"。 他还说你如果想发大财，那么一定要让跟着你的人也能受益。 有饭大家吃，不能一个人独吞。 你发了大财，跟着你的人也能发小财。 如果只想着一个人发财，见利忘义，看到利益就想独吞，这是非常愚蠢的行为。 一个品行不正的人，无论从事哪行哪业，都只能有一时的荣耀，不可能有长久的发展。 品行不端的人从政，可能会祸国殃民；经商可能会变成奸商，败坏市场秩序。 爬得越高越远，摔下来也摔得更惨重。 所以事业的成功，离不开良好的道德品质。

古人说，成就一番大事业，有亲戚朋友帮忙，不如有一批德才兼备的人才跟随。 周文王选拔任用德才兼备的姜尚辅佐自己成就了大事业。 刘邦成就事业，当上了皇帝，他的成功在于其善于用人。 他的手下张良、萧何以及韩信、陈平等人，都是非常能干之人。 其中虽然有骄傲之人，但是大部分人都不失为德才兼备。 历史传说中，尧有十个儿子，但是他没有把自己的位置留给任何一个儿子，而是传给了德才兼备的舜。 因为舜德才兼备，能够把国家的事情处理好。 舜也有许多儿子，他也没有把王位传给自己的儿子，而是把王位留给了大禹。 因为禹德才兼备，治理水患为国家作出了贡献，能够把国家治理得更好，所以舜把王位传给了大禹。

　　德才兼备的人，才能成就一番事业。 某公司的高层谈及自己的用人之道时说：有德无才的人，培养任用他；有才无德的人，限制任用他；德才兼备的人，培养重用他。 可见发展事业，需要培养良好品德；修行悟道，需要保持心性纯良。

心者后裔根，根植枝叶茂

【原文】

心者后裔①之根，未有根不植而枝叶荣茂者。

【注释】

①裔：后代。左思《吴都赋》："虞、魏之昆，顾、陆之裔。"

【译文】

　　一个人能有一颗善良的心，就如同栽花植树一般，给后代子孙种下了幸福的根苗，因为世间没有不把花木栽在土地内，就能使花木枝叶繁茂而开花结果的。

心地善良的人为人处世都很厚道，待人和气，处处都能为别人着想，就算吃一点亏也能忍受，这大概就是我们平常所说的积德吧。而他们的子孙因为从小受这些品德影响、熏陶，所以言行举止也会很规范，会有良好的习惯和品质，而这些都是一个人成功需要具备的必要条件，故他们有一天能开创自己的事业，建立丰功伟绩也就不足为奇了。心地善良的人，他的后人多半情况下都会繁荣，这并非主观臆断，而是一种事理上的必然结果。良好的家风是可以影响一代又一代人的，而严格的家教足以铸炼一个人一半的性格。倘若是生在家教不严的家庭，从小不受任何约束，也没有人去引导他，告诉他应该怎样去做人做事，那么这个人长大以后会变成怎样的人就很难说了。如果造化得好，也许可以成才；如果稍有不慎，可能就会一失足成千古恨！所以无论做什么事情，起步都是非常重要的，这一点切记！

勿昧所有，勿夸所有

【原文】

前人云："抛却自家无尽藏①，沿门持钵②效贫儿。"又云："暴富贫儿休说梦，谁家灶里火无烟③？"一篑④自昧⑤所有，一篑自夸所有，可为学问切戒。

【注释】

①无尽藏：佛家语，"无尽藏海"的简称。《大乘义章》说：

"德广难穷，名为无尽，无尽之德，包含日藏。"用在这里，既指财富也指美德。

②钵：僧人所用的食具。

③谁家灶里火无烟：也就是说无论谁家都有一些财产。

④箴：劝告，劝诫。

⑤昧：隐藏，隐瞒。

【译文】

前人说："放弃自己家中的大量财富，却模仿穷人持钵乞讨。"又说："暴富的人，不要老向人家夸耀财富，其实哪家的炉灶不冒烟呢？"上面这两句谚语，一句是说看不见自己所拥有的财富的人，一句是说那些夸耀自己暴富的人，这些都是做学问的人必须彻底戒除的诟病。

【活学活用】

每个人都有自己的长处，也有自己的短处。有些人只看到自己的短处，看不到自己的长处，觉得自己比不上别人，自己贬低自己，一味羡慕别人所拥有的，这种妄自菲薄的态度是不可取的。还有一些人只看到自己的长处，看不到自己的短处，于是容易骄傲自满，喜欢到处炫耀，这种做法也是不可取的。

自己隐藏自己所有，自己夸耀自己所有，这两种行为都是阻碍进步的做法。学习求知需要我们对自己有清醒认识，既能看到自己拥有的优良品质，也能发现自己在哪些方面存在不足。相信"山外有山，人外有人"。从不自我夸耀，因为喜欢炫耀是一种浅薄的行为，真正拥有丰富学识的人往往都是谦虚的人。不隐藏自己所有，也不自夸自己所有，这样能促使我们取得更大进步。

道随人接引，学随事警惕

【原文】

道是一种公众物事①，当随人而接引②；学是一个寻常家饭，当随事而警惕。

【注释】

①公众物事：指社会大众的事。

②接引：迎接、引导。

【译文】

真理是一件人人都可以追求和探索的事情，应该随着个人的性情来加以引导；做学问就像每个人吃的家常便饭一样，应该随着事情的变化而有所谨慎和警惕。

【活学活用】

在与别人的交流中能够加深自己对各种道理的认识。如果能遇到一位好的老师指导，对于人生中的各种道理有时候一下子就有豁然开朗的感觉。辅佐刘邦成就帝王之业的功臣张良，在一位老人的指点下，熟读兵书。后来张良运筹帷幄，用其所学辅佐刘邦打下了江山。三国时候的吕蒙，经孙权的指点，开始发奋学习，后来变得学识渊博，使得鲁肃感叹："我以为你只有武功，不料如今你学识如此渊博，再也不是从前的阿蒙了！"狄青经范仲淹指点，广泛涉猎，刻苦学习，成为文武双全的人才。

我国宋朝时候的周敦颐是一位学识渊博的学者，他在《爱莲说》中写下"予独爱莲之出淤泥而不染，濯清涟而不妖"的名句，并且封莲为花中君子，引起很多文人的共鸣。 他的理学造诣很高，二程即程颢、程颐拜他为师，跟着他学习，后来二程成为我国历史上非常有名的理学家。 古希腊大哲学家苏格拉底与柏拉图、亚里士多德是师承的关系。 苏格拉底是柏拉图的老师，柏拉图又是亚里士多德的老师。 柏拉图跟着苏格拉底学习，在很多哲学问题上与老师既有一致的观点，也有不同的认识。 在很多问题上，苏格拉底对他起到启发引导的作用，他自己在此基础上深入研究，对问题的认识更加深入全面。 而柏拉图对亚里士多德同样起到引导启发的作用。 亚里士多德对于很多哲学问题，既有与柏拉图相一致的看法，也有自己不同的观点，他说："吾爱吾师，吾更爱真理。"

道理需要在与人交流中掌握，一位好的老师，就好比黑夜中照明的火炬，能引导人走向光明的道路。 学习就像是每天都要吃饭一样，随时随地，在每一件事情中都能有所学习。 知识正是靠不断地积累获得的，而不是一下子就能取得的。 在每天的日常生活中，都能有所收获、有所学习，这样积累起来定能有所收获。

信人者己诚，疑人者己诈

【原文】

信人①者，人未必尽诚，己则独诚矣；疑人②者，人未必皆诈，己则先诈矣。

【注释】

①信人：信任别人。

②疑人：怀疑别人。

【译文】

一个肯信任别人的人，虽然别人未必全是诚实的，但是至少他自己先做到了诚实；一个常怀疑别人的人，别人虽然未必都欺诈，但是自己却先成为欺诈别人的人。

【活学活用】

一个肯信任别人的人，虽然别人未必全都是诚实的，但是他自己首先做到了诚实，也就问心无愧了。在与人交往的过程中，假如能首先表明自己的诚意，就能为自己赢得更多的机会，而处处小心设防、虚情假意的人一定会失去很多的机会。有时候，也许对方原本不接受你，但是因为你的诚意，对方可能最终被你打动，接受你的请求。要知道在很多关键的时刻，真诚是最有效的武器，最能打动人的心灵。而一个经常怀疑别人的人，所面对的虽然未必都是奸诈之人，但却首先暴露了自己的弱点。多疑的人活得最不快乐，因为他不相信任何人，老是以为别人在算计他，对任何人都不由自主地采取防备的心态。这样的人千万不可成为领导，因为作为一个管理者来说，对待下属应该是用人不疑，疑人不用的态度，如果要怀疑别人就最好不用，否则会弄得大家都疑神疑鬼，使得整个团队都离心离德，谁也不相信谁，这样又怎样开展工作？与人交往还是诚恳些为好，将自己的诚意首先袒露，表明自己是一个诚信之人，这样才能给别人留下较好的第一印象，于人于己都算得上是好事一桩。

念头宽厚，万物而生

【原文】

念头宽厚的，如春风煦育^①，万物遭之而生；念头忌刻的，如朔雪阴凝^②，万物遭之而死。

【注释】

①煦育：煦，温暖；育，化育。由此而万物生长。

②朔雪阴凝：朔，北方。阴凝，雪因阴冷久积不化。

【译文】

一个胸怀宽广忠厚的人，好比温暖的春风可以化育万物，能给一切具有生命的东西带来生机；一个胸襟狭隘刻薄的人，好比阴冷凝固的白雪，能给一切具有生命的东西带来死气。

【活学活用】

温暖的春风，使万物逢之便生；寒冷的冰雪，使万物遭之枯萎。为人行事也是如此，一个待人宽厚的人，人人都愿意接近他；反之，心胸狭隘尖酸刻薄的人，无人愿意靠近，甚至唯恐避之不及。从为人处世的方面来说，这段话的意思就是告诉人们要善于擦拭自己的心窗，懂得多一分宽厚多一分美好，少一分尖刻少一分虚妄的道理。这就要求人们要温善和蔼、心胸宽广、不计恩怨、包容忍让。尤其对以往与自己有隔阂、有成见的人，要善于用诚恳之心与包容之意抹去阴影。保持心明如镜，便能眺望得高远，也必将为人生带来极大的益处。

法国有句谚语："原谅过去，才能释放自己。"多一分宽容与气度，一旦能让那些不愉快的往事成为过去，生活将重现生机。

有人会说宽容别人，那就是让自己吃亏，感觉很没面子。事实上，宽容别人恰恰会表现出一个高尚的品德。"金无足赤，人无完人"，谁能不犯一点儿错误呢？宽容，能让自己紧张的心情放松。生气是拿别人的错误惩罚自己，而宽容则是自我解放的一种方式。如果一个人始终生活在埋怨、责任、愤怒当中，那么他不仅得不到本应属于他的快乐、幸福，甚至会让自己变得冷漠、无情和残酷，后果是很可怕的！

学会宽容别人，让生命中美好的阳光渗透你的心灵，让一切笼罩生活的阴影随之飘散，你会拥有更完美的人生！

为善益暗长，为恶损潜消

【原文】

为善不见其益，如草里冬瓜，自应暗长；为恶不见其损，如庭前春雪，当必潜①消。

【注释】

①潜：偷偷地、秘密地。

【译文】

行善事表面上可能看不到好处，但就像一个长在草丛中冬瓜，自然会在暗中一天天结果长大；做坏事的人，虽说表面上看不出有什么坏处，但就像春天院子里的积雪，只要阳光一照射自然就会融化消失。

佛语讲的"善有善报，恶有恶报，不是不报，时候未到"，所表明的也是这个道理，善与恶有时不是马上可以见到结果的，但多行不义必自毙。做一件善事算不得善人，行一件坏事也不是坏人，但量积累到了一定的程度就会发生质的变化。可见一个人绝对不能心存侥幸做坏事，早晚有一天可能东窗事发锒铛入狱。也不要认为自己平日人缘好，在自己的圈子里吃得开，就胆大妄为贪赃枉法。这种做法大错特错，早晚劣迹会全部牵扯出来。天网恢恢，做恶事的人不望人知，但法律无情、疏而不漏，行善的人不望人报也就不望人知，但人们心里总会明白，每件善事犹如种子在人的心里，伺机发芽。

遇故要愈新，遇朽当愈隆

【原文】

遇故旧之交，意气要愈新；处隐微①之事，心迹宜愈显；待衰朽②之人，恩礼当愈隆。

【注释】

①隐微：隐私的小事。
②衰朽：年老力衰的人。

【译文】

遇到多年不见的朋友，情意要特别真诚，气氛要特别热烈；处理某种隐秘事时，居心要特别坦诚，态度要特别开朗；服侍身体衰弱的老人，举止要特别殷勤，礼节要更加周到。

一个人在社会上不懂尊老，不知道怎么待友，这是没有教养、没有知识的表现。 人不要太势利，所谓人走茶凉，尤其是对失了势没有实用价值的老友更应注意。 同样，做事不能因为处于无人知晓的地方，就有营私舞弊的念头出现，在黑暗处要比在光明处更加磊落，才能显示出不平凡的人格。 一个人在接待和处事上可以充分表现出修养的高低，要立身于世，这是起码的知识。

假俭饰吝，营私之具

【原文】

勤者敏①于德义，而世人借勤以济其贫；俭者淡于贷利，而世人假俭以饰其吝。 君子持身之符②，反为个人营私之具矣。惜哉！

【注释】

①敏：勤奋，努力。
②符：本指护符，此处作法则解。

【译文】

勤奋的人应该努力在品德和义理上下功夫，可是有的人却依靠勤奋来解决自己的贫困；俭朴的人应该把财货和利益看得淡泊，可是有的人却假借俭朴为名来掩饰自己的吝啬。 勤奋和俭补本来是有德君子立身处世的信条，不料反倒成为市井小人营利徇私的工具，真令人感到惋惜。

【活学活用】

凡是拉大旗做虎皮的人，往往是为了欺瞒、蒙骗、吓唬善良的人。君子守身的法则，往往成为小人图利的工具。世事大抵如此，"干将""莫邪"雌雄宝剑，在名将手中就会成为保国为民的利器，但如果落在坏人手中就会变成杀人的凶器。又如核能，落到人道主义者手中就会用于和平之途，用它来发电发热为人类谋福；落得侵略主义者手中，就会变成杀人的武器，给人类造成莫大的悲剧。可见，不管是什么东西，产生的客观效果首先要由运用者来决定，运用者的内在素质低，思想境界差，再好的东西都会成为营私逐利的工具，都会找到堂而皇之的理由来伪装。

勿凭意兴为，勿从意识悟

【原文】

凭意兴作为者，随作则随止，岂是不退之轮①？从情识解悟者，有悟则有迷，终非常明之灯②。

【注释】

①不退之轮：佛家语。佛家认为，佛法能摧毁众生的罪恶，所以佛法就像法宝，能碾碎山岳岩石和一切邪魔恶鬼，而且认为法轮并不停在一处，就像一般的车轮那样到处辗转，所以才称为不退之轮。

②常明之灯：指佛家所说本智的光明，因此就用以比喻为智慧的光明之灯，寺庙所点的灯都叫长明灯。

凭一时感情冲动和兴致去做事的人，等到热度一过，事情也就跟着停顿下来，这哪里是能坚持长久、奋发上进的做法呢？ 从情感出发去领悟真理的人，有时能领悟的地方也会有被感情所迷惑的地方，这种做法也不是一种永久光亮的灵智明灯。

【活学活用】

这是用佛理喻世事。 如来说法时，经常运用佛法摧毁众生的执迷邪恶，使众生恍然大悟之后转成正见，这种道理很像车轮压过的地方，一切邪见都被摧毁，有时也叫不退转轮。 不退之轮，是说进德修业的心永不停止。 反观之，人们做事很少从理性出发，往往凭借一时的兴致，故难持之以恒。

在少年的时候，也许我们很多人都有宏远的理想。 有人想当科学家，有人想当政治家，还有人想成为艺术家……人们的梦想是无穷无尽、各式各样的。 但是很多人成熟以后，回首来看，把自己当年的愿望付诸实际的人并不多。 这当然有很多原因，有一些是由于客观条件不允许，无法实现自己的理想，还有一些人是因为虽然努力过了，但是目标过于宏大，所以没有实现。 但是其中一个非常重要的因素，是人们没有持之以恒的耐心与毅力。 坚强的意志力，恒久的耐心，对于理想目标而言异常重要。 人们在为自己设立目标的时候，需要从自己的实际出发，多方面考虑，而不是从一时兴趣出发。 从一时兴趣出发为自己设立的目标，往往不能长久坚持下去。

中国有句成语叫"叶公好龙"，说的是有一个被称为叶公的人，非常喜欢龙。 他的家中墙壁上、走廊上，都贴满了各种各样龙的图画。 他整天画龙，爱龙成癖。 天上的真龙非常感动，于是就来到叶公的家里。 叶公看到真龙从天而降，顿时吓得面如土色，掉头就跑。 在生活中，我们很多人也正如叶公这样，对很多事情看似喜欢，但实际上未必是真正的喜欢。 所以我们需要了解自己的真正兴趣爱好，不可以凭着一时兴趣或者一时冲动就决定去做某件事情。如果这件事情根本不符合自己的志趣。 最终恐怕会半途而废，白白浪费了自己的时间与精力，实在是得不偿失的做法。 学习需要运用自己的理性思考，不带有自己的感情色彩去看待问题，这样才能得到没有偏见的真理，才是真正认识把握正确的做事方法。

恕以待人，律己要严

【原文】

人之过误宜恕^①，而在已则不可恕；已之困辱^②宜忍，而在人则不可忍。

【注释】

①恕：宽恕、原谅。

②困辱：困穷、屈辱。

【译文】

别人的过失和错误应该多加宽恕，可是对自己有过失错误却不可宽恕；自己受到屈辱应该尽量忍受，可是别人受到屈辱就要设法替他消解。

【活学活用】

孔子一生提倡忠恕之道。 他给“恕”所下的定义是推己及人，也就是"己所不欲，勿施于人"，这种推己及人的恕道，是一个人修养品德的根本要诀，它要求我们遇事应该设身处地为别人着想，绝不可凡事都抱自我中心主义。 这里讲恕人、忍让，是对个人的修养德性而言，因为恕忍并不是无原则的，过分强调良好的人际关系来提高个人的修养，就容易走向事物的反面。 自己有了困苦不堪的事情，要尽力地加以忍耐，但是遇到别人有了困难的时候，则要毫不犹豫地加以援助，使他的痛苦能够解除，能够这样做，道德才算是有进步，事业才能够成功。

能脱俗便是奇，不合污便是清

【原文】

能脱俗①便是奇，作意尚奇者，不为奇而为异②；不合污便是清，绝俗求清者，不为清而为激。

【注释】

①脱俗：不沾染俗气。
②异：特殊行为，标新立异。

【译文】

思想超越一般人又不沾世俗气的人就是奇人，可是那种刻意标新立异的人不是奇而是怪异；不同流合污就算是清高，可是为了表示自己清高而就和世人断绝来往，那不是清高而是偏激。

【活学活用】

在俗与雅、庸俗与清高的选择上，很多人赞赏清高儒雅的人。

一个人如果能舍弃名利，当然值得景仰。 可是假如为了提高知名度就标新立异、故作怪论，这种人实际上是俗人伪装的怪人，是一种沽名钓誉的小人。 处于污浊俗世而心却不受沾染的人，他的品德就像莲花出污泥而不染，会永远保持洁净。 假如心存俗念却又矫揉造作，跟世俗断绝，以标榜自己的清高，这是一种偏激狂妄的行为。 清而奇是旁人的想法，对一个修养好的人来讲，保持清白高雅的境界是很自然而无须造作的事，李白诗云："清水出芙蓉，天然去雕饰。"即此意。

恩自淡而浓，威自严而宽

【原文】

恩宜自淡而浓，先浓后淡者，人忘其惠①；威宜自严而宽，先宽后严者，人怨其酷②。

【注释】

①惠：恩惠。
②酷：冷酷，暴虐。

【译文】

施人恩惠要先从淡薄逐渐浓厚，假如先浓厚后淡薄，就容易使人忘怀这种恩惠；树立威信要先从严而逐渐变宽，假如先宽后严厉，那部属就会怨恨你冷酷无情。

【活学活用】

日常生活中，在给人好处时要"自淡而浓"。 也就是说，在给人好处的时候，要一点一点给他，由少到多。 如果一开始给得多，最后给得少，对方就会忘掉你前面给他的好处，甚至为你给得少了而生气。 所谓斗米养恩，担米养仇，就是这个道理。

从前，有一个心地非常善良的人，为了救济一个因跛脚而吃不上饭的人，就每天亲自给他去送饭吃。 见到这么好心的人，这么可口的饭菜，这个吃不上饭的人非常感激，不禁泪流满面。 这个好心的人也非常高兴，毕竟是积德行善！周围的人也都对他树起了大拇指。 第二天又送，第三天又送，连续送了 29 天，到了第 30 天的时候，送饭人的老婆病了，忘了送饭。 这个跛脚的人非常生气，一副暴跳如雷的样子说：“什么时候了，还不给我送饭？想饿死我吗？什么大善人，我看就是大骗子。”

一开始即使再好，如果最后出了差错，你在对方心中的印象就会大打折扣。 就像上面的例子中，就因为忘记了一顿饭，受恩的人就与施恩的人结下了仇怨。 这里提醒我们，在施恩的时候，要自淡而浓，适可而止，循序渐进，如果一开始就施恩无度，先多后少，一旦把人们的胃口吊起来后，就会把先前的恩惠忘得一干二净。

一个组织或一个人要树立权威，从一开始就要坚持原则，对下属从严要求，等到其养成了良好的制度、文化和自觉性后，就可以宽松一些，因为制定制度的目的是不用制度。 如果一开始就放松要求，姑息迁就，然后再严厉的话，人们就接受不了，就会埋怨管理者过于冷酷。

心虚则性现，意净则心清

【原文】

心虚①则性②现，不息心而求见性，如拨波觅月；意净则心清，不了意而求明心，如索鉴增尘。

【注释】

①心虚：指心中没有杂念，并非通常所说的心中恐惧。

②性：与生俱来的气质。《中庸》中有："天命之谓性。"

【译文】

内心了无杂念，人的善良本性才会出现，心神不宁而想要发现本性，那就像拨开水波来找月亮一般，越拨越找不到；意念清纯时脑海才会清明，假如不排除烦恼而想心情开朗，那就等于想在落满灰尘的镜子前面照出自己的样子，徒增尘土。

【活学活用】

在佛经上有"涅槃寂静"的说法，指佛教徒修行断尽烦恼，超脱生死轮回，达到涅槃寂静境界。 涅槃不是常说的死亡，它的真正内涵是掌握了自己的心智不受外界影响，从而到达内心清凉（寂静）的境界。

禅定功夫深的人，能够做到不受外界的影响，而常人不能为。因为凡人总是有烦恼，有多少人能做到完全不受别人影响？比如很多人都会在意别人怎么想你，背后怎么说你，很在意别人的看法，还有嫉妒、怨恨、误解，由此带来种种烦恼。

佛说："业力随身，必至妄动无明，难以成道。"习性是物欲所绕，禀性是人间的烦恼。 学道的人，一要化性，二要认命。 性化了就不生气，不生气才肯吃亏，吃亏就是占便宜；认命就不怨人，不怨人才能受苦，受苦才能享福。

平日里生气、烦恼的时候，我们都该问问自己：我是为了生气才种花的吗？我是为了烦恼才上班的吗？我是为了不快才交朋友的吗？我是为了苦恼才结婚的吗？如此这般，我们在生活里就不会生那些无谓的气了。

烦恼是自己造成的，不是某人使我烦恼，而是我拿某人的言行来让自己烦恼。如果我不在意，那烦恼对我能造成什么影响呢？生活中之所以会出现痛苦，不过是因为你在乎某些人、某些事，这些痛苦都是你自己要受的，是你自己的选择，怨不得别人。

其实，别人做的事，没有一件是因为你才去做的。他们所说的话、所做的事都是他们自己世界观和价值观的投影。当你能不受别人言行的影响时，你就不会再成为背负无谓痛苦的受害者。

人奉我不喜，人辱我不怒

【原文】

我贵而人奉之，奉此峨冠大带①也；我贱而人悔之，悔此布衣草履②也。然则原非奉我，我胡为喜？原非侮我，我胡③为怒？

【注释】

①峨冠大带：比喻官位。

②布衣草履：喻出身贫贱穷苦。

③胡：疑问副词，为什么。

【译文】

我有权势人们就奉承我，这实际上是在奉承我的官位官服；我贫穷低贱人们就轻视我，是轻视我的布衣草鞋。既然如此，这些人原本不是奉承我，我为什么要高兴呢？原本不是轻视我，我又为什么要生气呢?

【活学活用】

一个人活在世上,目的是为了追求自己的幸福。 到底什么才
是真正的幸福呢? 幸福是人们向往追求的精神与物质结合的东西,
人们在得到幸福后还会不停地追求更高层次的幸福。 所以只能
说,幸福是人们追求和向往的境界。

所有的人都渴望幸福、追求幸福,但人们往往忽略了幸福其实
只是点点滴滴的心灵感受。 人,不管物质生活充实或贫乏,只要
心里非常安详,就是在过着幸福的生活。 相反,不管是处在什么
样的地位,过着什么样的生活,如果心里紊乱不安,这种生活无异
于是一种煎熬。

人有了安详的感受,才是生命的真正享受。 人若内心不安,
幸福便无从谈起。

为鼠常留饭,怜蛾不点灯

【原文】

"为鼠常留饭,怜蛾不点灯",古人此等念头,是吾人一点生
生之机①。 无此,便所谓土木形骸②而已。

【注释】

①生生之机:生生,是繁衍不绝;机,是契机。生生之机是指
使万物生长的意念。《易经·系辞》中有"生生之谓易",这
就是世人常说的"生生不息"的由来。

②土木形骸:土木,是指泥土和树木等只有躯壳而无灵魂的矿

植物；形骸，是专指人的躯体。

【译文】

为了不让老鼠饿死，经常留一点剩饭给它们吃，可怜飞蛾被烧死，夜里只好不点灯火。古人这种慈悲心肠，就是我们人类繁衍不息的生机，假如人类没有这一点点相生不绝的生机，那人就变成一具没有灵魂的躯壳，如此也不过和泥土树木相同罢了。

【活学活用】

中国传统文化历来追求一个"善"字：为人处世，强调心存善意、向善之美；与人交往，讲究与人为善、乐善好施；对己要求，主张独善其身、善心常驻。记得一位名人说过，对众人而言，唯一的权力是法律；对个人而言，唯一的权力是善良。

心存善良之人，他们的心滚烫、情火热，可以驱赶寒冷、横扫阴霾。善意产生善行，同善良的人接触，往往使人智慧得到开启，情操变得高尚，灵魂变得纯洁，胸怀更加宽阔。与善良之人相处，不必设防，心底坦然。

正因为生命中有了善良，人生才充满喜悦；正因为生命中有了善良，人生才能幸福常在；正因为生命中有了善良，灵魂才能不断升华。善良是生命中的黄金，善良是人性中最为宝贵的生命之光。能够知道别人的痛苦，自己就有良心。知道自己有痛苦就会有善心的存在，看到别人和自己有痛苦就会生出慈悲心！

让善良与生命同在，对于人来讲是莫大的福分。播种善良，才能收藏希望。一个人可以没有让旁人惊羡的姿容，也可以忍受"缺金少银"的日子，但离开了善良，却足以让人生搁浅和褪色。因为善良是生命的黄金。多一些善良，多一些谦让，多一些宽容，多一些理解，让人们在生活中感受到美好和幸福，这是善良的人向往和追求的，也是我们勤劳善良的中华民族所提倡和弘扬的。

念随起随灭，与太虚同体

【原文】

心体^①便是天体^②，一念之喜，景星^③庆云^④；一念之怒，震雷暴雨；一念之慈，和风甘露^⑤；一念之严，烈日秋霜。何者少得，只要随起随灭，廓然^⑥无碍，便与太虚^⑦同体。

【注释】

①心体：在中国哲学中，除了具体的形骸外，所有精神、灵性、知识、智慧、思考、感情、意志等都被视为心抽象活动的一部分，所以心体可解释成人类精神本原。

②天体：天空中星辰的总称，可解释成宇宙精神的本原。

③景星：代表祥瑞的星名。

④庆云：又名卿云或景云，是象征祥瑞的云层。据《汉书·礼乐志》："甘露降，庆云出。"

⑤甘露：祥瑞的象征，据《瑞应图》："甘露美露也，神灵之精，仁瑞之泽，其凝如脂，其甘如饴。"

⑥廓然：广大。

⑦太虚：泛称天地。

【译文】

人的心体就是天体，人的灵性跟大自然现象是一致的。人在一念之间的喜悦，就如同自然界有景星庆云的祥瑞之气；人在一念之间的愤怒，就如同自然界有雷电风雨的暴戾之气；人在一念之间的慈悲，就如同自然界有和风甘霖的生生之气；人在一念之间的冷酷，就如同自然界有烈日秋霜的肃杀之气。人有喜怒哀乐的情绪，天有风霜雨露的变化，这都是不可或缺的。大自然的变化随起随灭，但其对生生不息的广大宇宙毫无阻碍。人的修养假如也能达到这种境界，就可以和天地同心同体了。

【活学活用】

人与自然相通，自然界的变化与人身心变化有相类似的地方。人有喜怒哀乐的情感，大自然有风云雷电的变化。人类的生活离不开自然界，自然界的变化对人类的生活具有决定性影响。老子说："人法地，地法天，天法道，道法自然。"人与自然既有相通之处，人心当如自然，宽容豁达、无所不包。喜怒哀乐，随起随灭，不在心中滞留。

孔子曾用自然变化比喻人生道理。有一次，孔子站在岸边，望着滔滔不绝的江水，对弟子们说，见到大水你们一定要观看啊。弟子们就问为什么，孔子解释说：水滋养万物，却不是为了自己，这样的行为好像是它有高尚的道德似的；水向下流去，好像是大义凛然一般；水汹涌奔腾没有尽头，好像坚持根本原则一样。如果决堤，水就会奔涌流出，好像是回响应声。它奔腾赶赴百丈深渊而没有什么畏惧，这种无所畏惧好像十分勇敢。人用水注入仪器之中来衡量地平面，一定是平直的，就好比执法根据准绳一样。水装满之后，不需要用刮平的工具去刮平，就好像是天生正直一般。它虽然纤小微弱，却好像无微不至，洞察一切事情一样。世间万物经过水的冲刷，必然会新鲜干净，这样就好像水善于教化万物一样。 人世间的道理，与自然事物的运行规律以及特性等有许多相似相仿的地方。

无事宜寂寂，有事宜惺惺

【原文】

无事时，心易昏冥①，宜寂寂而照以惺惺②；有事时，心易奔逸，宜惺惺而主以寂寂③。

【注释】

①昏冥：昏昧不明事理，冥是愚昧。

②惺惺：聪明，机警。

③寂寂：沉静落寂。

【译文】

平日闲居无事时，心情容易陷入迷乱，这时应用平静的心情来警觉地处理问题；有事忙碌时，感情容易陷入冲动，这时应利用理智、冷静的头脑加以控制。

【活学活用】

人在闲居无事时，喜欢东想西想，心情很容易陷入一种迷乱的状态。 这时候就应该强迫自己用平静的心情来思考积压在内心的问题，在沉静中保持一种机警最为重要。 人在极无聊时，还容易产生懒散之心，故古人说得好：小人闲居为不善。 人在闲着没工作时，最好能找一点事情，比如下棋、看书、种花等，也比坐在那儿发呆好。 至少让自己的思维保持转动，人的思维与人的心跳一样，一刻也不能停止。 在闲散时，如果能利用这段时间好好地反省总结一下自己的过去，也不失为一件好事。 但是人一旦忙碌起来，感情又容易陷入一种冲动的状态，对待工作充满了热情，这时就需要提醒自己用冷静的头脑来控制感情的冲动。 也就是说，人应该学会随时调控自己的情绪，不能失控。 人的情绪一旦失去控制，后果不堪设想。 人应该用理性战胜感性，才能客观地处理周围的事情。

悉利害之情，忘利害之虑

【原文】

议事者身在事外，宜悉利害之情；任事①者身居事中，当忘利害之虑。

【注释】

①任事：负责某事。

【译文】

评论事物得失，以超然的身份置身事外，就能了解掌握事情的始末，通晓利害；反之如果以当事人的身份，而置身事中，就要暂时忘怀个人的毁誉，才能专心策划并推动所担负的任务。

【活学活用】

论事要客观，就必须置其身于是非之外；负责职务要无私，就必须置其身于利害之外，因为"当局者迷，旁观者清"。 所以，想要对某一事件作出公平的论断，最好能置身事外来客观论事，否则极有可能流于一己之偏见，而无法评论出真正的是与非。

此外，执事者必须大公无私，如果徇私不公，就会做出有损公务之事。 社会上以私害公的事例层出不穷，诸如占用公款、收取回扣等等，犯下这些过失的人，都是在任事之时，无法忘怀个人之利害所致。

俗话说："当局者迷，旁观者清。"可见要想对某人某事作出公平的评论，超然事外者则能另拓思路，据理晓谕。

操履要严明，心气要和易

【原文】

士君子处权门要路①，操履②要严明，心气要和易，毋少随而近腥膻③之觉，亦毋过激而犯蜂虿之毒④。

【注释】

①权门要路：权门，指有权有势的政要。例如《后汉书》的"权门请托，残吏放手"。

②操履：操守和行事。

③腥膻：鱼臭叫腥，羊臭叫膻，比喻操守不好的人。

④蜂虿之毒：虿，毒虫名，属蝎科，比喻人心险侧恶毒。

【译文】

君子身居政要地位，必须操守严谨，行为磊落，心境平和，气度宽宏，绝对不可接近或依附营私舞弊的奸邪之辈，也不要因偏激而激化矛盾，触怒那些阴险狠毒的宵小之徒。

这段话的中心意思是掌握权柄的为官之人，要有浩然的情怀和崇高的道德标准，不要以权谋私，干出肮脏卑劣的勾当，也不要因偏激而树敌太多。

正气与邪恶，真诚与虚伪，宽厚与狭隘是对立而难相容的，士君子当以其风范之高雅，意向之高远而行身于世。"士君子处权门要路，操履要严明，心气要和易。"一席话，道出了为官者要光明磊落，实事求是，公正不偏，人心不欺。拥有如此崇高的情怀，便能做一个好官。

"心气要和易"乃是为官者较深修养和良好的处事艺术的表现。在与人交往中，是一种平易近人的表现，在纠正属下的缺点时，是一种宽容温和的展示，这无疑都是提高自身修养和凸显人格魅力的宝贵因素。

"毋少随而近腥膻之觉，也毋过激而犯蜂虿之毒。"重点是强调为官行事的艺术。仕途是人际倾轧最突出的地方，鱼龙混杂、清浊同在，为官者既要磨炼自己个性，也要在一定程度上避免意气用事，防止小人的暗算，所谓"明枪易躲，暗箭难防"。在人生的舞台上，时刻都有小人存在，不妨多留一点防范之心。须知，谨慎是必要的，在一定程度上，平和退让，不争不怒绝不是对恶现象的妥协，也不是丢失正义的立场，而是心智高、修养深的表现，也是立足长远、成就人生的重要智慧。

只浑然和气，是居身之珍

【原文】

标节义者，必以节义受谤；榜道学①者，常因道学招尤。故君子不近恶事，亦不立善名，只浑然和气②，才是居身之珍。

【注释】
①道学：宋儒治学以义理为主，因此就把他们所研究的学问叫理学，这种理学也就是"道学"。此处的道学是泛称学问道德，也就是通常所说"道学先生"的道学。
②浑然和气：浑然，是纯朴敦厚；和气，是儒雅温和。

【译文】

标榜节义的人，到头来必然因为节义受到批评诋毁；标榜道学的人，经常由于道学而招致人们的攻击。因此一个君子平日既不接近坏人做坏事，也不标新立异建立声誉，只是一股淳厚、和蔼的气象，这才是立身处世的无价之宝。

【活学活用】

人们讨厌假道学、伪君子，因为做人要平实无欺，不可自我标榜吹嘘。真理不是巧言，仁义更非口说。换言之，学问道德并非吹嘘而来，是从艰苦修养中累积而成。有的人好虚名，披上道德外衣，实质上是在骗取人们信任，满足私欲需求，与为非作歹固然有别但却具有更大的欺骗性。一个人居身立世立正确的原则，不是为了给别人看，而是为磨炼自己的心性，使自己有一个健全的心态，完美的人格。

有学问的人往往被无学问的人耻笑，有道德的人往往被险诈的小人排斥，有道行修养的宗教家往往被欺世的假慈善家诽谤。世间往往是认假而不认真。但是真正达到学问渊博、道行高深的学问家，他们绝不说一句骂人的话，看起来也绝不受他人的注意，这是和气不露头角，居身处世的最好办法。

荀子《荣辱》中说：人的资质秉性，知识和能力，君子与小人一样；爱好荣誉，厌恶耻辱，爱好利欲，厌恶祸害，君子与小人一样。但是求得荣誉和利欲，避免耻辱和祸害，君子与小人所采取的方法就不同了。小人拼命做荒诞不经的事，还想要别人相信自己；拼命干欺诈的事，还想要别人亲近自己；行为如禽兽，还想别人用善意对待自己。心术叵测、行动诡诈，所持的论点难以站住脚，结果必然得不到荣誉与利益，也必然遭受耻辱与祸害。至于君子对别人诚实，也想别人对自己诚实；自己忠厚待人，也想别人用善意对待自己。襟怀坦白，行为安稳，所持的论点易于成立，结果必然得到荣誉和利益，也必然不会遭耻辱和祸害。

诚心感欺诈，和气熏暴戾

【原文】

遇欺诈之人，以诚心感动之；遇暴戾①之人，以和气熏蒸②之；遇倾邪私曲之人，以名义气节激砺之。天下无不入我陶冶中矣。

【注释】

①暴戾：残酷。

②熏蒸：熏，是香草，此作沐化、感化的意思。

【译文】

遇到狡猾诈欺的人，要用赤诚之心来感动他；遇到性情狂暴乖戾的人，要用温和态度来感化他；遇到行为不正自私自利的人，要用大义气节来激砺他。 假如能做到这几点，那天下的人都会受到我的美德感化了。

【活学活用】

世上的人千人千面，每个人在适应人生、适应社会的过程中都面临着这样或那样的问题。 所谓以不变应万变，面对大千世界，抱定以诚待人，以德服人的态度来适应人们个性的不同。 就是对冥顽不化的人，也要以诚相待使他受到感化，所谓"精诚所至，金石为开"。 以我之德化，来启人之良知。

在中国历史上，即使是冥顽之人朝闻道而夕死的事也不少，这也算是临终而悟，而达到德化的目的；何况对于一般人，坚持我之美德与之相处，终可德化落后之人。 对于为一己私利而欺心的人，我们要给他名誉、义理与节操，使他本心恢复到善境，用这样的做法，既不损人性，又合乎人的心理。 能用适当的工夫，天下的人都能归于教化而成善行。 假如是以善心而不能去其恶行，那就是自己的德薄或是热心不足。

慈祥酿和气，洁白垂清芬

【原文】

一念慈祥，可以酝酿①两间和气②；寸心洁白，可以昭垂百代清芬。

【注释】

①酝酿：本指造酒，此处当制造调和解。

②两间和气：两间，指天地之间，此处指人际关系。

【译文】

一念之间的慈祥，可以创造人际的和平之气；心地纯洁清白，可以使美名千古流传。

【活学活用】

世界上最伟大的莫过于人，人身中最伟大的莫过于心。 心地慈祥能回荡着温暖的春意，寸心洁白能留得万世的清芬。 这段话中，着重讲述了慈祥之念和寸心洁白两层含义。 慈善和蔼是一种血性、一种亲情，也是一种感动，它能化解无形的障碍和隔阂，是人与人之间营造和睦氛围的必然要素，也是当今构建和谐社会的强化剂。 寸心洁白，是一种明澈、一种高贵、一种博大，也是一种浩然之气，以这种高贵的品质，置身社会、践行人生，必将懿德垂范，谱写出一曲至高人生境界的绚丽之歌。

慈善和蔼，作为一种温情，一种热心，它轻柔似水，暖如春风，能给人的心头送去清凉与惬意，并能发挥出填平沟壑，显现"两间和气"的奇效。

慈善和蔼之所以能打动人，从根本上来说，在于它能产生一种暖流，当这份暖流融进对方的心里时，就是心灵与共，就是最高的理解与融合，于此，双方之间还有什么事不好解决呢？

阴谋是祸胎，庸德召和平

【原文】

阴谋怪习，异行奇能，俱是涉世祸胎①。 只一个庸②德庸行，便可以完混沌③而召和平。

【注释】

①祸胎：指招致祸患的根源。

②庸：平凡、普通。

③混沌：本指宇宙初开元气未分之时，借以比喻自然和无知、淳朴的心神。《庄子·应帝王》篇："中央之帝为混沌。"又《释文》"李云：'清浊未分也，比喻自然。'"古人想象天地未开辟之前为混沌状。

【译文】

阴谋诡计、怪异的言行、奇怪的技能，都是招致灾乱的根源。只有那种平凡的德行和寻常的言行，才可以保持自然带来和平。

【活学活用】

阴险的诡计和古怪的习俗，奇异的行为和超常的能力，都是涉身处世时招致祸害的根源。 这个世界上就是有那么一些人唯恐天下不乱，他们用尽一切办法将天下搞得大乱，祸国殃民，而自己却在一旁偷着乐。 但是反过来说，能将天下搞得大乱之人又确实是聪明能干之人，只可惜他们不将所学的东西用到正道上去。 比较起来，还不如谨守平凡的道德和简朴的言行，让自己的生活趋于平淡，这样倒可以给自己营造和平的氛围，保全人自然纯真的本性。

登山耐侧路，踏雪耐危桥

【原文】

语云："登山耐侧路，踏雪耐危桥。"一"耐"字极有意味，如倾险之人情，坎坷之世道，若不得一耐字撑持过去，几何不堕入榛莽①坑堑②哉？

【译文】

俗语说："登山要耐得住斜坡上的考验，走雪路要耐得起过危桥的惊险。"可见这一个耐字具有深长意义，正像是险诈奸邪的人世情，坎坷不平的人生路，假如没有这一个"耐"字苦撑下去，有几人会不堕落到杂草丛生的深沟里呢？

【活学活用】

"忍"有时候会被认为是屈服、软弱的投降动作，但若从长远来看，"忍"其实是非常务实、通权达变的智慧。凡是智者，都懂得在恰当时机忍耐，毕竟获取胜利靠的是理性，而不是意气。忍耐常有附带条件，如果你是弱者，并且主动提出忍耐，那么虽然可能要付出相当大的代价，但却可以换得"存在"的空间和余地。"存在"是一切的根本，没有"存在"，就没有明天，没有未来。也许这种附带条件的忍耐对你不公平，让你感到屈辱，但用屈辱换得存在，换得希望，显然也是值得的。

忍是一种强者才具有的精神品质。那些表面上气势汹汹、不可一世的人，其实是色厉内荏、不堪一击的。忍，有时看似是吃了亏，其实一个人敢于吃亏，不去占眼前的便宜，大多是因为他们有更高的境界和更高的追求。而那种事事处处都想占别人便宜、不愿吃亏的人，到头来往往只能收获些蝇头小利，从大处看则反而是吃了大亏。

"忍"是一种做人的智慧，即使是强者，在问题无法通过积极的方式解决时，也应该采取暂时忍耐的方式处理。这可以避免时间、精力等"资源"的继续投入。在胜利不可得而资源消耗殆尽时，忍耐可以立即停止消耗，使自己有喘息、休整的机会。也许你会认为强者不需要忍耐，因为他们资源丰富而不怕消耗。虽然理论上是这样，实际上问题却是，当弱者以破釜沉舟之势咬住你时，强者纵然得胜，也是损失不小的"惨胜"。所以，强者在某些状况下也需要忍耐，因为这可以借忍耐的和平时期来改变对你不利的因素。总而言之，无论是谁，在局势不利的情况下都要善于忍耐，正所谓"识时务者为俊杰"，与其作无谓牺牲，不如在逆境中养精蓄锐，发展壮大自己。这样一旦时机来临，你就能拥有足够的力量，扭转"颓势"，改写人生。

心体莹然，本来不失

【原文】

夸逞①功业，炫耀文章，皆是靠外物做人。不知心体莹然②，本来不失，即无寸功只字，亦自有堂堂正正做人处。

【注释】

①夸逞：夸，是自我吹嘘，言过其实；逞，是强行显露。

②莹然：莹，是指玉的颜色，洁白纯净。

夸赞自己的功业，炫耀自己的文章，这都是靠外物来增加自身光彩，却不知人人内心都有一块洁白晶莹的美玉。所以，一个人只要不丧失人类原有的纯朴善良本性，即使在一生之中没留下半点功勋，没留下片纸只字的文章，也算是堂堂正正地做人。

【活学活用】

在日常生活中，要堂堂正正做人，就必须先立德立身，使自己的行为符合规范，保持自然之态，在此基础上去建功立业，这样即使毫无功业，也不失为一个正人君子。任凭一人的事业功名与天齐，或者是诗歌文章光耀海内，到头来都不过是身外之物。

所以，这些由外物而建立的人生，都是止于人间一个短短的时间而已。我们最可尊敬的东西不在身外，而在于本心。如果人心的本体不受污秽，像玉石一般清莹光辉，就是没有建功立业、没有著书立说，也是堂堂正正地做人。然而，世间许多的人不明白这个道理，往往被外物夺了他的心，这真是可怜之至。

有句诗说得好："贵者虽自贵，视之若尘埃；贱者不自贱，重之若千钧。"这告诉我们无论在什么人面前，要有礼，但不要自卑、胆怯。要对自己有信心，自己尊重自己，重视自己与别人平等的人格。这样，不仅能不自贱自羞，而且能对人不嫉妒、不巴求，堂堂正正地立于天地人群之间。

别人可以违背因果，别人可以害我们、毁谤我们，可是我们不能因此而憎恨别人，为什么？我们一定要保有一颗完整的本性和一颗清净的心。

忙里要偷闲，闹中要取静

【原文】

忙里要偷闲，须先向闲时讨个把柄[1]；闹中要取静，须先从静处立个主宰[2]。不然，未有不因境而迁[3]，随事而靡[4]者。

【注释】

①把柄：把，就是柄，比喻做事能把握要点。

②主宰：主持、主见。

③因境而迁：迁，转移。随着环境的变化而变化。

④随事而靡：靡，当动词用，散败和损毁。随着事物的发展而盲目地随其后。

【译文】

忙碌时，也要设法抽出一点空闲时间，让身心获得舒展，把要做的事先做一规划，掌握要点；喧嚣中保持冷静头脑，就必须在心情平静时事先有个主张。不然一旦遇到事情就会手忙脚乱，不知所措，随事盲目而行，往往事情被弄得一团糟。

【活学活用】

要做到临事不慌，就应当事先计划。静的时候要有主张，忙的时候要会求静，待人的道理也是这样。《中庸》说："凡为天下国家有九经，所以行之者一也。凡事预则立，不预则废。言前定，则不跲。事前定，则不困。行前定，则不疚。道前定，则不穷。"待人做事要讲方法，保持心静，学会求静，深思熟虑是关键。

只有预先做好了详细的计划，做起事来才可以减少盲目性，从而也就可以合理地安排人力、物力、财力、时间，使事情能够按照预定的目标方向发展。

在繁忙的工作和生活中，很多人不愿意花精力去准备一份书面计划，因为我们老是强调时间变化得太快，计划起不了什么作用，最终会束之高阁。

现在看来，我们必须从做事情的时间中抽出一部分来制订计划。因为一个好的计划，会让我们奋斗的步伐有条不紊，会让我们离自己的目标就会越来越近。正如有人所说的："如果你没有制订计划，那么你就在计划着走向失败。"

很早就听说过一句经典的话——"没有做不到，只有想不到"。现在回头想一想，这句话是正确的，从这句话的主要内容中看，"想"其实就是计划。"想"是先于"做"的，也就是说如果连计划都没有制定的时候，那么行动将不复存在，事业的成功和辉煌更是空谈。

现在竞争如此激烈，无论企业发展还是个人奋斗必须有个好的计划！一件事应该考虑去不去做、如何去做、谁去做、做成什么样？只有当计划具备了一定可行性后再开始行动，我们才可以避免种种不必要的弯路和挫折，一鼓作气攀上成功的顶峰！

不昧己心，不尽人情

【原文】

不昧[①]己心，不尽人情，不竭[②]物力，三者可以为天地立心，为生民立命[③]，为子孙造福。

288

【注释】

①不昧：昧，是昏暗，此处作蒙蔽解。

②竭：穷尽。

③为天地立心，为生民立命：立，是建立；心，指自然本性。据《易经·复》："复见天地之心乎？"注："复者，反本之谓也，天地以本为心者也。"疏："本，静也，言天地寂然不动，是以本为心者也。"宋代理学家张载说："为天地立心，为生民立命，为往圣继绝学，为万世开太平。"

【译文】

不蒙蔽自己的良心，不做不近人情的事情，不过分浪费物力，如能做到这三件事，就具备了为天地树立善良的心性，为万民创造不息的命脉，而为后世子孙创下幸福基础的基本条件。

【活学活用】

正直为人是每个人都应该具备的一种优良品德，因为它可以帮助我们确立自己的信誉，赢得他人的赞誉。古往今来，"刚正不阿"的人都受到人们的赞扬，而那些为人狡诈的小人总是受人唾弃的。所以培养自己正直为人的心态，不昧着良心做事，不违背人之常情处世，不过分贪图享受，浪费物力，这样才能加强自己的个人修养，使我们具备正直的品德，避免形成谋私、贪利，以及文过饰非、偷奸耍滑、阿谀奉承等不良习惯，最终使我们堂堂正正、光明磊落地做人，在赢得成功的同时获得心灵的沉静。

在社交活动中，只有说实话、正直为人，才能赢得他人的信赖，建立自己的威信，从而吸引周围的人与自己发展合作关系；在企业管理活动中，领导人坚持公正的原则才能得到下属的真正拥护，从而保证每一个命令得到彻底、有效的执行。 培养正直为人的心态，是我们为人处世的基本要求：

为官公廉，居家恕俭

【原文】

居官有二语，曰：唯公则生明[1]，唯廉则生威。 居家有二语，曰：唯恕则情平，唯俭则用足。

【注释】

①公则生明：语出《荀子·不苟》："公生明，暗生偏。"

【译文】

在朝为官有两句格言：唯有公正无私才能明察洞识，唯有操守清廉才能树立威信。 居家度日有两句格言：唯有宽容体谅才能心平气和，唯有节俭持家才能家用充足。

【活学活用】

当好领导就要公正、清廉。

有的单位流传这样的口号，即"多干多错，少干少错，不干不错"，原因就是缺乏公正的评价体系。 领导者能够公正准确地考核下级的绩效，有利于人才的培养和工作积极性的调动，也有助于实现薪酬管理的公正性。

"公生廉，廉生威。"领导者在工作中只要不含私心，做事清廉，就能够在群众中树立起威信。

居家过日子就要宽容、节俭。

所谓的缘分无非只有善恶两种，珍惜善的，也不要绝对排斥恶的，相信擦肩而过也是缘吧。 全世界近60亿人口，碰上谁也不容易，所以遇到恶缘，也要试着宽容，给对方一次机会，切不可上来就全盘否定。 当然，宽容也不能放弃原则。

节俭更不用多说。 柴米油盐的花费不少，不精打细算怎么行？一天节约一点点，几年下来你算算，数字可能很惊人。

富贵知贫贱，少壮念衰老

【原文】

处富贵之地，要知贫贱的痛痒①；当少壮之时，须念衰老的辛酸。

【注释】

①痛痒：痛和痒都是一种病，此处比喻痛苦。王阳明《传习录》有："如耳目之知视听，手足之知痛痒，此知觉便是心也。"

【译文】

当你居富拥贵时，你要了解贫贱人家的痛苦才行；当你年轻力壮时，应当想到年老体衰后的悲哀。

【活学活用】

人在贫穷的时候，反而能够安分守己，老实规矩地过日子。一旦富贵加身，胆子大起来，得意忘形，无所顾忌，骄奢放纵，目中无人，为所欲为，如此灾祸很快就会降临到他身上了。 陈胜没有称王的时候，曾和同伴相约："苟富贵，毋相忘。"可陈胜真的富且贵的时候，早把这句话丢到脑后去了。

贫穷和富贵是相对立的，从古到今，很多人一旦有了权势，便觉身价百倍，不思为民造福，忘却水能载舟，也能覆舟的古训；有了财富，便显得趾高气扬，骄奢淫逸，仿佛自己的血统都比别人高贵了。在高贵时想不到贫穷，既难使富贵长久，也谈不上具备好的品德。

居富拥贵之人，应知贫贱人家的痛苦；修德参禅之人，方解世俗人情的孤独；年轻力壮之人，应想年老体衰的悲剧；功成名就之人，方念勤恳勉励的功效。处富知贫是富人的防火墙，居安思危是志士的铜墙铁壁。否则，一生一事无成，老来不堪回首将何其凄凉。

持身不可太皎洁，与人不可太分明

【原文】

持身不可太皎洁[①]，一切污辱垢秽要茹纳得[②]；与人不可太分明，一切善恶贤愚要包容得。

【注释】

①皎洁：光明，洁白。
②茹纳得：容忍得下。

【译文】

立身处世不可自命清高，对于一切羞辱、脏污要适应并能容忍；与人相处不可善恶分得过清，不管是好人、坏人都要习惯以至包容。

【活学活用】

生活的空间里圣洁与污浊并存，善良与丑恶同在。要想做德才兼备、成就大事的真正君子，就必须有清浊并容的雅量和气度，宽宏大量，善于同形形色色的人交往，取其长处，避其之短，不可对别人过于苛刻。

可以说，持身不可太皎洁，是宜群合众；污辱垢秽要茹纳得，是谦恭适应；善恶贤愚要包容得，是雅量高风。只有宜群合众，才能和谐共处；只有谦恭适应，才能赢得尊敬；只有包容善恶，才能化解仇恨。这是修身的真经也是立世的良方。如此，可以使我们生活得更美好。

休与小人仇，休向君子媚

【原文】

休与小人仇雠①，个人自有对头；休向君子谄媚②，君子原无私惠。

【注释】

①仇雠：敌对结怨。
②谄媚：用不正当言行博取他人欢心。

【译文】

不要跟品德恶劣低下的小人结仇，因为小人自然有人和他为敌；不要向品德高尚的君子献殷勤，因为君子不会为了私情给人私下恩惠。

生活中的小人很多，你很难回避或不遇上。一旦遇上这种人了，最好是既不要过密交往，也不要气宇轩昂地划清界限而得罪他。一句话，如果不是非有必要、迫不得已之时，那就别得罪小人，这是具有长远眼光的保身之道。

在与小人打交道时务必考虑周全，最好不要与其发生正面冲突。论实力，小人并不强大，但他们不择手段，什么下三烂的招数都可能使出来。冲突起来，纵使赢了小人，也会付出代价，惹得一身腥。为此，在一般情况下，还是躲为上策。

另外，再坏的人也不愿意被人认为自己"很坏"，总要披一件伪善的外衣，而你偏要以正义之手揭开他们的面纱，让他们露出原形，这不是故意和他们过不去吗？

君子不怕传言，因为他问心无愧。小人看你揭露了他的真面目，为了自保和掩饰，肯定会对你打击报复。想必这也是洪应明先生所发出的"休与小人仇雠，小人自有对头"的感言。也许你不怕他们的反击，也许他们也奈何不了你，但你要知道，小人之所以为小人，是因为他们始终在暗处。

因此，对付小人，不要跟他们一般见识。同时，也不要刻意揭露他们的假面纱，还是保持距离，讲一些招数最好。

俗话说"恶人自有恶人磨"，是说小人自然会有人来降制他。和小人寻仇的不一定是小人，但小人的寻仇手段则更毒；君子所以不跟小人寻仇，不但因为本来就可避险恶蜂蛰之毒，更是由于不屑寻仇，无暇为仇。

"待小人要宽，防小人要严。"少说多听，对小人不要轻易许诺，在小人面前不要轻易褒贬他人，对小人的缺点千万不要批评；没有公事不要和小人接触，特别不要到小人家串门，也尽量不要让小人来自己家走动；对小人的要求，能办的尽量办，不能办的一定要婉言拒绝，千万不要说些似是而非的话。

对小人避之则吉，不去招惹他，更不要与其开玩笑。须知，小人会翻脸不认人，一旦恼怒，把玩笑当成真的，结果往往令人损失惨重。

千万不要与小人结仇，知道谁是小人，可以疏远他、回避他。和小人作对，就等于把矛头直接揽到自己的身上，后果不堪设想。

疏远小人并不等于就要讨好君子。君子以其心怀坦荡、正直无私而不屑于是非，讨厌阿谀。所谓：来说"是非"者，便是"是非"人。而阿谀逢迎者必有私心私利，很可能因其私而害人，这是君子所不容的，更谈不上同流合污了。

执理病难医，义理障难除

【原文】

纵欲之病可医，而执理之病①难医；事物之障可除，而义理之障②难除。

【注释】

①执理之病：固执己见，自以为是的毛病。
②义理之障：正义真理方面的障碍。

【译文】

放纵情欲的毛病还有医治矫正的可能，自以为是、固执己见的毛病却很难医治；做事遇到的障碍还可以克服，但是思想品德形成的习惯障碍却难排除。

偏执是一种病症，患上这种病的人，往往喜欢走极端，分明是自己做错了，却总觉得是别人不对；当自己不能和别人取得一致意见时，从来不反思自己的过错，而总是去探究别人做错了什么。

不管是对人的偏执、对时代的偏执、对事物的偏执，都是于人于己不利的。因为，偏执容易顽固，不容易接受新事物。偏执的人，是独断专行的人、不民主的人、不灵活的人。

极端的偏执，是一种在前提错误的情形下的偏执。而如果有人能够以清醒的头脑、理智的思考，把这种偏执用到正确的地方，那么，这种偏执就应称为执著。所以，对于偏执，我们不是一概地排斥，而是应该合理地改造。即把引向一个错误方向的偏执，引导到一个正确的方向上。

磨砺如百炼金，施为似千钧弩

【原文】

磨砺当如百炼之金，急就者非邃养①；施为宜似千钧②之弩③，轻发者无宏功。

【注释】

①邃养：高深修养。邃，深。

②钧：三十斤是一钧。

③弩：用特殊装置来发射的大弓。

【译文】

磨砺身心要像炼钢一般反复陶冶，急着希望成功的人就不会有高深修养；做事应像拉开千钧的大弓一般，假如随便发射就不会收到好的效果。

【活学活用】

古时候楚国有夫妻二人冶铁炼雌雄二剑，雄剑名叫"干将"，雌剑名叫"莫邪"。 他们俩用了极强的火力都炼不成功，最后，这个男人为了增强火力，自己跳到炉中做燃料，于是雄剑成就了。女人见男人跳到炉中成了雄剑，她也跳到炉中，做了雌剑的燃料。于是，雌雄二剑干将、莫邪遂成千古的名剑。 不过，这段故事不见于正史，只是一段传说故事，但也足以证明古人做事的专心与牺牲精神的伟大了。 炼剑工夫不深就不能成为名剑，一般人凡事欲求速成，根本谈不上什么修养。

做事好像是用千钧之力拉开硬弓，必须用上全身的力量，如果轻拉而轻发，必定不会中的。 如果轻于着手、草率从事的话，也必定不会有什么大的功效。 人的修养身心就好比炼铁炼钢，必须做到"使百炼钢能成绕指柔"，也就是通常所说"若要工夫深，铁棒磨成针"。

经历人生、求知问道、修养身心等，都须经百炼才能成钢，勤苦方能见效。 因为不论做人做事都必须按部就班，凡是走小路抄捷径投机取巧的，只能收一时之效绝不能成大功立大业，吃亏的只是自己，而且害怕艰苦、浅尝辄止的人，终不能为以后的人生之路打下厚实的基础。

孔子才劝告世人说："无欲速，无见小利，欲速则不达，见小利则大事不成。"不论做人还是做事，都要有这种厚实的历练做基础，这样，遇事待人，言语行动才不会轻浮，进而做到"矢不轻发"。

"台上一分钟，台下十年功。"只有这样蜗牛才可以到达墙顶，乌龟才比兔子先到达终点。 尽管它们都那么脆弱和渺小，但是它们那种坚持不懈的努力的精神却值得我们学习。

宁为小人毁，毋为君子容

【原文】

宁为小人所忌毁，毋为小人所媚悦①；宁为君子所责备，毋为君子所包容。

【注释】

①媚悦：本指女性以美色取悦于人，此指用不正当物为博取他人欢心。《史记·幸佞列传》有："非独女以色媚，士亦如之。"

【译文】

做人做事宁可被小人猜忌毁谤，也不要被小人的甜言蜜语迷惑；做人做事宁可被君子责难训斥，也不要被宽宏雅量所包容。

【活学活用】

在日常生活中，我们应善于分辨哪些是可以接受的忠言，哪些是不能接受的谎言。 特别是对待小人的态度一定要谨慎。 小人为了达到自己的目的，是什么事都做得出来，什么话都说得出来的。这时候一定要保持清醒的头脑，不能被小人的甜言蜜语所迷惑。有时候，我们宁愿选择遭受小人的猜忌和毁谤，也比接受他们的甜言蜜语强。 这样做至少可以坚持自己的立场，让他们去猜忌好了，要相信世间自有公道，凡事都有水落石出的那一天的。 而对待君子的态度就不一样了。 君子的品德高尚，待人接物也比较客观公正，假如你是被君子所责难，那一定要好好反省一下自己，是否哪儿真的需要改进。 这对于自己来说是一件值得庆贺的事，因为有人愿意指出你的过错或失误，总比别人纵容你要好得多。 倘若遇到一个胸襟宽广的君子，包容了你所有的过失，尽管当时你觉得好受，但是也正是因为这样，你就不能及时修正自己的错误，所以宁可被君子所责难，也不要被他的雅量所包容。

好利害显浅，好名害隐深

【原文】

好利者，逸出^①于道义之外，其害显而浅；好名者，窜入^②于道义之中，其害隐而深。

【注释】

①逸出：超出范围。
②窜入：隐匿。

【译文】

一个好利的人，其所作所为常越出道义范围之外，逐利的祸害很明显，容易使人防范；一个好名的人，经常混迹仁义道德中沽名钓誉，他所做的坏事人们不易发觉，结果所造成的后患都非常深远。

【活学活用】

一个过分追逐利益的人，总是不择手段的，常常将什么道义、原则、自尊等置之度外，他们的行为不能用常人的标准去衡量。他们会想尽一切办法去满足自己内心的欲望，甚至在很多时候都表现得非常明显，也不忌讳别人知道。 这样就使得人们很容易便了解了他的习性，了解之后当然就知道怎样去应对。 假如知道他的行为可能对自己造成伤害，就会预先做好防范工作，使损失减少到最低限度。 所以，这种喜欢将劣根性表露于外的人，反而不会对人们造成太大的祸害。 相反，那些常常做一些事来为自己谋取好名声的人，留下的隐患才更大。 这种人沽名钓誉，混迹于上流社会，满口仁义道德，实际上暗地里干着见不得人的事。 因为他们总是以正人君子的形象出现在人们的面前，所以不容易引起怀疑，就很难防范他们的行为，他们做的坏事当然也不容易被人们发现，其引起的后患可能更大。 看人一定要看本质，要仔细观察和分析，切不能被一些假相所迷惑。

忘恩报怨，刻薄之尤

【原文】

受人之恩，虽深不报，怨则浅亦报之；闻人之恶，虽隐不疑①，善则显亦疑之。 此刻之极，薄之尤②也，宜切戒之。

【注释】

①虽隐不疑：对别人的坏事即使隐隐约约却也深信不疑。

②尤：过分。

【译文】

受人的恩惠虽然很多很大也不设法报答，而一旦有一点点怨恨就千方百计报复；听到人家的坏事即使很不确定却深信不疑，而对于人家的好事再显明也不肯相信。 这种人可以说刻薄冷酷到了极点，做人应该严加戒绝。

【活学活用】

世间的人千奇百怪，有的人受滴水之恩都会涌泉相报，有的人不管受别人多少恩惠都视为理所应当，心安理得地接受。 非但如此，有的人一听到别人有一点点怨恨就想尽办法去报复；偶尔听到别人似有似无的恶行就深信不疑，但是对于人家的好事却怎样也不肯相信。 这样的人可谓刻薄之至！不但刻薄，也活得非常累。 他们是一群心胸狭隘的人，极端自私自利，凡事只考虑自己的感受。而且在自己得到很多的情况下也不愿意别人比自己好，这样过分的刻薄实在不应该是君子所为。 细想一下，谁愿意和这种人做朋友呢？ 人活在世上还是应该豁达一些，对人友爱一些，这样，自己的心境才会大为改善，活得轻松自在。 厚道的人可以交到许多真心的朋友，因为与这样的人来往，不需要处心积虑地想问题，更不会担心遭人暗算。 为人有很多习性是不足取的，其中以刻薄居上。

不畏谗言，应惧媚语

【原文】

谗夫毁士，如寸云蔽日，不久自明；媚子阿人[①]，似隙风[②]侵肌，不觉其损。

【注释】

①媚子阿人：媚子，是擅长逢迎阿谀的人；阿人，是谄媚取巧

曲意附和的人。

②隙风：墙壁和门窗的小孔叫隙，从这里吹进的风叫邪风，相传这种风最易使人身体受伤而得病。

【译文】

小人用恶言毁谤或诬陷他人，就像点点浮云遮住了太阳一般，只要风吹云散，太阳自然重现光明；甜言蜜语、阿谀奉承的小人，就像从门缝中吹进的邪风侵害肌肤，使人们在不知不觉中受到伤害。

【活学活用】

荀子《不苟》中说：刚刚洗过澡的人会抖一抖他的衣裳；刚刚洗过头的人会弹一弹他的帽子。这是人之常情。谁愿意拿自己洁白的身体，去接受别人污黑的沾染呢？

人们受了逸言诽谤，或被人恶意攻击，心中有冤无处诉，会感觉委曲，然而事实总是事实，如果不是实在的诬陷，这不过是短暂的黑暗，宛如乌云遮日，不久将云散而重现光明。所以，人们如果被他人造了谣，最好不要理会，久而久之自会水落石出，谣言不攻而自破。而造谣言的人如果再去挑拨离间，也就不会再产生效果了。

人人喜欢被赞扬，所以有些人专会以甜言蜜语哄人欢心，对人当面恭维。这种谄媚阿谀的风气，如果不改正过来，会犹如窗缝钻进来的寒风，在不知不觉中侵害人的肌体，久而久之会使人得寒风侵袭的病症，使人受了健康的损害而不自觉。所以，甜言蜜语欺骗人的话，绝不可随便听信，以免损害品德。宁受人谤勿受人扬，受人诽谤则知所警惕，受人谄媚则败德丧身而不觉。

俗语有言"谣言止于智者"，唯有智者，才能透过阿谀奉承的厚厚云层，看清那轮清晰真实的太阳。

山高处无木，水急处无鱼

【原文】

山之高峻处无木，而溪谷回环则草木丛生；水之湍急处无鱼，而渊潭停蓄①则鱼鳖聚集。此高绝之行，褊急之衷②，君子重有戒焉。

【注释】

①渊潭停蓄：渊潭，深渊；停蓄，指水平静不流动。

②褊急之衷：狭隘到极端的心理。

【译文】

高耸云霄的山峰地带不长树木，只有溪谷环绕的地方才有各种花草树木的生长；水流特别湍急的地方无鱼虾栖息，只有水深而且宁静的湖泊，鱼鳖才能大量繁殖。这就是地势过于高绝，水流太过湍急的缘故，都不是容纳万物生命的地方。君子待人处事必须戒除这种心理。

【活学活用】

古人认为，伟大寓于平凡，在平凡中见伟大的人才是真伟人。才德之人见于细节，从点滴做起，这样才会在大是大非面前显示出品德的高尚。自命清高、孤芳自赏、标新立异的人，属于"高绝之行，褊急之衷"之辈，是君子所不足取的。

在现实中，伟大的人实际上就在我们身边。如同历史上的伟人活着的时候，身边的人并没有觉得他伟大，而是经过多年之后，后人的评价才产生了伟大。 孤傲、自认为了不起的人，往往会忽视周围的环境，活在自己的世界里，脱离了生活。

一天，哀公问孔子：什么样的人是君子？孔子回答说：讲话力求忠诚老实，不自以为是，具备仁义道德但表情上从不显出骄傲神色，思虑谋划明白通达但言辞上从不争强好胜，言行举止从容不迫，好像什么目的都可以达到，这样就可以称之为君子了。

古人认为，君子就是谦虚之人，有涵养的人，是尽可能不与人争执、论辩，把锋芒和力量深深隐藏起来，深谙韬略之术的人。君子所说的每一句话，力求有理有据；君子做每一件事，力求有礼有节；君子随和、宽容、谦逊、自信，以静制动，以守为攻，以不变应万变。 从外表上看，没有比君子更笨拙、更怯弱的人了。

生活中，有德之人、建功立业的伟人都是不怕孤独的，因而真理也往往只被这极少数的人所掌握，因为他们比常人更能耐得住寂寞。 但这不是说人要把自己放到空中楼阁之中，让思绪永远停留在理想世界里，因为人不可能离开现实世界而生活下去，更多的时候，我们要将自己的理想付诸行动，而不是做一个思想的巨人，行动的矮子。

虚圆者建功，执拗人失机

【原文】

建功立业者，多虚圆①之士；偾事②失机者，必执拗之人。

【注释】

①虚圆：谦虚圆通。

②偾事：败事。《礼记·大学》中有："此谓一言偾事。"

【译文】

能够建大功立大业的人，大多是能灵活应变的人；凡是惹是生非，遇事错失良机的人，必然是那些性格倔强，不肯接受他人意见的人。

【活学活用】

古今中外，成大功、立大业的圣贤豪杰，做人多半虚心求教、宽宏大量，其做事则能机敏圆融、容人纳物。 反之，顽固不化的人，做人则心性偏激，不能容物，做事则主观太强成见太深。 一般来说，虚圆之人凡事从大处着眼，不拘泥小节，所以因人成事，其功业成就并非出于偶然。 而执著自恃的人，却往往失掉机会，甚至功败垂成。

孙子说："混混沌沌形圆，而不可败也。"人际交往中也存在着"形"的问题，运用"形圆"的心术，关键要懂得"形"的作用，外圆而内方。 圆，是为了减少阻力，是方法，是立世之本，是实质。 船体为什么不是方形而总是圆弧形的呢？那是为了减少阻力，更快地驶向彼岸。

人生也像大海，处处有风险，时时有阻力。 我们是与所有的阻力较量，拼个你死我活，还是积极地排除万难，去争取最后的胜利？生活是这样告诉我们的：事事计较、处处摩擦者，哪怕壮志凌云，聪明绝顶，如果不懂"虚圆"，缺乏驾驭感情的意志，往往也会碰得焦头烂额，一败涂地。

很多人的性格特征都是外圆内方型。 因为千百年来人们在实践中总结的经验是：太露棱角，很快就会碰得头破血流；从容行事，才能事事成功。 因为圆滑而接触面广，就能充分发挥智谋的作用，能交到更多的朋友；而固执己见、刚愎自用就会失去很多良机。

"虚圆"是处世之道，是妥当处世的锦囊。 现实生活中，有的人在学校时学习成绩很好，进入社会却一无是处；在学校学习成绩一般的，进入社会却当了老板。 为什么呢? 就是因为学习成绩好的同学过分专心于专业知识，忽略了学习做人的"圆"；而学习成绩一般的同学却在与人交往中掌握了处世的原则。 正如卡耐基所说："一个人的成功只有 15％ 是依靠专业技术，而 85％ 却要依靠人际关系、有效说话等'软'本领。"

处世要道，不同不异

【原文】

处世不宜与俗^①同，亦不宜与俗异；作事不宜令人厌，亦不宜令人喜。

【注释】

①俗：指一般人。

【译文】

处世既不能流于庸俗以至与坏事同流合污，也不要标新立异故意与众不同；行事既不可以处处惹人讨厌，也不能凡事都讨人欢喜。

【活学活用】

把握处世行事的尺度是很难的，因为这既需要良好的道德水准，还要有丰富的人生历练做基础。

做人，不能俗不可耐，否则就让人反感，不愿意与之交往。但是，又要识时务，否则就会四处碰壁成为孤家寡人。

不少人对"识时务"持有贬低心态，认为这是两面派、狡猾者的代名词。这里，我们要澄清对"识时务"的认识。识即认识，时务即做事、行动的原则。"识时务"者之所以能成为俊杰，是因为他们能适应不同的环境，采用不同的生存方法与发展方式。

骨头太硬的人和骨头太软的人都无法识时务。骨头太硬的人，不懂得人生应伸屈自如，因此对于低处的机会视而不见；骨头太软的人，永远也站不起来，根本没有伸的时候，因此对于高处的机会也就可望而不可即了。

在实际的生活中，有才华的人常常得不到重用，原因何在？不是能力的问题，也不是才气的问题，而是态度问题。他们往往不务实，不识时务，以清高自诩，觉得自己比任何人都强，完全可以凭才华打天下，不需要看别人的脸色行事。殊不知，这是自己不得志的原因。

"识时务"的本领越大的人，成就也就越大。反之，则不易成功。试想，一个只知道自己做事，不顾他人的人怎么能得到升职机会？就算做了上级而不懂得与下面的同事处理好关系，也是个不会长久的上级。人与人之间太复杂了，但识时务者是不容易栽倒的。

老当益壮，大器晚成

【原文】

日既暮而犹烟霞绚烂①，岁将晚而更橙橘芳馨②，故末路晚

307

年，君子更宜精神百倍。

【注释】
①烟霞绚烂：烟霞是云气，绚烂是光彩夺目的景色。
②芳馨：香气四溢。

【译文】
夕阳西下时，天空中的晚霞是那么灿烂夺目，深秋金黄色的柑橘正在吐露扑鼻的芳香。 所以到了晚年君子更应振作精神，奋发有为。

【活学活用】
常言道："人到中年万事休。"这种说法已经不合时宜了，随着社会的进步，人们生活质量的改善，人的寿命也得到延长。 五六十岁算不上什么老年，很多人到了这个年龄，因为人生阅历、工作经历等的积累丰厚，正是可以大干一场的时候。 五六十岁的人如同夕阳西下时天边那灿烂的晚霞，发出耀眼夺目的光芒，也如同那如血的残阳，摄人心魄。 所以人们完全没有理由在接近中年时就轻易放弃自己的追求，那种认为自己已经年老力衰，应该退休安度晚年的想法是极端消极的。 这个世界属于我们每一个人，只要有干劲，你就应该努力上进，在拼搏中延续人生。 要知道有一种人就是属于大器晚成，他们看起来大智若愚，好像一直没有什么成就，但一旦爆发，就威力无穷，如深秋时节那完全成熟的柑橘，吐露着扑鼻的芳香。

聪明不露，才华不逞

【原文】

鹰立如睡，虎行似病，正是它攫①人噬②人手段处。 故君子要聪明不露，才华不逞，才有肩鸿③任钜的力量。

【注释】

①攫：鸟兽用爪或翼取物。

②噬：啃咬吞食。

③肩鸿："鸿"与"洪"通，大的意思。肩鸿，即担负大责任。

【译文】

老鹰站在那像睡着了，老虎走路时像有病的样子，但这正是它们准备捉人吃人前的准备。 所以，君子要做到不炫耀聪明，不显露才华，如此才能培养出肩负重大使命的毅力。

【活学活用】

"行似病虎，立如眠鹰"是形容人聪明才华不外露，但也说明了人的心机深刻，智谋高远隐秘，深藏不露。

所谓"静若处子，动若脱兔"是说，当鹰在搏兔或虎在攫食的时候，最先是不动声色，不露锋芒，懒懒的好像在睡觉，其实它是在做准备。 不发则已，一发即必达到它攫取食物的目的。 所以，君子应当要有"鹰立如睡，虎行似病"的工夫，才能勇于任事。

常言说得好："良贾深藏若虚，君子盛德若愚。"也就是说，君子要聪明而才华不露，才是明哲保身、消灾远祸的最好方法。

老子说："大智若愚"，是说有大志向、大智慧的人无暇去忙世俗之事，表面看起来就是一副忠厚而愚的样子。常言道"一瓶子水不满，半瓶子醋晃荡"，一个有真才实学的人绝不会自我夸耀，因为他清楚学无止境；一个具有才华的人，最好是能保持深藏不露的态度，否则容易招致周围人们的嫉恨。

成大事者先得会保护自己，何况，人的精力是有限的，忙于小便忽于大，贪得多便难以专，正因为如此，不露才华不显聪明，才能为以后的大业积攒力量。

真正聪明的人不会时时处处都表现出精明的天分，因为取胜的良方往往是在麻痹对方的情况下更容易达到目的。因此，不显机智，外似愚拙，也是探知对方、摸清底牌的一种有效策略。它能使你更好地辨别真伪，看清善恶。

过俭为悭吝，过让为曲谨

【原文】

俭，美德也，过则为悭吝①，为鄙啬②，反伤雅道③；让，懿行④也，过则为足恭⑤，为曲谨⑥，多出机心⑦。

【注释】

①悭吝：小气，吝啬，为富不仁。

②鄙啬：有钱而舍不得用，斤斤计较。

③雅道：即正道，此处指与朋友交往之道。《荀子·荣辱》篇："君子安雅。"集解："雅，正也，正而有美德者谓之雅。"

④懿行：美好的行为。

⑤足恭：过分恭维来取悦于人。

⑥曲谨：指把谨慎细心专用在微小地方，有假装谦恭的意思。

⑦机心：诡诈狡猾的用心。《庄子·天地》篇："有机械者必有机事，有机事者必有机心。"成玄英疏："有机关之器者，必有机动之务；有机动之务者，必有机变之心。"

【译文】

节俭朴素本来是一种美德，然而过分节俭，就是小气，就会变成为富不仁的守财奴，如此反有伤正道；谦让本来也是一种美德，可是太过分，就会变成卑躬屈膝，而给人一种好用心机的感觉。

【活学活用】

节俭固然是美德，过分节俭就变成吝啬；谦让固然是美德，过分谦让就会变成谄媚，儒家主张中庸之道，道理就在这里。为人要有品行节操才能立足，如果谦让至伪，节俭到吝，那么节俭的目的何在，谦让的初衷为何？这实际上是一种小人俗人的表现。

喜忧安危，毋介于心

【原文】

毋忧拂意①，毋喜快心②，毋恃久安，毋惮③初难。

【注释】

①拂意：不如意。

②快心：称心如意。

③惮：恐惧，害怕。

【译文】

不要为事不如意而发愁，不要为称心的事而兴奋，不要由于长久的安居而以此为依赖，不要由于一件事一开始有困难就畏缩不前。

【活学活用】

人这一辈子会遇到很多开心的事情，学业有成，工作顺心，结婚生子，乔迁之喜，等等，但高兴归高兴，别过了头，否则乐极可能生悲。

人这辈子也会遭遇很多意外和变故，爱情受挫，婚姻破裂，或突然陷入困顿、崩溃……此时，用很长的时间缓过来，还是比较迅速地顺应？这跟坚强与否没有多大关系。

其实，在特别困顿的时候，人要活得"糙"一点，不要太娇气，用理智而不要用情绪考虑问题，就会摆平自己的心态：就这样了，爱谁谁。

一个人，不能安于暂时的平安，也不能惧怕事情开头的艰难。

一个朋友，学环保的，因为在环保部门实习过，了解了环保行业的一些需要，就注册了一个经营不锈钢洗液的公司，前两年收入略亏，现在年利润 100 多万元。

还有一个朋友，上学的时候想当政治家，现在在广州给别人修电脑。另一个朋友，一心想成为明星，毕业十年了，现在还在一家广告公司做业务员，每月靠 1000 多元的保底工资和时有时无的业绩提成过日子。

与其不尝试而失败，不如尝试了再失败，不战而败如同运动员在竞赛时弃权，是一种极端怯懦的行为。

很多一生碌碌无为的人总是有恐惧感，因为他从来没有独立把握过自己的命运，也没有商业运作的经验，就像一个从来没用过电脑的人，生怕一用力就把键盘敲坏，或者一上网就会遭遇病毒。

事情其实并没有那么可怕，对于恐惧电脑的人来说，最重要的就是插上电源，开机！而对于想成就一番事业的人来说，最重要的就是，干起来再说！

很多人想创业，却总是怕失败，总想等到"条件成熟"。 其实，条件并不是等成熟的，而是逐渐干成熟的，在干的过程中完善，让不成熟的东西逐渐成熟。

饮宴之乐多，不是好人家

【原文】

饮宴之乐多，不是个好人家；声华之习胜，不是个好士子^①；名位之念重，不是个好臣工。

【注释】

①士子：指读书人或学生。

【译文】

经常宴饮作乐，不是一个正派人家；习惯于靡靡之音和华丽艳服，不是一个正派书生；名利权位观念太重，不是一个好官吏。

【活学活用】

孔子说："君子食无求饱，居无求安，敏于事而慎于言，就有道而正焉，可谓好学也已。""士志于道，而耻恶衣恶食，未足与议也。"一个有志于学业，有为于未来的人，在享乐上过于贪图，在名位上太过看重是难以有所成就的。 人的品性修养要在各个方面体现出来，不论是读书求知、居官从政，或是日常生活，只为追求私欲的满足，达到私心的要求，必然有损于集体，有损于公德，其最终结果是败坏自己的形象。 而热衷于饮宴声乐之辈，必然轻浮；一门心思在名利场钻营，定然不会是为民造福坚持正确原则的人。

经常举行宴会、时常饮酒作乐的家庭，不是一个好人家。 常沉溺在快乐之中，灯红酒绿、夜夜笙歌，虽然快乐自在，只是这种生活恐怕不能保持长久。 生活远不是一条平坦的大道，总是沉溺在快乐中，对于人生的苦难没有太多了解，当以后遇到挫折与困难的时候就会不知道如何面对。 古往今来，即使是身为帝王，如果沉溺在欢乐之中，不把心思放在正经事上，最终也不能享有长久富贵，历史上这样的事例非常多。 隋炀帝过着奢侈靡费的生活，最终亡国丧身。 南朝陈后主陈叔宝，生活非常奢侈糜烂，不喜欢处理政事，只喜欢和妃嫔宫女们游玩饮宴，最终落得亡国的下场。在《红楼梦》中，薛宝钗揶揄贾宝玉，说贾宝玉是富贵闲人，最难得的。 因为富贵就不能清闲，如果清闲自在就不可能拥有富贵。即使是像贾宝玉这样靠祖宗享有富贵的，也还时常受到父亲的痛斥，一旦祖宗功德用完，也就不能再继续清闲自在了。

明太祖朱元璋教育太子，要太子了解民间疾苦，观看农民住在什么地方，吃什么食物，穿什么衣服，使用什么器具。 还让太子了解农民是怎样耕田纺织的。 使太子了解百姓生活如何，从而促使太子关心百姓生活，同情百姓不幸遭遇，这样当太子继承王位之后，能够真正做一个关心百姓疾苦的好皇帝。 从这些事例中我们可以发现，朴素无华的生活使人保持清醒头脑，保持积极进取的精神。 奢华的生活容易使人丧失斗志，消磨人的志气。 所以适当的饮宴可以调剂我们的生活，但是过多的饮宴就不是一种健康积极的方式了。

乐极生悲，苦尽甘来

【原文】

世人以心肯^①处为乐，却被乐心引在苦处；达士以心拂^②处为乐，终为苦心换得乐来。

【注释】

①心肯：肯，是可的意思，引申为顺；心肯，心愿满足。

②心拂：拂，违背；心佛，心中遭遇横逆事物。

【译文】

世人都认为能满足心愿就是快乐，可这种愿望常常被快乐引诱到痛苦中；达士平日能忍受各种横逆不如意的折磨，在各种磨炼中享受奋斗抗争之乐，最终换来真快乐。

【活学活用】

倘若问一般人最大的快乐是什么，可能很多人都会答："能满足自己的心愿就是最大的快乐。"在平常的祝福语中，我们也总喜欢祝别人心想事成。可是事实上，很多时候，我们都会被快乐引诱到痛苦中去，即人们常说的乐极生悲。这里面有两种情形，一种是因为幸福来得太突然，让人觉得不真实，容易产生患得患失的感觉。另一种情形是经过努力的艰苦跋涉，终于达到了自己的目标，忽然又觉得这个结果比起那精彩的过程来说实在是微不足道，不免会有些困惑，自己要的到底是什么呢？

胸怀宽广的人平日里能忍受各种折磨，历经种种不如意的事也不会轻易退却，身处逆境时不以为苦，反以为乐，他们才是真正睿智的人，懂得抓紧时间享受奋斗过程。任何一个人的成功，都是从艰辛中奋斗出来的，因为奋斗的人们总相信，只要我一直努力，总会有苦尽甘来的那一天。以上两种观点好像有些矛盾，既鼓励人们应越过艰难险阻追求自己的目标，却又认为目标实现之后人会乐极生悲。然而人生就是这样，永远在追求与失落中周而复始。

盈满忌再加，危急忌再搦

【原文】

居盈①满者，如水之将溢未溢，切忌再加一滴；处危急者，如木之将折未折，切忌再加一搦②。

【注释】

①盈：充满。《诗经·小雅·楚茨》："我仓既盈。"

②搦：压制。左思《魏都赋》："搦秦起赵。"

【译文】

生活于幸福的美满环境中，像是装满的水缸将要溢出，千万不能再增加一点点，以免流出来；生活在危险急迫的环境中，就像快要折断的树木，千万不能再施加一点压力，以免折断。

【活学活用】

"满招损，谦受益"的谚语对大众来说，早已耳熟能详，意思是规劝世人凡事都要适可而止，因为人的欲望永远不会满足。所谓"人心不足蛇吞象"，永远不知满足也就永远生活在痛苦之中，所以只有知道满足的人才会得到人生乐趣。当一个人官高禄厚登峰造极的时候，就应当有所准备，万一有什么不幸或变故的话，也不至于一蹶不振，所以，凡事应留余地。俗语说："身后有余忘缩手，眼前无路想回头。"人如果能够明白这其中的道理，自当好自为之，知机善退，才不会招致失败。

冷眼观人，冷心思理

【原文】

冷眼观人，冷耳听语，冷情当①感，冷心思理。

【注释】

①当：持，处理。

【译文】

要用冷静的眼光观察人，用冷静的耳朵听别人的话，用冷静的心情处理感情，用冷静的头脑去思考其中的道理。

【活学活用】

常言道："万物静观皆自得。"对待世间万物，只要你愿意静下心来思考，自然会有很多意外的收获。对生活充满激情固然可以让人感受到旺盛的生命力及无限的温暖，但是冷静地面对人生却能让我们对事物作出精密的判断和分析。所以我们应该学会用冷静的态度去为人处世。察言观色也是一门高深的学问，有很多人就是因为对人或事观察不仔细，导致自己判断失误，从而给自己带来极大的损失。 善于察言观色的人心思缜密，不喜形于色，善于从细节处着眼，去捕捉一些对自己有用的信息，对别人的一切言行尽收眼底，但是只装在心里，不到关键时刻绝不发表意见。 这种人做事比较稳当，很少出差错，而且由于经常聆听别人的意见，会给人留下一种很谦逊的印象。 假如不能用理性处事，一遇到事情就容易激动，甚至慌不择言，那是很容易坏事的。 生活是丰富多彩的，既需要用理性去思考，又需要用感性去享受，但是总的说来，人活着还是更需要理性。

仁人福厚长，鄙夫禄薄短

【原文】

仁人心地宽舒，便福厚而庆长①，事事成个宽舒气象；鄙夫②念头迫促，便禄薄而泽短，事事得个迫促规模。

【注释】

①福厚而庆长：福厚，福禄丰厚；庆，福禄吉祥；庆长，福禄绵长。《易经·文言》篇中有："积善人家存余庆。"
②鄙夫：也就是鄙陋之人。

【译文】

心地仁慈博爱的人，由于胸怀宽广舒坦，就能享受厚福而且长久，于是形成事事都有宽宏气度的样子；心胸狭窄的人，由于眼光短浅思维狭隘，所得到的利禄是短暂的，落得只顾到眼前而临事紧迫的局面。

【活学活用】

宽容的人对待生活积极乐观，面对困难、遇到危险时能处难不惊，沉着冷静，以大局为重，表现出过人的胆识。

宽容能够使人健康乐观地面对眼前的一切。宽容的人能够以一种积极而乐观的心态和豁达的胸襟来看待周围的一切，从来不会为一些鸡毛蒜皮的小事而斤斤计较，也从来不会因别人的过错而大发雷霆，因而这种人更易于沟通交流，这种品质能使人更具人格魅力，更易于搞好人际关系。美国著名的成功学家卡耐基在他的名著中写到，在对全球 120 名成功人士的调查研究当中，发现他们都有一个共同的特点，那就是能够搞好身边的人际关系，这首先是因为他们拥有一颗宽容的心。

宽容也可以说是智者成熟与自信的宣言。俗话说"大人不计小人过"，这是一种力量悬殊的宽容。而同行相处，同处一地，同为一级，相轻相对立的已屡见不鲜。那些善于宽容，能够宽容，懂得宽容的人总是给人以成熟与自信的力量。

宽容证明了一种实力。换句话说，那种蠢笨无能、外强中干、虚张声势、庸俗之辈，是做不到真正的宽容的。

宽容证明了一种胸襟。换句话说，那种斤斤计较、小肚鸡肠、鼠目寸光者，通常是与宽容难以相提并论的。

宽容证明了一种修养。换句话说，粗俗不堪、不学无术、酒囊饭袋、妄自尊大者，能做出宽厚待人的豪举又谈何容易？

宽容也是一种美德。换句话说，缺少家教、道德败坏、不懂礼仪、贪功窃赏者，是不会与宽容结缘的。

宽容证明了心态健康。换句话说，那种整天疑神疑鬼、恨有笑无、鼠窃狗偷、贪心无度、欲壑难填之类的人，又如何在心灵中腾出空间宽容别人呢？

闻恶不就恶，闻善不即亲

【原文】

闻恶不可就恶[①]，恐为谗夫[②]泄怒；闻善不可即亲，恐引奸人进身。

【注释】

①就恶：立刻厌恶。

②谗夫：用流言来陷害他人的小人。

【译文】

听到人家有过错或做了坏事，不可信以为真马上就起厌恶之心，必须经过自己一番冷静的观察，这样就可以判断是否进谗小人的诬陷泄愤；听到谁赞扬某人有善行做了好事，也不要立刻就相信他去交往亲近他，必须经过自己一番冷静观察，以免被那些奸人作为谋官求职的手段而引狼入室。

【活学活用】

做人应该学会自己判断事物，而不是道听途说。如果听说某人有什么过错或做错了什么事，一定不要轻易相信，必须通过冷静客观的观察和分析，才能作出正确的判断。因为有时候可能是传话的人故意造谣生事，以泄私愤。有的人头脑简单，轻易相信别人，一听到有人说某某的不是，马上就会起厌恶之心，并且与之共同攻击他人，其实有可能正是中了圈套，被人利用了。所以在这种情况下最好不要立即回应，可以心平气和地听着，不发表任何意见，在了解了事情真相之后再决定怎样做也不迟。 如果听到某人做了什么善事，也不要轻易地相信并立即与他走得很近，更不能轻易赞美表扬他人。 如前所述，应该让自己冷静下来仔细观察，弄清对方为善的动机和目的，是诚心诚意不求回报的做好事，还是只想作为一种谋官求职的桥梁，须得将这些情况弄清楚以后再说。人长着一颗脑袋是用来思考的，而不是仅仅听别人说说而已。

性躁心粗无成，心和气平得福

【原文】

性躁心粗者，一事无成；心和气平者，百福自集。

【译文】

性情急躁粗心大意的人，做什么都不容易成功，以至一事无成；性情温和心绪平静的人，往往各种福分会自然到来。

【活学活用】

《大学》中说："定而后能静，静而后能安，安而后能虑，虑而后能得。"说的就是"谋定而后动"这个道理。 不定不静，不安不虑是难以谋成事的，这也是急躁心粗的表现。

急躁是成功的大敌。 因为急躁之人缺乏耐心容易冲动，在不理智的情况下行事，结果往往是欲速而不达。 性情急躁的人也最容易灰心，因为任何事情都不可一蹴而就，当事情遭遇到挫折时，急躁的人就会躁动盲目，不能冷静地分析下一步的对策。 急躁最容易败事、败德，也最容易造成后悔。 凡是在急忙中决定，又在急忙中进行的事，大多都会发生偏差。

回头想一想自己的往事，我们身上有多少损失、亏欠、失败，不是由急躁所带来的呢？几乎可以说，件件是这样的啊！今天，我们又有多少人不是带着急躁的情绪而办错事呢？有人认为脾气急躁算不上什么大毛病，少数人甚至将它视为"心直口快""作风果断""雷厉风行"的代名词，这是概念混淆，想法有误的。也许脾气急躁本身不是大问题，但由此引发的"连锁反应"却不可忽视。

俗话说"心急吃不了热豆腐"，"欲速则不达"，许多时候就是因为自己的急躁情绪，而把原来有希望的事情搞得一塌糊涂、面目全非。一时的急躁很有可能就会带来终生的悔恨。因此，我们要学会沉着、冷静、克制，给自己筑一道"防火墙"，选一条具有警示作用的座右铭；对于不良心绪的控制还可以通过自我心理暗示的方式实现，要时刻注意防止自己的急躁情绪产生。

古人说："有才而性缓，定属大才，有智而气和，斯为大智。"一个心气平和的人，由于其心定、心静，所以凡事考虑周全，理智成熟。即使遇到复杂的局面，也能稳住阵脚，不惊不惧，化险为夷，因此，成功的幸福也当然会随他而至。

急躁是最容易使人失去理智的。如果你是一个性格急躁的人，那么就该敲警钟，多多反省了。

用人不宜刻，交友不宜滥

【原文】

用人不宜刻，刻则思效者去；交友不宜滥，滥①则贡谀②者来。

①滥：轻率，随便。

②贡谀：贡，即贡献；谀，阿谀，说好听话逢迎讨好的意思。

【译文】

用人要宽厚，太刻薄就会使想为你效力的人离去；交友不可太多太滥，如果这样，那些善于逢迎献媚的人就会设法接近你，来到你的身边。

【活学活用】

用人不能太苛刻，如果太苛刻的话，就不能使人真心为你效力。 亚洲首富李嘉诚在谈及自己的用人经验时曾经说过，对待自己的手下员工要讲求宽严适度。 如果对他们过于严厉，就不能使员工们真心为公司出力。 当员工们对公司有所贡献时，李嘉诚是毫不吝惜给他们奖励的。 李嘉诚还说当自己赚到了钱，一定会分一些给员工们，有利大家同享，他不会一个人把所有利益据为己有。 当员工们犯了错误的时候，要对他们进行批评，但是也要对他们进行适当的鼓励。 因为当员工犯了大错的时候，他自己也会惴惴不安，所以这个时候不需要再对他们进行责罚了，应当进行适当的安抚。 李嘉诚坚持自己的用人原则，使他带出来一支精明强干的队伍。

交朋友需要慎重，如果不加选择地交朋友，很可能会交到不良损友。 有一个故事，说有一个女孩，她在上大学之前品学优良。但是上大学之后，她交到了不良的朋友。 她的朋友们喜欢玩乐。有一次女孩和这帮人一起出去玩，在麻将桌上，这帮人引诱女孩吸烟，女孩接过烟抽了几口，感觉非常好，于是把这支烟全抽完了。

后来她才发现，自己抽的烟其实是毒品，等她明白过来的时候已经染上了毒瘾，这就是交友不慎为自己带来的恶果。 所以在选择来往对象的时候，需要十分慎重。

急处立得脚定，险处回得头早

【原文】

风斜雨急^①处，要立得脚定；花浓柳艳^②处，要著得眼高；路危径险^③处，要回得头早。

【注释】

①风斜雨急：风雨，本是指大自然中天象的变化，此指社会发生动乱人世沧桑莫测。

②花浓柳艳：古人文人笔下常用"花"来形容女人美貌如花，用"柳"来比喻女人风姿绰约。

③路危径险："路"和"径"都是指世路。

【译文】

在风斜雨急的变化中，要把握住自己的脚步，站稳立场；处身于艳丽色姿中，必须把眼光放得辽阔，而把持住自己的情感，不致迷惑；路径危险的时候，要能收步猛回头，以免不能自拔。

【活学活用】

所谓风斜雨急，花浓柳艳，路危径险都是意向而指，比喻人生之路会有错综复杂的境遇和各种艰难险阻出现。 为此，必须经受住各种考验。 遇到困难时，要头脑清醒镇静以对，不能自乱阵脚。 尤其在处于人生重要的转折关头，要有站得住脚跟的定力，任凭风吹雨打，我自岿然不动。

眼高心远，方能急处站稳，险处回头。 这是一种理性而成熟的心理，是一种置身于险处而坐怀不乱的沉静。 拥有这种沉静，才会具备"泰山崩于前而面不改色"的大气，也才能在危急时化险为夷。

孔子在《论语·伯泰》篇中说："危邦不入，乱邦不居；天下有道则见，无道则隐；邦有道，贫且贱焉，耻也，邦无道，富且贵焉，耻也。"意思是人要坚持善道，不要进入危险的区域，不要滞留于祸乱的地方。 天下有道德、政治开明的时候，就应放开手脚，奋发有为；天下无道，政治昏暗，则该潜身隐藏，不为昏君效力；身处太平世道却生活潦倒，只能说明自己不上进、不努力，是一种耻辱。 政治黑暗，却飞黄腾达，则说明自己同流合污，乱中取利，同样是可耻的。 这就告诫人们要善于分析时势，知进知退。 要立得脚定，必须著得眼高；著得眼高，才能分清利弊，才能拨开疑窦丛生的荆棘，不致陷于某种迷惑之中。 并且，立得脚定者得眼高，往往会在自己心怀的沉静之中得到更好的体现。

和衷济节义，谦德承功名

【原文】

节义之人济②以和衷②，才不启忿争③之路；功名之士承以谦德，方不开嫉妒之门。

【注释】

①济：增补、调节。

②和衷：温和的心胸。

③忿争：意气之争。

【译文】

一个崇尚节义的人，对世事的看法容易偏激，增添些相互理解的温和想法加以调节，才不会走上跟人发生意气之争的路子；一个功名事业有所成就的人，要有谦恭的美德，才不会闯开嫉妒的大门。

【活学活用】

做人不可恃一己之长以做人待物，不能因一方面有优点就忽视随之而来的另一方面的不足。节义之士性格刚强，看问题就可能偏激。就刚强言是长处，就激烈言是短处。为了取长补短，平日要养成温和的处世态度，注意缓和激烈的个性，与世无争才能与人维持良好的关系。有身份地位的人做人更应注意树大招风，功大招忌的道理，保持一种谦恭和蔼的态度，才能维护功业的长久。做人不论处于什么位置都应谦和谨慎，避免人际无情的纷争，腾出精力做自己应做的事情。

如果一个有成就的人，能够放低自己的姿态，把自己置身于与其他人平等的氛围中，谦卑、礼貌地对待别人，那么，便多了一份收复人心的资本，就可能为自己的事业招揽到更多优秀的人才，还会赢得尊重。

居官杜幸端，居乡敦旧好

【原文】

士大夫居官，不可竿牍无节①，要使人难见，以杜幸端②；居乡，不可崖岸太高③，要使人易见，以敦旧好。

【译文】

一个人做官的时候，对于求荐的书信不能无节制地延揽接待，处人要保持一种严肃恭谨的态度，对于有所求的人要尽量少接见；一旦去官闲居田园乡间以后，就不能再摆那种高不可攀的官架子，平日跟家乡父老应表现出和蔼可亲的态度，以便敦睦乡邻的感情。

【活学活用】

为官之人虽说要与群众打成一片，让下面的人觉得他亲和可信，但是对于有些人来说，还是要保持一定的距离。比如一些自荐求职希望通过升官发财的人，与这样的人不能不来往，但一定要保持适当的距离，以免给一些投机取巧的人提供钻空的机会。保持一种严肃恭谨的态度，既是对别人的尊重，也是对自己的严格要求。既然是做老百姓的官，就应该任人唯贤，选拔优秀的人才来为大家服务，而不是利用手中的权力，以权谋私。一旦不做官，退居乡野了，又应该恢复从前和蔼可亲的本性。因为生活与工作原来就是两种不同的状态，不应混为一谈。俗话说，在哪个坡就唱哪首歌，当你的角色改变之后，相应的其他的东西也要随之而改变。一个人在一生中要扮演很多种角色，所以要让自己随时适应角色的转换，改变自己的言行举止，以适应角色的需要。

事上敬谨，待下宽仁

【原文】

大人①不可不畏，畏大人则无放逸之心；小民亦不可不畏，畏小民则无豪横之名。

【注释】

①大人，指有道德有声望之人。据《论语·季氏》篇："畏大人。注：'大人，圣人也。'或指有官位之人。"《左传》昭公十八年有："而后及其大人。注：'大人，公卿大夫也。'"

【译文】

对于一个有高深道德修养的人不可不敬畏，因为敬畏有道德有名望的人就不会有放纵安逸的想法；对于平民百姓也不可不抱敬畏态度，因为畏惧平民百姓就不会有豪强蛮横的恶名。

【活学活用】

所谓"大人不可不畏"，此中道理孔子有明确的分析，"君子有三畏，畏天命，畏大人，畏圣人之言。小人不知天命而不畏也，狎大人，侮圣人之言"。所谓"小民也不可不畏"其中道理孟子有明确的分析，"民为贵，社稷次之，君为轻，是故得乎丘民而为天子，得乎天子为诸侯，得乎诸侯为大夫"。中国古代的知识分子介于官民之间，形成一个士阶层。这里所谓畏大人，主要指对圣人之言，道德名望之人，由此会使你个人的修养得以加深；畏小民是指一般人而言，即持宽仁的态度，而不是蛮横豪霸。

孟子说："民为贵，君为轻。"就是一切政事以民为本，小民是可敬畏，"畏"的意思是亲近人民而不欺侮人民。事事能以民意为依归，就不会有豪横专制之名产生了。今天的极权政治与民主政治的区别，其实也就在于能不能畏民而已。

拂逆消怨尤，怠荒奋精神

【原文】

事稍拂逆①，便思不如我的人，则怨尤②自消；心稍怠荒③，便思胜似我的人，则精神自奋。

【注释】

①拂逆：不顺心不如意。

②怨尤：把事业的失败归咎于命运和别人。

③怠荒：精神萎靡不振，懒惰放纵。

【译文】

事业不如意而处于逆境时，就应想想那些不如自己的人，怨天尤人的情绪会自然消失；事业顺心而精神出现松懈时，要想想比自己更强的人，精神就自然会振奋起来。

【活学活用】

做事业没有总是一帆风顺的，虽然一帆风顺是人们的愿望，但却不符合事物的发展规律。事业上选一个参照物是决定进退的重要因素。遇到挫折就怨天尤人，绝难成事，应调整心态，观察得失，可能会发现有很多人的景况还远远不如我，前人骑马我骑驴，利于恢复信心而不颓唐。 而成功时容易自满以致腐化堕落，这时应当记住"逆水行舟，不进则退"，"心如平原纵马，易放难收"的道理。

事业上没有向上之心难以向上，生活上却不能如此，因为更多地向上看齐便容易走向庸俗而无事业心可言。

不可乘喜轻诺，不可乘快多事

【原文】

不可乘喜而轻诺，不可因醉而生嗔①，不可乘快而多事，不可因倦而鲜终②。

【注释】

①生嗔：生气。嗔，发怒。

②鲜终：鲜，少的意思。鲜终，有头无尾，有始无终。

【译文】

不要乘着高兴对人随便许下诺言，不要在醉酒时不加控制乱发脾气，不要乘着一时称心如意不加检点，不要因为疲劳疏懒而有始无终半途而废。

【活学活用】

大凡人都有一种通病，在高兴的时候容易有求必应，这样往往会留下很多后患。 因为人在心情舒畅时大脑比较兴奋，充满了激情，考虑问题时就缺乏理性。 在很多时候，纯属一时冲动，头脑发热，一张口就答应别人了。 清醒之后再仔细考虑，也许会后悔不已，但为时已晚！这时候就算吃亏再多也只有硬着头皮上了。

所以切记不要轻易对人许诺，特别是在自己非常高兴的时候。 答应别人事情之前最好考虑清楚，量力而行。 不可逞一时之能，将自己陷入困境。 喝醉酒的时候神志不清，但这并不是可以借酒装疯的理由。 有许多人喜欢借着醉意乱发脾气，完全不顾及自己的形象。 酗酒原本就不是好事，酒醉之后还疯疯癫癫，对于自己的名声来说实在是损失巨大。 有的人好管闲事，不管自己管得了管不了都要尽力而为，给自己带来无穷的祸害，特别是自己能力有限又不能控制局面时，就会将自己弄得非常被动。 做事情有始有终是一个好习惯，但有些人常常因精神疲惫为自己找理由，使之半途而废。 凡事都只有坚持下去才能获得最后的胜利，半途而废则前功尽弃，绝不可能成功。

读到手舞足蹈，观到心融神洽

【原文】

善读书者，要读到手舞足蹈处，方不落筌蹄①；善观物者，要观到心融神洽时，方不泥迹象。

【注释】

①筌蹄：《庄子·外物》："荃者所以在鱼，得鱼而忘荃；蹄者所以在兔，得兔而忘蹄；言者所以在意，得意而忘言。"荃，同"筌"，鱼笱，捕鱼竹器。蹄，罝，捕兔网。后以"筌蹄"比喻达到某种目的的工具或手段，也表示舍本求末。

【译文】

善于读书的人，要全神贯注，达到如痴如醉的境界，就不会被书的字面意义所束缚；擅长观察事物的人，要观察入微，达到心领神会，才不至于只看到事物的表面形迹而不明其中真相。

【活学活用】

孟子曰："尽信书则不如无书，吾于武成取二三策而已矣。仁人无敌于天下，以至仁伐至不仁，而何其血之流忤也。"《朱子全书·学三》："举一而反三，闻一而知十，乃学者用功之深，穷理之熟，然后能融会贯通，以至于此。"

南宋理学家、文学家朱熹读书最大的特点就是会用心，和他同龄的孩子只满足于读书、识字、背诵，而他却用心去体会书中的道理，一旦领悟了书中的道理，便会高兴得手舞足蹈。 他认为，读书不明其意，就算读再多也白读。

他在《观书有感》一诗中写道："半亩方塘一鉴开，天光云影共徘徊。 问渠哪得清如许？为有源头活水来。"意思是：池塘清澈见底，宛如一面镜子，水底天中云彩飘忽。 于是，诗人很羡慕池水能够这样清澈，原来是因为有源头的活水不断地流进来呀！

哲理性的诗句来源于诗人平时读书学习的体会，诗人悟得精髓，则灵感一跃而出。 其美其雅，自然见得。

读书做学问，其心智需要既独立于身边的万物，又要全身心地投入其中，并与自然万物及社会万事融为一体。 做到心神融洽，不着迹象，很快进入一个新境界，不仅会得到妙悟，你的事业也会豁然开朗。

书是用文字表现思想的东西，书里面的文字是思想的符号。因此善于读书的人，能够熟读并玩味其中的思想。 读到妙处，不禁手舞足蹈起来，这算是得到了书中的真谛。

善于读书的人，应该认识书中妙处所在。 其次，善于观物的人，应当观察到心融神洽的妙处，也就是把精神与物质融合在一起，而不只拘泥于事物的迹象，然后才能看出事物的真相，所以，观物不能只看表面的形象，应当看到里面的精髓。 书籍是前人观察认识事物的知识积累和归纳总结，往往带有个人的主观意识，事物本身也有在不同发展阶段的不同变化和表象。

因此，无论是读书还是观察事物，都必须遵循"去伪存真、由表及里，去其糟粕，取其精华"的原则，达到"心领神会、融会贯通"的境界，才不致读书死记硬背文字句章，观物仅局限于表面现象，而得不到知识真谛和事物本质。

毋逞所长，毋恃所有

【原文】

天贤一人，以诲①众人之愚，而世反逞所长，以形②人之短；天富一人，以济众人之困，而世反挟所有，以凌人之贫，真天之戮民③哉！

【注释】

①诲：当动词用，是教导的意思。

②形：当动词用，比拟，表露。

③戮民：戮，在此处当形容词用，作有罪解。戮民，有罪之人。例如《商君书·算地》篇中有："刑人无国位，戮民无官任。"

【译文】

上天让一个人聪明贤惠，派他教导一般人的愚钝，可是他反而喜欢卖弄自己的才华，来反衬那些天资不如自己的人；上天让一个人有财富，目的是派他来救助贫苦的人，可是他却仗恃自己的财富来欺凌穷人。这种人，真是违背天意的罪人。

【活学活用】

上天让一个人聪明贤惠，其目的就是想让他教诲智力较差的人，让他们也能受到一定的教育，化愚蠢为智慧。可是现在有一些人却辜负了上天的一片苦心，当他们有幸成为圣智之后，就开始卖弄自己的才华，炫耀自己的时候多，教诲别人的时候少。其实人活着虽然从主观来说是为自己，但从客观来说还是为别人，只有这两者相结合，人生才会有意义。倘若因为自己的天赋而洋洋得意，不再将别人放在眼里，那就白白浪费了上天给予他的才华。所拥有的才能如果只为自己服务，那么其服务的价值就要大打折扣。同样的，上天让一个人富有，其目的也是为了让他能救助其他贫苦的人们。可是拥有财富的人却没有这个意识，他们不但不帮助穷人，而且还变本加厉地剥削穷人，让老天原来的美意全部付诸东流。这两种依仗聪明而欺凌愚笨，依仗富贵而剥削穷困，属于既不懂得珍惜自己的拥有又违背天意的人，他们的人生，虽然善始却不能善终。

中才多思虑，事事难下手

【原文】

至人①何思何虑，愚人不识不知，可与论学，亦可与建功。唯中才之人，多一番思虑知识，便多一番臆度②猜疑，事事难与下手。

【注释】

①至人：指智慧和道德都高人一等的人。例如《庄子·天下》篇有："不离于真，谓之至人。"

②臆度：推测、计算。

【译文】

智慧道德都超越凡人的人，他们心胸开朗对任何事物都无忧无虑，天赋愚鲁的人，想得少知道得不多，脑中一片空白，遇事也就不懂得钩心斗角，这两种人既可以和他们讲学问也可以和他们共建功业。唯独那些天赋中等的人，智慧虽然不高却什么都懂一点，遇事考虑最多，猜疑心也极重，所以什么事都难以和他们合作完成。

【活学活用】

智慧道德都达到一定高度的人，他们心胸开朗，凡事都无忧无虑，无所惧怕，也不存疑心；而天资愚笨的人，终日处于糊涂状态，脑袋里一片空白，对待事情一无计划，二无心机。偏偏是这两种人，你既可以和他们研究学问，也可以和他们合作干一番事业。智慧道德高的人，其智商自不必说，他们胸襟广阔，善于包容，所以合作起来不会有太大的分歧与矛盾。而天资愚笨的人，他们也有其可用的方面，虽然自己想不到应该怎样去做，但是在别人的指点下也是可以做一些事的。愚笨的人做事速度虽慢，但是比较踏实，因为知道自己笨，害怕出错，故更加小心，所以还是可以合作的对象。唯独那种比上不足比下又有余的人，什么都懂一点却不精深，遇到事情顾虑多、疑心重，前怕狼后怕虎，很难做出什么决定来。与这样的人合作是很难成功的，因为合作最需要的就是彼此信任，一旦相互之间有了怀疑，那么再怎样努力也是白搭。所以，选择合作伙伴时一定要慎之又慎。

守口须密，防意须严

【原文】

口乃心之门，守口不密，泄尽真机；意乃心之足[①]，防意不严，走尽邪蹊[②]。

【注释】

①意乃心之足：形容心灵统帅意识。
②邪蹊：指不正当的小路。

【译文】

口是心灵的大门，假如大门防守不严，内中机密就会全部泄露；意志是心的双脚，意志不坚定，就可能会像跛脚一般走入邪路。

【活学活用】

心有所思而口有所言，所以口是心之门，言语不慎就是口风不紧。心是口之主，如果口不严的话，则心中的意思都从口中泄漏出来，所以说"口也是祸之门"。我们应当严加警戒，切勿信口开河。

心理学家说，人若有心事，应该说出来，才不会在心内郁积，闷出病来。这个说法基本上是没错的，但我们认为，要说可以，但不能"随便"说。所谓"随便"是指：没区分"心事"的等级，没区分说的对象。

换句话说，如果你的心事必须一吐为快，一定要想到：这件事能对他讲吗？ 会不会造成不必要的麻烦？

有些心事带有危险性与机密性，例如你在工作上承担的压力与牢骚，你对某人的不满与批评，你对某事的意见，当你痛快地倾吐这些心事时，有可能以后被人拿来当成和你竞争的有力武器，到那时你是怎么死的，自己也许都不知道。

那么，对好朋友总应该能畅谈自己的心事吧！

还是不可随便说出来，你要说的心事还是要有所选择，因为你目前的好朋友未必也是你未来的好朋友，这一点你必须清楚。

对自己的爱人、父母总可以说吧！

我们仍然强调，不可随便说出来，除非你的爱人对你有充分的了解与信赖。 但两个不同个体，智慧与经验总有缺乏交集的地方，你的爱人对你的心事的感受与反应有时并不是你所预期的那样，譬如说，她（他）因此对你产生误解，甚至把你的心事也说给别人听。 而父母一般年事比较高，心理承受能力较弱，你的心事给他们造成很大的负担，对他们的健康不利。

然而，闭紧心扉，心事滴水不漏也不是好事，因为这样你就成为一个城府深、心机沉、不可捉摸与亲近的人了。 如果给了别人这种印象是划不来的，那么没有人会信赖你，也不敢亲近你，你的人际关系将非常糟糕。 所以，我们认为：偶尔也要说说无关紧要的"心事"给你周围的人听，以降低他们对你的揣测与戒心。 如此可以获得别人的信赖，又没有暴露自己的脆弱面，何乐而不为呢？

责人宜宽，责己应苛

【原文】

责人者，原①无过于有过之中，则情平；责②己者，求有过于无过之内，则德进。

【注释】

①原：宽恕，原谅。

②责：当动词用，期望。

【译文】

对待别人要宽厚，当别人犯错时，像他没犯过错一样原谅他，这样才会心平气和；要求自己应严格，应在无过时也要找找自己的差距，这样才能使自己的品德进步。

【活学活用】

做人应该抱着严以律己宽以待人的态度，这样对别人对自己都是有百利而无一害。 对待别人要宽厚，当别人犯错误时，尽量用一种宽广的胸怀去包容他、原谅他，好像他根本就没犯过错误一样。 用这样的方法对他，只要有一点羞耻心的人都会觉得不好意思，强烈的自尊心会让他们主动改正自己的错误，这远远比被人强迫着去改要有效得多。 大凡人都是这样，你越是要指责他，他越是不愿意改变，因为人们好像具有一种天生的对抗情绪。 可是你如果主动原谅他，理解他，他反而会顺着你的意思去做。 对待自己为什么要严格呢？因为每一个人最难战胜的就是自己，惰性潜伏在每一个人的内心，如果我们稍微对自己有所放松，可能就会滋长内心深处的惰性，那么我们就永远不可能进步了。俗话说"见人之过易，见己之过难"，所以要想督促自己不停地前进，必须严格要求自己。平时经常反省，就是在一切都较为顺利的时候，也要想法找出自己的过错或失误，争取做得更好一些。虽不说闭门思过，但是经常检讨反省自己还是必要的。认真思考一下平时说过的话、做过的事，不断地总结才能不断地前进。假如人人都能做到严以律己，宽以待人，那么世间定会少许多纷争。

陶铸不纯，终难成器

【原文】

子弟者，大人之胚胎^①；秀才者，士夫之胚胎。此时若火力不到，陶铸不纯，他日涉世立朝，终难成个令器^②。

【注释】

①胚胎：本原。韩愈《清河郡公房公墓碣铭》："公胚胎前光，生长食息，不离典训之内。"
②令器：卓越的人才。《晋书·石苞传》："偏字彦伦，少有名誉，议者称为令器。"

【译文】

今天的婴儿，明天会长大成人；今天的秀才，明天可能荣登相位。如果在最初磨炼不够，未能使学问达到十分广博，品德达到十分高尚，就好比炼铁铸器时欠火而出的次品，将来踏入社会，很难成为一个有用之才。

【活学活用】

孩子是祖国的花朵、未来的希望，要把孩子培养成未来的有用之才，就要注重小时候的良好教育。俗话说："少壮不努力，老大徒伤悲。""玉不琢不成器，人不学不知义。"意思就是说，少年的光阴十分宝贵，是接受学习锻炼和培养远大志向的最关键时期。如果小时候缺乏良好的教养和勤奋进取的品性，将来很难成为一个对社会有用的人。

勤奋读书、刻苦学习，是少年时的主要任务，也是未来成就大业所不可或缺的重要基础和必备要求。家长应引导孩子认识到，为了学习而进行刻苦努力，是一种值得羡慕的良好习惯，是一件很荣耀的事情。

历览古今中外，从伟人们的身上，随处都可见到他们少年时代勤奋求知，后来成就宏愿的事迹。

如康熙从小就嗜书如命，好学不倦。做了皇帝后，依然如故。这不仅给了他文治武功的能力，而且还极大地陶冶了他的情操。康熙认为：在马上可以得天下，但不能在马上治理天下。如果不能钻研和积累丰厚的知识，就不能有效地治理天下。

凡此事例，着实众多，不一一而举。须知"花有重开日，人无再少年"。青少年时期所接受的教育和经受的锻炼对一个人自身发展的影响非常大。所以说，在年轻时要多学习科学文化知识和修身立世的品德，这对于人的一生来说，都是享用不尽的巨大财富。

处患难不忧，遇权豪不惧

【原文】

君子处患难而不忧，当宴游而惕虑^①；遇权豪而不惧，对茕独^②而惊心。

【注释】

①惕虑：惕，忧惧；虑，谋思。警惕忧虑。

②茕独：茕，没有兄弟；独，没有子孙。《周礼·秋官》有："凡远近茕独老幼之欲有复于上。"孤苦伶仃的意思。

【译文】

君子虽然生活在恶劣环境中却不会忧心忡忡，可是在安乐悠游时却能知道警惕，以免堕落迷途；君子即使遇到豪强权贵也绝不畏惧，但是遇到孤苦无依的人却具有同情心。

【活学活用】

一个人遇事是否沉着冷静与贫富没有多大的关系，主要看他的心态怎样。有人认为只要有钱就什么都不怕了，其实不然，有的人虽然有钱，可遇到事情时还是慌慌张张，有再多的钱也处理不好问题。可一个有德有能的君子就不一样了，他们哪怕是面临危难的环境也不会忧虑，心中自有一份沉着和冷静，能够有条不紊地解决问题。因为他们知道，越是紧急关头越不能慌张，否则，不但原有的事情处理不好，还会再添新的乱子。具备理性的人随时都知道在什么场合用什么样的心态去面对，在享乐的时候他们绝对知

341

道保持警惕，以防自己沉迷其中不能自拔。 他们会减少这样那样的应酬，因为有些东西你越少接触就会越少受它的诱惑。 真正的君子始终用一种安贫乐道的精神面对生活。 当他们遇到蛮不讲理的权贵们时决不惧怕，因为他们心中自有公理。 有的人虽然有权有势，但如果真的论起理来也是心虚的，毕竟他们自知理亏，所谓邪不能胜正也。 假如你是站在正义的一边，大可不必向权贵们妥协。 君子知道在什么时候强硬，在什么时候柔和。 当他们遇到孤苦无依、老弱病残时，会具有高度的同情心，竭尽全力去帮助他们。

浓夭不及淡久，早秀不如晚成

【原文】

桃李虽艳,何如松苍柏翠之坚贞？ 梨杏虽甘,何如橙黄橘绿之馨冽? 信乎,浓夭[1]不及淡久,早秀不如晚成也。

【注释】

[1]浓夭：指美色早逝。

【译文】

桃树和李树的花朵虽然绚烂夺目,怎比得四季常青的松柏那样坚贞？梨子和杏子的滋味虽然香甜甘美,怎比得黄橙绿橘飘散着清淡芬芳？ 易逝的美色不如清淡的芬芳持久,少年时春风得意远不如大器晚成。

【活学活用】

桃李的娇艳、梨杏的甘甜、松柏的苍劲常青、橙橘的芳香都是它们各自的特征，只开花不结果，花再美丽、妖艳，也只是一种缺憾的美，就像一个没有内涵的女人，即使貌若天仙，也只能被人叫做"花瓶"。只有既开花又结果，才算是最完美的结合，内在美和气质美相融合，才会给人赏心悦目之感。

生活中的人和事也是如此，青春是美丽的，也是短暂的，春光易逝，好景不长。有人利用美丽去践踏青春，与坏人做朋友，与好人结怨；不读圣贤书，不听劝导，使自己走向鲁莽无知，那美丽又有何用？

一个人少年得志，便得意忘形。如果得意之后再失意，那得意还有什么意义？如果失意之后再得意，失败之后才取得成功，那成功就有了意义。因此，与其浓而乏味，不如淡而久远；与其少年得志，不如大器晚成。

风恬浪静见真境，味淡声稀识本然

【原文】

风恬浪静①中，见人生之真境；味淡声稀②处，识心体③之本然。

【注释】

①风恬浪静：比喻生活的平静无波。

②味淡声稀：味指食物，声是声色。比喻自甘淡泊，不沉迷于美食声色中。

③心体：指心的深处，也就是人性的本质。

【译文】

一个人在宁静平淡的环境中，才能发现人生的真正境界；一个人在粗茶淡饭的清贫生活中，才能体会人性的真实面目。

【活学活用】

大风大浪的人生固然可以磨炼人的坚强意志，可唯有风平浪静的生活才可以体会出人生的真谛。平淡的生活常常让人感到索然无味，没有鲜花，没有掌声，也没有觥筹交错的酒会、迷人的烛光晚宴，生活中的一切细节都显得朴实无华。但是只有在这样的环境中，人们才可能静下心来思考自己的人生。看潮起潮落，迎朝阳送夕阳，数黄昏屋檐下的雨滴，听暮归的老牛脖子上的铜铃声，将自己与大自然融为一体，人的本性才会最真实地显露出来，也才能体会到心性的本来面目。就像陶渊明所说的一样，"此中有真意，欲辩已忘言"。太喧闹的人生容易掩盖人的本性，因为在复杂的社会生活中，为了谋取利益，很多人都不得不收起自己的真实面孔，去迎合别人的口味，为了达到某个目的，还必须做很多不愿做的事，说很多不愿说的话，久而久之，哪里还有自我可言？从朴实到浮华是一个很容易的过程，从浮华再回到朴实，那就难上加难了。所以人还是应该保留一点自己的本性，在喧闹的环境中待久了，不妨学一回陶渊明，到乡间野外去生活一段时间，才不至于完全迷失自己。

后　集

谈山林之乐，未必得林趣

谈山林①之乐者，未必真得山林之趣②；厌名利之谈者，未必尽忘名利之情。

【注释】

①山林：指山野林泉隐士所居之处。

②趣：同"味"。李白《月下独酌》诗中有"但得醉中趣"。

【译文】

经常畅谈山野林泉生活之乐的人，未必就能完全领悟山林的真正乐趣；经常高谈讨厌功名利禄的人，心中未必就完全忘记名利思想。

【活学活用】

对任何一件事，总喜欢在口头上表示的人，未必能够窥见其中的奥妙。反之，真能入其道而体会其中妙旨的人，反而不现于色，不形于言。

每天在大都会热闹场合竞逐名利的人，口口声声讲述山林田园生活的趣味，以表示他既高贵又风雅的气质，像是真正体会了山林趣味，其实这不过是自标身价的一种掩饰烟幕罢了。

比方在楼阁的外面装饰一些花草庭园以为点缀，怎能说是真正得到了山林的真趣呢？还有一些达官贵人、权臣显宦，每天都忙于应酬，但他们常常对人表示厌倦了名位利禄的生活，恨不得早日脱离。 可是真要他们脱离尘世远遁山林，恐怕没有一个人能舍得放下。

诚如曹操所言："欲罢不能耳！"嘴上谈着讨厌名利，而心中正在打算名利，这不能说是尽忘名利之情。 大多数的人往往是能说不能行，言行多不能一致。

其实一个真正淡泊名利的人，必然完全超越名利好恶观念之上，谈话中也就无所谓好恶了。

庄子说："懂得道容易，不说出来就难了。 懂得了道却不妄加评论，这是达到自然的境界。 懂得了道就信口谈论，是成为变通人的原因。 古人崇尚天然而不追求人为。"世事有趣，得之者无言，言之者未得。 因此，庄子主张"崇尚天然而不追求人为"。

喜事不如省事，多能不若无能

【原文】

钓水①，逸事也，尚持生杀之柄②；弈棋，清戏也，且动战争之心。 可见喜事③不如省事之为适，多能不如无能之全真④。

【注释】

①钓水：临水垂钓。

②柄：权力。据《左传》襄公二十三年："既有利权，又执民柄。"

③喜事：好事。

④全真：使心灵不受损。真，灵魂。

静坐水边垂钓本来是一种高雅的活动，然而在这种活动中却手握对鱼的生杀权力；对坐桌前下棋本来是一种正当高雅的娱乐，但是在这种娱乐中却存在争强好胜的战争心理。可见好事就不如无事那样悠闲自在，多才就不如无才那样能保全纯真本性。

【活学活用】

在河边垂钓原本是一件修身养性又令人愉快的事，可是在这高雅的娱乐背后，却掌握着鱼儿的生死大权；下棋也是一种高尚的游戏，下棋可以让我们学会理性地思考人生，但是在下棋的过程中却存在着一种争强好胜的战争心理。可见任何事情都有它的两面性，没有好到底的事情，也没有坏到底的事情，凡事有利就有弊。如果想完全地远离这些尘世间的困扰，就只有什么事都不做，即老子提倡的无为哲学。老子主张无为即有为，这和儒家所提倡的进取精神恰恰相反。道家认为多事不如无事那样悠闲自在，多才也不如无才那样能保全纯真的本性。庄子曾说过"至乐无乐"，意思是快乐到了一定的程度，就无所谓快乐了。对人生的态度如果能达到这种境界，也不失为一种深刻的领悟。

春色为幻境，秋气见真吾

【原文】

莺花茂而山浓谷艳，总是乾坤之幻境①；水木落②而石瘦崖枯，才见天地之真吾③。

【注释】

①幻境：虚空之境，比喻世事。

②水木落：水，泉水。秋天时节，天气干燥，山水干涸，树叶凋落。

③真吾：我本来的面目。朱熹《四时读书乐》中也说："木落水尽千崖枯，迥然我亦见真吾。"

【译文】

春天一到，百花盛开，百鸟齐鸣，为山谷平添了无限迷人景色，然而这种鸟语花香的艳丽风光，只不过是大自然的一种幻象；秋天一到，泉水干涸，树叶凋落，山涧中的石头呈现干枯状态，然而这种山川的一片荒凉，才正好能看见天地的本来面貌。

【活学活用】

春天时百花盛开，百鸟齐鸣，山谷顿时出现无限迷人的景色。然而这种鸟语花香的景象，只不过是大自然的一种幻象而已，就好像是大自然赐予山谷的一件美丽外套。我们看到的是五彩斑斓的外表，但是却不能看清山谷内在的东西。等到秋天，泉水干涸、树叶也凋零的时候，山涧中的石头呈现干枯的状态，这种荒凉的景象才能让我们了解大自然的本来面貌。如果将这种道理用来看人，也要知道看人不能看表象，很多人的真实面孔之外都裹着一层外衣，如果稍有闪失都可能看不清楚。当一个人事业得意、人生也一帆风顺的时候，很难看出他这个人的本性如何，因为有很多处世的方式也许不是出自他的本意。只有在他的生活趋于平淡的时候才能看清他的真实面目，就像大自然的规律一样。

忙者自促，鄙者自隘

【原文】

岁月本长，而忙者自促；天地本宽，而鄙者自隘；风花雪月①本闲，而劳攘②者自冗③。

【注释】

①风花雪月：本指四季景色的变化，这里引申为无关天下事。

②劳攘：劳，形体的劳碌；攘，精神的困扰。

③冗：用，此处指多而无用的意思。

【译文】

岁月本来很长，可是那些奔波忙碌的人却自己觉得时间很短促；天地本来很宽广辽阔，可是那些心胸狭窄的人却把自己局限在小圈子里，春花秋月本来是供人欣赏调剂身心的，可是那些奔波劳碌的人却认为是一种多余无益的东西。

【活学活用】

人好像从一生下来就开始在劳累奔波，与时间赛跑一样，就像《简·爱》里所说的："人生来就是为了含辛茹苦"。可是岁月原本是很悠长的，人的生命与岁月相比固然显得短促，但还是有很多的时间可以用来从容度过，所以人要学会享受生命的乐趣。这并不是说就要虚度年华，而是说在工作的同时应该随时让自己放松，保持一种轻松的状态面对生活，才能感觉到人生的美好。天地虽然辽阔宽大，可是有些心胸狭窄的人却非要将自己局限在一个很小的圈子里，让自己变成一个心囚，整日为一些鸡毛蒜皮的事情斤斤计较，不知道放眼望去，外面还有更广阔的天空可以让人驰骋。 春花秋月这样的美景可以供人调剂身心，人们在紧张的工作之余外出观花赏月，既神清气爽，又赏心悦目，可是那些整日在熙熙攘攘的人群中穿行的人却认为这是一件多余的事，只将注意力集中在自己身边的人和事上面，岂不是鼠目寸光。

"世上本无事，庸人自扰之。"整天唉声叹气，怨天尤人的人，根本不了解人生的真谛，他们忘了生命是最宝贵的。 活着就好，活着就有盼头，活着就有希望。 为功名、为利益而整日奔波忙碌，让有限的时光悄悄流逝，让利欲蒙蔽双眼，即使有一天扬名天下，等到永享天年的时候，留给自己的时间已所剩无几。

得趣不在多，会景不在远

【原文】

得趣不在多，盆池拳石①间，烟霞俱足；会景不在远，蓬窗竹屋下，风月自赊。

【注释】

①盆池拳石：如盆之地，如拳之石，形容空间的狭小。

【译文】

真正的生活乐趣并不在多，只要有一个小小的池塘和几块奇怪岩石，山川景色就已经齐全；领悟大自然景色不必远求，只要在竹屋、茅窗下静坐，让清风拂面明月照人就足以享受，使人心胸自然觉得旷远辽阔。

如果真正想寻找生活的乐趣，并不一定要大张旗鼓，非要在物质上有多么奢侈，过多么享受的生活。 只要内心情感丰富，方寸之间也能寻到趣味人生。 透过一个小小的池塘和几块奇岩怪石，也能将山水之间的景色尽收眼底。 这倒不是因为小小的池塘和几块石头真有那么大的魅力，而是因为人的心境不一样，看到的风景自然不一样。 有的人看到的也许就是几块石头，可有的人却能通过自己的想象将这方寸间的景致延伸出去，他看到的不是石头，而是高山，不是小溪，而是大海。 这就是为什么有"一花一天堂，一沙一世界"的说法，心境广阔平和的人通过一粒沙也能感受到一个世界，看到一朵花竟也觉得是到了天堂一般幸福。 可见生活的乐趣不在别处，就在自己心中。 要欣赏大自然的美景不一定非要去遥远的地方，只要心情允许，就是在自家的竹屋草窗前也能感受得到清风拂面、明月照人的恬淡与舒适。 挂一串风铃，等微风吹过时，聆听屋檐下那清脆悦耳的风铃声，等烟雨蒙蒙时，细数窗前可串成珠的雨滴，难道还有谁以为你不解风情？ 生命里很多乐趣都不需要太费力去寻找，如果一定要找，它就在我们心里。

唤醒梦中梦，窥见身外身

【原文】

听静夜之钟声，唤醒梦中之梦[①]；观澄潭之月影[②]，窥见身外之身[③]。

【注释】

①梦中之梦：是比喻人生就是一场大梦，一切吉凶祸福更是梦

中之梦。

②澄潭月影：虚幻之月，由此可悟一切事物皆虚幻。

③身外之身：肉身以外涅槃之身，前身为虚幻，后身为真身，此指人的品德、灵性。

【译文】

夜深人静听到远远传来钟声，可以惊醒人们虚妄中的梦幻；从清澈的潭水中观察明亮的月夜倒影，可以发现我们肉身以外的灵性。

【活学活用】

李白在《春夜宴桃李园序》中有"夫天地者，万物之逆旅，光阴者，百代之过客，而浮生若梦为欢几何"的感叹。有的人，在人生苦短的感叹中今朝有酒今朝醉，春宵苦短日高起。有的人则有志在短短的人生之旅中做出一番事业。对于一个人来讲，静夜悟道，月夜观影，万籁俱寂中忽然传来悠扬的钟声，可能豁然顿悟；心静之中，许多苦思冥想的东西可能会一下子彻悟，灵感被触发，而看清本我。

人在寂静的环境中最容易被突然传来的声音所震动。夜深人静的时候，天地静谧，窗外星光一片，人容易陷入沉思，此时若有能振动心弦的声音出现，一定会引起内心的共鸣。美国作家欧亨利有一个著名的短篇《警察与赞美诗》，篇末主人公苏比徘徊在河边，不知自己何去何从，他不知道自己是否应该再去犯罪。这时候，旁边教堂的钟声响起，唱诗班的歌声传到了苏比的耳里，在那一瞬间，他感觉到自己灵魂的复苏，立即决定要洗心革面重新做人。可见有的时候，人们的灵魂需要一种东西来触动。当我们从清澈的潭水中看见明月皎洁的倒影时，似乎可以感觉到身体之外的一种灵性。 这时候，周遭一片宁静，天地合一，月光温柔地注视着世间万物，人的心性可以在这样的环境下全部得到宣泄，这该是怎样一个迷人的夜？人类灵魂深处的有些东西，总是在特定的条件下才能显现，而平时生活的沧桑与磨难掩盖了太多人的本性，不能不说是一种遗憾。

天机清澈者，触物皆会心

【原文】

鸟语虫声，总是传心^①之诀；花英草色，无非见道^②之文。 学者要天机^③清澈，胸次玲珑，触物皆有会心处。

【注释】

①传心：佛家语。意思是不用语言文字，而是以心传于心。

②见道：领悟真理。

③天机：天赋之灵性。

【译文】

鸟语虫声，总是传达心声的要诀；花红草绿，都是发现道理的文字。 做学问的人要天性清明，胸怀光明磊落，这样会从所接触的事物领略很多的道理。

【活学活用】

世界上万事万物中都蕴藏着一定的道理，善于观察万物的人能从中体会出许多道理。 用心体会，那么一枝一叶、一鸟一虫中都有无穷道理。 正所谓一花一世界，一叶一如来，青青翠竹尽是法身，郁郁黄花无非般若。 善于观察的人，便能从观察事物中领悟道理。 唐代画家韩干善于画马，他曾经跟着当时非常有名的画家学习，而画风却与老师截然不同，韩干笔下的马更加生动传神。唐明皇问他原因，韩干说他还有别的老师，这个老师就是马厩中的活马。 韩干非常重视写生，他常去观察马的生活习性，因而他画笔下的马十分传神精妙。 唐代有名书法家张旭，善于将自己的情绪在书法中抒发出来。 他喜欢观察，世态人情、花草树木、虫鱼鸟兽、日月星辰、风云雷电、山川溪流无不在他的观察之中。 他把这种观察所得，都体现在笔下，因而他的书法格外生动、变化万端。

　　善于学习的人，能从世间万物中领悟真理。 牛顿发现万有引力定律的故事，也体现了善于观察才能发现真理的道理。 据说从剑桥毕业的牛顿回到家中，有一天在苹果树下看书。 看累了的牛顿放下书，这时候正好有一个苹果落在他的脚下。 看着这个落地的苹果，牛顿思考为什么苹果会往下落。 他想象着苹果是受到地球的吸引力，因而落到地上。 在想象的基础上，他最终证明了万有引力定律。

神用胜迹用，方得琴书趣

【原文】

　　人解读有字书，不解读无字书；知弹有弦琴，不知弹无弦琴①。 以迹用②，不以神用，何以得琴书之趣？

【注释】

　　①无弦琴：此指宇宙中万物的一切声响。

②迹用：以运用形体为主。

【译文】

人们只懂得读有文字的书，却不懂得研究大自然这本无字的书；人们只知道弹奏普通的有弦琴，却不知道欣赏自然界无弦琴的美妙声音。也就是只知道运用有形迹的事物，而不懂得领悟无形的神韵，这种庸俗的人又如何能理解音乐和学问的真正乐趣呢？

【活学活用】

读书的目的是获取知识，增添智慧，为实践服务。这就需要把书读"活"，读出趣理，读出天机，方可受用。倘若不明至性，流于空洞，只读死书，不重实际，则终不会有大用。

古人云："世事洞明皆学问，人情练达即文章。"就是说，读书是重要的，但社会生活是一部丰厚的无字大书，它蕴藏着无穷的学问，更需要反复用心去解读、去揣摩、去领悟。

我们既要善于读有字书，也要善于读无字书，既要善于欣赏有弦琴之音，也要善于欣赏弥漫于天地间的无弦琴之声。正如洪应明先生所说的"鸟语虫声，总是传心之诀"。需要我们注重把所学的知识融化于实践之中，如果只是机械地死读书本，而不明至理，不悉玄机，即使倒背如流，也是毫无用处的。

一个人学的书本知识多，并不能代表他有学问或有实际能力。学知识贵在应用，若能把知识活学活用，那才叫真学问，才能在实际中发挥出美妙的效应。

心无物欲，即是秋空霁海

【原文】

心无物欲，即是秋空霁海；座有琴书，便成石室①丹丘②。

【注释】

①石室：本指珍藏贵重物品或书籍的地方。此引申为神仙居住的地方。

②丹丘：此处指仙人所居的地方。

【译文】

一个人心中没有物欲，他的胸怀就会像秋天的碧空和平静的大海那样开朗；一个人闲居无事有琴书陪伴消遣，生活就像神仙一般逍遥自在。

【活学活用】

一个人的心中假如没有对功名利禄的渴望，心情就会晴朗得像秋天的碧空，抬头望去，一眼的湛蓝，美丽如一幅画，又像那平静广阔的海面，深沉而极具内涵。最能蒙蔽人心的莫过于欲望了，假如能制止欲望的侵蚀，人们就会过得安然而快乐。欲望常常让我们遗失掉人的本性，做出一些不可理喻的事情来。所以人应该经常调节自己的心态，以一种宁静的姿态去生活，功名富贵都是身外之物，拥有再多也不能带到另一个世界里去，倒不如平平静静地享受今天的美景。

孟子曾说过："养心莫善于寡欲。"可见驱除内心的欲望对于修身养性来说还是非常重要的。 对于有的人来说，闲居无事时一定要找三朋四友来喝一杯，或找几个人玩玩牌，下下棋乐一乐。但是也有一些清心寡欲的人，在这种时候只要有几本书，有一点音乐就行了，就算是一个人也能度过一个愉快的下午或黄昏，而且还像神仙一样逍遥自在，简直是羡慕死旁人了。 这是因为他们的意念原本就很平静，经常陶冶在琴棋书画中，自然能被这样高雅的气氛所同化，使精神境界与环境的意境融为一体。 佛家有一句名言："仙境不在远处，佛法自在心头。"就是提醒人们平时一定要注意修身养性。

《庄子·外物》中有段话非常耐人寻味，也不知明代洪应明的心思和先秦时的庄子是如何沟通的。 庄子说："眼睛敏锐叫做明，耳朵灵敏叫做聪，鼻子灵敏叫做膻，口感灵敏叫做甘，心灵透彻叫做智，聪明贯达叫做德。 大凡道德总不希望有所壅塞，壅塞就会出现梗阻，梗阻而不能排除就会出现相互践踏，相互践踏那么各种祸害就会随之而起。 物类有知觉靠的是气息，假如气息不盛，那么绝不是自然禀赋的过失。 自然的真性贯穿万物，日夜不停，可是人们却反而堵塞自身的孔窍。 腹腔中有许多空旷之处因而能容受五脏怀藏胎儿，内心虚空便会没有拘系地顺应自然而游乐。 屋里没有虚空感，婆媳之间就会争吵不休；内心不能虚空而且游心于自然，那么六种官能就会出现纷扰。 森林与山丘之所以适宜于人，也是因为人们内心促狭、心神不爽。"

乐极生悲，及早回头

【原文】

宾朋云集，剧饮淋漓，乐矣，俄而漏尽烛残，香销茗^①冷，不

358

觉反成呕咽，令人索然无味。天下事，率类此，人奈何不早回头也？

【注释】

①茗：茶。杨衒之《洛阳伽蓝记·正觉寺》："渴饮茗汁。"

【译文】

宾客朋友聚集在一起，酣畅痛饮，狂欢作乐，可是事过之后面对的只是燃尽的残烛，烧尽的檀香，冰凉的茶水，一切快乐已经烟消云散。回想刚才的一切，真让人感到索然无味。天下的事，大多和这相似，识时务的人为什么不及时回头呢？

【活学活用】

人间事事都躲不过"盛极必衰，物极必反，乐极生悲"的法则。比如在宴会上，宾客朋友欢聚一堂，酣畅痛饮，寻欢作乐，大家都玩得兴高采烈，可是至夜深人静之时，炉中的香已烧完，醇美的茶也变得冰冷，人们累的累了，倦的倦了，一切快乐在一瞬间烟消云散。等到醒来之后，回想前半夜的风光，只觉得像过往云烟，今生也不会再现，顿时觉得索然无味，实在没有意思。人间有多少事，都如同这宴会带给人的感觉。杨慎早就在他的词里写道："……白发渔翁江渚上，惯看秋月春风，一壶浊酒喜相逢，古今多少事，都付笑谈中。"人的一生要经历太多的喜怒哀乐，如果事事都去计较，事事都想做到最好，那么必然要承受许多的哀伤失落。特别是有的人做事情没有节制，因为贪心，或者自制力太差，一旦觉得某样东西合自己的意就一味地索取下去，结果造成物极必反的结果。人们都知道，在汽车急速前进的时候不能马上踩刹车，否则可能会让车翻过来，保持匀速运动或者缓行是比较安全的操作方式，在人生路上行走也是如此，这样才能安全地走到终点。

会得个中趣，破得眼前机

【原文】

会得个中趣，五湖之烟月①尽入寸里②；破得眼前机，千古之英雄尽归掌握。

【注释】

①烟月：指自然景色。

②寸里：心里。

【译文】

能够体会天地之间所蕴含的机趣，那么五湖四海的山川景色便可纳入我的心中；能够看破眼前的机用，那么所有古往今来的英雄豪杰都可归于我掌握。

【活学活用】

五湖极富烟霞风月景观，自古就是骚人墨客游赏的胜地。 风景名胜必须具有风雅兴味的人才能领会其中真趣，而对俗不可耐的市井之辈就有如焚琴煮鹤。 诗人杜甫游览名胜之后吟出"昔闻洞庭水，今上岳阳楼，吴楚东南坼，乾坤日月浮"的名句，孟浩然在欣赏完山光湖色之后咏出"八月湖水平，涵空混太清；气蒸云梦泽，波撼岳阳城"一诗。

不过，诗人要领会山水间的趣味，也不一定非要亲身到那个地方，亲眼看见景色，在斗室之中也可以把天下的名胜大观，自由自在地赏玩观览。 正所谓"俗人看景，山便是山，水便是水，与我了无关系。 虽游尽三山五岳，一切仍在身外，略无所得。 诗人看景，山便是我，我便是山，心气相沟通，情感相交汇。 见松柏而自然生凛然之气，见杨柳则多妩媚之情。 所有的山水都印在他的心灵上，闪烁在他的眼眸里，流露在他的谈吐中。 这种人虽足不出户，而尽得山水之灵秀。"

哀公曾问什么样的人是圣人，孔子回答说："所谓圣人，他的智慧通晓大道，顺应事物的变化而不会受到困窘，对各种事物的性情分辨得清清楚楚。 所谓大道，就是一切事物变化形成的根本道理，所谓性情，就是判断是非决定取舍的内在根据。 所以，圣人做事像天地那样广大，了解事物像日月那样明亮，统率万物像风雨滋润万物一样美好而精纯；他办事普通人不能模仿，如同上天主宰万物一样；他办事普通人不能解悟，如同百姓浅薄无知对自己身边的事也不能认识一样。 如果这样，就可以称之为圣人了。"

非上上智，无了了心

【原文】

山河大地已属微尘，而况尘中之尘；血肉身躯且归泡影，而况影外之影。 非上上智①，无了②了心。

【注释】

①上上智：最高的智慧。

②了：明白、明了。

【译文】

山河大地与广袤的宇宙空间相比，只是一粒细小的尘土，而人类不过是微尘中的微尘；血肉之躯相对无限的时间来说，只是相当于一个一闪即逝的泡影，何况外在的功名富贵不过是泡影外的泡影。没有绝顶高超的智慧，就不会有彻悟真理之心。

【活学活用】

就无限空间来说，山河大地在茫茫宇宙中只能算是小小尘埃，何况小小生物和无边的宇宙相比更是微乎其微，小得可怜。

就无限时间来说，我们的躯体只不过是短暂的泡沫，刹那间已无影无踪。明了自身的渺小，生命的短暂，还有必要去争功名利禄这种身外之物吗？

2001 年 2 月，两位禅师，在纽约的一家画廊，作了一幅画，来展现禅的艺术。

整个绘画是由一种用在藏药上的细沙画成的。绘画的过程持续将近一个月。他们每天要画好几个小时，用不同的色彩描绘出禅学和芸芸众生的世界。整幅图画结构严谨，色彩丰富。绘画用的沙粒，富有层次感，展现了一个圆满博大的世界。随着绘画程度的深入，围观的人越来越多，画家用彩色沙子绘出来的画也越来越精致。最后，呈现在人们面前的，是极致的繁华。画家用极其华丽辉煌的绘画，震撼着人们的视觉和心灵，令人叹为观止。

然而，就在人们沉浸在无与伦比的繁华景象中，赞叹不已时，两个禅师突然做出一个令所有人都意想不到的举动！只见他们拿出刷子，将精心绘制的作品，毅然决然地抹掉。顷刻间，灰飞烟灭，尘归尘，土归土！刚刚还呈现在人们眼前的极致的繁华，顷刻之间，化成了一捧残沙！之后，他们将这些沙子倒进了一条溪水中。 那些漫天飞舞的人物形象，那些欣欣向荣的生命，那些宏伟的庙宇，那些千姿百态的繁华，都成了禅师手中缓缓流逝的细沙，随风而逝，飘进溪水，溶化、消失，一去不返。 两位僧人以凄美的姿态，将繁华的世界回归于空，让我们大彻大悟。 原来，繁华的背后，只是一捧细沙。

红尘滚滚，谁也不愿意远离物质世界的繁华。 但是，我们必须清醒地认识到：在我们短暂的一生中，所创造、所经历的一切繁华，实际上都不过是一捧细沙而已。

任你有倾国倾城的容貌，任你有青春洋溢的年华，任你有如日中天的名气，任你有炙手可热的权势，任你有富可敌国的财产，到头来又能怎么样呢？

那么，在面对这一捧细沙绘制出来的繁华时，你是不是还像以往那样痴迷执著？

石火光中争长短，蜗牛角上较雌雄

【原文】

石火光中争长竞短，几何光阴？ 蜗牛角上①较雌论雄，许大②世界？

【注释】

①蜗牛角上：比喻地方极小。

②许大：多大。

【译文】

在电光石火般短暂的人生中较量时间的长短，又能争到多少光阴？ 在蜗牛触角般狭小的空间里你争我夺，又能争夺到多大的世界空间？

【活学活用】

人的生命在历史的长河中只是短暂的一瞬，如何使短暂的人生过得幸福而有意义，是值得每个人都关注的重大话题。 胸怀豁达的人能够在淡泊名利、不争不夺、奉献爱心、宽厚温和中轻松愉快地生活；而狭隘自私的人却只能在争名夺利、斤斤计较、嫉妒相争、贪婪无度中烦躁难安地度日。

毋庸置疑，过于好争长短，逞强好胜，在为人处世中必定会丧失许多和气，结下许多怨恨，而且到头来也争不到什么东西。"石火光中争长竞短，几何光阴？蜗牛角上较雌论雄，许大世界？"这段话就是告诉人们人生短暂，不要过于争强斗胜，夺名求利；而且，人们所处的空间本来就狭小，争来斗去又能得到多少？如果硬是好争好斗，将会丢掉生命里和谐、爱心、快乐等十分珍贵的东西，那还有什么意义呢？弄不好还会使自己倒在万劫不复的深渊中。

相争相斗，不仅最终得不到什么，相反，还会流失掉生命中许多珍贵的东西，如情感、友谊、轻松、快乐乃至生命。

极端空寂，过犹不及

【原文】

寒灯无焰，敝裘①无温，总是播弄光景；身如槁②木，心似死灰，不免堕在顽空。

①敝：坏，破旧。

②槁：草木枯干。刘向《九叹·远逝》："草木摇落时槁悴兮。"

【译文】

微弱的灯火没有光焰，破旧的棉衣丧失了温暖，这是造化在玩弄世人；衰败的身体像干枯的树木，空虚的心灵像燃透的灰烬，这样的人不免陷入冥顽的空境。

【活学活用】

微弱的灯光渐渐地失去了光焰，一件破旧的棉衣也丧失了仅有的温暖，人生到了这步田地实在是太煞风景，所以凡事都不能太过。佛家认为人应该断绝物欲使人归于空寂，可是如果心里什么都没有了，那么身体就会像一棵干枯的树木，而心灵也会如燃透了的灰烬。这样的人与一具僵尸何异？所以，欲望虽然应该控制，却不能空空如也。人活着不仅应该控制自己的恶行，还应该济世救人，让内心充满仁义慈爱，修得善果，才能真正达到佛家"无我观"的境界。

生活需要激情，只有激情洋溢，才能使自身强大。任何人的强大都必须从自己的心灵强大开始。进化论的创造者达尔文在他的传记中说，因为他漠视自己的心，所以也曾遭受惨痛的损失。

一个人是否具有生活的激情关键在于心灵火花的闪烁。人生在世，首先要保持心灵的生机、思想的活跃，如果空有躯壳就和行尸走肉没什么两样，这样不仅对自己没有好处，而且对大众也没有好处。

人生愈来愈枯燥，愈来愈艰难，虽未年迈，却已饱尝忧患。如果我们不花些功夫、培植充沛活跃的心态，我们的心便不会作丝毫的隐蔽和戒备。所以我们至少该把身心两者同样看重才是。

休去便休去，了时无了时

【原文】

人肯当下休，便当下了。若要寻个歇处，则婚嫁虽完，事亦不少；僧道虽好，心亦不了。前人云："如今休去便休去，若觅了时无了时。"见之卓矣。

【译文】

一个人想要就此罢休，就要当机立断如快刀斩乱麻般立即罢休，不必等到万事俱备。如果一定要寻找一个好时机，那就像人们婚礼虽然完成了，以后有关家庭的事情还接踵而来；出家的和尚虽然暂时获得清静，其实内心的烦恼却不见得一时能够消除。古人说："现在能够罢休就赶快罢休，如果去寻找一个可以完结的时候便永远无法罢休。"这真是真知灼见啊。

【活学活用】

人不论做什么事情，该罢手时就应罢手，切不可犹豫不决。如果不能当机立断，那么就真可能是剪不断，理还乱了。假如老是为自己找理由，以为时机未到，考虑还不成熟等，那么可能永远也找不到停下来的时候。

人生中很多事情的失误甚至是失败，不是在于你在该追求的时候没有去追求，而往往是在于你该放手的时候没有放手。该追求的时候，意味着要抓住时机去得到，在这样的情况下，人往往会及时与果断，但是在该放手的时候，往往意味着你拥有的东西将不得不失去，意味着在一定程度上的放弃。所以这时候，人往往就容易瞻前顾后，反复思量，最终可能在思想的斗争中失去了关键的时机，使你一心想把握住的东西随之失去。

从冷视热，从冗入闲

【原文】

从冷视热①，然后知热处之奔驰无益；从冗②入闲，然后觉闲中之滋味最长。

【注释】

①热：指名利权势。

②冗：忙，繁忙。刘宰《走笔谢王去非》：“知君束装冗，不敢折简致。”

【译文】

从热闹的名利场中退出后再冷静地回头看之，才知道热衷于争名夺利是最没有意思的；从忙碌的生活转到安闲的生活，才知道安闲的人生趣味最为长久。

【活学活用】

人一生都在不停地反省自己，因为人生本来就是一个不断蜕变的过程。当一个人有一天终于从名利场中退出来以后，再去冷眼观察那些热衷于名利的人，才会发现此前的种种追逐是多么无意义的事。 他终于了解自己原来是"误落尘网中，一去三十年"，然而"羁鸟恋旧林，池鱼思故渊"，回到田园之中，才知道这种悠然自得的生活是多么难得。 当局者迷，旁观者清，当自己身陷其中时一点也不觉得追名逐利的生活有什么不好，等到做了旁观者以后，才发现一切的追逐都是那么可笑。 特别是整日在忙碌不堪的环境中生活的人们，因为精神压力太大，常常觉得萎靡不振，所以，应学会放松自己，在紧张的工作之余学会调节，一旦享受了安逸的生活，才知道生活处于平淡状态时其滋味最悠长。 体味了安逸休闲生活的人，要让他再回到奔波劳碌的状态中去，恐怕就很难了。 无论怎样劳累辛苦，怎样辉煌风光，最后都一定会同样归于平静，这是人生的真谛。

俗话说："不怕不识货，就怕货比货。"同样的道理，生活的经验来自生活中的教训，只有对生活有真正的反思，才能明白生活的真正滋味；只有在名利场中沉浮起伏过后的人，才会更懂得名利的虚幻和无聊。

世间万物都有正反两面，只有将相反的两个方面进行对比分析，才能分出优劣，才能体会到其中的真谛。

有浮云富贵风，无膏肓泉石癖

【原文】

有浮云富贵之风，而不必岩栖穴处①；无膏肓泉石之癖，而常自醉酒耽②诗。

【注释】

①岩栖穴处：指居住在深山洞穴中。

②耽：沉溺，爱好而沉浸其中。《韩非子·十过》："耽于女乐，不顾国政则亡国之祸也。"

【译文】

有把富贵荣华视作浮云的风骨，就没有必要居住到深山幽洞中去怡养心性；不酷爱山石清泉的人，赋诗饮酒，也自有乐趣。

【活学活用】

一个能视黄金若粪土、富贵如浮云的人，一定不是等闲之辈。因为凡人很难有这种宽阔的胸襟，生活在这个世界上的大部分人都免不了要受到环境的影响，生出许多俗气，追求享乐，看重物质利益。只有少数人能超越这一切去追求精神上的享受。同时，有些人还有一种误解，以为要抛弃荣华富贵只有到深山幽谷里去居住，这样才能洗尽铅华，修身养性。其实一个真能将功名利禄看得很淡的人，根本就不需要专门到深山老林去住，说到底那只是一种形式而已。一个学识修养很深的人无论身在哪种环境，都能保持平静的心态，因为内因才是起决定作用的因素。假如一个人对湖光山色没有兴趣，不喜欢游山玩水，不能从大自然中领略到情趣，那么他可以选择喝酒吟诗，也自有一番乐趣。关于这一点，大诗人李白是大家的榜样，可惜并不是每一个喝酒之后的人都能写出李白那样气势磅礴的诗篇。喜欢喝酒之人多半是性情豪爽之人，只要把握分寸，喝酒而不酗酒，也不失为调养性情的一种方式。

真心向佛的人，并不需要在家里摆上佛像。一个能视富贵如粪土、视功名如草芥的人，不一定非要像仙人那样远遁山林不可。赋诗题词的人也并非要去游历山水，只要品行高洁，自会怡然自得，其乐陶陶。

生活中，不要看重外在形式，本质才是最关键的。 有一个企业老总，在一次慈善会上，慷慨解囊，向某爱心救助机构捐出一笔"巨款"，"巨款"按比例扩大成一张巨大的支票，就像一幅广告牌，挂在主会场的一面墙壁上，电视台对这场慈善会进行了现场直播。 这位老总理所当然的在会上声情并茂地发表了一番感慨。 事后社会对此的反应是，这是在献爱心，还是在给企业做广告？

好心并不需要张扬，名志并不需要高声呐喊。 真正品行高尚的人，总能自得其乐。

不为法空缠，身心两自在

【原文】

竞逐①听人，而不嫌尽醉；恬淡适己，而不夸独醒。 此释氏②所谓"不为法缠，不为空缠③，身心两自在"者。

【注释】

①竞逐：竞争。

②释氏：佛祖释迦牟尼的简称。

③缠：扎束困扰。

【译文】

听任别人去争名逐利，但不因此而嫌恶他们、疏远他们；保持恬静淡泊的心境是为了顺着自己的本性，也不因此夸耀自己的清高。 这就是佛家所说的"不被物欲蒙蔽，也不被虚幻所迷惑，身心俱逍遥自在"的人。

智者不会去笑话别人的愚昧，以此来显示自己的智慧；清高的人不会为了标榜自己的清高，而不同市井之人来往，这样才能做到情趣高尚，身心自在。如果为了标榜智慧而使用心计，为了显示清高而标榜清高，那么再清高的人也会变成庸俗之流，再聪明的人也会变得愚蠢。

真正的智者往往能藏慧于中，含而不露，不会处心积虑地为功名用尽心计，也不会鄙视重名利之人。曾国藩可谓是智者，在那嫉贤妒能者有之，幸灾乐祸者有之，千刀万剐者有之的局势里，他最终能保存自己，除了说是一个奇迹之外，智慧是真正的原因。

真正的清高者，只会警醒自己"出淤泥而不染"，而不会高呼"世人皆醉我独醒"，不会被世间纷繁的事物所迷惑，从而使心性悠然自得。

延促由于一念，宽窄系于寸心

【原文】

延促①由于一念，宽窄系之寸心。故机闲者②，一日遥于千古；意广者，斗室宽若两间。

【注释】

①延促：延，延长、伸长。促，短、短促。
②机闲者：忙中偷闲的人。

【译文】

时间的长短是因为人的主观感受，宽和窄是由于心理的体验。

对心灵闲适的人来说，一天比千古还长；对心境开阔的人来说，斗大的屋子像天地间一样宽广。

【活学活用】

时间的长短从某种意义上来说属于一种心理感受，而并非我们平常所熟悉的物理时间。 在人快乐高兴的时候，往往会觉得时间过得特别的快，而当人很忧闷，或处于一种困境时又会觉得时间过得很慢。 实际上时间永远是保持匀速在运动，人们是根据自己的心理感受在判断时间的速度。 所以才会有"一日不见，如隔三秋"的说法，就是因为心中有着急切的渴望，才在心里将时间无限制地延长了。 而房子的宽窄多半也是出于心中的观念，如果遇到贪婪不知足的人，就是将全世界都给了他，也未必能让他满足；知遇感恩的人，只要一间小小的斗室也会欣喜若狂。 这正如《陋室铭》中所写的一样："……山不在高，有仙则灵，水不在深，有龙则灵。 斯是陋室，唯吾德馨……"所以说任何事物都不在多而在精，不在它实际有多大，而在于它在你心里有多广。

只要能抓紧时间忙里偷闲，能让自己随时保持快乐的心境，那么再短的时间也会过得很精彩；只要心胸旷达意境高超，即使只住在一间陋室里也会觉得很宽阔。 这就是说，一切都是心态在调节，保持平和的心态，就可以过上快乐的生活。

损之又损，忘无可忘

【原文】

损之又损[①]，栽花种竹，尽交还乌有先生[②]；忘无可忘，焚香煮茗，总不问白衣童子[③]。

①损之又损：减少。老子《道德经》中有："为学日益，为道日损，损之又损，以至无为。"

②乌有先生：典出《史记·司马相如》中的"乌有先生乌有此事齐之为难"，司马相如《子虚赋》以子虚、乌有先生、亡是公三虚构人物为主角，这就是通常所说的"子虚乌有"。

③不问白衣童子：据《续晋阳秋》"陶潜常于九月九无酒于宅东篱之下，菊丛之中摘菊盈把，坐于其侧，未几，望见白衣人至，乃为王弘送酒，即便就酌，醉而后归。"所谓"不问白衣童子"是说并不问送酒的白衣人是何许人，比喻已经进入完全忘我状态。

【译文】

物质的欲望要减少到最低限度，每天种些花栽些竹，把世间烦恼者交还乌有先生；脑海中了无烦恼没有什么可以忘记的东西，每天都面对着佛坛烧香提水烹茶，不问白衣童子为谁送酒而进入忘我境界。

【活学活用】

能够淡忘一切是人生的至高境界。 人生在世所遇所求本来都是虚无的，该离开的总会离开，该放下的终要放下，又何必想不开呢？私欲凡心都是拖累世人的包袱，人们却把这些当做财宝紧握在手一直不放，并且不断添加，一刻不闲，生怕失去了它们就会失去人生的快乐。 直到行将就木，再也不堪重荷之时，才不得不含恨作别。 殊不知，这些正是人类烦恼的祸根。 明智之人不会为其所累，他们会把物欲降到最低，把该忘的通通忘记，既拿得起又放得下。 他们身处凡世却远离尘嚣，使自己变得潇洒通脱，自然能够怡然自得。

人如果能铲除物欲的念头，每天只做些栽花种竹的工作，眼中不管看见什么事情，都会认为它原本就没有目的，也就是一切完全化为乌有。 人应当把常人不容易忘掉的事忘掉，无论是烧香、煮茶，总不问白衣童子是谁。

老子提倡无为哲学，所以才主张出世思想的修身养性生活。无为、修省并不是和世事绝缘，做事不宜提倡形式主义，关键是思想上要达到忘我之境。 栽花种竹、焚香煮茶、闲云野鹤的生活可以忘我，可以除去人世间许多烦恼；其实进入忘我境界，并不一定完全靠"栽花种竹"，谈书论道潜心研究学问，也可使一个人完全进入忘我状态。 孔子说："发愤忘食，乐以忘忧，不知老之将至。"人之忘我境界，不能以形式而论，要从本质上看。

知足者仙境，善用者生机

【原文】

都来眼前事，知足者仙境，不知足者凡境；总出世上因，善用者生机，不善用者杀机①。

【注释】

①杀机：危机。杀，败坏。

【译文】

对于每天的现实生活，能够知足的人感到生活在仙境，而不知满足的人就只能始终处在凡俗的世界；总结世上的一切原因，善于运作的人就能创造机运，不善运作的人就处处陷入危机当中。

【活学活用】

中国有句俗话叫做"知足常乐"。其字面意思是说，满足于现在自己拥有的一切而随时都感到快乐开心。一个人对自己获得的东西感到满足，其实，它并不是安于现状、不思进取、颓丧和无奈的表现，而是一种平和的生活态度，只有怀着一颗平静的心、热爱生活的人才能真正做到这一切。

知足常乐是一种看待事物发展的美好心境，并不是安于现状的骄傲自满的追求态度。《大学》曰"止于至善"，是说人应该懂得如何努力而达到最理想的境地，懂得自己处于什么位置是最好的。知足常乐，知前乐后，也是透析自我，定位自我，放松自我。这样才不至于好高骛远，迷失方向，碌碌无为，心有余而力不足，弄得心力交瘁。

对于一个人来说，能力与精力都是十分有限的，环境决定你该如此的时候，你却好高骛远，非要达到你所不能达到的预期目标。在这个时候，你就只会给自己寻来无尽的烦恼，那就一定没有快乐可言。因此，如果你懂得知足常乐，放弃那些不切实际的"一步登天"的痴想，那么你心中的重负就会消失。同时你也会感到身体轻盈，心灵轻松，快乐自然会光临你的心坎，你会变得脸上荡漾着笑容的涟漪，你会看到人生的一切是如此的纯净与美好。

趋炎附势祸速，栖恬守逸味长

【原文】

趋炎附势^①之祸，其惨亦甚速；栖恬守逸之味，最淡亦最长。

①趋炎附势：攀附权贵。

【译文】

攀附权势所带来的祸害往往是最悲惨最迅速的；坚持恬静淡泊的生活，虽然很平淡，但趣味却最长久。

【活学活用】

有很多人喜欢将自己的命运寄托在别人的身上，比如那些趋炎附势者，总以为别人的升官发财也能给自己带来好运。依附于有权势地位的人固然能得到一些好处，但是这样做人非常被动。当你依附的那个人走运的时候，你有可能会跟着得一些好处，一人得道，鸡犬升天。可是当你依附的那个人倒霉的时候，你也一样脱不了干系。凡事都是这样，有利就有弊。趋炎附势所招来的祸患也是最凄惨最快速的，从古到今都是这样。当主人荣华富贵时那些奸臣、宠臣就作威作福，狗仗人势，可一旦主人没落之后，有可能搞得他们家破人亡，甚至满门抄斩。而那些安贫乐道、栖守自己独立人格的人，也许确实要过得寂寞一些，但是因为他们靠自己而活，命运都掌握在自己手中，不需要随着别人的方向去变换自己的脚步。他们可以随心所欲地安排自己的生活，过得好与不好都是真真切切属于自己的生活。不用看别人的脸色行事，凡事只需跟着自己的心走。这样的生活当然过得有滋有味，而因此得到的乐趣也最浓，保持得最久远。

松涧边独行，竹窗下高卧

【原文】

松涧边，携杖独行，立处云生破衲①；竹窗下，枕书高卧，觉时月侵寒毡②。

【注释】

①衲：僧衣。白居易《赠僧自远禅师》："自出家来长自在，缘身一衲一绳床。"

②毡：用毛制成的毡子。

【译文】

在松树溪涧旁边，手拄拐杖独步自行，云雾飘绕在身穿破袍的自己身边；在竹窗下，头枕书本无忧无虑地安然入睡，醒来时，清凉的月光照在自己的薄毛毡上。

【活学活用】

闲云野鹤般的生活是人人都向往的，在长满松树的山涧旁，拄着手杖一个人悠闲地散着步，山谷中缓缓升起的云雾，笼罩在自己的破衣服上，别有一番意境。 在简陋的竹窗下捧书而读，时而大笑，时而忧伤，心随书中故事起伏摇曳，倦了就枕书而睡，醒来时月光已照在身上的毛毡上。 这是多么令人神往的一种境界。 对于有的人来说，如果一生能够这样度过，比起那种每天在灯红酒绿下生存、在争名夺利中追逐的人不知道要幸福多少倍。 然而人活着不能完全脱离现实，也不能只顾自己而活。 人活在世上需要扮演很多角色，必须尽很多责任和义务，所以在人的前半生，还是需要积极进取，努力地工作，创造财富，为自己下半生舒适的生活打下一定的基础。 悠闲舒适的生活固然很好，但从另一个角度来看，它也很容易消磨一个人的斗志，让人在与闲云为友、与风月为伴的生活中忘记自己的理想，放弃自己的追求。 一个人一生中应该有不同的生活状态，不同的时期、阶段应用不同的心态去面对，平和是任何时候都应具有的，但在平和中要懂得爆发，需要积极向上时就勇往直前，需要鸣金收兵时就及时罢手，这样才能既拥有成功人生，又拥有恬淡的晚年。

常忧死虑病，消业长道心

【原文】

色欲火炽，而一念及病时，便兴似寒灰；名利饴①甘，而一想到死地，便味如嚼蜡。 故人常忧死虑病，亦可消幻业②而长道心③。

【注释】

①饴：用米、麦制成的糖浆，糖稀。王充《论衡·本性》："甘如饴蜜。"

②幻业：为佛家术语，是梵语"羯魔"的意译，本指造作的意思。凡造作的行为，不论善恶皆称业，但是一般都以恶因为业。

③道心：指发于义理之心。据《朱子全书·尚书》篇："人心，人欲也；道心，天理也。所谓人心者是血气和合做成；道心者是本来受仁义礼智之心。"

【译文】

色情的欲望像火焰般炽热，可是当一想到生病时的情形，兴致就会像一堆死灰；功名利禄像蜜糖一样甜蜜，可是当一想到死亡时，便会像咀嚼蜡一般无味。如果一个人能常常想到疾病和死亡，那么就可以消除虚幻的追求而培养一些修行悟道之心了。

【活学活用】

孔子曾告诫世人："君子有三戒：少之时血气未定，戒之在色；及其壮也，血气方刚，戒之在斗；及其老也，血气既衰，戒之在得。"可见人一定要知道该在什么时候收敛自己、约束自己的行为。当性欲像烈火一样燃烧起来时，只要一想到生病时的痛苦情形，那性欲就会立刻变成一堆冷灰。功名利禄是很吸引人的，很多人为了它不惜用尽各种手段，丧心病狂。那是因为他们只想到名利给他们带来的好处，想到它像蜂蜜一样甘甜的滋味。可是追求者如果能稍稍考虑一下后果，想一下假如触犯法律而走向死路的情形，恐怕任何人都会为之驻足。这并不是说我们不能去追求财富，而是凡事都要掌握好分寸，否则就会物极必反。任何事情在极盛时都要特别地提高警惕，因为繁华过尽之后必然是荒凉的境界，人生就是这样一起一伏，一盛一衰。人们获取财富是为了让自己生活得更好，如果争夺财富意味着即将失去自由，或者要伴随着牢狱之灾，那么财富就会变得如嚼蜡一般毫无味道。所以一个人应该经常想到生病和死亡，经常感知一下生命的可贵，这样也许可以消除一些罪恶，而增长一些修行悟道的心思。

退后一步自宽平，清淡一分自悠长

【原文】

争先①的径路窄，退后一步，自宽平一步；浓艳的滋味短，清淡一分，自悠长一分。

①争先：此指争强好胜。

【译文】
人人竞相争先的道路最为狭窄，如果能够退后一步，道路自然就会宽广一步；追求浓艳华丽，那么享受到的滋味就会缩短，如果清淡一些，趣味反而更加悠久。

【活学活用】
老子《道德经》中曰："上善若水。 水善利万物而不争……夫唯不争，故无尤。"又曰："以其不争，故天下莫能与之争。"意思就是说，最崇高的善就像水一样，水善于滋润万物却不与万物相争。 一个人如果像水那样与世无争，就不会有什么过失。 并且，由于他不与人争来争去，因此，天下就没有人能与他相争了。老子在这里用"水"和"不争"的哲学思想，表达了一种包容退让的美好与可贵。 "争先的径路窄，退后一步，自宽平一步"，也正说明了退让不争而天地自宽的道理。 为人处世的确有很多事都是不值得去相争的。 相争太猛，必动怒气；相争太急，言行必过。 如此，既损心肝又伤和气，甚至会造成意想不到的恶果，大可不必为之。

当然，所谓"不争"，是有条件、有场合、有限度的，也并非要求人在任何情况下都绝对不争以致甘受欺侮，而是要求人们在不失大是大非的原则问题上，保持极高的修养、极大的包容退让之心。 须知与人无争，就能亲近于人；与物无争，就能育抚万物；

与名无争，名就自动到来；与利无争，利就聚集而来。祸患的到来，全是争的结果。如果能与人无争，则人安；与世无争，则事安。一个城府深、修养高的人会深谙其中之道。

忙处不乱性，死时不动心

【原文】

忙处不乱性①，须闲处心神养得清；死时不动心②，须生时事物看得破。

【注释】

①不乱性：指本性不乱。《大学》中有："好人之所恶，恶人之所好，是谓指人之性。"

②不动心：指镇定、不慌乱、不畏惧。据《孟子·公孙丑》篇："我四十不动心。注：'言四十强而仕，我志气已定，不妄动心有所畏也。'"

【译文】

要想在忙碌的时候心性不乱，就必须在清闲的时候培养清醒敏捷的头脑；要想在死亡面前不感到畏惧，必须在平时就对人生觉悟得透彻。

【活学活用】

修行高深的人，最大的特点就是有理智，不冲动，在任何情况下，都能守住自我，章法不乱。这段话着重强调了人的内心修养。

曾子认为，增进内心修养，自有其既尽人情又合事理的价值。一个人在日常生活中，态度端庄，言辞谦和，行为谨慎，不以狂躁伤人，不以骄纵触规犯法，不到处惹事端、闹矛盾，少犯错误，避免被人指责怨恨……是一种很难得的品质。曾子还说"士不可不弘毅"，"任重道远，死而后已"，"临大节而不可夺"，"战阵无勇，事君不忠为非孝"。在面临抉择甚至有关生死的场合，一味谦和谨慎，一味守身保誉，一味归向内心，都是不可取的。总之，要想真正做到"忙处不乱性""死时不动心"，是人生一大难事，但并非没人做到，只是做到的人相对太少。

　　"忙处不乱性"，一个"忙"字寄寓着广泛的含义，它既喻指日常事务的繁忙，也喻指事物所处的急迫与险峻的境况。无论是哪一种情形，都必须持有一颗镇定不乱的心。如此才能消除困境，化解危机，使事物朝着有利的方向发展。

隐逸林中无荣辱，道义路上无炎凉

【原文】

隐逸林中无荣辱，道义路上无炎凉①。

【注释】

①炎凉：炎，热。凉，冷。比喻人情冷暖。

【译文】

隐居山林之中的人生，没有荣耀与耻辱；追求仁义道德的道路上，没有人情冷暖、世态炎凉。

【活学活用】

佛语有云："满库金，满堂玉，何曾免得无常路？"大德高僧常说："眼睛不要老是睁得那么大，我且问你，百年以后，哪一样是你的。"我们要学会"适可而止，处世不贪"。不仅懂得做加法，更要会做减法，这才是生活的智者。

山林隐居之人自不在乎荣辱，倘若一心追求道义，又何必在乎世态炎凉呢？这不失为一种博大的智慧。世上的是是非非只不过是镜中花、水中月而已，为何总是让自己偏于执著呢？

很多人都在感叹世态炎凉，可究竟有多少世态炎凉是真正和我们有关的呢？换句话说，你做人越挑剔、越算计、越虚伪，你看到的人性之恶就越多，你经历的世态炎凉也就越多，即便有一时的得意，那心底的哀伤也会如影随形。

在一些宽容的原谅中、不屑的骄傲里，也有着生存的智慧。为何要如此看重世态炎凉？这个社会本就如此，那些炎凉本是真相。生活的美好里也包含着残酷，你善良它就美好，你阴暗它就残酷。我们应该宽容那些和我们有关的人，对于无关的人，根本不必在乎。穿自己的鞋，走自己的路，任别人说去吧。

做真实的自己，靠本事吃饭，世态再变又怎样？不做卑鄙的小人，保持有温度的心灵，炎凉再寒又如何？原来我们一直可以做到眼不见为净、心不冷为美，我们也都会慢慢变得平静从容，不再给自己借口伤害别人，也不再给别人机会伤害自己。

都说世态多炎凉，有人却说是平常。再换句话说，做人越真实，越简单，越纯净，你所看到的人性之善就越多，你所经历的世态炎凉也就越少，就算有伤痛时的黯然，那心底的快乐也会最终战胜一切。

身在清凉台上，心居安乐窝中

【原文】

热不必除，而除此热恼，身常在清凉台上；穷不可遣[①]，而遣此穷愁，心常居安乐窝[②]中。

【注释】

①遣：排除，排遣。任昉《出群传舍哭范仆射》："欲以遣离情。"

②安乐窝：指舒适的处所。

【译文】

不一定要除去暑热本身，如果要去除暑热所带来的烦恼，只要保持清凉的心境即可；穷困不一定要用什么特殊的方法去改变，要排除穷困所带来的忧愁，只要保持安乐的心境即可。

【活学活用】

江西云居山真如寺，禅堂有明神宗皇帝御书的匾额楹联：智水消心火，仁风扫世尘。匾曰：寡过未能。世人常常心火燃烧，所以佛陀教人"灭却心头火，剔起佛前灯。"佛教讲业火，所以要消灭业火；佛学讲空讲心，所以要点心中明灯。

大德高僧说："不是天气热，是心火不熄；不是境不顺，是内心矛盾。"诗云："人人避暑走如狂，独有禅师不出房，不是禅师无热恼，只是心静自然凉。"炎炎夏日，酷暑难当，炙热之中向何处取凉?

白居易有诗《消暑》云："何以消烦暑，端坐一院中。眼前

384

无长物，窗下有清风。 散热由心静，凉生为室空。 此时身自保，难更与人同。"读此诗，感觉有一股凉风扑面之爽快。 看来，散热由心静，心静则身凉，乃是古今一理的消暑之道。

心静，未必非得如佛向禅，尚需净心静气。 物欲社会的诱惑，充满了一个个让人坐立不安、心跳加快的念头，过多欲念牵引了烦躁的身心。 而百非皆由烦躁生，只有远离酒色财气，心才能进入一方静谧的世界。 以静制欲，不仅能"自静其心延寿，与物无求长神"，更可达到"事能知足心常乐，人到无求品自高"的意境。 暑夏里所需的那一份凉意，自然也会从心底升起。

进步思退步，著手先放手

【原文】

进步处便思退步，庶免触藩①之祸；著手时先图放手，才脱骑虎之危②。

【注释】

①触藩：进退两难。

②骑虎之危：比喻做事不能停下的危险。

【译文】

在进步向前的时候要想好退路，才能避免进退两难的灾祸；在着手进行的时候要有中止放手的准备，才能摆脱骑虎难下的险境。

【活学活用】

"上树容易下树难"，这是在提醒人们，得手容易，脱身就难。 做事是为了成功，不可一味冒进，应知进知退，有张有弛。

我们在谈到成功之道时，更多地强调要有一种勇往直前、积极进取的精神。 但是，一味地硬冲硬打未必就是最好的方法，以退为进也是一种人生的策略。

面对险恶的局势，人应当有一种宁为玉碎、不为瓦全的精神。这种不达目的誓不罢休的"视死如归"精神，我们自然要提倡。但是，客观世界是复杂多变的，就某个具体的事情来说，也有其"时""势"的问题，在某些特定的时间里、环境下，采取以退为进的方法，也是一种积极的人生策略。

在现实生活中，为人处世要灵活，知进退，善于静观其变，沉着应对。 做人要时刻认识到自己所处的境地，要根据自己的实力去行事，当进则进，当退则退，做到有自知之明。 能够认清客观形势或时代潮流，能够跟着客观形势或时代潮流的变化而变化，因时制宜，顺势而动。

贪得者乞丐，知足者王公

【原文】

贪得者分金恨不得玉，封公①怨不受侯，权豪自甘乞丐；知足者藜②羹旨于膏粱③，布袍暖于狐貉④，编民⑤不让王公。

【注释】

①公：爵位名，古代把爵位分为公、侯、伯、子、男五等。

②藜：一种可供食用的野草。

③膏粱：形容菜肴的珍美。据《孟子·告子》篇："所以不愿人之膏粱之味也。朱注：'膏，肥肉；粱，美穀。'"

④狐貉：用狐貉皮所制的衣服。

⑤编民：也作编氓，批列于户籍的人民，也就一般平民。据《史记·货殖列传》："而况匹夫编户之民乎？"

【译文】

贪得无厌的人，给他金银还怨恨没有得到珠宝，封他公爵还怨恨没封侯爵，这种人虽然身居豪富权贵之位却等于自甘沦为乞丐；知道满足的人，即使吃粗食野菜也比吃山珍海味还要香甜，穿粗布棉袍也比穿狐袄貉裘还要温暖，这种人虽然身为平民，但实际上比王公还要高贵。

【活学活用】

有人疑惑：现代社会是否应该提倡知足常乐？ 这似乎是一个常辩不衰的话题。

老子曾经说过："祸莫大于不知足，咎莫大于欲得。"在现代社会，人们的欲望无限膨胀，似乎任何东西都可以成为被占有的对象；在现代社会，人们对"进步"的理解过于片面，似乎任何现状都需要无限制地破坏；在现代社会，人们对发展的追求过于盲目，似乎任何资源都可以肆意挥霍。 这种所谓"永不知足"的心态，是造成种种现代病的根源。 在种种现代病的困扰下，现代人处于"常不乐"和"乐不常"的状态。 西方后现代思潮的兴起，就是基于对现代病的深刻反思。

也有人会说：如果满足于煤油灯，人类就不可能有电灯；如果满足于平房，人类就不可能住上楼房。

现代社会，科技发展日新月异，物质产品极大丰富。 有多少人在嘲笑古人生产力的落后，有多少人在惋惜古人物质生活的简陋。 然而，我们现代人面对的现实却是，心理压力日益沉重，自然环境日益恶化，人际关系日益淡漠，社会发展急剧变化。 想一想，如果没有体会到煤油灯带来的乐趣，人们怎么可能再去发明电灯？没有享受过住平房的乐趣，怎么有动力去建造楼房？真正知足常乐的人不是穷快乐，而是住平房时享受平房的乐趣，住楼房时享受住楼房的乐趣，不会因为从平房搬进了楼房就觉得高人一等，也不会因为从楼房搬进了平房就觉得难以接受。 知足常乐不是用楼房来衡量的，也不是用平房来衡量的，而是指向每一个已经实现的目标或愿望。

矜名不若逃名趣，练事何如省事闲

【原文】

矜①名不若逃名趣，练②事何如省事闲。

【注释】

①矜：夸耀。《史记·文帝本纪》："今又矜其功，受上赏，处尊位。"

②练：训练，使熟练。此处有研究之意。

【译文】

炫耀名声还不如逃避名声更有趣味，练达世事也不如多省一事来得悠闲自得。

【活学活用】

一个喜欢夸耀自己名声的人，倒不如避讳自己的名声显得高明；一个潜心研究事物的人，倒不如什么也不做更显得安闲。 这又是道家所提倡的思想。 因为老子主张无为，在他看来，无为即有为。 这个观点就老庄的思想来说似乎无可厚非，可是如果放到今天来讲就不太切合实际。 在现在这个社会，一个什么都不做的人且不说能否得到别人的认可，实现人生的价值，就连养活自己都成问题。 安闲是我们向往的生活方式，可那一定是在努力奋斗的前提条件下，方可忙里偷闲。 过分夸耀自己的名声是不可取的，这一点现在还基本实用。 做人应该谦虚一点，真正有能力的人，不用你自己炫耀别人也会知道。 因为有能力的人创造的价值大家是有目共睹的，在这样的情况下当然谦虚胜过卖弄了。

山不言自高，一个喜欢夸耀名声的人，不如避讳名声更高明。避讳名声在客观上会产生两种效果：一是有名不悖名，不会因为名声显赫而以名气压人；二是有名不夸名，保持谦虚、谨慎的态度，使其更显得有涵养、有深度。

钱钟书夫妇可以说是当代中国文化名人之最，但他们几十年如一日，深居简出，从不抛头露面，一直致力于潜心治学，甘于平寂，过着平凡朴素的生活，正因为此，使得他们的名声更加远扬。

自得之士，悠然自适

【原文】

嗜寂者，观白云幽石而通玄①；趋荣者，见清歌妙舞而忘倦。唯自得②之士，无喧寂，无荣枯，无往非自适之天。

【注释】

①玄：深奥，玄妙。《老子》："玄之又玄，众妙之门。"

②自得：领悟人生。

【译文】

喜欢宁静的人，看到天上飘动的白云和山间的幽石就能悟出其中的玄机；喜欢繁华热闹的人，听见清扬的歌声、看到美妙的舞蹈就会忘记疲倦。 只有那些纯净自得的人，没有喧嚣或寂寞的烦恼，没有得志或失意的痛苦，何时何地都是他逍遥自在的天地。

【活学活用】

喜欢宁静的人善于思考，看到天上的白云与幽谷中的石头也能领悟出极其深奥的玄理。 仿佛他前世就与自然界的这些东西有缘，它们总能引起他内心的某种触动。 喜欢荣华富贵的人，听到清亮的歌声、看到美妙的舞姿时就会暂时忘记疲倦。 这两类人都是容易受外界影响的人。 因为他们内心有着太多的杂念，只要外界某种东西一触动到内心，就会立即引起反应，所以他们应该算不上是真正了悟人生的人。 只有那些对人生感悟很深的人，才能纯真自得地享受人生。 不管外界有什么变化，对他都不会有什么影响，不让外物诱惑自己的内心。 因此，在他们的心中，既没有喧嚣或者寂寞的烦恼，也没有得意或者失意的痛苦。 他们早已心如止水，保持着纯真自得的本性，凡事只求符合天性而不管别人如何评论，所以可以让自己永远处于一种逍遥的境界。

去留无所系，静躁不相干

【原文】

孤云出岫①，去留一无所系；朗②镜悬空，静躁两不相干。

【注释】

①岫：山洞。张协《七命》："临重岫而揽辔，顾石室而回轮。"

②朗：明朗。王羲之《兰亭集序》："天朗气清。"

【译文】

孤云从山谷中飘出来，它的去留和什么都没关系；一轮明月悬挂在天空，世间的安静或喧闹与它毫无关系。

【活学活用】

人感觉到白云来去一无牵挂，飞奔任他自由。 陶渊明的《归去来辞》说："云无心而出岫，鸟倦飞而知还。"也就是说，万物都是往还来去一任自然的。 一轮明月悬照在天空之中，皎洁光明，照耀着下界静寂或喧噪的各个地方，没有一点厚此薄彼的分别。 人的出入进退也应当像孤云无心出岫，人心的明朗更应当像悬在空中的明月一般。 天地创造万物，最初都了无牵挂逍遥自在，至于今天的道德、法律、宗教等一切行为规范，都是后来由人类自己创造的人为约束。

生活在现代文明中的人们，不可能像孤云朗月一样无牵无挂，必须受人类自己创造的道德、法律、宗教等一切行为规范的约束限制。 处在原始社会的人们，在精神上是公平和自由的，在生存上需要相互帮助，使生存问题得到解决。 不过时代永远是前进的，私有制一出现，社会就开始有了种种矛盾，一些制约人类社会生活的规范开始出现。 但任何为人类所建立的行为约束，都必须适应人类社会生活才能存在，反之就会被人们共同摒弃。 例如暴政等等不合理的政治制度，就必然会被人们推翻，"暴政必亡"就是指此而言。 社会的发展，并没有使人们一无所系了无牵挂自由自在地生活，于是人们便寻求一种自我内心的平衡与调节，求得内心如流云，如朗月，使人世间的静躁与我无关，借以保持一份悠闲雅致。

浓处味常短，淡中趣独真

【原文】

悠长之趣，不得于浓酽^①，而得于啜菽饮水^②；惆恨之怀，不生于枯寂，而生于品竹调丝^③。 固知浓处味常短，淡中趣独真也。

【注释】

①酽：浓、味厚。

②啜菽饮水：啜，吃。菽，豆类的总称，此处指粗粮。啜菽饮水比喻清淡的生活。《荀子·天论》："君子啜菽饮水，非愚也，是节然也。"

③品竹调丝：指欣赏音乐。

【译文】

悠远绵长的趣味不一定能从浓烈的美酒中得来，而能从食用清淡的豆类清水中得来；惆怅悲恨的情怀不是从孤寂困苦中产生，而是从声色犬马中产生的。 由此可知浓厚的味道往往很快消散，而平淡的事物才是最有趣味和最真实的。

【活学活用】

美妙的音乐和佳肴虽然能给人带来一时的乐趣，但不能给人真正的快乐，令人回味无穷的情趣，得自于啜菽饮水的清淡之中。要想轻易地得到快乐的生活是很难的。 如果来得容易，快乐的生活就容易走样。 走样的快乐又岂是真正的快乐？

生活中，有人薪水微薄，却喜欢享受，用他们最时髦的话说是享受生活，"今朝有酒今朝醉"，今日歌厅，明日舞厅，后日咖啡厅，日日餐厅，结果入不敷出，债台高筑，使自身陷于苦境之中。灯红酒绿的生活，虽能让你兴奋，让你快意人生，然而曲尽人散之时，挥霍之后剩下的只是囊中羞涩，饱受饥荒之苦。 这不是乐极生悲吗？粗茶淡饭虽无美味佳肴爽口，却能免空腹之灾。

因此，一个人不应当只追求丰富的物质生活，更重要的是让自己轻松、快乐起来。

世界原本不复杂，如果心复杂了，这世界也就复杂了。 想想我们这短短几十年的人生，到底追求的是什么？对钱财、名誉、地位的向往又是为了什么呢？说到底还不是为了寻求快乐吗？富足时并不一定比穷困时快乐，历经沧桑也不一定会比不谙世事快乐，所以学会用简单的态度在简单的生活中寻求快乐才是一种真正的幸福。

做人要有简单的心态，世界上最透彻的生活哲理其实也最质朴无华。 市场上来了好米，妻子一声呼唤："扔下你那本书，人活着先得吃饭！"挑灯熬夜写论文，妻子轻轻嘀咕："丢了小命，看你职称有啥用？"细想，这些全是实话，全是人生的哲理，如高山流水，让凝涩的人生流畅，让板结的心情融化。

追求功名利禄的人，整天考虑的是他人对自己如何评论，必然活得累；自觉追求淡然恬静的人，自然是荣辱毁誉不上心。 正如古人所说的："没事汉，清闲人。"

"没事汉，清闲人"看似没有什么"心机"，实际上蕴涵着做人的大学问。

有意者反远，无心者自近

【原文】

禅宗曰："饥来吃饭倦来眠①。"《诗旨》曰："眼前景致口头语。"盖极高寓②于极平，至难出于至易；有意者反远，无心者自近也。

【注释】

①饥来吃饭倦来眠：王阳明诗："饥来吃饭倦来眠，只此修去玄更玄，说与世人浑不信，却由身外觅神仙。"

②寓：寄，寄托。《管子·小匡》："事有所隐，而政有所寓。"

【译文】

禅宗有一则偈语说："饥饿时吃饭，疲倦时睡眠。"另外《诗旨》里有一句是："眼前景致口头语。"这些都将极深的哲理蕴含在极为平淡的日常生活当中，可见最难的东西也要从最简单处着手；凡事刻意去强求的人往往离真理更远，无心而任其自然的人反而会接近真理。

【活学活用】

禅宗有一句话说的是：饿了就吃饭，困了就睡觉。还有一句做诗的格言说：用口头的语言表达眼前的景致就是好诗。这两句话都表明了一个观点：直接、简单的描述是最真实的，即现代写作手法中的白描。其实白描这种手法在唐代就已被使用，当年白居易写诗就讲究通俗易懂，他用民间最直白的语言来写，写完之后总要念给一些老人听，直到老人们能听懂为止。 所以现在我们读到的白居易的诗总是朗朗上口，言简意赅。 就如幸福总是寓于平凡之中一样，世间极高深的哲理总是寓于普通的事物之中。 在最朴实无华的语言里往往能见到最真实的东西，就如马志远那首著名的小令："枯藤老树昏鸦，小桥流水人家，古道西风瘦马，夕阳西下，断肠人在天涯。"整首诗不到三十个字，却将一幅落日时分游子浪迹天涯的画面表现得那样完美。 所以说最难的事物若能从最简单处着手，反而容易找到切入点，使之表现得更好。 凡事都要讲求一种自然的美，如果去强求，可能会离目标更远，反而是那种无心地随自然发展的人比较容易接近自己的目标。

人世间有些事情说来也怪，当你有意去做时，结果却"事与愿违"，而在你不经意的情况下却会出现"意外收获"。 难怪人们时常发出"有意栽花花不开，无心插柳柳成荫"的感叹，不少人也因"好心办了坏事"而惹出诸多烦恼。 因此，做人处事还是"无心"为妙。

在日常生活中，做"有心人"容易，而做"无心人"却很难。因为，"无心人"并非是那种什么都不想、什么都不做的袖手旁观的懒惰者，而是一种做人处事的最高境界，是一个人能力和智慧的结晶，看似"无心"胜"有心"。 要达到这种境界，就要顺其自然莫强求。

喧见寂之趣，有入无之机

【原文】

水流而境无声，得处喧见寂之趣；山高而云不碍，悟出有①入无②之机。

①有：指有形的、具体的事物。

②无：指无我的境界。

【译文】

流水淙淙，两岸的景物却没有一点声音，由此可以看出在喧闹的环境中仍能享受寂静的趣味；高山耸立，云彩却不会觉得受到阻碍，从中可以悟出无我的玄机。

【活学活用】

河水淙淙，而两岸的景物却没有一点声音，可见在喧闹的环境中一样有安静存在。 闹中取静，更能显出安静的趣味。 为人处世如果也能做到闹中取静，动静相宜，那么就算达到了待人接物的最高境界了。 可是有很多人在这方面做得不是很好，不是偏向于动，就是偏向于静。 有的人在与人接触时太过张扬和外露，总是喜欢表现自己，而有的人又太安静，坐在那儿几小时不说一句话。 两种待人接物的方式都不可取，如果能糅合折中才能取得最好的效果，既落落大方又不失稳重，才真正具有绅士淑女的风范。 很多人在做事情时都容易受到别人的影响，但还是有极少数人例外，他们有自己的行为准则，不会轻易因别人的建议而改变自己的做法，无论面对怎样的压力也义无反顾，勇往直前。 就像那自由自在飘浮的白云，不管山峰有多高，也不能妨碍它的流动。 如果能从这种景观里悟出从有我进入无我的玄机，那么做事情就容易成功了。

心有系恋，乐境成苦海

【原文】

山林是胜地，一营①恋变成市朝；书画是雅事，一贪痴便成商贾②。 盖心无染著，欲境是仙都；心有系恋，乐境成苦海矣。

【注释】

①营：迷惑。《孙膑兵法·威王门》；"营而离之，我并卒而击之。"
②贾：商人。《盐铁论·轻重》："笼天下盐铁诸利，以排富商大贾。"

【译文】

山林是隐居的好地方，如果有了私心杂念，那么山林也成了俗市；欣赏书画是高雅的行为，如果有了贪求和痴恋，那就跟商人没有什么两样了。 所以只要心地纯真没有污染，即使身在物欲横流的环境中也能如同在仙境一般；心中牵挂太多，那么即使处在快乐的环境中也如同在苦海中生活一样。

【活学活用】

山川秀丽的地方本来是旅游的好去处，可是人们一旦迷恋上那儿，就会将风景秀丽的幽境胜地变成庸俗喧嚣的闹市区。 曾几何时，那些原本风景迷人的自然风光，在无数的观光客蜂拥而至之后，就再也没有了往日的平和与宁静。 棋琴书画本来是文人墨客的一种高雅趣味，让人们在舞文弄墨中得到一种心旷神怡的享受，可是一旦对它产生贪恋的狂热念头，就会将原本风雅的事情变成俗不可耐的市侩。 有的人为了得到自己喜欢的一本书、一幅画，可以不惜手段。 所以再美好的东西一旦被人的不良欲望所污染，都会变得俗不可耐。 其实一个人只要能够心地纯洁，保持自己的风格不被外物所影响，就算处在物欲横流的花花世界里也能找到自己快乐的仙境；反之，如果内心产生邪念，对物质享受太过迷恋，就算置身于快乐的仙境，其精神也会坠入痛苦的深渊。

静躁稍分，昏明顿异

【原文】

时当喧杂，则平日所记忆者，皆漫然忘去；境在清宁，则夙昔①所遗忘者，又恍尔②现前。 可见静躁稍分，昏明顿异也。

【注释】

①夙昔：以前，过去。杜甫《骢马行》："夙昔传闻思一见。"
②恍尔：恍然，忽然。

【译文】

在喧闹嘈杂的时候，平时所记着的事情都会淡忘掉；当环境清静安宁的时候，平时所遗忘的东西又仿佛出现在眼前。 可见安静和浮躁的分别所带来的结果是清明和昏昧的不同。

【活学活用】

静和躁是我们情绪中对立的状态，这两种情绪给我们带来的影响截然不同。 在安静的环境中，心情平静，对事情的考虑就会缜密周详。 相反，在吵闹的环境中，人的情绪很容易受到干扰而失去理智，也许会做出难以想象的事情来，此时一定要对自己进行反省。 一个人能修炼到即使在喧闹中也能保持冷静的头脑，这样就具备了取得成功的心理基础。

一个人如果有轻浮急躁的心态，是什么事情也干不成的。 在现实生活中，常有人犯浮躁的毛病。 他们做事情往往既无准备又无计划，只凭脑子一热、兴头一来就动手去干。 他们不是循序渐进地稳步向前，而是恨不得一锹挖成一眼井，一口吃成胖子。 结果呢，必然是事与愿违，欲速不达。

稳重冷静是一个人思想修养、精神状态美好的标记。 一个人只有保持冷静的心态才能思考问题，才能在纷繁复杂的大千世界中站得高、看得远，才能使自己的思维闪烁出智慧的光辉。 诸葛亮讲的"非宁静无以致远"就是这个意思。 我们如能把"宁静以致远"作为自己的座右铭，就会有助于克服浮躁的缺点。

卧雪眠云，吟风弄月

【原文】

芦花被下，卧雪眠云，保全得一窝夜气；竹叶杯中，吟风弄月①，躲离了万丈红尘②。

【注释】

①吟风弄月：指填词吟诗。

②红尘：尘世、人间，多指热闹繁华的地方。

【译文】

以芦花作棉被，以雪地作睡床，以云彩作蚊帐，在如此美景下睡眠，可以保持一天之间的精气；以竹叶作酒杯，在清风明月下吟咏，可以摆脱尘世间的纷乱烦扰。

【活学活用】

在芦花被下卧雪眠云当然是再悠闲不过的事情了，纵然是睡着有一些寒冷，却能保全一份宁静的气息。但是现代人中，又有几个还有雅兴来享受这种情趣呢？以竹叶当杯，吟风弄月，可以远远地逃离红尘世界的繁华与喧闹，这是很多人梦寐以求却又一直无法实现的愿望。因为尽管许多人的心中都向往宁静清淡的日子，可是因为误入红尘太久，被世俗的东西浸染得太深，想要自拔几乎是不可能了。像陶渊明那样能放得下一切，勇于追求自己理想生活的人毕竟是少数，这就是现代人的可悲。相对于整个人类来说，生命是短暂的，应该珍惜。人活着固然不能离开衣食住行，但我们不仅仅是活着，还应活出自己的品味来。丰厚的物质可以让我们生活得更好，但充足的精神生活也是必不可少的。在尘世中住久了的人们，不妨试着去一下乡间，感受一下田园的风光，在那种"采菊东篱下，悠然见南山"的自然景观里，你会发现人生的另一种意境，也不失为一个巨大的收获。

浓不胜淡，俗不如雅

【原文】

衮冕①行中，著一藜杖②的山人，便增一段高风；渔樵路上，著一衮衣的朝士，转添许多俗气。固知浓不胜淡，俗不如雅也。

【注释】
①衮冕：指代官位。衮，皇帝穿的绣有龙的衣服。冕，礼帽。
②藜杖：手杖。

【译文】

在衣着华丽的达官贵人的行列中，如果出现一个手持藜杖隐居山中的隐士，便可以增加一种高雅的风韵；在渔人樵夫往来的路上，如果有一位穿着华丽朝服的达官显贵，反而会增添许多俗气。所以说浓艳比不上清淡，庸俗比不上高雅。

【活学活用】

在衣着华丽的达官贵人中间，如果突然出现一个手持藜杖、在山中隐居很久的隐士，那么那个场合必定会陡增一种高雅的风韵。因为人人都是凡夫俗子，每天都为自己的生存疲于奔波，为了保存既得利益或争取新的利益你争我斗，尔虞我诈，忽然间来了一个不食人间烟火的人，哪能不叫人吃惊继而惊喜呢？有很多时候，生活都是需要点缀的，所以当达官贵人中间来了这样一个清心寡欲的人时，对他们来说无疑是注射了一支空气清新剂，让众人觉得清爽透顶。 可是反过来，如果在渔人樵夫过往的路上，忽然出现一位衣着华丽、气势显赫的达官贵人，那一定让人心里觉得很不舒服，骤然间增添了许多俗气。 人生固然是需要许多点缀和搭配，需要动静相宜，需要一张一弛，需要品尝清淡与浓艳，感受庸俗与高雅，但是无论何时，浓艳永远比不上清淡，庸俗也永远比不上高雅。如果一定要有所选择，我们当然更需要清淡与高雅，而不是浓艳与庸俗。

出世在入世中，了心在尽心内

【原文】

出世之道，即在涉世中，不必绝人以逃世；了①心之功，即在尽心内，不必绝欲以灰心。

【注释】

①了：懂得，明白。《南史·蔡撙传》："卿殊不了事。"

【译文】

超凡脱俗的方法，就应该在尘世中寻找，不必刻意隔绝世人远遁山林；了悟心性的功夫，还是要用心去体会领悟，不一定要断绝欲念，心如死灰。

【活学活用】

摆脱世俗人情的束缚，并不是让你断绝与人来往，隐居起来。相反，这取决于你在世俗生活中所持的生活态度。领悟心性的功夫，不是要杜绝所有的人生欲望，心如死灰，相反，要尽心竭力地修心养性，以保全人的纯真本性。

由此可见，所谓超俗与入俗是相对而论的，任何一个人都不可能超脱到不食人间烟火，因此，超俗并不是指人的身体，而是指其精神。假如俗心不减，就算远离尘世，不吃不喝又有什么用？所以，入世才能出世，尽心才能了心。心中有佛，佛才有，这也就是注重追求事物的本质，而不是外在形式。

身常放闲处，心常安静中

此身常放在闲处，荣辱得失谁能差遣我？ 此心常安在静中，是非利害谁能瞒昧①我？

【注释】

①瞒昧：隐瞒。

【译文】

把自己的身体放在闲适的环境中，那么世间的荣辱得失如何能够使唤我？ 使自己的心境经常处在安宁平静的状态，那么世间的是非利害又如何能够欺骗愚弄我？

【活学活用】

此身常放在闲处，荣辱得失谁能差遣我？ 此心常安在静中，是非利害谁能瞒昧我？ 这些话字句虽浅却寓意深远，人若能处于"闲"处，生活得从容，何以能被随意差遣？ 心若能安宁平静，是非利害自然远离。

老子主张"为无为，则无不治"。 世人常把"无为"挂在嘴边，实际上是做不到的。 但一个人处在忙碌之时，置身功名富贵之中，的确需要静下心来修省一番，闲下身来安逸一下。 这时如果能达到所谓"六根清净，四大皆空"的境界，就会把人间的荣辱得失、是非利害视同乌有，利于帮助自我调节，防止陷入功名富贵的迷潭难以自拔。

身闲，却闲得心中郁闷，闲得心有计较，闲得心痒难耐，此等闲处是身闲心躁，算不得真悠闲。 真正的悠闲，是"身在闲处，心在静中"，是"云淡风轻近午天，傍花随柳过前川"的那种恬然安闲，入此闲处，自能断了荣辱得失的牵挂，自能挡了是非利害的冲击。

　　净空法师启示："厚己争利是世间人的自私自利，争名夺利。我们在修道时候，最重要的是不争。"人生就像一场戏，尽管剧中曾经风光、繁华过，一旦落幕，一切将归于寂静。

　　世间万事都有法，万法都是清凉自在的，只有人为了身外之事在终日奔波，忙乱烦躁。 人心本自安闲，偏要追逐身外的名利声色，正是自己扰乱了自己！

　　人总容易沉迷于名利得失之中，天天都伤心费神，耗精耗气，这样神气就枯竭了。 劳心劳力，片刻不得安闲，没有了滋养的身体，怎么能不枯朽呢？

　　世上追求名利得失的人很多，追求清平安闲的也大有人在。我们要学会安闲地度日，世间所有的纷杂和钩心斗角、名利是非都与己无关。 放眼于广阔无垠的天地自然和历史长河之中，从一时一事的是非、得失、荣辱中超脱出来，淡泊名利，随遇而安。

　　佛陀说："不为法缠，不为空缠，身心两自在。"不管别人怎么想，又会怎么做，我们只要让自己保持一分恬淡豁达之心就足够了。

云中世界，静里乾坤

【原文】

　　竹篱下，忽闻犬吠鸡鸣，恍似云中世界；芸窗①中，雅听蝉吟鸦噪，方知静里乾坤②。

【注释】

①芸窗：指代书房。芸，古人藏书用的一种香草。

②乾坤：天地。杜甫《江汉》："江汉思归客，乾坤一腐儒。"

【译文】

在竹篱下忽然听到鸡鸣狗吠的声音，恍然让人觉得置身于神仙世界之中；坐在书房里面悠闲地听着蝉鸣鸦啼，才感受到安静中蕴藏无限情趣。

【活学活用】

在篱笆下听到几声鸡鸣狗吠的声音都恍如进入云中世界的人，一定是禅功修炼得非常好的人，因为只有在宁静中所培养出来的灵智，才能对生活中的万事万物感受得那样细腻深刻。 这是一种生活的境界，是很多人修炼很久也达不到的一种人生境界。 坐在书房里听蝉鸣鸦啼，更能深切地体会到安静中蕴藏着的无穷情趣。 这种情趣，是那些终日在喧嚣的环境中生活的人永远也感受不到的。 也许文人雅士更偏爱这种田园生活，这可以使他们远离尘嚣，感受生命中最原始的真味。 当然人不能一直过这样的生活，这种闲情逸致伴随人太久了，会让人丧失斗志。 我们可以将它作为生活中的一种调节，在城市里厌倦了之后，可以到这样的环境中来梳理一下自己的思绪，清醒一下自己的大脑，让心情得到彻底放松之后，再回去工作，一定能取得更好的效果。 说不定从这种境界里可以领悟到一定的玄机，对自己的工作学习都大有帮助。

我不希荣何忧，我不竞进何畏

【原文】

我不希①荣，何忧乎利禄之香饵②？ 我不竞进③，何畏乎仕宦之危机？

【注释】

①希：希望，追求。

②香饵：引诱人的东西。

③竞进：争夺，竞争。

【译文】

我不希望去追求荣华富贵，怎么会担心名利和官禄的诱惑呢？我不想升官发财，怎么会担心官场上潜伏的各种危机呢？

【活学活用】

不追求荣华富贵，也就不会害怕荣华富贵的诱惑。 不和别人争夺高低，也就不会害怕官场中隐藏的危险。 心中没有私心欲念，也就不会瞻前顾后，唯恐落入他人圈套中。 正所谓"海纳百川，有容乃大。 壁立千仞，无欲则刚"。 无欲无求，也就不会有恐慌畏惧。

古代官场中布满陷阱、充满荆棘，因此才有"香饵之下必有死鱼"的说法。 所以作者劝诫人们为人处世要想不误蹈陷阱误踏荆棘，最好是把荣华富贵和高官厚禄都看成过眼烟云。

的确，一个人如果不希冀官场的升迁就不会去投机钻营，不会

406

去阿谀奉承，就会无所畏惧，那权势又奈我何？馅阱对于想图功名者来说才是陷阱，而对于轻名利者则不是。

权力和金钱不是人生最重要的东西，对于权力和金钱都要抱有适可而止的态度，不要把它作为终极目标。远离世俗的功利，远离物质、金钱和权力的诱惑，保持清洁的内心，享受精神的自由。能做到这些，人生自有另一种洒脱。

山泉去尘心，书画消俗气

【原文】

徜徉①于山林泉石之间，而尘心渐息；夷犹②于诗书图画之内，而俗气潜消。故君子虽不玩物丧志③，亦常借境调心。

【注释】

①徜徉：徘徊闲适的样子。

②夷犹：流连忘返。

③玩物丧志：玩赏珍宝而丧失了本来的志向。

【译文】

悠闲地游玩在山野树林清泉怪石之间，尘世的俗心就会渐渐止息；浸淫在读书吟诗作画的情趣当中，庸俗的气息就会慢慢消失。所以有德行的君子不会因为沉溺于玩物而消磨意志，却常常借助优雅的环境陶冶情操。

【活学活用】

生命之舟载不动太多的物欲，当你颇感身心疲惫的时候，不妨先停下手头的工作，翻开一本闲书，端一杯清茶，让心平静下来，全身心地去体会生命的真正乐趣。

美国政治家富兰克林曾经说过："读书使人充实，思索使人深沉，交谈使人开朗。"可见读书的好处很多。 一个人要是能离开名利场、是非圈，徜徉于山林泉石之间，挥毫泼墨赋诗作画，也能怡情养性，陶冶身心。 感悟大自然的玄机，体味其神韵，能摆脱人间的许多俗气。 因此，世人应多多修养性情，培养自己的气质和风度。 但切不可因迷恋美景而玩物丧志，要时时小心提防。

有一位精通心理保健的医生，曾经提出以下方式来帮助人们时时获得快乐的感受。

当你聆听音乐或是观赏舞蹈表演时，不妨将自己想象成舞台上的演奏者、歌手和舞者，经过你设身处地的感受时，就可以从旁观者的心理状态转化成参与者的心理状态。 如此一来，你便能经常沉浸并体会外界的美好，更能发现生活中的快乐其实是无所不在的。

此外，当你阅读报纸、观看电视、聆听他人说话时，也可以集中注意力，随之展开想象的旅程。 比方说，当你听人介绍美国纽约的风光时，就可以设想自己正跟对方走在纽约的街道上；当电视节目介绍非洲大陆时，你也可以想象穿越沙漠。 其实此种方法就是在培养我们对于外界之美的观察力与感受力，进而体会到原来快乐在生活中真的是俯拾皆是啊！

你发现了吗? 人生的美妙、快乐、欢喜之处，就在我们视线所触及的每一件小事情当中。 当我们面对一件事情时，只要能够持一种欣赏的眼光，努力挖掘它内在隐含的乐趣，就算是再繁乱的活动，我们也将会感受到生活的愉悦和快乐。

唯有懂得享受事物之中的美感与动人之处，了解完整的快乐就是平常生活的点点滴滴满足累积而成的，我们才能时时保持愉快的心情，甚至将快乐分享给身边的每一个人。

所以，朋友们，让我们一起大声地唱："你快乐吗？我很快乐！快乐其实也没有什么道理……快乐就是这么容易，这么简单！"

春日繁华，不如秋爽

【原文】

春日气象繁华，令人心神骀①荡，不若秋日云白风清，兰芳桂馥②，水天一色，上下空明，使人神骨③俱清也。

【注释】

①骀：舒缓荡漾。马融《长笛赋》："安翔骀骀，从容阐缓。"
②馥：香，香气。谢朓《思归赋》："晨露晞而草馥。"（晞：干。）
③神骨：精神和形体。

【译文】

春天的景致繁华热闹，使人心旷神怡，但却不如秋天的秋高气爽，白云飘飞，兰花馥郁，桂花飘香，秋水共长天一色，天地澄澈清明，使人的身体和精神都感到清爽舒畅。

【活学活用】

大自然的春天，百花齐放，百鸟争鸣，朝气蓬勃，正是播种的好时机。然而时光再好，如果不及时播种，到秋天只会颗粒无收。

人的一生跟自然一样有着四季，然而自然的四季有轮回，人的一生却无法从头来过。因此，更应珍惜美好的对光。风华正茂的时候是人生的春天，也是为事业打基础的季节，只因有了春天的努力耕耘，秋天才会变得格外美丽。

对于人来说，年轻就是资本，年轻也许意味着某些不成熟，但是不经过年轻时的锻炼，哪有中老年时稳健的风采？所以，凡事从现在做起，不要抱着今天姑且让它过去、明天幸福的日子就会来临的想法。不好好把握今天，明天是绝不会有幸福来临的。因此，只有脚踏实地、勤勤恳恳才能有秋天的丰收。

得诗家真趣，悟禅教玄机

【原文】

一字不识，而有诗意者，得诗家真趣；一偈①不参，而有禅味者，悟禅教玄机②。

【注释】

①偈：佛经、禅语中的唱词和诗句。
②玄机：深不可测的道理。

【译文】

一个字都不认识，而说话充满诗意，这才体会到了诗的真正趣味；一句偈语都不明白，却富有禅机，可以说已领悟到禅理的奥妙。

【活学活用】

天然生成的玉最美，不加雕饰的语言才最贴近生活，这便是俗到极致便成雅。从不参禅的人，说话却充满深奥微妙的义理，这是真正悟得禅理的人。 然而禅理是不能通过言语理论而悟得的，只有通过细心观察生活才能悟得。

有一个不信佛教的外道人问释尊： "不问不言，不问无言。" 释尊听后，许久不说话。 外道人以称赞的口气对释尊说： "释尊大慈大悲地教导我，解开我心中的谜团，使我有所悟。" 一直陪伴在释尊旁的无量莫名地问释尊： "刚离去的外道人说有所悟，到底悟到什么道理，使他觉得茅塞顿开，高兴地离去呢？" 释尊没有正面回答，而是说： "一匹良马不需要主人去鞭打，只要看到鞭子的影子，就知道自己该往何处走。 这个外道人不就像可以见鞭而行的马吗？"

很多时候，不需要用言语去教别人怎么做。 因为很多事情是无法用言语表达出来的，只有靠自己用心去思索，才能获得答案。

机动是杀机，念息见真机

【原文】

机动①的，弓影疑为蛇蝎，寝石视为伏虎，此中浑②是杀气；念息③的，石虎可作海鸥，蛙声可当鼓吹，触处俱见真机④。

【注释】

①机动：多虑。

②浑：全部，都。

③念息：心中没有非分的欲望。

④真机：真理。

【译文】

心机深的人，在杯中看到弓影会怀疑是毒蛇，将草中的石头当做蹲趴在地上的老虎，内心中充满了杀机。 内心平和的人，把凶恶的石虎化作温顺的海鸥，把聒噪的蛙声当做吹奏乐曲，所接触到的都是真正的机趣。

【活学活用】

好用心机的人都活得很累，因为他们对任何事都容易猜忌，看见杯中的弓影会以为是一条蛇，远远地看见一块石头，竟将它当成一只虎。 任何事情到了他们的眼里，都会向坏的方面变化。 实际上并非事物本身有什么不好，而是善于猜忌的人自己心态有问题。他们的内心躁动不安，充满了杀气，疑心太重，以致无论看到什么都会想到是否会对自己有什么不好的影响，因此有时候原本没有什么事，也被人东想西想，想出一些事来。 其实，如果一个人内心坦荡，对自己充满信心，哪能有这样多的怀疑呢？ 内心坦荡的人遇事都会心平气和，凡事都向好的方面去想，连那样聒噪的蛙声也可以将它当做悦耳的音乐来欣赏，所以他走到哪里，哪里就会充满了祥和之气。 很多时候，天地间的万事万物是善是恶，都只在我们的一念之间，倘若我们心气平和一些，恶的东西也许会向善的方面转化，如果我们处处疑神疑鬼，那么善的事物也会被我们想象成恶的。

据专家研究发现，疑心病过重、经常算计别人的人其实是非常不快乐的。 他们遇事非常能计较，内心深处缺乏坦然大方，时常处于焦虑之中。 看待人或者事物，他们总是看到阴暗灰色的一面，处处担心，事事设防。 这样最终结果是自己生活得并不快乐。 放下心机，以开阔的心胸看待事物，以坦诚豁达对待别人，这样能够看到许多生活中的美好。

身如不系舟，心似既灰木

身如不系之舟①，一任流行坎止；心似既灰之木，何妨刀割香涂。

【注释】
①不系之舟：比喻自由自在。

【译文】
身体要像没有系上缆绳的小船，任凭船儿漂流或者静止；心地要像已经焚成灰的树木，不怕刀砍或者涂香，丝毫不觉痛痒。

【活学活用】
人人都艳羡逍遥自在的生活，可是能真正成为逍遥一派的人却少之又少。很多人都只是心向往之，要真行动起来，又难免打退堂鼓。因为真正让一个人逍遥的不是外部环境，内心的感受才起决定性的作用。假如内心的杂念不能排除，那么无论在怎样逍遥的空间里，都无法让自己过上悠闲的日子。如果真想融通自在，让身体像一艘没有系绳的孤舟，自由自在地随波逐流，那还真需要下功夫修炼自己，须得让自己断绝很多尘世间的念头，了却许多的欲望，对人生有很深刻的领悟才可能做到。如果不去改变内心，仅仅从外在的环境入手，是永远不可能达到这样的境界的。真正修行到家的人，内心就像一棵已经烧成灰的树木，一堆灰烬，怎么可能还去在乎人世间的荣誉与成败呢？

喜厌之情，形气用事

【原文】

人情听莺啼则喜，闻蛙鸣则厌，见花则思培之，遇草则欲去之，俱是以形气^①用事。若以性天视之，何者非自鸣其天机，非自畅其生意^②也？

【注释】

①形气：躯体和情绪。
②生意：生机。

【译文】

按常情一般人听到黄莺啼叫就高兴，听到蛙鸣就厌恶，看见花木就愿意栽培，看见野草就想拔掉，这都是根据对象的外形气质来主观地决定好恶；但如果以自然的本性来看待，哪一个动物不是随其天性而鸣叫，哪一种草木不是随其自然而生机勃勃？

【活学活用】

人对外物的感受确实很容易受内在心性的影响，心情好时，看到丑陋的事物也会觉得美丽，而心情坏时，看到美丽的事物可能也会觉得丑陋。或者是看到内心所偏爱的东西时感觉就会非常好，而看到自己不喜欢的事物时感觉就不太好。说来说去，人们对外界事物的判断多是根据自己的主观感受在定夺，而非客观的评价。比如人们经常做栽花锄草的事情，通常的做法，花肯定是要留下的，草自然就应除去。殊不知草的生长也有它自己的道理，它既然来到这个世界上，就应该努力地绽放自己的勃勃生机。那盎然的绿色就是在抒发它们自己的感情及对世界的热爱。我们不应该根据自己毫无道理的主观感受就任意地践踏它的存在。世闻的万事万物自有它存在的权利，人类不应该凭主观的愿望对事物进行美丑的划分，而应该珍视世间的每一个生灵。

任幻形凋谢，识自性真如

【原文】

发落齿疏，任幻形①之凋谢；鸟吟花开，识自性之真如②。

【注释】

①幻形：指人的身体。
②真如：真理。

【译文】

在发秃齿落的衰老年龄，只好任由那虚幻的躯壳自然地凋谢；在鸟语花香的春光中，却能够体悟本性恒常不灭的真理。

【活学活用】

世上万事万物都有始有终，生是我们的开始，死是我们的结束。发落齿疏，生老病死，鸟吟花开，这些都是生命进程中的自然规律，是必然要发生的，而不是以人的意志为转移的。

达尔文的进化论中有一个重要论断，叫"适者生存"。"适者"是适什么呢？无疑是大自然。适应自然的，就能够在自然条件下生存下来，相反，不适应自然的，就会遭到淘汰。所以，无论发生了什么，无论做任何事情，都要合乎自然，顺其原本，这样才不会碰壁，才能一顺百顺。

顺其原本，具体到处世态度上，又可以总结出经验条文，这里不妨列出若干：

顺其原本，安邦不可专制；

顺其原本，当官不可强权；

顺其原本，争利不可豪夺；

顺其原本，为名不可巧取；

顺其原本，求偶不可硬拧；

顺其原本，交友不可勉强；

顺其原本，美化不可矫揉；

顺其原本，文章不可造作。

这里，大至安邦，小至做文章，方方面面，林林总总，皆是一个理：顺之者昌，逆之者亡；优胜劣汰，适者生存。有时只要顺其自然，便可一顺百顺，一通皆通，曲径亦可通幽处，这就是所谓看似糊涂无为的"智慧人生"的处世哲学。

心乱静中乱，心静乱中静

【原文】

欲其中者，波沸寒潭①，山林不见其寂；虚其中②者，凉生酷暑，朝市③不知其喧。

【注释】

①波沸寒潭：寒冷平静的潭水被扬起波浪。

②虚其中：心中没有杂念，心地干净。

③朝市：指热闹的地方。

【译文】

充满私欲而心浮气躁的人，即使在寒冷的深潭中心中也会烧起沸腾的波涛，就是处在深山野林中也无法使他心灵平静；无欲无求而心静意明的人，即使在酷热的暑天也会感到浑身凉爽，就是在热闹的集市上也感觉不到内心的喧嚣。

【活学活用】

对一个人来说精神力量不可低估，它有时候可以让我们从本质上得到改变。 一个原本内心平静的人，一旦有了某些欲望，就不可能再过安宁的日子了。 原有的正常有序的生活都将被打乱，在那颗不知疲倦、永不满足的贪心的支配下，人的人格与精神都会被撕裂。 此时如果再想回到从前那种平静的状态恐怕已不可能，就算是躲到深山老林里也无法平息。 而一个内心毫无欲望的人，即使在盛夏也会感到浑身凉爽，这是因为精神在起决定作用，心静自然凉。 一个人如果能将精神上的定、静、虑、得等工夫修炼到家，那么基本上就不会受外物的影响，可以恬淡悠闲地度日了。这种人即使住在闹市区也能从中寻到安静，他们内心的宁静足以抵御外面世界的任何诱惑。 所以对于一个人来说，内心的修炼是很重要的，因为在很多时候，我们都需要用精神力量去战胜困难。

多藏者厚亡，高步者疾颠

【原文】

多藏者厚①亡，故知富不如贫之无虑；高步②者疾颠③，故知贵不如贱之常安。

①厚：堆积、增多。

②高步：指地位尊贵的人，形容走路高视阔步目空一切。

③疾颠：跌得快。

【译文】

财富聚集得太多的人，失去时损失也大，由此可见富有的人还不如贫穷的人过得无忧无虑；地位越高的人，摔得也会越惨，由此可见地位高的人还不如地位低下的人过得安逸。

【活学活用】

俗语说："谩藏诲盗。"又说："多藏厚亡。"金钱是招祸之根。 在金钱储存太多的时候，如不准备退身之计，失败的时候往往是一塌糊涂，倒不如无钱时的平安。

一些富豪，一旦破产，多因债台高筑被逼身亡，反而比贫穷的人痛苦，所以，有钱的人比不上贫穷的人无忧无虑。

在路上迈高步的人，当他跌倒的时候，会摔得更狠。 这好比地位高贵的人，不及身份卑贱的人常能保持安稳。 这并不是说富贵可厌而贫贱可爱，实在是因为世人多半知道富贵的利而不知道其害，仅知道贫贱的苦而不知其乐。

人生一世，把我们弄得心灰意冷、精疲力竭的，有时并非明火执仗的敌人，而往往是被名缰利锁死死纠缠的我们自己呵！

富人忧多，贵人险多。 古时皇宫里的人地位不可谓不高，但风险也大，弄不好一场兵变或内部争斗，就有杀头之祸。 老百姓地位低，但只要踏踏实实过日子，就容易过上平安的生活，而不像那些地位高的人整天活得战战兢兢。

人的苦恼正是来自于放不下财富、名位等外在事物。得不到的时候日思夜想，费尽心思去争取，总以为自己一旦拥有财富名位就会心满意足。然而如愿拥有时，却又患得患失，反而活得更不安乐。

人之所以努力奋斗，目的就是提高生活质量，如果生活环境改善了，人的烦恼却不减反增，那么人们的努力又有何意义呢?

追求财富完全没有错误，不过被追求的过程所累，也就得不偿失了。在尚未获得财富，以及尚未显贵之前，往往是最应该轻松自如的时候，是需要不被遗忘当做享受的时刻，体会无忧无虑和安乐是此时的要务，而不是变得急躁、不安分。

"不戚戚于贫贱"，可以寻找到生活的真乐趣。一颗安分享受的心也容易创造财富和高贵的崭新局面，这才是聪明者，才是生活的智者。

研松间之露，宣竹下之风

【原文】

读《易》①晓窗，丹砂研松间之露;谈经午案，宝磬②宣竹下之风。

【注释】

①《易》:指《易经》。

②磬:一种用石头或玉制成的乐器。

早晨坐在窗边研读《易经》，用松树上的露珠来研磨朱砂批阅评点；中午时分在书桌前诵读佛经，竹林间的清风把清脆的磬声传向远方。

【活学活用】

清晨静坐窗下细读《易经》，用松树上滴下的露水来研朱砂，中午在书桌旁朗诵佛经，听清脆的磬声穿过竹林扩散到千里之外，这是令人向往的一种读书境界，具有超凡脱俗的美感。 可是世间又有几人能有福分享受呢？一般人为了生计整天奔波，忙忙碌碌，好像一刻也停不下来，久而久之，精神疲惫，身体也日渐衰老，百忧烦其心，万事烦其形，几乎没有机会去体味这样的境界就走到人生的终点，想来也是一件让人遗憾的事情。 其实要享受这样的乐趣并不难，只要我们愿意稍微抽出一点时间，将其他的事情放一放，或者稍微减少一点内心的欲望，少花一点时间去追名逐利，就可以找个机会，坐在窗下细品书中的人生了。 那里面有许多人间的奥妙和情趣，只有静下心来，才能一一体会。

人为乏生趣，天机在自然

【原文】

花居盆内终乏生机，鸟入笼中便减天趣。 不若山间花鸟错集成文，翱翔[①]自若，自是悠然会心[②]。

【注释】

①翱翔：鸟飞的状态。据《淮南子·览冥训》篇："翱翔四海

之外。翼一上一下曰翱，不摇曰翔。"

②会心：内心领悟。

【译文】

花木栽在盆中终归要失去生机，飞鸟关进竹笼就减少了天然的生趣。 不像山间的花交错点染成美丽的图案，鸟自由地飞翔，这样才能带给人无限的妙趣。

【活学活用】

花栽在盆中终归是要失去生机的，就像被关在笼中的鸟一样，会减少许多天然的情趣。 自然界的事物一旦受了约束，就失去了大自然的生趣。 所以盆中的花远远比不上山间的野花所带给人的生气，而笼中的鸟更比不上森林里自由自在飞翔的小鸟。 笼子里小鸟的主人一定认为自己是因为爱它才将它关起来，而城市中的园艺家们也一定认为自己是在挖掘美、创造美，才将花栽在盆中，并且将它们修剪成各种形状。 其实有很多事物并不需要人为的雕饰，保持它自然纯真的本性才是最重要的。 我们都知道"清水出芙蓉，天然去雕饰"的道理，本色的东西最可爱也最真实。 特别是自然界中的一些事物，人们更应该让它顺其自然地生长，才能体会到它原汁原味的乐趣，人为的成分太多就会失去它本来的面目，那还有什么欣赏的价值呢？

做人有时候是一样的道理，如果涉世太深，就会渐渐磨灭许多人的本性，那恰恰又是人身上最珍贵的东西，所以说做人一定要保留自己的初心。 无论在怎样的污染下，坚定不移地保持自己原有的纯真与美好，也算是对生命的一种尊重吧！

烦恼由我起，嗜好自心生

世人只缘认得"我"字太真，故多种种嗜好，种种烦恼。 前人云："不复知有我，安知物为贵？"又云："知身不是我，烦恼更何侵？"真破的①之言也。

【注释】

①破的：比喻说话恰当。

【译文】

世上的庸人因为把"我"字看得太重，所以才会有那么多的嗜好和那么多的苦恼。 前人说："如果已经不再知道我的存在，又怎么会知道东西是否贵重？"又说："如果知道自身并不属于自己所有，那么烦恼又怎能侵害我呢？"这真是一语切中要害。

【活学活用】

"无我"，也就是忘掉一切外物，连自己的形骸也忘掉。 忘掉自我，与外物融为一体，当然也不会受外物拘滞。

老子有言："吾所以有大患者，为吾有身，及吾无身，吾有何患？"老子所说的"无身"，也就是"无我"。 老子认为，人一旦达到"无我"的境界，就没有什么忧患了。

关于"无我"之境界，王国维给我们做了很好的阐释。

王国维在《人间词话》中云：有有我之境，有无我之境。"泪眼问花花不语，乱红飞过秋千去。""可堪孤馆闭春寒，杜鹃声里斜阳暮。"有我之境也。 "采菊东篱下，悠然见南山。"
"寒波澹澹起，白鸟悠悠下。"无我之境也。

"有我之境"，以我观物，故物皆著我之色彩。 无我之境，
以物观物，故不知何者为我，何者为物。

值得注意的是，这里的"无我"，不仅是指四肢肉体要"无
我"，连精神也要"无我"。

先哲主张"无我"，那是针对世人们"太有我"而说的。 人
们看"我"太认真，所以有种种烦恼。

人生在世，每天品味着不同的生活，有喜、有怒、有哀、有
乐，酸甜苦辣，五味俱全。 这不是一件很有意思的事吗？每个人
的生活都不是完美的，生活对每一个人也不是完全平等的。 如果
想要平衡自己的心理，那就要换一种角度去生活，不要钻牛角尖，
毕竟生活方式是我们自己选择的。 人生的大多烦恼都是自找的，
人就是这样，心里要是有点什么事，就会忧愁万千，牵肠挂肚，逃
不了，离不开，扔不掉，脑子里整天就转着那点琐事，那么，莫名
其妙的烦恼就会自动找上门来。

俗话说："野花不种年年收，烦恼无根日日生。"每当我们想
不开时，它就像一片乌云缠绕着我们，而心中若是一片晴空的话，
那烦恼就不会对我们有丝毫影响。

消角逐之心，绝纷华之念

【原文】

自老视少，可以消奔驰角逐之心；自瘁①视荣，可以绝纷华
靡②丽之念。

【注释】

①瘁：毁败，困病。《三国志·吴书·吴主传》："今天下未定，民物劳瘁。"

②靡：华丽。《汉书·韩信传》："靡衣媮食。"（媮：苟且。）

【译文】

用老年人的眼光来看待少年时的行为，就可以消除很多追名逐利的争斗心理；从衰败时的情形来看荣华富贵，可以断绝很多追求奢侈豪华的念头。

【活学活用】

一个人假如能在年老之后再回头来看少年时代，一定会有许多让自己产生悔意的事情，特别是可以消除很多争强好胜的心理。人在年轻的时候总是血气方刚，容易冲动，凡事都想一比高下，可是一旦到了老年，回想当年的举动，才知道那真的是年少气盛、不知天高地厚的行为。人就是这样，总是要在事情过了之后才能明了。随着年龄的增长、阅历的增加，人心会慢慢变得平静、沉稳，对人生的感受逐渐加深，行为方式自然就随之改变。每一个人似乎都是这样走过来的，从年少无知到日渐成熟，可是如果我们能注意吸取前人的教训，那么人生的遗憾会少许多许多。假如一个人能从衰败时的景象来看荣华富贵，那么一定会消除很多奢侈豪华的念头。俗话说：穷不过三代，富不过三代，再富贵奢侈的家族也会有衰落的一天。所以苦苦追求的荣华富贵到头来可能还是一场空，那么富贵于我们又有什么意义呢？人们一定要在得意之时想到失意的悲哀，才能收敛我们追逐富贵的野心。

人情世态，不宜认真

【原文】

人情世态，倏忽^①万端，不宜认得太真。尧夫^②云："昔日所云我，而今去是伊。不知今日我，又属后来谁。"人常作是观，便可解却胸中罥^③矣。

【注释】

①倏忽：极短的时间。倏，迅速，极快。

②尧夫：宋儒邵雍。

③罥：挂碍，牵挂。

【译文】

人情冷暖，世态炎凉，瞬息万变，都不必看得太认真。尧夫先生说："昨天所说的我，在今天已经变成了他。不知道今天的我，明天又变成谁。"人们如果常常作这样的思考，就可以放下心中许多牵挂。

【活学活用】

在世事的变化无常面前，人更应保持纯真无瑕的心性，抛弃追名逐利的杂念，处理问题适当糊涂些、圆滑些、灵活些，不过分刻板，不过分认真，生活中就会拥有更多的快乐，减少很多不必要的烦恼。

小说《红楼梦》中有这样一段，周瑞家的奉命给大观园的女孩子们送花，她先转到迎、探、惜等人，最后送给林黛玉，可林黛玉却冷冷地说："我就知道，别人不挑剩下的也不给我。"周瑞家的按照先主后宾的顺序，本没有什么错；可林黛玉这么一说，不免让周围的人下不来台。即便周瑞家的真的做错了什么，林黛玉就唯独缺这朵花吗？不要了又能怎样？性格如此敏感，在大观园这个温柔乡里，自然会每天过的都是"一年三百六十日，风刀霜剑严相逼"的日子了。

悲观者看到的是玫瑰花下的小刺，而敏感的人就像生活在玫瑰园里，小心翼翼地欣赏着每一朵花。一个生性敏感的人，注定比其他人活得都累。同事窃窃私语，兴许说的只是家长里短，你偏要觉得他们在针对你，只能给自己增添烦恼。想过得快乐点开心点，就要对周围睁一只眼闭一只眼。

生活告诉我们，不敏感或不太敏感也许会比较安全。也许，敏感不会伤害到别人，但是最先伤害的，往往正是自己。人生在世，万不可使某一种心态沿着一个固定方向发展到极端，而应在发展过程中充分认识、冷静判断各种可能发生的事情，"活得傻一点"，也是给自己留下足够的回旋余地。世界上的事情就是这样，你对生活傻一点，生活也会对你傻一点；你对周围戒备十足，周围也会对你戒备十足。

古人说："难得糊涂。"人生在世，切不可太聪明，太敏感，"活得傻一点"，适当糊涂一些，往往会使人际关系更加简单，心情更加愉快，生活也更加轻松。

闹中着冷眼，冷处存热心

【原文】

热闹中着一冷眼，便省许多苦心思；冷落①处存一热心，便得许多真趣味。

【注释】
①冷落：寂静冷漠。

【译文】

在热闹喧嚣的时候，如果能用冷静的眼光观察事物，便可省去许多令人烦恼的事情；在失意落寞的时候，如果能有一个奋发进取的决心，那就可以得到许多人生真正的乐趣。

【活学活用】

在热闹喧嚣的场合，人们往往都会满怀热情，积极地投身其中，但事后又经常发现自己兴奋过头，做出了许多不合时宜的举动。假如这种时候能够提醒自己沉着冷静，多用理性的思维来观察事物的变化，就不会有那么多让人后悔的事情发生了，而且因为思维缜密，举动沉稳，还可以省去许多烦忧的事。而当一个人在穷困潦倒的时候，一定不能轻易放弃自己的理想与追求，这时候若能保持一种奋斗的精神，百折不挠地坚持下去，那么以后道路上的种种磨难都奈何他不得。人要学会调节自己的人生理念，在成功的时候应告诫自己不能骄傲，这时需要给自己泼一点冷水，在失败的时候又要鼓励自己坚强，对自己充满信心。人生就是在这样的艰苦跋涉中一步一步走过来的，如果不能学会调节自己，那么可能走不到终点，就已经被生活的重压击碎了。

人活一世，总会遇到诸多风雨和磨难，无论这是生活对你的考验还是磨砺，你都要经得起折腾，保持平和心态，这是成大事所必需的。

有乐就有苦，有好必有坏

有一乐境界，就有一不乐的相对待；有一好光景，就有一不好的相乘除[1]。 只是寻常家饭，素位[2]风光，才是个安乐的窝巢。

【注释】

①乘除：消长。

②素位：安守本分。

【译文】

有一个安乐的境界，就一定有一个不安乐的境界和它相对；有一处美好的景色，就一定有一处不美的景色相参照。 只有那些普通的家常便饭、寻常的自然景色，才是真正安乐的归宿。

【活学活用】

"你问我家是什么，我说家就是一个女人带着一个孩子，住着一个房子，守着一份希望。 你又问，希望是什么？ 我说是你的脚步和开锁声。"这段话曾经感动了好多人，你仿佛可以看到那个女人做好了男人爱吃的饭菜，静静地坐在桌子边等着男人的归来，孩子在一旁玩着他喜欢的游戏，也许这个房子不够大，也许这里的家具不够新潮，可这里有温馨，有亲情，谁能说这儿不幸福？

曾有一对男女住了大半辈子潮湿、阴暗的小房子，这天女人看上了一个大房子，价格却不是他们所能承受的，可男人想，女人跟了他二十多年，没过个好日子，这次再难也要满足她，于是花大价钱买了房子。为了省点钱，男人一次次自己往回背建材，从公司里找了两扇旧门，也是自己背回去，壁橱是自己买的板子，想自己打，可男人在这时累倒了，女人为了给男人治病，于是卖掉了大房子。男人出院了，他们依旧住着那个小小的房子，但日子却更加温暖亲切。文章最后说，他们依旧过着寻常的日子，可谁说寻常不也是一种幸福呢？

在下班时间，路边是匆匆而过的人流，他们脚步匆匆，只是想回到那个让心彻底放松的家，他们知道家中有人在等着他们归来，那儿有温馨，有感动，有亲情。我们都是平常的人，做着平凡的工作，过着寻常的日子，却也有寻常的幸福。

天地间，万事万物都是彼此对立又互为补偿的，所以，看事物要用辩证的方法，这样就不至于走极端，因为凡事都有它相对应的一面。就此而言，一个生活无忧无虑的人，在某些方面必然隐藏着不为人知的苦楚；而艰苦度日的人，也必有令人称羡之处。尺有所短，寸有所长，越是美好的事物，缺点往往越是明显。何况，最好的未必是最适合你的，平凡也是一种美，所以，人何必相争呢？不如乐天知命、随遇而安，在平凡之中细细品味人生的真正乐趣。

识乾坤自在，知物我两忘

【原文】

帘栊高敞，看青山绿水吞吐云烟，识乾坤之自在；竹树扶疏①，任乳燕鸣鸠②送迎时序，知物我之两忘。

【注释】

①扶疏：枝叶茂盛。

②鸠：鸟名，也称鸤鸠、斑鸠。《诗经·召南·鹊巢》："维鹊有巢，维鸠盈之。"

【译文】

将窗帘高高卷起，敞开窗户眺望青山绿水间云蒸霞蔚的美妙景致，才目睹到大自然是多么美妙自在。 竹林茂盛树木疏朗，听任小燕子和鸣叫的鸠鸟报道着季节的变化，因而领悟到万物合一、浑然忘我的境界。

【活学活用】

青山绿水，鸟语花香，大自然的自在是可以教化人的，我们是大自然的一部分，这是第一忘；既然我们是大自然的一部分，那么我们何必追逐物欲，这是第二忘。 先忘我，再忘物，永远和谐地融入大自然中去，继承永远的造化。

有一次，梦中的庄周化蝶翩翩，醒来不知何为蝴蝶，何为庄周。 但他旋即释然：世间万物本为一体，何必拘泥于是蝶是周？

庄子临终之时，弟子侍立床前，泣语道："伟哉造化！又将把您变成什么呢？ 将送您到何处去呢？"庄子道："父母于子，令去东西南北，子唯命是从。 阴阳于人，不啻为父母。 它要我死而我不听，我则是忤逆不顺之人也，有什么可责怪它的呢？ 天载我以形，劳我以生，逸我以老，息我以死，故善待吾生者，亦同样善待我死也。 弟子该为我高兴才是啊！"

弟子听了，竟呜咽有声，情不自禁。 庄子笑道："你不是不明白：生也死之徒，死也生之始。 人之生，气之聚也。 聚则为生，散则为死。 死生为伴，通天一气，你又何必悲伤？"

弟子道："生死之理，我何尚不明。 只是我跟随您至今，受益匪浅，弟子却无以为报。 想先生贫困一世，死后竟没什么陪葬。 弟子所悲者，即为此也!"庄子坦然微笑，说道："我以天地作棺椁，以日月为连璧，以星辰为珠宝，以万物作陪葬。 我的葬具岂不是很完备吗? 还有比这更好更多的陪葬吗?"弟子道："没有棺椁，我担心乌鸦、老鹰啄食先生。"庄子平静笑道："在地上被乌鸦、老鹰吃掉，和在地下被蝼蚁、老鼠吃掉，二者有什么两样? 夺乌鸦、老鹰之食而给蝼蚁、老鼠，何必这样偏心呢?"

在人类的生存方式上，庄子崇尚自然，提倡"天地与我并生，万物与我为一"的精神境界，并且认为人生的最高境界是逍遥自得，是绝对的精神自由，而不是物质享受与虚伪的名誉。

庄子的一生，正如他自己所言：不刻意而高，无仁义而修；无功名而治，无江海而闲；不道引而寿，无不忘也，无不有也；其生也天行，其死也物化；静而与阴同德，动而与阳同波；不为福先，不为祸始；其生若浮，其死若休，淡然独与神明居。

天地人，三者合一，从而物我两忘，从自然中寻找到人类的永恒力量。

求成不必太坚，保生不必过劳

【原文】

知成之必败，则求成之心不必太坚；知生之必死，则保生之道不必过劳①。

【注释】

①过劳：过分费心。

如果知道事情有成功就一定有失败，也许求取成功的意念就不会那么坚决；如果知道有生就会有死，那么养生之道就不必过于用心良苦。

【活学活用】

围棋很讲究胜负手。 什么是胜负手呢？ 胜负手不能算计一点一滴的得失，而是着眼于大局的胜败。 如果你怕输，特别去讲某一点、某一层、某一次的得失的话，那你就没有办法看到整个大局的胜负在什么地方。

"上帝关了一扇门，必会为你打开另一扇窗。"然而，在生活中的不少事情上，我们却讳言失败，不愿意宽容失败，要么"只许成功不许失败"，要么"不成功便成仁"。 看似壮烈，实则束缚了创新者的手脚，使人瞻前顾后、畏首畏尾。 许多良机因此而错失，一些大有作为的创新项目因此而流产。

东晋的时候，陶渊明曾作了三首《拟挽歌辞》，其中一首说：

有生必有死，早终非命促。

昨暮同为人，今旦在鬼录。

魂气散何之？ 枯形寄空木。

娇儿索父啼，良友抚我哭。

得失不复知，是非安能觉？

千秋万岁后，谁知荣与辱。

那时，人的平均寿命不过 50 岁，多少王公贵族三四十岁就入土了。 陶渊明已经 45 岁了，他知道自己不定哪一天就会倒下，他觉得生死都是自然规律，是不可抗拒的。 在当时的情况下，能像

陶渊明这样把生死看得很透，能提出"有生必有死"这样的命题，
是很可贵的。

水流境常静，花落意自闲

【原文】

古德云："竹影扫阶尘不动，月轮穿沼水无痕①。"吾儒云：
"水流任急境常静，花落虽频意自闲②。"人常持此意，以应事接
物，身心何等自在。

【注释】

①竹影扫阶尘不动，月轮穿沼水无痕：这是唐雪峰和尚的上堂语。
竹影月影均幻觉，世间一切事物与天上明月才是实体，喻心智。
②水流任急境常静，花落虽频意自闲：水流和花落都是动的物
体，而静与闲是修养工夫。人的心智能到学静的境界，就不会
受外界动境的影响而改变。

【译文】

一位道德高尚的和尚说："竹子的影子在台阶上掠过，而尘土
不会飞扬起来；月影倒映池塘，而水面不会生起丝毫波纹。"一位
儒家学者也说："水流得再急，四周的环境仍然宁静；花落得再
多，意兴依然闲适。"一个人如果常保持这样的心态来为人处世，
那么身心是多么自在逍遥啊。

【活学活用】

竹子被风吹动时，它的影子虽然掠过台阶，可是地上的尘土却

不因此而飞动；月亮的轮廓穿过池水时，它的倒影虽然映射在水池中，但在水面却没有留下一点痕迹。 人生如果想达到这种境界，就需要我们平日里注意修身养性，保持宁静平和的心境。 与人接触时可以与之平行，与之交汇，却不需要与之对抗。 一个品德高尚的人总是用自己的人格魅力去影响别人，像那掠过台阶的影子，不需要对别人横加指责。 此外，心性宁静的人不容易受外界事物的干扰，当心绪平和、心中无一点杂念时，就算在水流湍急的河岸，也听不到水的声音，在繁花纷纷落地时，也不会受落花的一点干扰。 一个人如果修炼到这个境界，用这种处世态度来待人接物，那么无论是身体还是精神都会自由自在，必定能抵抗一切虚幻诈伪。

心灵的平静是智慧美丽的珍宝，它来自于长期、耐心的自我控制，心灵的安宁意味着一种成熟的经历以及对于事物规律的不同寻常的了解。

人人向往平静，然而，生活的海洋里因为有名誉、金钱、房子等诱惑在兴风作浪而难得宁静。 许多人整日被自己的欲望所驱使，好像胸中燃烧着熊熊烈火一样。 一旦受到挫折，一旦得不到满足，便好似掉入寒冷的冰窖中一般。 生命如此大喜大悲，哪里有平静可言？ 人们因为毫无节制的狂热而骚动不安，因为不控制欲望而浮沉波动。 只有明智之人，才能够控制和引导自己的思想与行为，才能够控制心灵所经历的风风雨雨。

是的，环境影响心态，快节奏的生活，无节制的对环境的污染和破坏，以及令人难以承受的噪声等等都让人难以平静，环境的搅拌机随时都在把人们心中的平静撕个粉碎，让人遭受浮躁、烦恼之苦。 然而，生命的本身是宁静的，只有内心不为外物所惑，不为环境所扰，才能做到像陶渊明那样身在闹市而无车马之喧，正所谓

434

"心远地自偏"。

一个人如果能丢开杂念，就能在喧闹的环境中体会到内心的平静。

识自然鸣佩，见最上文章

【原文】

林间松韵，石上泉声，静里听来，识天地自然鸣佩①；草际烟光②，水心云影，闲中观去，见乾坤最上文章。

【注释】

①佩：系在衣带上作装饰用的玉。李白《感兴八首·其二》："解佩欲西去。"

②烟光：迷蒙的景色。

【译文】

山林中松涛阵阵，泉石间水流淙淙，静静聆听，可以体会到天地之间的美妙乐章；原野尽头升起的迷蒙烟雾，水中倒映的白云美景，悠闲地看去，是宇宙间最美妙的天然文章。

【活学活用】

林间松涛，石上泉声，静静听来，可以听出天地间最为自然美妙的乐章。青草连天，水映白云，用悠闲之心去看，能读出世界上最好的文章。

大自然所蕴涵的真意并不是每个人都能悟出的，面对大自然的美景，不同的人有不同的感受。充满生活情趣和文化素养高的人，泉水咚咚，松声涛涛，在他听来都是大自然奏出的最优美的乐章；水中的烟雾，天上的白云，在他看来都是天然而成的最美的图画。而对于品行低下、粗俗无知的人，面对世间最优美的乐章，听到的只是声音，面对世间最华丽的画卷，看到的只是物体和颜色，这样的人怎么能够领略到大自然的情趣呢？

溪壑易填，人心难满

【原文】

眼看西晋之荆榛①，犹矜白刃；身属北邙②之狐兔，尚惜黄金。语云："猛兽易伏，人心难降；溪壑③易填，人心难满。"信哉！

【注释】

①榛：丛生的荆棘。左思《招隐诗二首》："经始东山庐，果下自成榛。"

②北邙：洛阳以北有北邙，从汉代起即是有名的墓地。有一首《邙山》诗中曰："北邙山上列坟茔，万古千秋对洛城。"

③壑：沟。《礼记·郊特牲》："土反其宅，水归其壑。"

【译文】

眼看西晋已快灭亡，将变成杂草丛生的荒野，可还有人在那里炫耀自己的武力；眼看人将死去变成北邙山狐兔的食物，此时竟然还有人吝惜黄金。俗话说："猛兽容易制伏，而人心难以降服；深谷容易填平，而人心难以满足。"这句话是如此的正确啊！

【活学活用】

西晋大将索靖知道曾经强大的西晋将要大乱，便指着洛阳宫门的铜骆驼说："我将要看见你流落在荆榛荒草里面。"后来，西晋果然如他的预言而亡掉。 当时局发生变化，无论怎样有权力的豪门权贵，转眼之间就归于沉寂。 当人在有权有势的时候，只知道夸耀自己的权力勇气，以利刃武力去制伏他人，对于时衰运败将要灭亡的命运一点都不察觉，实在是可悲之至。

西晋的王侯贵人从来不想自己早晚是要死的，终归要葬在洛阳城外北邙山上，被那些狐鼠吃掉尸身，仍然每日汲汲于功名利禄，拼命地贮存黄金。 一旦死亡后，还要黄金何用？"猛兽易伏，人心难降；溪壑易填，人心难满。"这说明了人心是贪得无厌的。

心地无风涛，性天有化育

【原文】

心地上无风涛，随在皆青山绿树；性天①中有化育②，触处见鱼跃鸢③飞。

【注释】

①性天：天性。

②化育：善良的德行。《礼记·中庸》："能尽物之性可以赞天地之化育。"

③鸢：一种鹰。《诗经·大雅·旱麓》："鸢飞戾天，鱼跃于渊。"

【译文】

如果心中风平浪静没有波涛，那么所处之处无不是青山绿水一派美景；如果本性中有化育万物的爱心，那么所看之物无不是鱼跃鸟飞的生动景观。

【活学活用】

人之所以会经常苦恼，都是由无穷的欲望引起的。如果没有这么多欲望，人就可以快乐如天上的小鸟，自由地飞翔，又可像水中的鱼儿一样畅游大海。大自然中的动物之所以自由自在，是因为它们除了基本的生存需求，再也没有像人类那么多的物质欲望，它们守着自己平凡自然的生活快乐地过着每一天。人如果能像鱼儿、飞鸟一样超然，就一定会觉得神清气爽，快乐充实。其实每一个人只要不让心湖起波涛，学会知足常乐，在具有必备的物质需要之后更注重精神需要，那么他会发现，目之所及处，到处都是青山绿水的美景。多看看这样的景致，可以净化自己的心灵，而心灵得到净化之后，会更注重精神上的享受，忽略物质上的追求。久而久之，被侵蚀很久的人的心性也得以重现，这时恢复了善良本性的人们才会发现，走出物欲的误区之后，可以过得多么轻松自在，再也不必为了争夺财富而钩心斗角，所以心地平和、安宁度日才是人生的最好享受。

贵贱高低，自适其性

【原文】

峨冠大带①之士，一旦睹轻蓑小笠，飘飘然逸也，未必不动其咨嗟②；长筵广席之豪，一旦遇疏帘净几，悠悠焉静也，未必不增其绻恋。人奈何驱以火牛，诱以风马③，而不思自适其性哉？

438

【注释】

①峨冠大带：指古代官服。

②咨嗟：感叹，赞叹。

③风马：发情的马。

【译文】

头戴高冠腰横博带的达官贵人，一旦看见头戴斗笠身穿蓑衣的老百姓飘飘然逍遥自在，未必心中不会产生失落的感叹；生活奢靡筵席不断的豪门贵族，一旦看见窗明几净的平民人家悠然闲适的样子，未必没有慕恋的心态。世上的人为什么还要以火牛阵相争斗，还要违背常情去追逐名利呢？为什么不去过朴素的生活来顺应自己清淡的人生本性呢？

【活学活用】

任何一种生活过久了都会觉得厌倦，总是不满足于自己的现状，老觉得别人比自己好。一个达官贵人如果遇到一个穿蓑衣戴斗笠的平民，也不由得在心中掠过一丝轻快之感，甚至会偷偷地羡慕平民的那份轻松与自在。而一个整日应酬交际、吃喝玩乐的富豪，假如碰上一个日子过得清贫却逍遥自在的人，也难免会产生一种恬淡自适的感觉，说不定还久久不忍离去。现在一到节假日就会出现一种奇怪的现象：都市人去乡间散心，乡下人到城里开眼界。这是因为任何生活过久了都需要调剂。但是比起来，还是乡下人要活得滋润悠闲得多，因为达官贵人们整日忙于交际应酬，看起来很充实，实际上却空虚无比。既然如此，人们为什么还要枉费心机，风风火火地去追求名利呢？还不如下定决心，抛下荣华富贵，去寻一份悠然自得又不失真味的生活来过，才不枉此生。

鱼得水逝，鸟乘风飞

【原文】

鱼得水逝①，而相忘乎水；鸟乘风飞，而不知有风。 识此可以超物累，可以乐②天机。

【注释】

①逝：行、游。

②乐：享受，喜欢。

【译文】

鱼在水中才能自由地游动，却忘记得益于水；鸟儿乘风飞翔，却不知是有风托起它。 认识了这个道理就可以超脱外物的束缚，享受到自然的机趣。

【活学活用】

鱼在水中优哉游哉地游着，但是它们本身并不知道这是因为在水中；鸟借风力在空中自由自在地翱翔，但是它们却不知道这是因为在风中。 宏智禅师曾说："水清澈地鱼行迟，空阔透天鸟飞杳。"道一禅师也说："鸟虽飞去飞回，但不忘其道路。"人如果能超脱物外、不为外物所系累，就能如鸢飞鱼跃享受那天然妙机的乐趣了。

庄子看到鱼在水中游，很羡慕地说"乐哉鱼也"。 鸟跟鱼能逍遥自在，是因为它们除了基本的生理需求之外，没有像人类那么多的情欲物欲。 人生在世不只是为了活着，仅仅为了生存而来到

440

人世就太可悲了。 也正因为人有知识，有理想，有追求，才会经常陷入苦恼。 有人认为，要想控制欲望消灭苦恼，唯一的办法就是要知足，能知足就可使精神愉快。 知足是相对的，无止境的贪图是可怜的，但无条件的知足也会变成虚妄，好比心静，静至只看到自己的内心，而看不到外部世界，自我封闭，孤陋寡闻，就谈不上真正的快乐。 因此，人生最大的快乐，只有在心静、自然中获得。

人生本无常，盛衰何足恃

【原文】

狐眠败砌①，兔走荒台，尽是当年歌舞之地；露冷黄花②，烟迷衰草，悉属旧时争战之场。 盛衰何常？ 强弱安在？ 念此令人心灰！

【注释】

①砌：台阶。
②黄花：菊花。

【译文】

狐狸做窝在残垣断壁，野兔出没在荒废楼台，这些都是当年歌舞升平的地方；遍地黄花在寒露中抖擞，一片荒草在烟雾弥漫中摇曳，这里曾是英雄逐鹿争霸的战场。 兴盛和衰败哪里会长久不变？ 强弱胜负如今何在？ 想到这些不禁令人心灰意冷！

【活学活用】

过去宫殿的残迹还在，但当年不可一世的主人呢？ 过去的战场遗址还在，但不可一世的将军呢？再耀眼的繁华，再大的荣誉，今天都已成过眼烟云。所以，东坡临赤壁而咏成千古佳句："江山如画，一时多少豪杰。"刘禹锡有名篇《乌衣巷》："朱雀桥边野草花，乌衣巷口夕阳斜。旧时王谢堂前燕，飞入寻常百姓家。"胜迹怀古，各有情怀，世事沧桑，情随境迁。

最能代表"人生本无常，盛衰何足恃"的，莫过于曹雪芹《红楼梦》中的"好了歌"：

世人都晓神仙好，唯有功名忘不了！

古今将相在何方？荒冢一堆草没了。

世人都晓神仙好，只有金银忘不了！

终朝只恨聚无多，及到多时眼闭了。

世人都晓神仙好，惟有娇妻忘不了！

君生日日说恩情，君死又随人去了。

世人都晓神仙好，只有儿孙忘不了！

痴心父母古来多，孝顺儿孙谁见了？

甄士隐悟道后，曾作《好了歌》注解：

陋室空堂，当年笏满床；衰草枯杨，曾为歌舞场。蛛丝儿结满雕梁，绿纱今又糊在蓬窗上，说什么脂正浓、粉正香，如何两鬓又成霜？昨日黄土垄头埋白骨，今宵红绡帐底卧鸳鸯。金满箱，银满箱，转眼乞丐人皆谤，正叹他人命不长，哪知自己归来丧。训有方，保不定日后作强梁；择膏粱，谁承望流落在烟花巷。因嫌纱帽小，致使枷锁扛；昨怜破袄寒，今嫌紫蟒长。乱哄哄，你方唱罢我登场，反认他乡是故乡；甚荒唐，到头来，都是为他人作嫁衣裳。

跛足道人的《好了歌》应该算是《红楼梦》的精髓之一，表现了"浮生若梦"的意境。但是，古今中外又有多少人能看破红尘、淡泊人生，彻底断绝功名利禄和家庭的杂念呢？曹雪芹的悲观心态影射到贾宝玉身上，到最后贾宝玉领悟到"繁华过后一场空"的心境，遁入空门。

杜甫诗云："天上浮云如白衣，须臾忽变为苍狗。"人生无常，盛衰何足恃？历史似乎总是循环的，人要修身养性，免蹈故辙。

宠辱不惊，去留无意

【原文】

宠辱不惊，闲看庭前花开花落；去留①无意，漫随天外云卷云舒。

【注释】

①去留：指归隐和为官。

【译文】

无论是受宠或者受屈辱，都不要在意，人生之荣辱，就如庭院前的花朵盛开和衰落那样平常；无论是晋升还是贬职，都不要在意，人生的去留，就如天上的浮云飘来飘去那样随意。

【活学活用】

《小窗幽记》当中有这么一副对联："宠辱不惊，看庭前花开花落；去留无意，望天空云卷云舒。"一副寥寥数语的对联，却深刻地道出了人生对事对物、对名对利所应该持有的态度：得之不喜、失之不忧、宠辱不惊、去留无意。做到了如此才能够心境平和、淡泊自然。“看庭前”三字，大有“躲进小楼成一统，管他春夏与秋冬”之意，而“望天空”三字则又显示了放大眼光，不与他人一般见识的博大情怀；一句“云卷云舒”则更有大丈夫能屈能伸的崇高境界。这副对联与《菜根谭》中“宠辱不惊，闲看庭前花开花落；去留无意，漫随天外云卷云舒”实在是有异曲同工之妙，更表现出了古人的旷达风流。

宠辱不惊，可谓是人类生活当中的一门艺术，同时更是一种明智的处世智慧。人生在世，生活当中有褒有贬，有毁有誉，有荣有辱，这是人生的寻常际遇，无足为奇。古人云：“君子坦荡荡。”为君子者，无妨宠亦坦然，辱亦坦然，豁达大度，一笑置之。得人宠信时勿轻狂，千万不要忘记“贺者在门，吊者在闾”；受人侮辱的时候切忌激愤，犹记“吊者在门，贺者在闾”。如此清醒地去面对，就不难达到“不以物喜，不以己悲”的思想境界。达到这种境界的人就能够从容地面对生活和事业的种种考验与磨难，就一定会实现人生的理想。古往今来万千事实证明，那些有所成就的人们没有一个不具有“宠辱不惊”这种极其可贵的心态。

苦海茫茫，回头是岸

【原文】

晴空朗月，何天不可翱翔，而飞蛾独投夜烛；清泉绿卉，何物不可饮啄，而鸱枭偏嗜腐鼠。噫！世之不为飞蛾鸱枭①者，几何人哉！

【注释】

①鸱枭：猫头鹰一类的鸟。李商隐《隋师东》：“岂假鸱枭在泮林。”

晴朗的夜空，明月高照，天空可任意翱翔，而飞蛾却偏偏要在夜间扑向烛火；清泉流水，绿草野果，哪一种东西不能饮食果腹，而鸥枭却偏偏爱吃死老鼠。 唉，世界上能不像飞蛾、鸥枭那样犯傻的人又有几个呢？

【活学活用】

在这个世界上，像飞蛾与鸥枭那样犯傻的人还有很多，明明知道去做那件事会有很多弊端，但就是爱钻牛角尖，死也不肯放弃。 对于任何一件事情，我们都可以从多角度去思考，一分为二地看问题，可是钻牛角尖的人偏偏只从单一的角度去思考。有的人特别任性，有时明知自己错了，但要么为了面子要么因为不甘心，就是不肯放手。 盲目坚持的结果是让自己吃亏，可这种人就是这样，宁愿吃亏也不愿意回头。 其实做人大可不必这样，人活着当然不能没有尊严，但也不能太在乎所谓的面子，这纯属自讨苦吃！做人应该豁达一些，做得对的坚持，做错了的就改正，俗话说，浪子回头金不换，只要有错就改，回到正常的人生轨道上来，总比一直坚持错误的思想走下去要明智得多。 如果因为偏见或固执而吃大亏，那就太不划算了。

在人生的竞技场上，我们要懂得灵活变通。 当一条路走不下去时，要及时回头；当一种方法行不通时，要及时改变。

就筏思舍筏，骑驴复觅驴

【原文】

才就筏便思舍筏，方是无事道人①；若骑驴又复觅驴，终为不了禅师②。

【注释】

①无事道人：不受外物羁绊的真人。

②不了禅师：指还没有开悟的和尚。

【译文】

登上竹筏就想到上岸后要舍弃这竹筏，这才是懂得不受外物羁绊的真人；如果已经骑在驴上却还想着找另外一头驴，便永远也无法成为了却尘缘的高僧。

【活学活用】

刚登上竹筏就想到上岸后要舍弃这竹筏的人，才是懂得不为外物所束缚的人。可是有很多人都不明白这道理，很多东西只要为他们所用，他们就决不会轻易放弃，一心只想将它占为己有。其实人间所有的东西都是身外之物，就像我们生命中的过客一样，是在我们需要的时候拿来一用的东西，用过之后自然要舍弃，不必非要占据它。

人们似乎已知舍得之理，有舍才有得，不可能全部都得到。但是，世上的人，要真正做到这一点，却不易，也不多。

据有经验的长辈和医生说，每个人来到这个世上的时候，手都是紧紧攥起来的，而人离开这个世间的时候，手却又都是松开、摊着手掌的。现代医学大概至今也没有说清为什么会如此。这也只能说是人的本能。

可能正因为不舍是人的本能，这才使得人们修炼的难度增加，也就是舍得的难度太大。其实，有舍有得，不舍不得，大舍大得，小舍小得。 一切事物都在舍得之中。 只有真正把握住舍与得的度，才会得到成功。

人之所以区别于其他动物，原因之一就是人能够控制自己的情感、行为，改变某种本能。 于是，就有了修炼的人；就有了修炼成功的人；就有了修炼为特殊的人；就有了修炼为与常人不同的人。

冷眼视之，冷情当之

【原文】

权贵龙骧①，英雄虎战，以冷眼视之，如蚁聚膻②，如蝇竞血；是非蜂起，得失猬兴③，以冷情当之，如冶④化金，如汤⑤消雪。

【注释】

①龙骧：像龙、马一样抬着头快跑，比喻气概威武。

②膻：羊膻气。

③猬兴：像刺猬身上的刺都竖起来一样。

④冶：熔炉。

⑤汤：热水。

【译文】

有权势的达官贵人气势威武，英雄豪杰像猛虎一样征战，若用冷静的眼光来看待他们，只不过是像蚂蚁聚集在腥膻味旁争食、苍蝇竞相吸血一样；人间的是是非非像乱蜂涌集，人间的得失像刺猬毛一般密集，用冷静的头脑来应付，不过就像金属在炉中冶炼、冰雪被热火融化一样。

世上有许多人都好争斗，达官贵人为争名夺利，英雄豪杰为争夺疆土，他们为了自己的权力欲望而不顾百姓的安危。其实，如果站在旁人的角度用冷静的眼光来分析，感觉这种种情形就如同蚂蚁被膻腥味道引诱在一起，又像苍蝇为争食血腥聚集在一起一样，是一个看了让人觉得十分恶心的场面。这种现象，说到底还是人的功利心在作祟，强烈的占有欲驱使他们做出这样凶残的行为。可是争来争去又有什么样的结果呢？人间的是是非非像乱蜂涌集，人间的得失像刺猬毛一样密集，如果要认真地去计较，恐怕永远也理不出个头绪来，所以还是需要人用冷静的态度去面对。以不变应万变，那么无论得失是非，都会像雪花碰到热汤一样立刻就会融化。面对世间的人情冷暖，一定要用谨慎冷静的态度去处理。

人本来和其他生物一样，"争"是与生俱来的。但是在人进化了、升华了以后，懂得了还有比原始本能更高明、更有效的方法，运用得好，就能达到完善和理想的境界，这种方法就是反其道而行之的"不争"。只有抱持这种不争之德，才能得到天下人的拥戴而不相害，故而天下才没有人能够与之相争。

毋羁锁于物欲，宜夷犹于性真

【原文】

羁锁①于物欲，觉吾生之可哀；夷犹②于性真，觉吾生之可乐。知其可哀，则尘情立破；知其可乐，则圣境自臻③。

【注释】

①羁锁：束缚。

②夷犹：流连。

③臻：到达。

【译文】

被物质欲望所束缚，会觉得生命很可悲；悠游在纯真的本性中，才觉得生命很可爱。知道什么很可悲，那么尘世的欲望可以立刻消除；知道什么很可爱，那么神圣的境界自然会达到完美。

【活学活用】

很多受物欲困扰的人最大的苦恼就是"所欲不能得"，因为他们有着永无止境的欲望。这样的人表面看起来是在执著追求自己想要的东西，而实际上却会被这些缥缈的东西所羁绊，使自己无法感受到生命的快乐。所以，想要快乐生活的人，必须放下欲望，保持平衡的心态，以平心待人，坦然处世，去探索生命中美好的一面。

社会虽然纷繁复杂，但是，拥有平和的心态就可以保持一颗纯净的心，珍惜自己所拥有的生活。

有这样一个故事：

有一个人请求天使帮他实现三个愿望，天使答应了他的请求，他非常高兴。

这个人许了第一个愿望：希望自己的妻子马上消失，这样就可以娶一个贤惠美丽的女人。

天使满足了他的请求，他的妻子马上就在他的眼前消失了，可是他的亲朋好友都称赞他妻子的种种好处，为此，这个人懊恼不已，又开始怀念妻子了。

最后，他又去找天使，提出了自己的第二个愿望：让他的妻子再回来。

天使很爽快地马上实现了他的愿望。

现在，只有最后一个请求了。这个人思考了好久，他想，如果可以长命百岁，没有健康又有何用？如果拥有了健康，没有金钱又有何用？如果拥有金钱，没有朋友又有何用？

就这样，他陷入了患得患失的思绪中，不知该如何选择最后一个愿望，终日忧心忡忡，闷闷不乐。

最后，他将自己内心的矛盾告诉天使，请求天使给出指示，天使笑笑说："还是祈求生活里的一切平安无事吧。"

人的欲望会不断膨胀，永远得不到满足，能安于生活中的一切事情，就是人生的一大幸事。常怀平和的心态，就永远不会感到生活中有什么不快，知道有所为有所不为。

明人陆绍珩这样说过：辛勤耕作的田园生活，是有真正的快乐的，但你如果没有潇洒的态度，你就会成为苦不堪言的忙人。读书学习是有真正的乐趣的，但你如果不懂得玩味，你就会成为视它为无趣的粗俗之人。一山一水都有可以赏玩的情趣，但你如果不去领会，也就只能辜负它的妙处而瞎玩。吟咏诗歌可以有真正的心得，但你如果不能体会理解，就只会把它看做是无聊的套话。

胸中无物欲，眼前自空明

【原文】

胸中即无半点物欲，已如雪消炉焰冰消日；眼前自有一段空明①，时见月在青天影在波。

【注释】

①空明：形容光明透彻。

如果我们心中不存在一丝对物质的欲望，心中的烦恼就会像炉火把雪消融、太阳将冰融化一样消散了；如果我们眼前有一片空旷开朗的环境，便可以时常看到皓月当空及其映在水波中的倒影。

【活学活用】

一个人假如心中没有半点物质欲望，那么就一定没有私心，他的私心就像冰块一样早被太阳融化了。无欲则静，静则明，淡泊度日就能让心情随时保持轻松，这样既能明心性又能通事理。如果欲望太强烈，心神就会遭受蒙蔽，那就容易头脑发昏糊涂行事。一个人如果能将眼光放得长远一些，眼前自然就会出现一片空旷开朗的景象，他会觉得什么事情都有很广阔的空间任他自由发挥。而那种鼠目寸光的人，只看得见眼前的利益，他们目光短浅，为了短期的利益不惜牺牲长远的利益，经常做些得不偿失的事情，这种人到了最后一般都会后悔。心胸广阔的人做事沉着冷静，通常都有自己的计划，一条路走不通又换另一条路继续走，决不会钻牛角尖，始终安安静静、胸有成竹地行事，心地就如月光映在水中的倒影一般宁静。人的一生所受的诱惑太多，只有保持平和的心境，才能真如诸葛亮所说：淡泊以明志，宁静以致远。

人的一生中要做到淡泊名利。淡泊名利即不贪名和利，不为名利所累，始终使心中保持一片自己的宁静。古人曰："淡泊以明志，宁静以致远。"讲的就是人生在世只有不追逐名与利，才能够活得更加轻松、更加快乐。

真正的美德如河流，越深越无声。并不是每一个人都能以平常心来看待一个令人人都羡慕的光环，不为名利所累。有些人为聚财、争名而过分费心劳神，一旦名利到手，就把它当做资本处处炫耀，甚至招摇撞骗。 这种人可能永远也享受不到人生的幸福。

诗思在桥上，野兴在湖边

【原文】

诗思在灞陵桥上，微吟就，林岫①便已浩②然；野兴在镜湖曲边，独往时，山川自相映发。

【注释】

①岫：峰峦。刘义庆《世说新语·言语》："郊邑正自飘瞥，林岫便已皓然。"杜甫《甘林》："晨光映远岫，夕露见日晞。"
②浩：广大。《诗经·小雅·雨无正》："浩浩昊天。"

【译文】

在灞陵桥上能使你诗兴大发，刚刚低声吟出诗句，山峦丛林已经充满了诗情画意；人在镜湖畔曲江边，独自漫步时，山水交映令人陶醉。

【活学活用】

无论是赋诗还是填词，都需要一定的创作灵感，而这份灵感一般不可能生于琼楼玉宇的庙堂之中，只有在风花雪月之日，在那年年柳色都伤别的灞陵之上，才可能产生。 诗人在空旷的环境中好像更容易找到灵感，也许是因为在空旷寂静、杳无人烟的原野上更能感受到人与自然的合一，而那种超尘脱俗的感觉也更强烈。 不过世间只有极少数人能享受这份生命中极致的宁静。 只有真正超脱于尘世之外的人才能享受到这样的幸福：当你在空旷的原野中伫立，文思奔放诗兴大发时，你会发现，周围的山峦丛林都会染上层层诗意，大自然的情趣充斥于山水之间；当你在湖边独自漫步、吟诗作画时，你会深深地陶醉在山水交映的画面之中。这实在是众多生活形态中最使人向往的一种了，然而有能力去欣赏、有足够的灵性去与大自然做直接的心与心的交流的人毕竟不多，所以很多人还是只能对这种吟诗作画、怡然自乐的日子望而兴叹了。

伏久者飞高，开先者谢早

【原文】

伏久者飞必高，开先者谢独早。知此，可以免蹭蹬①之忧，可以消躁急之念。

【注释】

①蹭蹬：失势的样子。木华《海赋》："或乃蹭蹬穷波，陆死盐田。"（盐田：指海边。）

【译文】

潜伏得越久的鸟，会飞得越高；花朵盛开得越早，凋谢得也会越快。知道了这个道理，就不必为怀才不遇而忧愁，就可以消除急躁求进的想法。

【活学活用】

"不鸣则已，一鸣惊人。"准备得越充分，潜伏中积累得越多，等到真的飞起来的那一刻，就是飞得最高的、笑到最后的。

一个有事业心的人，必须学会等待时机，要想成就一番事业，就不能因为自己眼下的处境地位不如意而丧志，不能因为时间的消磨而灰心。

古往今来功成名就者，有少年英雄，也有大器晚成。 不管怎样，急于露头角就难于成气候，急功近利不足成大事，急躁便容易患得患失，容易失望悲观。 只有守正而待时，善于抓住机会而又坚定志向，才有可能走向成功。

欲速则不达，急于求成会导致最终的失败。 做人做事都应注重知识的积累，厚积薄发，自然会水到渠成，达成自己的目标。许多事业都必须有一个痛苦挣扎、奋斗的过程，而这也是将你锻炼得坚强，使你成长、使你有力的过程。

急于求成、恨不能一日千里，往往事与愿违，大多数人知道这个道理，行为却总是与之相悖。 历史上的很多名人是在犯过此类错误之后才懂得成功的真谛。 宋朝的朱熹是个绝顶聪明之人，他十五六岁就开始研究禅学，然而到了中年之时才感觉到，速成不是创作良方，经过一番苦功方有所成。

那么，在生活、工作中应该怎样做呢？ 这就要求人们踏踏实实地走好每一步。 以工作为例，工作必须要有计划。 无论是对于自己未来的整体计划，还是处理每一天的工作的计划，都是你充分利用有限的时间和精力，为自己的事业大厦不断夯实基础所必不可少的。 譬如你准备建造一栋房子，那你首先得有一张详细的设计图纸，能够让人一眼就看清楚房子的结构、外观、规格，窗户如何安置等等。 而为了将这栋房子建好，你就必须得反复思考，再三斟酌，认真制定行动的步骤。 然后，依照设计图纸，从打地基开始，一步步地进行下去。

这个道理似乎人们都懂，但随着现代社会生活节奏加快，人们普遍有着浮躁心理，追求眼前的物质利益，贪小利、求速成的心理也更为普遍。 所以，无见小利，无求速成，树立大志向，并且能够拒绝种种诱感，守得住自己树立的志向，按计划行动，似乎是更加困难了。 但是，越是在这种情况下，越是需要时时刻刻地提醒自己：盲目求快，欲速则不达。 也唯有这样，才能脚踏实地的一步一步地走向成功。

枝叶徒荣，玉帛无益

【原文】

树木至归根，而后知华萼①枝叶之徒荣；人事至盖棺②，而后知子女玉帛之无益。

【注释】

①华萼：花萼。萼，指花瓣的最外部。
②盖棺：指死后入殓棺木。

【译文】

树木到了凋谢枯萎的时候，才知道茂盛的枝叶和鲜艳的花朵只是一时的繁荣；人到了死后盖棺入殓时，才知道原来追求子女众多、财物丰盈都没有用处。

【活学活用】

一叶落知天下秋，树叶一到秋天就纷纷落下，经过日晒雨淋之后再化为腐土。 只有这时人们才会恍悟：先前那茂盛的枝叶和鲜艳的花朵都只不过是一时的繁荣罢了。 同理，人自己也是只有在入土为安的那一瞬间，才忽然明白，子女众多、财物丰厚是没有多少用处的。 这是告诫人们在活着的时候不要向别人要得太多，也不要对自己要求太高，因为这些身外之物只是过眼云烟，人死之后就一了百了，要求那么多又有什么用呢？更何况，凡事在精而不在多，钱财够用就行，多了反而生出许多事端。子女也不需多，有的人年轻时儿女成群，可是到老了一样无依无靠，还不如只有一两个儿女却将他们教育得很好的人家。年轻时不管怎样风光繁华，也迟早都要消失的，当繁华过尽之后，留下的就是无尽的凄凉，还不如那些平平淡淡过一生的人，至少到了老年不会感受太深的失落。

真空不空，在世出世

【原文】

真空不空①，执相非真②，破相亦非真③，问世尊④如何发付？在世出世，徇欲是苦，绝欲亦是苦，听或侪善自修持！

【注释】

①真空不空：真空，佛家语。佛教认为达到涅槃境界时，就离开了一切迷情所见之象，故曰真空。不空，因涅槃境界是超脱世间一切烦恼的清净境界，是对生死诸苦及其根源的彻底断灭。因为这个境界是绝对真实的，故曰不空。

②执相非真：执，执著地看待一切事物。相，佛教把可以分别认识的一切现象称作相，又认为一切相都是虚幻不实的。句意为：执著地把相看作真实存在，其实是不真实的。

③破相亦非真：相，此处指"实相"，意谓宇宙万物之本体。它是真实的，永远不变的。句意为：把实相看作虚幻不实，这种观点也是不真实的。

④世尊：佛家对释迦牟尼的尊称。慧远《无量寿经义疏》卷

上："佛备众德，为世钦仰，故号世尊。"

超出一切色相意识的"空"的境界，并不就是空无一切。 执著于事物外在形象并不能看清事物的本质，同样的，破除事物外在形象也不能看清事物的本质，请问佛陀怎样解释这个道理？ 身处俗世要能超脱于俗事之外，追求欲望是一种痛苦，断绝一切欲望也是一种痛苦，这就要靠我们自己好好领悟修持了。

【活学活用】

只有领悟真理，才能不再执著于外在的物相。 但是一般人为了不执著于外在的物相，往往又坠入了虚无的境地，如此也违背了真理。 所以，不论是偏于空或有，都是违背真理的偏见，都不能达到真理的高度。

对此，释迦牟尼给的答案是"在世而出世"，要人在红尘中努力修身养性来领悟真理。 这里不要去考究深奥的佛理，单从做人处世的角度来看，出世和入世之间存在着必然联系，不应绝对化，因此做事不要走极端，应在入世中出世，以出世之心做入世之人。

孔子《论语》中曾有关于"外化内不化"的思想，即生存之道在于表象与社会的同步、一致，而内心世界保持一个独立的自我。这是小我与大我之间求同存异、相生相克的融合之道，也就是我们所说的"以出世之心，做入世之人"吧。

烈士让千乘，贪夫争一文

【原文】

烈士让千乘，贪夫争一文，人品星渊①也，而好名不殊好利；

天子营家国，乞人号饔飧②，位分霄壤③也，而焦思何异焦声。

【注释】

①星渊：比喻差别极大。

②饔飧：饔指早饭，飧指晚饭，这里泛指食物。柳宗元《种树郭橐驼传》："吾小人辍饔飧以劳吏者。"

③霄壤：霄指天空，壤指土地，形容相差极远。

【译文】

行为刚烈的义士可以将千乘之国礼让于人，贪得无厌的人却为一文钱而进行争夺，这两种人的品格有天壤之别。 但义士好名的心理和贪财好利的心理并没有什么区别。 天子掌管国家大事，乞丐沿街要饭，这两种人的身份地位有天壤之别。 但天子思虑国家事务的忧愁和乞丐求食物的苦恼却没有本质的区别。

【活学活用】

每个人处的位置不同，面临的矛盾也不一样。 一个为一日三餐而忙碌的人，无暇顾及也无法想象一个富商每顿饭吃什么，而一个富人认为是很简陋的东西对贫穷者来讲可能还是好东西。 贫富有差距，但忙碌却是一样的。 富商痛苦，所愁的是资金怎样周转，所担心的是公司垮掉；穷人痛苦，所愁的是一日三餐的有无。但不管怎样，穷人和富人的痛苦都让自己头大，都伤脑筋。 从这个意义上说，两者苦的性质与程度完全相同。

人各有痛苦，追求有追求的失落，富贵有富贵的难处，安贫有安贫的烦恼。

诗人卞之琳写道：你站在桥上看风景，看风景的人在楼上看你。 带着妻儿到乡间散步，这当然是一道风景；带着情人在歌厅摇曳，也是一种情调。 腰缠万贯的富翁，有时会羡慕那些粗茶淡饭的老百姓，可是平民百姓没有一个不期盼来日能出人头地的；拖家带口的人羡慕独身的自在洒脱，独身者却又对儿女绕膝的那种天伦之乐心向往之……

皇帝有皇帝的烦恼，乞丐有乞丐的欢乐。 当乞丐的朱元璋变成了皇帝，当皇帝的溥仪变成了平民，四季交错，风云变幻。 一幅曾获世界大赛金奖的漫画画出了深意：第一幅是两个鱼缸里对望的鱼，第二幅是两个鱼缸里的鱼相互跃进对方的鱼缸，第三幅和第一幅一模一样，换了鱼缸的鱼又在对望着。 看来，抛掉私心杂念，保持平衡宁静，确非易事。

饱谙世味，会尽人情

【原文】

饱谙①世味，一任覆雨翻云，总慵②开眼；会尽人情，随教呼牛唤马③，只是点头。

【注释】

①谙：熟悉、熟识。《晋书·刑法志》："故谙事识体者，善权轻重，不以小害大，不以近妨远。"（权：衡量。）

②慵：懒。杜甫《送李校书》："晚节慵转剧。"

③呼牛唤马：形容毁誉随人。

【译文】

饱尝了世态炎凉，任由世间变化万千，总懒得睁开眼睛去看一下；看透了世间的人情冷暖，管他人叫我牛还是唤我马，只是一味点头称是而已。

人情冷暖，世态炎凉，一个饱经风霜、尝尽人间冷暖的人对于周围的是是非非就再也懒得睁眼去看了。 只有涉世未深的人，才会对这个世界充满了热情和幻想，他们一腔热血，踌躇满志，希望能通过自己的努力有所作为，甚至幻想能改变这个世界。 可是一旦屡次碰壁之后，就会信心大减，所谓哀莫大于心死。 诚然，一个人不能轻言放弃，但是人的承受能力也是有限的，所以在遭受无数次的重创之后，难免有人会产生厌世的情绪，一切在他看来都不重要了。 有的时候人是无法和命运抗争的，当一个人觉得他已经看透了人情世故，无论是毁谤还是赞誉都不过是那么回事，身外之物而已，还有什么值得争辩的呢？ 当别人赞美他时，他不会感激，当被人诋毁时，他也不会埋怨。 无论人们用怎样的态度去对他，哪怕是像呼牛唤马一样的吆喝，他都只会若无其事地点点头而已。有时候想想，人若活到这般光景，也是十分悲哀的。

前念后念，随缘打发

【原文】

今人专求无念，而念终不可无。 只是前念不滞[①]，后念不迎，但将现在的随缘打发得去，自然渐渐入无。

【注释】

①滞：停滞，停留。屈原《九章·怀沙》："任重载盛兮，陷滞

而不济。"（盛：多。不济：指不能前进。）

【译文】

现在的人一心想心无杂念，但终究也没有办法达到完美的地步。 只要先前的杂念不存心中，对于未来的杂念不去生起，只将现在的杂念随着机缘打发掉，也会渐渐达到无杂念的境界。

【活学活用】

社会在发展，人们的生存条件得到了很大的改善，但是满意感却在下降。 我们拥有的物质越来越多，但是快乐越来越少。 哪里出问题了？

问题在于我们无法做到活在当下。 活在当下的真正含义来自禅。 初祖达摩说："不谋其前，不虑其后，无恋当今。"这才是真正的解脱。 慧律禅师启示："不后悔过去，不渴望未来，不自寻烦恼，把握现在，脚踏实地，则身心健康。"对我们来说，最重要的事情就是活在当下。

大多数的烦恼可能不是出现在眼前，而是发生在难以割舍的过去和无法预计的将来。 对于过去，相信总有些记忆令我们无法忘记，或后悔，或惋惜，或感慨，感叹悠悠岁月，回想单纯而简单的生活。 对于将来，则总是无法预期，或许我们都有因为对于未来不确定而彻夜难眠的经历。 这些经历总是缠绕着我们，使我们总是生活在充满云彩的天空下。

生活在当下是聪明的，紧紧抓住眼前的快乐，不必再去想，不必再去问，活得轻松而愉快。 一旦你跟生命保持同一步调，其他的就无关紧要了。

"当下"给你一个深深地潜入生命的水中，或是高高地飞上生命天空的机会。 但是在两边都有危险——"过去"和"未来"是人类语言里最危险的两个词。 生活在过去和未来之间的当下，几乎就好像走在一条绳索上，随时都可能堕入两边的危险。

过去与未来并不是正存在的东西，而是存在过和可能存在的东西，正存在的是现在。 活在当下是一种全身心地投入人生的生活态度和生活方式。 当你活在当下，而没有过去拖在你后面，也没有未来拉着你往前时，你全部的能量都集中在这一时刻，生命因此具有一种强烈的张力，这就是使生活丰富的唯一方式。

偶会成佳境，天然见真机

【原文】

意所偶会便成佳境，物出天然才见真机，若加一分调停布置，趣意便减矣。 白氏①云："意随无事适，风逐自然清。"有味哉！ 其言之也。

【注释】

①白氏：指白居易。

【译文】

心中偶然有所领悟才会达到最美妙的境界，事物要自然生成才能显现出真正的机趣，如果人为地安排布置，那么情趣意境就会消减。 白居易诗云："意随无事适，风逐自然清。"这句话真值得体味！ 诗中所说的正是这个道理。

【活学活用】

任何事情都是这样：心中偶然有所领悟才会达到最美妙的境界。

事物要自然生成才能显示出真正的机趣，所以说"清水出芙蓉，天然去雕饰"。 很多事物，一旦经过人为的加工创造，就变得俗气，原来的情趣意味都会削减。 天然的事物也许在外形上不是那么美观，不尽如人意，可它与生俱来的灵气却足以让人心动。 同样的道理，一个人如果保持真性情，保留那份与生俱来的纯洁和善良，也一样会博得众人的喜爱。 人们都愿意与淳朴厚道、没有心机的人交往，而那种满怀鬼胎、一肚子坏主意的人，人人都会对他们敬而远之。 因为他们经过尘世的污染，已经变得面目全非，再不是初来人世的那个纯洁善良之身。 世间的万物，原汁原味才最让人回味久长。

性天澄澈，何必谈禅

【原文】

性天澄澈，即饥餐渴饮，无非康济①身心；心地沉迷，纵谈禅演偈，总是播弄精魂。

【注释】

①康济：指增进健康。

【译文】

天性纯真的人，即使无意修炼，饿了就吃，渴了就喝，这一切都是为了保养身心健康；心地沉沦堕落的人，即使谈论佛经禅理，也只是在白白耗费自己的精力。

【活学活用】

一个本性纯真的人，饿了就吃，渴了就喝，困了就睡，从不讲究什么形式，只是为了身体健康，就这么单一的目的。 他怎么想的就怎么去做，不做作，不矫饰，一切行为完全出自于内心的真实意愿。 而另一种人，心中明明存有许多私心杂念，却整日念佛，将自己包装成一个正人君子的模样。 这样做实在是浪费自己的精力，如果内心存有杂念，无论怎样念佛都是白费力气，始终不能取得预期的效果。 凡事一定不要拘泥于形式，形式不可少，但内容更重要。 如果只有内容没有形式，人们只会觉得那东西不太好看，可真金不怕火炼，好东西就是好东西，人们总有一天会接受它。 如果只有形式而无内容，恐怕就无人敢于接受了，我们要一个空壳有什么用呢? 所以一个真正信佛的人不一定要落发为僧，而一个出家修行的人也未必就是一个好和尚。 当你内心澄净之后，不需要做任何形式上的努力，都会自得天性。

心有真境，虑忘形释

【原文】

人心有个真境，非丝非竹而自恬愉，不烟不茗而自清芬。 须念净境空，虑忘形释①，才得以游衍②其中。

【注释】

①形释：指躯体的解脱。
②衍：漫延，扩展。《后汉书·桓帝纪》："流衍四方。"

【译文】

人心中有一个真实美妙的境界，不需要丝竹管弦之音也觉闲适愉快，不燃香不饮茶也感清新芳香。 必须心中意念澄静，心境虚空，忘记忧思愁虑，解脱形体束缚，这样才能自如自在地生活在真实美妙的境界之中。

【活学活用】

人生在世，经受诱惑的机会很多。特别是处在现在这样一个商品经济日趋发达的社会里，如果不能保持一颗初心，则很容易迷失自己，对自己的人生和现状无法做出准确的判断，从而影响到自己的一生。台湾诗人席慕容说过：生命除了外表的浮华与喧闹之外，在内里还应有一份安静的成长。面对这个世界，我们应尽量让自己保持一颗恬淡安静的真心。只要内心保持一种纯真的境界，即便没有美妙的丝竹之声，也能感觉到舒适愉快；即使没有香茗飘逸满室，也能体会到清香芬芳。

倘使心中杂念太多，容易意乱情迷，无法把握自己。如果能够让自己意念单一、明净，让自己的思想境界空灵、纯真，那么要想成就某一件事，也应该容易得多。如能杜绝忧虑，忘却烦恼，使这些不愉快的情绪常常游离于身体之外，那么我们一定可以享有快乐人生，体会身形不被外物所驭使的畅快感受。

流光容易把人抛，岁月易逝，青春易老。而唯有坦然幽淡的心境可以使我们的生命之树常青，使我们能微笑、从容地面对人生。即使不能宠辱皆忘，至少也可以做到宠辱不惊。人的一生会经历很多大喜大悲，倘若我们不善于调控自己的情绪，就容易让情绪陷于一种极端里，这对于人的身心来说都是一种很深的伤害。我们常听说某人哭得昏死过去，但不知人们是否知道，也有人因为爆笑而死。上述二者都是情绪化到了极致的例子，为着这一哭一笑，就赔上一条性命，实在可惜，实不可取！

拥有一份淡泊的心情并非易事，有很多人都只是心向往之，却不能至。 在平日里应注意修身养性，加强自己各方面的修养，不需要对任何事都大彻大悟，但一定要明白事理，遵循事物的规律，善待每一个生命。 这样，那种心境恬淡、绝虑忘忧的境界便会悄然而至。

非幻无以求真，虽雅不能离俗

【原文】

金自矿出，玉从石生，非幻无以求真；道得酒中，仙遇花里，虽雅不能离俗。

【译文】

黄金从矿石中冶炼出来，美玉由石头琢磨而成，可见不经过虚幻就无法得到真实；道理可以在饮酒中悟得，神仙能在声色场中遇到，这是说即使高雅也不能完全脱离凡俗。

【活学活用】

黄金选自矿山，美玉出自顽石，伟大出自平凡，虚幻和真实总是伴生在一起，无虚幻也就没有真实。 高雅的荷花出自淤泥，可见即使是高雅之士也摆脱不了世俗之情。

一个人的本质非常重要，因为它决定了一个人发展的方向。一个清官处身于社会中能做到出淤泥而不染，一个心地善良之人即使落草为寇也会劫富济贫，这全是本质使然。 气质高雅之人即使出身寒门，其天生气质会表露无遗；天生粗俗的人，生活环境再好，也培养不出好的气质，还是会有粗俗的举止。

对一个人来说，第一是要本质好，因为"巧妇难为无米之炊"，再能干的工匠如果找不到质地好的原材料，做出来的就不会是好的物品；第二是要经历磨炼，因为玉不琢不成器，即使是天才也需要后天的培养。

俗眼观世异，道眼观世常

【原文】

天地中万物，人伦中万情，世界中万事，以俗眼观，纷纷各异；以道眼①观，种种是常。何烦分别，何用取舍？

【注释】

①道眼：超越世俗的眼光。

【译文】

天地间的万物，人世间的情感，世界上的各种事情，用凡俗的眼光看待，纷纷扰扰、千头万绪，各不相同；若用悟道者的眼光来看，统统是一样，全部是平等。有什么必要去区分，有什么必要去取舍呢？

【活学活用】

天地间的万事万物，人世间的各种情感，如果用常人的眼光来观察，就会觉得各自有所不同，所谓世事万象，人间百态。我们之所以会这样认为，是因为我们自己也置身其中，所谓当局者迷，旁观者清，我们自己每天处于其中，看人间喜剧悲剧一幕幕上演，已经被弄得稀里糊涂、头晕目眩，光是看别人上演的故事眼睛都忙不过来，更不要说自己的经历。可是如果用超越世俗的眼光来看待先前这些问题，就会觉得任何事情都很普通，尽管各种事情都有它不同的性质与内容，可其本质却是永恒不变的，都有它必然的因果关系。当你超越世俗，站在一个高度来俯视世间的人和事时，你就会了解，人生真的如一出戏，我们每个人既是演员又是观众，我们在观察别人，别人也在分析我们。既然这样，又有什么必要将一切区分得那么清楚呢？又有什么必要非去考虑取舍的问题呢？只要能本着大公无私的平等态度去对待，那么一切的恩怨得失都会化为云烟。

禅宗二祖慧可曾向达摩祖师诉说他内心的不安，请求佛祖帮他，让心静下来。达摩祖师答应了慧可的请求，但要求慧可把心找出来才肯替他安心，慧可怎么找也找不到，因为慧可用凡眼找心，祖师用道眼找心。最后慧可悟到了真谛，连心都找不到，又哪里来的心不安呢？有心才有烦恼，无心哪来烦恼？

天地冲和气，人生淡泊真

【原文】

神酣①布被窝中，得天地冲和②之气；味足藜羹饭后，识人生淡泊之真。

【注释】

①酣：指浓睡。

②冲和：谦虚、和顺。《晋书·阮瞻传》："神气冲和。"

【译文】

安然舒畅地睡在粗布棉被中，也可以吸收天地间的和顺之气；满足粗茶淡饭的人，才能体会淡泊人生的真实乐趣。

一个能在粗布被窝中都睡得很香的人，才能真正吸收天地间的顺和之气。 很多人对物质生活是很讲究的，在温暖洁净的床上会睡得很香，而一旦躺在肮脏的粗布棉麻之中，那么他有可能宁可坐一晚上也不肯睡下去。 而另一种人就不一样了，他们既能享福也能吃苦。 在席梦思上睡得很香，在一张草席上也照样睡得安稳，而且是躺下就睡，没有半点顾忌。 这种人最大的优点即是随遇而安，对于生活不挑肥拣瘦，极具包容忍耐精神。因此，他们才更能感受到大自然的谦和之气，一如他们的为人。将粗茶淡饭都可以吃得津津有味的人，一定是体会到淡泊人生真正乐趣的人。 有很多人以为每天能吃山珍海味一定是一件非常幸福的事，更有专注于吃的人认为人生的快乐也莫过于此了。可人不能天天吃山珍海味，既没有这个条件，也消受不起，所以人必须有过平淡日子的思想准备。 有了这种准备，吃着粗茶淡饭时，就觉得是一件很自然的事，不会因此而怨天尤人，不会抱怨命运的不公，在平淡自然中渐渐体会出人生的真味来。

缠脱在自心，心了见真境

【原文】

缠脱①只在自心，心了则屠肆糟廛②，居然净土③。 不然，纵一琴一鹤，一花一卉，嗜好虽清，魔障终在。 语云："能休尘境为真境，未了僧家是俗家。"信夫!

【注释】

①缠脱：缠，束缚。脱，解脱。

②屠肆糟廛：肉店、造酒坊。佛教戒杀生、戒酒，故认为这些地方不干净。

③净土：佛家语。佛所居之国土。

【译文】

想解脱世俗的纠缠，关键是看自己的内心，如果内心能够了悟，那么屠宰场、酒肆也会变成极乐净土。 要不，纵使是和琴鹤为伍、花草为伴，爱好虽然清雅，但羁绊的魔障终究还在。 俗话说："能够摆脱尘世才能进入真正的境界，没能了却尘缘的僧人也和俗家人没有两样。"这句话千真万确。

【活学活用】

一个人能否摆脱烦恼的困扰，关键在于自己意志是否坚定，有时候，幸与不幸，了与不了，就在一念之间。 内心清净的人，无论身处怎样的环境之中，眼里看到的都是一片净土。 反之，如果内心不能了悟，无论在怎样的环境之中，仍然会被苦恼困扰。 有的人以为栽花养草能够陶冶性情，吟诗弹琴可以让自己在闲情逸致中平息内心的欲望，可是因为内心没有真正地消除杂念，尽管情趣爱好看起来很是高雅，但心中的魔障仍然存在，羁绊着他前进的步伐。 所以有时候外在的形式并不重要，重要的是内心如何去战胜外界的困扰和诱惑。 文殊菩萨就曾在酒楼和青楼弘扬佛法教化众生，可是他自己却丝毫没有受环境的影响，在那样的场所竟然没有一点不净的邪念，这完全是因为他内心已经真正地做到六根清净了，所以任何外界的诱惑对他都没有一点用处。

万虑都捐，一真自得

斗室中，万虑都捐①，说甚画栋飞云，珠帘卷雨；三杯后，一真自得，唯知素琴横月，短笛吟风。

【注释】

①捐：抛弃，放弃。屈原《九歌·湘君》："捐余玦兮江中。"

【译文】

住在狭窄的小屋里，抛弃所有私欲杂念，哪里还羡慕什么雕梁画栋、飞檐入云的华屋；三杯酒下肚之后，自觉领悟到道理悠然自得，于是只管对月弹琴，迎着清风吹笛。

【活学活用】

不是人人都要住在金碧辉煌的高楼大厦里才会体验到人生的乐趣，只要精神愉快了，就算住在简陋的屋子里也会觉得心满意足。就如《陋室铭》中所描写的一样："山不在高，有仙则名；水不在深，有龙则灵；斯是陋室，惟吾德馨……"住在简陋的房子里，如果能让自己私欲杂念全消，也能愉快度日，哪里还会去奢望什么飞梁画栋、飞檐入云的华屋？更不会幻想要什么珍珠串成的帘子。就像一个既不贪心又不小心成了大富翁的人，你给他什么他都不会感兴趣的。而精神上富足的人则是真正的、无人可比的大富翁，所以他对人生就更不会有什么奢求了。当一个人领悟到生命纯真自然的本性之后，就不会对物质欲望有太高的追求了。这时候，他更愿意听月下柔和的琴声、风中清远而悠扬的笛声。 这种声音更能唤醒他内心沉睡已久的情怀，既能怡情，又能养性，比起整日计较得失、争夺名利这些尘世间的俗事来，前者当然更能让人感受到生命的真谛所在。

性天未常枯槁，机神最宜触发

【原文】

万籁寂寥①中，忽闻一鸟弄声，便唤起许多幽趣；万卉②摧剥后，忽见一枝擢秀，便触动无限生机。 可见性天未常枯槁，机神最宜触发。

【注释】

①寂寥：空虚，寂静。刘禹锡《秋词》："自古逢秋悲寂寥。"
②卉：草的总称。《诗经·小雅·四月》："秋日凄凄，百卉具腓。"

【译文】

在万物俱静的时候，忽然听见一声鸟儿鸣叫，则会唤起许多幽情雅趣。 百花凋谢枯败后，忽然看见一枝鲜花挺拔怒放，便会触动心灵产生无限生机。 可见万物的本性并不会全部枯萎，生命的机趣应该不断激发。

【活学活用】

有诗曰："山重水复疑无路，柳暗花明又一村。"人们常常在自己濒临绝望之时发现新的生机，可谓是绝处逢生！这时感觉是非常惊喜而又美妙的。 就好像在万籁寂静中忽然听见一声悦耳的鸟叫，心中的许多幽趣都被一一唤出，那种感觉会带给人很多的希望。 所以说人在任何时候都不能轻易放弃自己的希望，只要自己对未来充满信心，坚持下去，那么光明总会来到。 自然界处处都存在着无限的生机，我们的周围也有很多一点即燃的火种，关键看我们自己是否用心去做，是否愿意将心底的那根弦轻轻拨动。 一个成功的人从不轻言放弃，而且一直坚定地、不厌其烦地一次又一次去拨动心底的那根弦，终有一天，那根弦会随着那强有力的拨动奏出人间最美的曲调来。 所以天无绝人之路，只要有坚强的意志、坚定的信念，最后就一定会成功。

操持身心，收放自如

【原文】

白氏云："不如放身心，冥然任天造。"晁氏^①云："不如收身心，凝然归寂定^②。"放者流为猖狂，收者入于枯寂。 唯善操身心者，把柄在手，收放自如。

【注释】

①晁氏：晁补之，宋朝人，字无咎，善于书画，因慕陶渊明而修归来园，自号归来子。

②寂定：断除妄心杂念而入于禅定状态。

【译文】

白居易说："不如放任自己的身心，默默地听从天地的造化。"晁补之说："不如收敛自己的身心，静静地使一切归于安寂。"放任往往使人狂放自大，过度收敛又会归入枯寂。 只有善于把持自己身心的人，控制的开关在自己手中，可以收放自如，从而取得平衡。

【活学活用】

自己做自己的主人，放松与收敛全在自己掌握之中。 遇到事情束手束脚不好，遇到事情一味放纵自由也不好，这两种态度对于处理事情都是有利也有弊。 但把这两种方式结合起来使用，处理事情就能做到收放自如了。 做人太过放纵自己，把握不好尺度就可能变成狂妄放肆之人，惹来世人厌恶：做人如果过于约束自己，也可能变得枯燥乏味，孤僻不合群。 因此无论是做人还是处理事情，都需要有把握自己身心的能力。 何时放松自己身心，何时收敛自己言行，全在自己掌握之中。

大哲学家黑格尔有一篇文章《马车声》这样写道："一天上午，父亲邀我一同到林间散步。 我高兴地答应了。 父亲在一个弯道处停了下来。 在短暂的沉默之后，他问我：除了小鸟的歌唱之外，你还听到了什么声音？我仔细地听，几秒钟之后我回答他：我听到了马车的声音。 父亲说：对，是一辆空马车。 我问他：我们又没看见，您怎么能分辨出是一辆空马车？父亲答道：从声音就能分辨出是一辆空马车。 马车越空，噪音就越大。 后来我长大成人，每当我看到口若悬河、粗暴地打断别人的谈话、自以为是、目空一切、贬低别人的人，我都感觉好像是父亲在我耳边说：马车越空，噪音越大。"过于放纵自己，如果没有深厚的知识积累与高尚的道德修养，很容易变成黑格尔文中所说的那种目空一切、放肆不羁的人。 同样，如果一个人过分约束自己，那么生活有可能变得过于沉重。 有一个故事，说的是有一个人每天都过得不开心，他向老天抱怨；为什么我的生活这么苦。 有一个神仙听到他的抱怨，向他建议说：你把你背上的包袱打开，把里面不需要的东西扔掉，这样你就不会生活得这样苦了。 这个人听了神仙的建议，便打开自己背上的包袱，挑选了半天，哪一件都舍不得扔掉。 神仙无奈地说："你背上的包袱太沉重了，这样你怎么能过得轻松呢？"只有善于放松自己、扔掉不必要的包袱的人才能掌控自己的生活。

自然人心，融合一体

【原文】

当雪夜月天，心境便尔澄澈；遇春风和气，意界①亦自冲融。造化②人心，混合无间。

【注释】

①意界：心间的境界。

②造化：大自然。

【译文】

当面对飞雪的夜晚或者明月当空的时候，心境就会非常清澈明净；当春风吹拂、气候暖和的时候，意境也会自然通达。 天地的造化和人心的交汇，联系在一起没有什么区别。

【活学活用】

自古以来，文人墨客多喜欢歌颂春天，为秋天伤感。 在他们笔下，春天是美好的象征，春天代表了勃勃生机。 秋天则是一片萧索，是可悲可伤的。 将自己的心情带入季节中，虽然有浓厚的个人感情色彩，但自然界的变化确实对人的心情有影响。 洒满月光的夜晚与雪花飘落、大地披上银装的夜晚，往往能使人的心情也跟着清朗起来。 有了雪，再加上那不畏寒冷的梅花，往往使诗人诗兴大发。 就是不会吟诗作对的人，对此良辰美景，往往也变得诗情画意起来。 有首雪梅诗这样写道："梅雪争春未肯降，骚人搁笔费评章。 梅须逊雪三分白，雪却输梅一段香。"雪花的洁白与梅花的幽香，格外受文人们推崇。 而乌云密布、草木摇落、飞沙走石的天气，往往能使人情绪低落。 自然界的事物影响人的性情，自然环境影响人的性格。 因此道家与佛家修行，总是要找一个清幽的环境。

人与自然息息相通，紧密相关。 老子说："人法地，地法天，天法道，道法自然。"人的生存依赖于自然，人死后又回归于自然。 人的气息与自然相通，一呼一吸离不开自然。 人心与自然，本是混合无间的，人顺应自然，可达天人合一，体悟自然之真意。 我们生活在一个被钢筋水泥包围的世界中，所以很多时候我们希望能与大自然亲密接触，回到自然当中，洗刷身上的尘土。这也是由于人本身就是大自然的一部分，人天性中就有爱好自然的本质，人与自然本就是息息相通的。

文以拙进，道以拙成

【原文】

文以拙进，道以拙成，一"拙"字有无限意味。 如桃源犬吠，桑间鸡鸣，何等淳庞①。 至于寒潭之月，古木之鸦，工巧中便觉有衰飒②气象矣。

【注释】

①淳庞：淳朴而充实。

②衰飒：衰落，衰老。张九龄《登古阳云台》："庭树日衰飒。"

【译文】

文章讲究质朴实在才能进步，学道讲究真诚自然才能修成，一个拙字蕴含着说不尽的意味。 像桃花源中的狗叫，又如桑林间的鸡鸣，是何等的淳朴。 至于寒潭中映照的月影，古树上的乌鸦，虽然工巧，却给人一种衰败的景象。

【活学活用】

桃花源中狗叫，桑树林中鸡鸣，这些景象具有淳朴的生活气息。 虽然不够雅致精巧，比不上寒潭古月、老树昏鸦那样肃杀凛冽。 只是桃源犬吠、桑间鸡鸣这样的寻常景致却更令人感到生意与温暖。 虽然平平淡淡、质朴无奇，却是自有其宝贵价值。 儒家与道家都讲过质朴可贵。 孔子说过一个人如果缺少文采，就难免显得有些粗陋，但是一个人身上的文采过于多，朴实的本质过于少，就会显得虚浮不实。 既要有文采，更要保持质朴的本性，把文采与质朴结合起来，这样才能成为文质彬彬的君子。 人要多学习，提高自己的文化修养，还要以良好的道德规范来要求自己。文化修养水平高，能使人变得聪明智慧而又生动有趣。 良好的道德修养，能使人保持忠厚朴实的本质。

现代教育强调要把孩子们教育成聪明、有自尊、要强、有竞争力的人。 小孩子笨拙退让，不善于竞争，不适应现代社会的竞争，就会使家长们担忧。 在一个竞争社会中，柔弱没有斗志，缺少聪明机智，都会使人无法适应社会的发展。 在我国古代，道家的创始人老子却认为，人聪明过了头，刚强也过了头，这时候会惹起痛苦与纷争。 如果大家都能保持忠厚朴实，甘守柔弱，不争强好胜，人们的生活也就能省去很多麻烦。 从表面上看老子的观点似乎与现代社会背道而驰，实际上柔弱胜过刚强、质朴胜过机巧的观点，与现代社会并不矛盾。 现代人了解这些道理，对于适应现代社会具有很好的帮助作用。 保持质朴不是否定竞争社会，而是要避免那些无用的争斗。 保持质朴也不是否定聪明智慧的重要，而是要抛弃那些小聪明与奸诈技巧。

以我转物，逍遥自在

【原文】

以我转①物者，得固不喜，失亦不忧，大地尽属逍遥；以物役②我者，逆固生憎，顺亦生爱，一毫便生缠缚。

【注释】

①转：支配。

②役：役使，奴役。陶渊明《归去来兮辞》："既自以心为形役，奚惆怅而独悲。"（奚：为什么。）

【译文】

由我来把握和主宰事物，成功时不会欣喜，失败了也没有忧愁，这样没有羁绊和牵挂地做人真是逍遥自在；若让事物来控制奴役我，那么不顺利时就会恼恨，顺利时又会喜欢，一点微小的事就能把自己束缚住。

【活学活用】

人们常常崇尚"以我转物，大地逍遥"的境界，却常有很多"以物役我，分毫束缚"的无奈。

若以我为天地万物的主宰，就可以把万物自由地改变、使用。这样得到的富贵功名，实在不必太高兴；倘一旦失掉了荣华功利，也不必沮丧忧伤。无论得失穷通，都应心不动，立于天地之间，便是逍遥自在。这样的人生，是以天地为广大的游戏场所。

相反，为万物而劳累我身，就是身为物转，人变成了富贵功名的奴隶。处于逆境，心里憎恨恐惧；处于顺境，就因爱恋而忘却忧虑。微细如一根牛毛的事，都可以把身心缠缚而成为苦痛的根源。可见迷与悟、苦与乐都在于役物和役于物的一念之间。

六祖惠能禅师说："心迷法华转，心悟转法华。"实是至理名言。记得《六祖坛经》里有这样一段故事。六祖惠能昔日在广州法性寺，当时印宗法师正在讲经，突然一阵风吹来，风幡飘动。一位僧人说是风动，另一位僧人却说明明是幡动，两人争执不下。惠能见了说："不是风动，不是幡动，人心自动。"大家听了都很惊讶。

外物只有通过我们的内心才起作用。不论是风动还是幡动，如果你的内心不动，它就不会对你有影响。我们通常较多地强调外部社会环境、社会地位、生活条件、主体智慧、工作成就等的改善，却忽视了对于主体安详心境、安详人际环境的关注和建设。到头来，许多人非但未能从社会地位的提高和荣誉、财富的增加中品尝到幸福的滋味，反倒视生活为不堪忍受的累赘。

燃灯法师说："如果我们破除一切执著尘劳，丢掉身外乱性的贪婪和物欲，找回自己，这样就能获得身心的自然安宁，惬意、舒适、安逸、幸福的生活也随之而来。"一生只知道追逐名利而不知道享受的人，心最苦累。 可惜世上仍有大多数人为了各种欲望拼命占去所有清醒时刻，只余下少许时间来追寻生命的意义。

许多人在"赚钱很重要"的观念驱使下，开始了一生忙忙碌碌、早出晚归拼命赚钱的生活，最后变成了金钱的奴隶。 金钱对于他们来说已完全失去意义，只是一堆货币符号。 更有不少人，居然还会因金钱而深受其害，甚至陷入金钱的泥沼之中。

一个人纵然有亿万家财，如果不懂安心之道，就不是真正的富有。 拥有一颗清净心，是幸福之源泉。 我们整天为纷繁复杂的人际关系所左右，为身外之物所烦扰，为功名利禄所诱惑，我们的心怎么静得下来呢？ 烦恼自然时刻也不会远离我们。

日本梦窗国师诗云："青山几度变黄山，世事纷飞总不干；眼内有尘三界窄，心头无事一床宽。"胸怀磊落坦荡，宛若长空旭日驱除晨雾，烦恼无处藏身。 我们何不也做一个这样快乐的人呢？

理寂则事寂，心空则境空

【原文】

理①寂则事寂，遣事②执理者，似去影留形；心空则境空，去境存心者，如聚膻却蚋。

【注释】

①理：道理，事理。

②遣事：遣散、排除事物。

【译文】

世间的道理如果归于空寂，那么一切事物也会归于空寂，若一

480

味地舍弃事实而执著于道理，就好像要去除影子却要留下形体那样荒谬；内心如果保持空寂，那么外在的境遇也会随着空寂，若一味地舍弃境遇而仍然执著于此心，就好像以聚集腥臭来驱赶蚊蝇一样可笑。

【活学活用】

事物与道理共存，没有事物，也就没有事理；世间没有不蕴含事理的事物，事物与事理共生。 世界本来不是绝对僵化的世界，静不是绝对的静，空也不是绝对的空。 静是相对静，空是相对空。 对于执著于追求事物道理的人，有时会忽视事物，只注重事物中的理。 对于那些不注重事理的人，可能更重视事物本身，忽视事物所包含的道理。

从哲学上来说，无论是古代还是现代，许多哲学家争辩不已的基本问题都是物质与意识的关系问题，也可以说是事物与事理的关系问题。 有些哲学家主张物质决定意识，有些哲学家认为意识决定物质。 无论是物质决定意识，还是意识决定物质，两种观点都是将物质与意识放在一起来研究的。 事物与事理的关系，人心与环境的关系，可以说就是在阐述物质与意识的关系问题。 认为遣事执理者是在去影留形，也就是把事物比作影子，把事理比作形体；认为舍弃环境保留虚心是聚膻却蚋，也就是把环境比作蚋等虫子，把存虚心比作聚集腥膻之物。 这种观点虽然强调了事物与事理不可分、心与境不可分，但是实质上是在强调精神性的东西更实在，更具有决定性作用。 这种观点更加看重的是个人的修为，更强调人的精神、人的主观能动性的积极作用。

认识事物获得真理，不可脱离事物。 正如"道得酒中，仙遇花里"，追求真理须从具体事物中入手。 如果脱离具体事物去追求真理，就像人想舍弃自己身后的影子而保留自己的身体一样，是不可能实现的。 保持内心宁静先由自身入手，而不是向外寻求宁静，心平气和则环境自然虚空清静。

任其自然，总在自适

【原文】

幽人清事，总在自适。 故酒以不劝为饮，棋以不争为胜，笛以无腔为适，琴以无弦为高，会①以不期约为真率，客以不迎送为坦夷②。 若一牵文泥迹，便落尘世苦海矣！

【注释】

①会：约会。

②坦夷：坦白快乐。

【译文】

清高的人和高雅的事都为了顺应自己的本性，所以饮酒时以不劝饮最为快乐，下棋以不相争最为高明，吹笛时以自得其乐最为快意，弹琴以信手拈来为最雅，相会以没有邀约为最真诚，宾客往来以不迎送为最坦荡。 假如一受到繁文缛节的束缚，那么就要掉进世俗的苦海之中了。

【活学活用】

凡事顺其本性是最好的，顺应本性，可以得到最真实的体验，假如要刻意为之，反而会破坏情致意境。 性情高雅的人做事总是以自己的感受为准，顺其自然，不会刻意去修饰或者改变。 饮酒时以不劝酒为最快乐的感觉，喝至恰到好处时为最佳境界，那种一上桌就猛劝酒、非要一醉方休的人其实不是真喜欢喝酒。 只是喜欢一种形式，喜欢自己清醒而别人醉的感觉而已。 人人下棋都是想分出胜负的，可是如果不去介意胜负的结果，只在乎对弈过程中智慧的交锋，那种乐趣更让人回味无穷。 可是有太多的人体会不到这种乐趣，因为大部分的人都认为结果比过程更重要。 性真的人生活比较随意，没有过多的章法，高兴时弹一曲，心中烦闷时信步走到某朋友处坐一坐，既不要人迎接，也不要人欢送。 凡事尽量随心意而定，不仅自己这样对待别人，也希望别人这样对待自己。 君子以这样的方式待人接物最为真实坦荡，心灵不会受到任何约束。 假如有一天忽然循规蹈矩，什么事都要按照规则行事的话，那么就一定会掉进世俗的苦海中去了。

思及生死，万念灰冷

【原文】

试思未生之前有何像貌，又思既死之后作何景色，则万念灰冷，一性寂然，自可超物外而游像先①。

【注释】

①像先：指超越各种形象。

【译文】

试想一下没有出生之前哪里有什么相貌，再想想死了之后还有什么形象？ 那么原先所有的念头便会冷却消失，内心也会寂静显出本性，自然可以超然物外，悠游在物象之外。

人活在世上都免不了有很多欲望，这些欲念就是我们不快乐的根源，要想消除这些欲念也确实不易。因为内心有太多想要的东西，所以要和别人争夺，整日处心积虑地想着怎样才能战胜别人，久而久之，人的本性全无，完全被世俗的东西浸透，哪里还有自我可言？其实只要静下心来想一想生命的本质，思考一下与之相关的一些事物，所有的问题都会迎刃而解。人在出生之前哪里有什么相貌呢？在出生之前我们什么都不是，在死了之后也是要化为灰烬，然后与大自然融为一体。生命存在的过程是非常短暂的，如果一定要承认我们的存在，那么人更多的时候是以无形的形式存在的，因为在生以前和死以后，我们就是人间的青烟一缕，没有任何实质的形象。既然如此，那么在生命存在的短暂的几十年中，还有什么值得我们拼命去追求争夺的呢？人只要想通了这个道理，就可以让心绪平静下来，显示出寂静的本性，超然于物外，过得轻松而快乐。

遇病后思强，处乱后思平

【原文】

遇病而后思强之为宝，处乱而后思平之为福，非蚤①智也；悻福而先知其为祸之本，贪生而先知其为死之因，其卓见乎。

【注释】

①蚤：同"早"。

【译文】

患病时才想到身体强壮最为宝贵，身处于动乱才想到太平安稳的幸福，这不算是先见之明；得到幸福而预先知道幸福实际上是带来祸患的本源，贪恋生命而能预先知道生命是走向死亡的前提，这才是远见卓识。

【活学活用】

为人应有一点先见之明，对事情有预见性，这样对于自己的人生来说会有许多的帮助。很多人总是喜欢在事后后悔，这是毫无用处的。当自己躺在医院之时才开始羡慕别人身体健康，后悔不早早地注意身体，积极锻炼；当身处乱世时才想到太平盛世的安宁与幸福，后悔自己当初不好好地珍惜，这些都是愚人的行为，毫无可取之处。真正的智者绝不会犯这样的错误，他们总是具有远见卓识，能用发展的眼光看问题。得到幸福之时就知道幸福其实是祸患之源，因为自古以来，当物质生活达到一定的水准时，人内心的邪念就会蠢蠢欲动，所以一个人太幸福了反而会多一些犯罪的机会。有先见之明的人知道人从一生下来就开始走向死亡，所以他们坦坦然然行走在人生路上，不会因为哪一次失足而悲伤，最后以无比的从容和镇定去迎接死亡的到来，内心没有一丝恐惧。有预见性的人总是能在事情发生之前做好一切准备工作，所以不管是在他的内心还是行动上，都能从容不迫地应对自如。

歌残妍丑消，局尽胜负空

【原文】

优人①傅粉调朱，效妍②丑于毫端，俄而歌残场罢，妍丑何存？弈者争先竞后，较雌雄于着子，俄而局尽子收，雌雄③安在？

【注释】

①优人：戏子。

②妍：美丽、美好。

③雌雄：胜败。

【译文】

演戏的伶人涂抹胭脂口红，将美丽和丑陋再现得惟妙惟肖，歌舞结束好戏散场之后，那些美丽和丑陋哪里还会存在？下棋的人争先恐后，通过下棋比个你高我低，一会儿棋局结束收起棋子，刚才的胜负又在哪里呢？

【活学活用】

人生如戏，一人饰千面，千面如一人，喜怒哀乐、悲欢离合尽入戏中。谁曾想过，其实台前幕后一台戏，演戏人本也是观戏人？天下没有不散的筵席，人生的戏剧也会"歌残场罢"，哪顾得方才或悲或喜、平淡高潮？

曲终人散，局尽子收，一切都会成为过眼烟云。现在想想，当初为什么要在乎那么多呢？

人生如棋，终归是友谊第一，比赛第二，一心只想争强好胜者难成顶尖高手。真正的高手已置胜负于度外，投子间天高云淡，胜不足喜，败亦欣然。

是这个世界选择了我们，而不是我们选择了世界。既然无法选择，最好的办法就是智慧地面对。心随境转则忧，境随心转则悦。不要让环境改变我们的心情，更不要让环境改变我们的方向。荣华富贵，功名利禄，这些都不是生活中最重要的东西。也许每个人都希望实现自身的价值，都有所追求，有所期待，但首先要让自己活得真实，活得轻松，活得踏实。

古人有云：世事如棋，起手当思好结局；人生若戏，开场须要美团圆。 其实心驻清风明月，即是好结局，即是美团圆。

把人放在无边无际的空间中来看，山河大地也不过像一粒尘埃，沧海一粟，更何况尘埃之中的人类，实在是卑微渺小得可怜！

把人放在无始无终的时间中来看，人的躯体肉身好像泡沫幻影，像石火电光，更何况泡影之外的功名，实在幻灭得如过眼烟云！

静者为之主，闲者操其权

【原文】

风花之潇洒，雪月之空清，唯静者为之主；水木之荣枯，竹石之消长，独闲者操其权[1]。

【注释】

[1]权：引申为评量得失。

【译文】

微风中花朵的身姿随风飘舞，雪夜中明月皎洁，只有内心宁静的人才能成为这美妙景致的主人；河水与树木的繁茂或枯败，竹子和石头的消失或生长，只有意态悠闲的人才能把玩欣赏。

【活学活用】

世间有很多精美绝伦的景致，它们就在我们的身旁，却不为人们所见。 比如那微风中随风翩翩起舞的花瓣，还有雪夜里挂在天边的皎洁的明月，很少有人去注视这自然界中美轮美奂的景色，人们更关注的是人为的景观，比如香车美女，比如精致的园林，比如漂亮的建筑等等。 只有内心宁静的人才能成为这美妙景致的主人，也只有他们才懂得欣赏这美景。 就像那水边树木的繁茂与枯败、林间石头的消退与增长，也只有意趣悠闲的人才能注意并且欣赏。 其实在我们的周围，也有一些拥有纯真美好心灵的人，一如天边那轮皎洁的明月。 他们的心地像金子一样闪闪发光，他们坚守自己的贞操，以其高尚的品德、美好的情操影响教化着周围的人们。 比如那个终其一生为病人服务的护士南丁格尔，她的名气也许不如她那个时代的歌星影星，可她那纯洁如天使般的形象将永远留在热爱她的人的心中。 世间原本就存有许多美好的事物，它们就静静地在我们身边绽放，只要内心宁静闲适，心境温和，就一定能够欣赏得到。

天全欲淡，人生至境

【原文】

田父野叟①，语以黄鸡白酒则欣然喜，问以鼎食②则不知；语以缊袍短褐③则油然乐，问以衮服则不识。 其天全④，故其欲淡，此是人生第一个境界。

【注释】

①叟：古代对老人的称呼。《列子·汤问》："河曲智叟亡以应。"
②鼎食：形容美味的食物。
③缊袍短褐：缊袍，新旧棉絮交织而成的衣服。短褐，粗布

衣服。

④天全：天然的本性。

【译文】

在田间劳作的农夫或在山间打柴的樵夫，问到黄鸡白酒的家常便饭就兴致很高，问到山珍海味则浑然不知；谈论温暖的粗布袍和麻布短衣就自然愉快，问到华美的朝服却毫不知晓。因为他们保持了纯真自然的本性，所以欲望淡泊，这是人生的第一等境界。

【活学活用】

田园之美在于绿水青山，民风朴实。在这里，树林、青山、绿草、庄稼铺盖着大地，汇成一片绿色的海洋；在这里空气新鲜，没有城市工业废气污染的威胁；这里安宁静谧，没有城市那么多噪音；这里生活节奏相对缓慢从容，远离了城市那种紧迫急促；这里人际关系单纯明朗，不像城市那样错综复杂；这里人们古道热肠，不像城市那样人情冷暖、世态炎凉。总之，田园生活是人类理想的生存方式，所以在都市里生活的人，想方设法把住处田园化。红砖绿瓦的平房里，常常是绿树成荫、繁花似锦、鸟叫虫鸣。

田园的环境能让人暂时摆脱烦恼。远离是非地、名利场，保持一分做人的真性。乡村的生活虽然清苦，却能远离喧闹，鸡犬相闻，稻花飘香，其乐融融。

心无其心，何有于观

【原文】

心无其心，何有于观。释氏①曰："观心②"者，重增其障。

物本一物，何待于齐？ 庄生③曰："齐物④"者，自剖其同⑤。

【注释】

①释氏：佛姓释迦的略称，亦指佛或佛教，这里指佛教。

②观心：观察心性。佛教以心为万法的主体，无一事在心外，故观心即能明了事理。也就是自我省察。

③庄生：庄子，名周。战国时著名思想家，道家学说的主要创始人，与老子并称为"老庄"。

④齐物：庄子认为从道的角度来看，生死寿夭、是非得失、物我彼此等都没有质的差别，方物本来一体。

⑤剖其同：剖，剖开。万物同为一体，那么"齐物"就是分割本来相同的事物。

【译文】

人心如果不产生任何妄念，又何必要去操心呢？ 佛家所说的观心，反而是增加修持的障碍。 天地间的万物原本是一体的，何必等待人去整齐划一？ 庄子说的"物我齐一"，是把本属同一体的东西给分开。

【活学活用】

从来不犯错误的人很少见，常人多数会犯这样或那样的错误。孔子说，犯了错误并不可怕，有过能改还是君子。 人犯了错误，就要在内心中留有教训，以后以此为戒，提醒自己不要再犯同样的错误。 犯了错误需要及时改正，如果不改正错误那才是真正的大错误。 君子知错必改，只有小人犯了错误才会拼命掩饰。 人们犯错误就像天上的日月有明暗圆缺。 有错误的时候人们都能看得见，改正错误的时候人们同样能够看得见。 大丈夫能够勇敢承认自己的错误，并且能时时反省，提醒自己少犯错误。 儒家讲求时刻反省自身。 佛教讲观察反省。

观察反省就是要时时扫除心中尘埃，使得心空无一物，一尘不染，保持本来的清净。 唐朝时，神秀和慧能在同一个寺中修行。某一天，五祖召开弟子大会，要选择接替他的人，使这个人成为禅宗第六代祖师。 五祖大弟子神秀写了一首偈：“身是菩提树，心如明镜台。 时时勤拂拭，勿使惹尘埃。”慧能听到后称赞好，又说虽然好还没有彻底了。 慧能说自己也有一首偈，请别人帮他写出来。 慧能念道：“菩提本无树，明镜亦非台。 本来无一物，何处惹尘埃?”众人听了这首偈，都惊叹不已。 这首偈子表现出慧能的领悟比神秀高，对佛教教义领悟更为深刻。 五祖传授慧能佛法，慧能为逃避神秀的迫害就逃到了南方修行。 慧能说心中本来就是空无一物，那又怎么会沾惹尘埃呢。 庄子的齐物论，认为天下万物本为一体，是非、生死、寿夭没有本质区别，物我彼此之分没有必要。 万物本来是一体，也就没有必要再强调使得万物整齐划一。 强调要使万物整齐划一，那么就在无形中承认万物存在差别，正因为有差别所以才有齐的必要。

现实生活中，我们可以参考佛儒道的修身方法，时时反省自身，有错改之无错加冕，保持心地清净，扫除世俗灰尘，看待事物不被它们的表面现象迷惑。 世界上万事万物都是共性与个性的统一，这个世界是有差别的世界，同时又是具有共同特征的世界。

达士撒手悬崖，俗士沉身苦海

【原文】

笙①歌正浓处，便自拂衣长往②，羡达人撒手悬崖；更漏已残③

时，犹然夜行不休④，笑俗士沉身苦海⑤。

【注释】

①笙：乐器名。

②拂衣长往：毫不留恋。

③更漏已残：古代计时将一夜分为五更，漏是古代用来计时的仪器，更漏已残是形容夜已深沉。

④夜行不止：此指应酬繁忙。

⑤苦海：据《法华经·寿量品》说："我见诸众生没在苦海。"

【译文】

当歌舞娱乐正达到高潮的时候，自行拂衣离身而去，这种豁达的人能够撒手于悬崖，真是令人羡慕；在夜深人静的时候，还有人在不停地奔走忙碌，这种沉沦世俗苦海的人，真是令人可笑。

【活学活用】

人生在世不过百年，不论成功或失败，百年后都成过眼烟云。通达生命真相的人能在关键时刻把握住内心，从而不使自己坠入痛苦的深渊。 相反，一生追逐名利的人，深更半夜仍然忙着应酬，唯恐其无多，这种人鼠目寸光，说来实在可笑。 林则徐曾出一对联说："子孙若如我，留钱做什么？后世不如我，留钱做什么?"话语精警，足以诫人。

名利富贵，容易使人动心。 动心则容易全力追求它们，最终为它们所害。 在名利富贵面前，保持一颗平常心是难能可贵的。

成亦平常，败亦平常，其中的道理有多少人能明了，又有多少人能亲身实践呢？而这就是区分人生境界高下之所在了。

修行于尘宇，悟道于世俗

【原文】

把握未定^①，宜绝迹尘嚣，使此心不见可欲而不乱，以澄吾静体；操持既坚，又当混迹风尘^②，使此心见可欲而亦不乱，以养吾圆机。

【注释】

①把握未定：指意志不坚定。

②风尘：比喻世俗纷扰、污浊。

【译文】

当内心的修持还没有把握能够坚定时，就应该远离尘世的烦嚣，使这颗心不受欲望的诱惑，这样就不会迷乱，然后能够清醒地体悟纯净的本性；如果内心的修持已经足够坚定时，又应该混居于滚滚红尘中，使这颗心接受欲望的诱惑也不会迷乱，这样便能修养自己圆通的智慧。

【活学活用】

世间险恶，有很多事情容易让人们迷失自我。倘若我们定力不够，很可能深陷于对某些事物的迷恋中不能自拔。一旦我们无法掌握自己生活的方向时，生活便失去了意义。

所谓出世，那是一种智慧，是一种看透世间种种的智慧，不贪利禄、不爱功名、不为美色所诱惑，具有这种超越世事的心怀，便能够在世间做任何事而不至于堕落，能够把握自己生命的方向。

出世又是为了入世，当领悟了道的玄机，完成了自己的修行，就应该接受尘世的洗礼、社会的磨炼，借以培养自己质朴的本性。

人我一视，动静两忘

【原文】

喜寂厌喧者，往往避人以求静，不知意在无人便成我相，心著于静便是动根。 如何到得人我一视①、动静两忘的境界？

【注释】

①人我一视：我和别人属于一体。

【译文】

喜欢寂静而厌恶喧嚣的人，常常逃避人群以求得安宁，却不知道有意离开人群便是执著于自我，刻意去求宁静实际是骚动的根源。 这怎么能够达到将自我与他人视为一体、将宁静与喧嚣一起忘记的境界呢？

【活学活用】

一个生性清净的人总是喜欢离群索居，或者干脆远离尘嚣隐居山林，以此来求得心灵的空寂与安宁。 但是不知隐居之人有没有想过，山林真的能给人带来清静吗？真正的清静到底是在于环境，还是在于人的内心？选择住在山野的人，其目的都是为了换取一份宁静的生活，忘却人世间的纷纷扰扰。 可是这样得来的宁静并非真的宁静，虽然环境很安静了，但是人心却还想着世间的一切，内心仍有许多不能忘怀的事物。 因为刻意地让自己远离世人就说明心中还有人己、物我、动静的观念，既如此，又如何能获得真正的安宁？人我原本是一体的，而动静也是相辅相成的，所以，想让内心真正安宁，必须要先忘怀自我，放弃动静不一的主观思想，才能真正达到身心都安宁的境界。如此一来，无论是住在乡间还是尘世，无论周围怎样的喧哗与吵闹，在人的内心，都能保持一种岿然不动的安定。

山居胸次清，触物皆佳思

【原文】

山居胸次①清洒，触物皆有佳思：见孤云野鹤②，而起超绝之想；遇石涧流泉，而动澡雪③之思；抚老桧寒梅，而劲节挺立；侣沙鸥麋鹿，而机心顿忘。若一走入尘寰④，无论物不相关，即此身亦属赘旒⑤矣！

【注释】

①次：中。
②孤云野鹤：自由自在不受束缚之物。
③澡雪：沐浴洗涤，指除去一切杂念。
④寰：广大的地域。魏征《十渐不克终疏》："道洽寰中，威加海外。"（洽：周遍）
⑤赘旒：多余的。

【译文】

居住在山野时心胸开阔洒脱，接触到任何事物都会产生遐想：看见一片孤云飘荡、一只野鹤飞翔，就会产生超越一切的念头；遇到山谷中清泉流动，就会产生洗涤一切凡俗的想法；抚摸着苍老的松树和寒冬中的梅花，就会有挺立傲雪的情致；和海鸥麋鹿在一起游玩，便可以忘却一切心机。 一旦再回到尘世中，不止任何事物都和我无关，即使这个身体也觉得是多余的。

【活学活用】

尘世中的人常带有一种俗气，而常年居住在山间的人则胸怀宽广、洒脱开朗。 这是因为他们经常接受大自然的洗礼，感受大自然的灵气，在乡村山野接触到的一切事物都能引发人高雅的情趣。看见无拘无束的野鸭，就会引起超尘绝俗的意念；遇到山谷中缓缓流淌的小溪，就会觉得心中的一切杂念都被洗涤干净；而那傲立在风霜中的雪松和腊梅，又让人不由得敬仰它们威武不屈的坚强气概；长时间与温和的小鹿、沙鸥待在一起，会使心中的一切邪念顿消。 所有这些大自然中的事物都是引发我们内心美好情感的源泉，所以人应该经常到自然中去走一走，吸收一点自然界中的灵气，才能保持人纯真的本性。 而人一旦修炼到清心寡欲、淡泊明志的状态，再回到尘世中，即使与各种声色环境接触，也会觉得自己与世俗的东西离得太远，宛如是到了另一个世界了。

兴逐时来，景与心会

【原文】

兴逐时来，芳草中撒履①闲行，野鸟忘机时作伴；景与心会，落花下披襟兀坐②，白云无语漫相留。

【注释】

①履：鞋。《史记·留侯世家》："孺子下取履。"

②兀坐：静坐。兀，不动的意思。

【译文】

偶尔兴致来的时刻，在草地上脱鞋漫步，野鸟也会忘了被捕捉的危险飞到身旁来做伴；当景致与心灵互相融合时，在飘落的花朵下披着衣裳独自静坐，白云也似乎无言地停留在头上不忍离去。

【活学活用】

万物是无心的，而人类却有太多的欲望，当我们也能抛弃功名、摆脱权势的束缚做到无心时，就可以达到天人合一的境界，与自然界浑然融为一体。那时，鸟儿飞来做伴，云儿与之为伍，大自然显示出祥和宁静的气氛。

事实上，人们已经远离了大自然，在喧闹的尘世不能自拔，早就忘却了还有人来鸟不惊的境界，这是多大的悲哀啊！

祸福苦乐，一念之差

【原文】

人生福境祸区，皆念想造成。故释氏云："利欲炽然即是火坑，贪爱沉溺便为苦海。一念清净，烈焰成池；一念警觉，航登彼岸①。"念头稍异，境界顿殊，可不慎哉！

【注释】

①彼岸：佛家语，指成正果。

【译文】

人生的幸福和祸患，都是由于心念的好坏而产生的。正如释迦牟尼说："对名利的欲望太过炽热，就会踏入火坑，过度沉沦在贪嗔爱恋里面就会掉入苦海。而一个清净的念头可使火坑变成水池，一念觉悟可以脱离苦海到达彼岸。"一念之差则所得的境界即有天渊之别，不能够不谨慎啊！

【活学活用】

佛家说"相由心生，相随心灭"。一个人如果心里有了利欲之念，心马上就会变成火一般炽烈的贪婪，这时你的人生幸福也就堕入痛苦地狱中。心能清净，即使已经出现炽烈的欲火，也能把它化为清凉水池。

人生的幸福与苦恼全由自己的观念造成。观念略有不同，人生境界就会全面改观，因此，所思所想必须慎重。

佛经有一首劝诫人们早觉醒的诗，写道：

急急忙忙苦追求，寒寒暖暖度春秋。

朝朝暮暮营家计，昧昧昏昏白了头。

是是非非何日了，烦烦恼恼几时休。

明明白白一条路，千千万万不肯休。

光明大道人不往，牢门封锁有人来。

天堂有路人不走，地狱无门非要钻。

劝君早觅修行路，了脱三途八难灾。

生活中，大多数人都明白这些道理，但是总有很多人，在自己受到了物欲诱惑的时候，完全失去了清醒的头脑，什么"光明大道人不往，牢门封锁有人来。天堂有路人不走，地狱无门非要钻"早已抛到了九霄云外，甚至明知道那是火坑，却仍然义无反顾地跳下去，结果像飞蛾投火一样，不仅不能自拔，反而连自己的生命都失去了。所以人们对于追求总是无止境，永远都不会感到满足，那么最终结果又是什么呢?

比如有个人在机关做事,看到别人和自己的级别一样,可是人家却比自己风光,不仅有香车宝马、堆金叠玉,而且还拥有着更多的资产,令他心里有些不平衡。因此他变得越来越贪婪,开始贪污公款。虽然这位干部腰缠万贯,可是终究不是自己的劳动和付出获得的,后来他不仅失去了所有的财产,而且也失去了人生的自由,甚至连一条小命也搭了进去。

静下心来想一想,我们也许就能明白:其实祸与福、苦与乐并没有一个统一的标准。何谓苦,何谓乐呢?这些无不是人们的"念想"而已。如果符合自己的"念想",满足了自己的欲望,则认为是快乐;如果不符合自己的"念想",没有满足自己的欲望,则认为是苦。由此可见,苦与乐并无一定之规。

正所谓"祸福苦乐,一念之差",如果我们明白了这样的道理,自然就会明白人生的祸福苦乐,只不过是人为的一种虚拟的概念罢了,如果说富有的人是快乐的,那么普通的人就没有快乐吗?

无论是贫穷还是富有,安居乐业才是人们应当追求的幸福。

绳锯木断,水滴石穿

【原文】

绳锯木断①,水滴石穿②,学道者须加力索;水到渠成③,瓜熟蒂落,得道者一任天机④。

【注释】

①绳锯木断:即绳子能把木头锯断。比喻力量虽小,只要坚持就能成功。

②水滴石穿：即水滴能把石头穿透。常比喻力量虽小，但坚持就能出现奇迹。

③水到渠成：比喻做事听其自然。

④一任天机：完全靠天赋的悟性。

【译文】

细绳子可以锯断木头，水滴可以穿透石头。同理，修行学道的人应该努力用功才能成就；水流到时自然形成沟渠，瓜果熟透时自行落下。同理，要想悟得真理也需任其自然。

【活学活用】

求学问道不是一蹴而就的事情，要想学有所获，学有所成，必须持之以恒，长期耕耘。"有志者事竟成"，"绳锯木断，水滴石穿"，这些警言都是在勉励人做事要有恒心毅力，只要锲而不舍，拥有滴水穿石的精神，定有成功的一天。另外，这段话的后部分也劝世人不要急功近利，要静得住心，稳得住性，勤于积累，不断充实自己。

凡事不可强求，揠苗助长只会适得其反，而只有顺应自然，等机会成熟了才能水到渠成，获得正果。

荀子《劝学篇》中曰："锲而舍之，朽木不折；锲而不舍，金石可镂。"如果在学习中知难而退，浅尝辄止，那必定学无所成。

"绳锯木断，水滴石穿"，寓意着一种坚毅的精神，一种百折不挠的勇气，一种坚定必胜的信念。它包含着对精神的磨炼，对意志品质的考验。能够经受住这种生活中的磨炼与考验，在学习中也就不会畏惧任何障碍了。

宝剑锋从磨砺出，梅花香自苦寒来。经得住艰难困苦的考验，拥有锲而不舍的精神，人生一定会谱写出精彩。

机息见风月，心远无喧嚣

【原文】

机息①时，便有月到风来，不必苦海人世；心远②处，自无车尘马迹③，何须痼疾丘山④。

【注释】

①机息：停止使用心机。

②心远：心胸开阔，超越俗世。

③车尘马迹：指车马行过的痕迹。形容车马来往，喧嚣繁杂。

④痼疾丘山：痼疾，积久难以治愈的病。丘，小山。痼疾丘山指对山丘特别爱好。

【译文】

当妄念止息后，便能感受到皎月清风缓缓而来，不会再将人间看成是苦海；当心境远离尘俗时，自然不会有车马喧嚣的嘈杂，哪还需要找个僻静的山林？

【活学活用】

心机深重的人，其实生活得很不自由。 心机深的人往往疑心很重，常会对别人的言行举止反复揣摩。 自己心中多诡计，常疑神疑鬼，活得很累。 心中常怀着若干心事，耗心费力，也不利于身体健康。 我们常说："人算不如天算"。 机关算尽未必能获得幸福，算计得了他人，算计不了天地。 个人无论怎样聪慧多智，毕竟智力有限，有时候费尽心机结果也未能如愿，枉费心机。

与其活在算计他人的生活中，不如撇开心机，坦坦荡荡做人。凡事尽心尽力，不使阴谋诡计，顺其自然，生活会简单得多。心胸开阔、心境悠远，也就没有必要非得过隐居山林的生活。心远在哪里都能看得远，无论是在远离尘嚣的山林之中，还是在车马往来繁华喧嚣的尘世，心境开阔的人都能体会到自由。俗话说傻人有傻福，心地纯良的人，不使用阴谋诡计算计别人，往往能获得意想不到的收获。心无城府，坦诚对待他人，也就看不到那么多人世间的阴暗面，即使看到了也往往向好的方面去看事情。

生生之意，天地之心

【原文】

草木才零落，便露萌颖①于根底；时序虽凝寒②，终回阳气③于灰管④。肃杀之中，生生之意常为之主，即是可以见天地之心。

【注释】

①萌颖：苞芽。

②凝寒：寒冷到结冰的地步，形容天气非常寒冷。凝，结冰。

③阳气：春天的温和之气。

④灰管：古代测气候变化的玉管，因以葭莩灰放在律管中而得名。

【译文】

花草树木的叶子开始飘零枯萎时，在根底已露出新芽；季节虽是到了寒冬，也终究会回到温暖和煦的时节。在萧条肃杀的氛围中，大地似蕴含着无限生机，由此可以看出天地哺育万物的本性。

冬天来了，春天还会远吗？这是雪莱在《西风颂》中的激情展望。 冬去春回，上天尚有生生之意，人活世上，时乖命蹇时岂止绝路一条？王维也诗云：遥爱云木秀，初疑路不同。 安知清流转，偶与前山通。 人生路上永不言败，绝路尽处必是通途。

常言道："有生必有死，有死必有生。"天地万物就是如此生生不息，所以古圣先贤才赞美说"天地之大德曰生"。 而邵康节的诗更有："冬至子之半，天心无改移；一阳初动处，万物未生时。"可见万物虽然没诞生，然而生生之机已经孕育其内了。 在凋落枯萎之中尚存有生生之机，我们研究生物之理就不该徒重外表形式，应再进一步探求其中的真实内涵，如此就能体会出"以吾人数十年必死的生命，立国家亿万年不朽之根基"之理。

"客亦知夫水与月乎？逝者如斯，而未尝往也；盈虚者如彼，而卒莫消长也。"苏东坡《前赤壁赋》中的这段话，道出了生生之德，永不止息。

雨余观山色，夜静听钟声

【原文】

雨余观山色，景像便觉新妍；夜静听钟声，音响尤为清越[①]。

【注释】

①清越：清脆悠扬。

【译文】

雨天过后观赏山峦颜色，会觉得景致非常清新秀美；在夜深人静时听见钟声，更觉得声音特别清晰悠扬。

【活学活用】

雨后的山色实在很美，所以王维才会有"空山新雨后，天气晚来秋，明月松间照，清泉石上流……"的感受，而当夜色阑珊之后，静静地聆听远处传来的钟声，也别有一番清脆悠扬的意味。只不过这样的意境并不是每个人都能品味的，如果心中不具备这样的雅兴，再美的景色对于有的人来说也是枉然。对于人间的美景，不同的人有不同的看法，就像一千个观众心中有一千个哈姆雷特一样，每一个人对生命的感受理解都不一样，注定了他们对人间事物的领悟也不一样。前面所说的美景对于原本充满着诗情画意的人来说是无比美好的享受，可对于反应迟钝、目光呆滞的人，与其说他们看不见这样的风景，还不如说他们看不懂这样的风景。所以一个有悟性又有灵性的人，他的生活远远比那些生活单调的人有情趣。

智者并不是由于"静是好的"才学会恬静，而是他的智慧使他明白了世事，世上没有一样东西能骚扰他的心境，因此自然而然地归于平静安宁。水平静了不仅可以照影，也可以作木匠"定平"的水平仪。俗话说"心平似镜"，人的心境如果平静了，也能鉴照天地的精微，甚至还可以明察万物的奥妙，因此对待事物要懂得找出变后面的不变。

登高心旷，临流意远

【原文】

登高使人心旷，临流使人意远。读书于雨雪之夜，使人神清；舒啸①于丘阜②之巅，使人兴迈③。

①舒啸：发出心中闷气。舒，伸展；啸，吹而发声。
②丘阜：小山冈。《荀子·赋篇》："生于山阜。"
③迈：奋发，豪爽。

【译文】

登上高地可以使人心胸开阔，面对流水可以使人意境深远。在雨雪之夜读书，会使人神清气爽；在山巅上仰天长啸，会让人振奋无比。

【活学活用】

一位颇有智慧的长者，谆谆告诫前来投诉或抱怨的学生："当你在生活中遭遇困境或忧烦的时候，记住，去登高望远或去眺望大海吧！"

学生们也确实获益良多，他们纷纷发表心得："老师，在平常的生活中，我们总觉得自己需要更多的自由，更多的肯定——可是当我们远望之时，高视物外，视野辽旷，突然心胸开阔，对平日的种种需求，便暂时不那么强烈了。"

另有学员说道："说真的，每当临近苍茫的大海，放开眼去，一望无际，顿时生起平静无缺的感觉。请问老师，为什么会这样呢？"

老师慈祥地说："这是由于心境的不同，平常的时候少了了解心，没有真正了解人生的目的在于提升源源不断的存在本质，而不是一味地追逐名利、物欲等幻灭无常的存在。另外，也缺少感恩心，不懂得珍惜你已经拥有的，反而贪羡你根本不需要、而别人正辛苦追求的东西。"

缺少了解心的同时，就会增长攀缘的心；在少了感恩心之时，也就增长了计较心。所以，总是生活得劳苦交织，难以自在。

可是，在远望或放开眼的时候，只有一个心——广远心，有了它，攀缘的心无缘施展，而计较心也无处着力。

那山高水远的意境与怡悦，古人体会甚深："登高壮观天地间，大江茫茫去不还。""只有天在上，更无山与齐。举头红日近，回首白云低。""江流天地外，山色有无中。"

每当登高远望时，与大自然相亲，天地既在我心，那一份宁静、安详之感便油然而生。

若能在平常的生活中有登临之时的开阔心境，那么，所有烦恼和郁闷都会在瞬间化为乌有。一个人只要在精神上超越了物质的表象，他的内心世界便无比广阔自在。

万钟一发，存乎一心

【原文】

心旷，则万钟如瓦缶①；心隘②，则一发似车轮。

【注释】

①瓦缶：装酒的瓦器，此指没价值的东西。

②隘：狭窄，狭小。

【译文】

心胸开阔，巨大的财富就像瓦罐一样不值钱；心胸狭隘，一根头发也会看得像车轮一样沉重。

【活学活用】

一个心胸开阔的人，对待金钱的态度与常人是不一样的。因为内心豁达；视野开阔，所以不会将目光只局限在金钱上。对于他们来说，人生有价值的东西很多很多，金钱固然非常重要，但不是唯一值得他们在乎珍惜的东西。所以在必要的时候，当需要他们作出选择时，他们完全有可能选择别的事物而不是金钱。一个斤斤计较的人是不可能干大事的，心境开朗的人视金钱如瓦罐，在他们看来这些都是身外之物，没有必要费太多的心思计较，反而是人间的真情，这种用金钱不能衡量的东西，才是他们要倍加珍惜的。心胸狭隘的人对针尖那么大的一点利益也会看得比什么都重。其实有的东西，你看得越重，它越不会属于你，如果你不那么在乎它，它反而会向你靠近。世间的事就是这样，物极必反。做人还是应该豁达一些，凡事不要强求，越大方的人才会越富有，这种富有，不仅体现在物质上，更重要的是体现在精神上。

只以我转物，不以物役我

【原文】

无风月花柳，不成造化①；无情欲嗜好，不成心体。只以我转物②，不以物役我③，则嗜欲莫非天机④，尘情即是理境⑤矣。

【注释】

①造化：大自然，自然创造化育万物。

②以我转物：以自己为中心，操纵外物使其为我所用。

③以物役我：以外物为中心，人受外物控制。

④天机：天赋的灵机，天然的妙机。

⑤理境：通过叙事说理而体现的境界。

【译文】

没有清风明月鲜花树木，大自然就不成其完美；没有喜怒哀乐好恶爱憎，本心就不成其为人。只由我主宰万物，而不让万物来驱使于我，那么这些嗜好情欲无不是自然的机趣，尘世俗情也就成为包含天理的境界。

【活学活用】

无论就自然界而言，还是从人的本性来讲，欲望嗜好都是一种正常的现象。比如自然界中，鱼恋清泉、鸟依林间、梅开雪月、菊伴霜枝，一切于相依相存中呈现出生机，构建着和谐。好比如果只有江河石壁，而没有风花月柳，只有明亮的太阳，而没有闪烁的星星，也就成其不了大自然。人也有情欲嗜好，只有天理而没有人欲的人是另类，而不是正常人。情欲嗜好不是人性的附属品或衍生物，它本身就是人性的一个不可或缺也无法去除的构成物。没有了情欲嗜好，也就没有了人性。没有了人性，人还成其为人吗？所以，我们必须正视情欲嗜好，既不可歧视贬低，也不可放任自流，以免被情欲嗜好冲垮。

嗜好，也就是爱好、习惯、怪癖，可以说人皆有之。如"建安七子"之一的王粲喜欢听驴叫，东晋著名书法家王羲之生性爱鹅，陈毅元帅业余爱好下围棋，美国前总统罗斯福酷爱集邮，大科学家爱因斯坦是小提琴迷，德国大诗人席勒只有闻烂苹果味才能激发创作灵感，如此等等，有些嗜好简直令人莫名其妙。明人张岱有言："人之无癖，不可与交，以其无深情也。"有点嗜好，可以怡养性情，充实生活，且于他人于社会无碍，自然不能一概反对。

话虽这么说，但嗜好也不能不加节制地任其发展。特别是那些有可能向恶的方向发展的嗜好，更是要"谨"。

凡事当有度，即使是有好的嗜好，也要适当把握，不能沉溺其中，以防贻误正事。 比如，春秋时期卫国的国君卫懿公喜欢养鹤，这原本并不算是坏事，但这位先生爱鹤成癖，竟然让鹤享受大夫待遇，封给鹤卿禄位。 后来狄人进攻卫国时，卫懿公号召国人上前线作战，人们说，"让鹤去吧，鹤有官位官禄，比我们强。"结果狄人大败卫军，卫国很快灭亡了。 这就是对嗜好不加节制，导致人心离散，国破家亡，教训太深刻了。

对不良嗜好，更要十分警惕，千万不能沾染。 现实生活中，黄、毒、赌之类的非法事物，污染着我们的社会。 沾染此道的人，在尝试刺激的同时也把自己送进了火坑。 赌得倾家荡产的、嫖得妻离子散的、吸毒进了班房的，早已屡见不鲜。

要注意"不被物诱"。 种种不良嗜好的表现，都要有金钱作物质基础；对钱与物的不择手段的追求，必然又引发新的不良嗜好。 受钱与物的诱惑，就会是非不分，美丑颠倒，原则丧失。

人生在世，多少都有一点个人嗜好。 对嗜好不应该顺其自然，在作出有益、无益、有害的区别之后，还是"谨嗜好"为妥。

一身了一身，天下还天下

【原文】

就一身了①一身者，方能以万物付②万物；还③天下于天下者，方能出世间于世间。

【注释】

①了：明白，了解。

②付：托付。

③还：归还。

【译文】

能够通过自身了悟自身的人，才能使万物顺其自然各尽其用；能够将天下交还给天下的人，才能身处尘世而心灵超越到尘世之外。

【活学活用】

一个人最大的敌人就是自己，假如能够战胜自己，就一定能超越自己，取得事业的成功。要超越自己，就必须要跳出自我，站在自己的对立面来分析自我，这样才能看清自己的优点缺点、优势弱势。当一个人能认清自己并且能客观地看待自己的时候，他对其他事物的判断才会相对的准确，在做事时才可能根据自然法则按照事物发展的自然规律去发展，从而让它们各尽其用。尊重生命的人也会尊重其他一切自然的事物，当自己跳出世俗的圈子时，就会知道如果万物都能按照其本性去发展是多么愉悦的事。能够将天下还与天下万民共有的英雄豪杰，才是真正在世又超世的人，所以他们能享受到自由自在的快乐境界。天下本来就是老百姓的天下，如果想将它占为己有，又怎可能顺民心、得天下？所以以天下还天下的人才是超然出世的真正赢家，因为得民心者等于得天下。

太闲生别念，太忙泯真性

【原文】

人生太闲则别念①窃生，太忙则真性不现。故士君子不可不抱身心之忧，亦不可不耽②风月之趣。

【注释】

①别念：杂念。

②耽：沉溺，爱好而沉浸其中。《韩非子·十过》："耽于女乐，不顾国政，则亡国之祸也。"

【译文】

人生如果太闲散了，那么杂念就会悄然产生；人生太过忙碌，那么纯真的本性就不会显露。 有学识、高尚的君子既不可以使自己身心过于疲倦，也不可不懂得吟风弄月的乐趣。

【活学活用】

一个人整天游手好闲，一切杂念就会在暗中悄悄出现；反过来整天奔波忙碌，又会使人丧失纯真的本性。 大凡一个有才德的君子，既会全身心地投入工作，也会在忙碌中不忘松弛休闲。

有张有弛，松紧适度，既利于身心调节，也利于提高工作效率。 人生太闲太忙而偏于两极都不好。

这段话就是告诫人们，人既不可太清闲，也不可太忙碌，劳逸结合，才能性气爽朗。 也就是一个人必须具有时间观念，善于合理安排时间，如此才能生活得轻松而愉快。 尤其在竞争非常激烈的当代，普通人都把弦绷得很紧，在忙碌不停中感到身心疲乏，压力沉重，这无疑会抹去人们生活中的许多快乐，并且严重影响到生理和身心健康，因此，必须注重调节。 须知，人生是一幅充满神奇的画卷，在这幅美丽的画卷中，每一笔都需用灿烂的心灵去挥洒，去谱写，去描绘。 因为，如荒漠般枯寂、消沉、颓废的心是无论如何也勾勒不出清新的笔意的。

一个好心情，一个优美的环境，都可以提高工作效率。 如果你想成为最佳工作者，试着放下工作，来点休闲。 生活中保持适度的休闲，不仅能够增加你精神上的财富，使生活充实起来，而且由于身心健康，充满热情，工作效率自然会提高。

在休闲时间中培养更多的兴趣爱好有许多好处。 行为学者发现，工作之余的兴趣爱好有助于你在工作中有所创新。 当你追求休闲生活时，你的精神会从与工作有关的问题中解脱出来，从而得到休息。 你会因此关注工作以外的事情，会变得更富有创造力。很多具有创造性的成就往往是在轻松和休闲中不经意产生的。

磨刀不误砍柴工。 不要把弦绷得太紧，须知，高效率的工作需要张弛有度。 人生的成功和快乐更需要你学会做一个驾驭时间的高手！

何地非真境，何物无真机

【原文】

人心多从动处失真，若一念不生，澄然静坐，云兴而悠然共逝，雨滴而冷然俱清，鸟啼而欣然有会，花落而潇然①自得。 何地非真境，何物无真机？

【注释】

①潇然：豁达开朗，无拘无束。

【译文】

心往往是因为容易浮躁而失去纯真的本性，如果能一点妄念也不产生，心灵明澈地静坐，随着飘动的云朵一起消逝在天边，就着清冷的雨滴洗净心中的尘埃，从雀跃的鸟鸣声中领会自然的奥妙，随落花缤纷潇洒自得。 那么何处不是人间的仙境？ 何处不体现人生的真谛呢？

【活学活用】

人的心灵多半都是从躁动处失去纯真本性的，人之初不仅性本善，而且性本静，如果心不浮动，那么一切杂念都不可能产生，不会有蠢蠢欲动的想法，当然就会保留住纯真的本性。 当你愿意静坐下来独自凝思，那么一切的杂念都会随着天边的白云飘然而逝。当一切杂念消失之后，纯净的心在任何地方都能感受到乐趣。 听着雨点滴落的声音会觉得心灵也有被清洗的感觉，闻鸟语呢喃就像在传递一种无声的喜悦，看花朵的飘落会让人感到心情开朗、悠然自得，天边的云舒云卷更让人心旷神怡、清新惬意。 可见世间处处都存在赏心悦目怡情养性之事，只是要看你是否有那份灵性去感悟罢了。 任何地方都有真正的妙境，任何事物都有真正的玄机，如果能够用心去体会，又何愁找不到一方净土让我们享受快乐人生。

顺逆一视，欣戚两忘

【原文】

子生而母危，镪①积而盗窥，何喜非忧也？ 贫可以节用，病可以保身，何忧非喜也？ 故达人当顺逆一视，而欣戚②两忘。

【注释】

①镪：钱贯，即古代穿钱的绳子。这里指金银。

②戚：忧愁，悲伤。《庄子·大宗师》："哭泣无涕，心中不戚。"

【译文】

孩子出生时母亲面临着生命危险，财富积累多了就会招致盗贼窥视，怎能说这是喜而不是忧呢？ 贫穷可以使人养成节俭的性格，患病可以使人注意养生，如何说这是忧虑而不是喜事呢？ 所以豁达的人对于逆顺应一视同仁，对于欣喜和悲戚要同时忘却。

【活学活用】

月有阴晴圆缺，人有悲欢离合。 俗话说：好花不常开，好景不常在。 因此，顺不足喜、逆不足忧是聪明人常抱的心态。 当事业高歌猛进时，保守稳重，处进思退，当事业陷入危机与低谷时，告诫自己不要消沉下去，积极进取，争取再创辉煌。

《易经》中说："君子，存而不忘亡，治而不忘乱，是以身安而国家可保也。"

人生的路有起有落，看待人生的起落顺逆应该用辩证的观点。居逆境固然是痛苦压抑的，但对一个有作为、能自省的人来说，在各种磨砺中可以锻炼自己的意志，修正自己的不足，一旦有了机会，就可以由逆向顺，振翅高飞。 居顺当然是好事，但对于一个没有良好品质和远大追求的人来说，处于优裕环境中往往容易堕落腐败，这和在清苦环境中容易发奋上进的道理是一样的。 一个人生活一优裕，就容易游手好闲不肯奋斗；相反，如果处在艰苦的环境中，"穷则变，变则通"，所以贫与富不是绝对不变的，顺与逆也是可以相互转化的。

当你遇到挫折时，切勿浪费时间去计算你遭受了多少损失，相反的，你应该算算你从挫折当中可以得到多少收获和资产，你将会发现你所得到的，会比你失去的要多得多。 踮起脚尖儿，又是另一条生命，另一种活法，另一番境界。

春秋战国时期的子文担任楚国的令尹，这个人三次做官，任令尹之职时从不喜形于色，三次被免职也怒不形于色。 这是因为他心里平静，认为顺与逆和他没有关系了。 子文心胸宽广，明白争一时得失毫无用处。 该失的，争也不一定能够得到，越得不到，心理越不平衡，对自己毫无益处。 不如不去计较这一点点损失。这样，在子文的人生中就全是顺境，没有逆境可言了。

在身处困境时，很多人往往能刻苦奋进；而当步入佳境、事业顺利、百事亨通时，反而忘乎所以。 原因就在于，面对前者大多数人能兢兢业业，小心翼翼；对待后者，往往放松警惕，造成失误，导致失败。 因此，顺不足喜、逆不足忧是聪明人常抱的心态。 当事业高歌猛进时，要保守稳重，处进思退，当事业陷入危机与低谷时，告诫自己不要消沉下去，积极进取，争取再创辉煌。

过而不留，空而不着

【原文】

耳根似飙谷①投响，过而不留，则是非俱谢；心境如月池浸色②，空而不着，则物我两忘。

【注释】

①飙谷：飙，暴风。飙谷指大风吹过山谷。
②月池浸色：月亮在水中映出倒影。

耳听东西，如果能像狂风吹过山谷造成巨响，过后就什么也没有留下，那么人间的是是非非都会消失无踪；心境如果像月光照映在水中，空空如也不着痕迹，那么就能做到把自我和万物都忘却。

【活学活用】

佛说：象由心生，象随心灭。 一切喜怒哀乐全是人心的作用，心境若能像月色倒映水中，空无不着痕迹，那么便可以达到超然的境界。

佛教中常提到世人放不开对外物的留恋，希望永久保存，事实上并不可能，因此不免陷入痛苦之中，于是教人不必执著于得失之间。 然而，人与空谷静潭之别便在于一"俗"字，七情六欲牵绊我们于世上。

当年，慧能大师作偈云："本来无一物，何处染尘埃。"超脱物外，超越自我，这是一种什么心境？平常心。 平常心是一种积极的心态，以平常心观不平常事，则事事平常。

禅宗八祖马祖道一也说过一句话："平常心是道。"事来就应，不思虑，不计较。 过于计较，过于思虑，人们就会被杂念所困，就会失去自我，成为杂念之奴。 禅师让我们用平常心来消除杂念，不要去想得到了又如何，失去又如何。 得失心不放下，想要不痛苦都不可能。

痛苦源于执著，放下产生快乐。 人生有太多的欲望，不懂得放下只能与忧愁相伴，在人生的道路上迷失方向。 人生有太多的诱惑，不懂得放下只能在诱惑的漩涡中丧生。 人生要过得有意义，需要用平常心来生活，用惭愧心来待人，用无著心来处事，用菩提心契佛心。

世亦不尘，海亦不苦

【原文】

世人为荣利缠缚，动曰："尘世苦海。"不知云白山青，川行石立，花迎鸟笑，谷答樵讴[1]，世亦不尘，海亦不苦，彼自尘苦其心尔。

【注释】

①谷答樵讴：指樵夫一边砍柴一边唱歌。谷答是山谷中的回音。

【译文】

世人往往受到荣华利禄等的束缚，所以动不动就说："红尘世间就像苦海。"却不知道白云逍遥山色青翠，流水不断山石林立，鲜花伴着鸟儿啁啾，山谷回响着樵夫的歌声，都是人间景色，人世间并非是凡俗之地，人生也不是那么痛苦，那些说人生是苦海的人不过是自己落入凡俗和苦海罢了。

【活学活用】

世间的一切苦乐,可以说都是因为人心而引起的，而并非这个世界本身是苦海抑或是乐园。有的人一生被虚荣心迷惑，追求功名利禄，到老了回顾自己一生时就会感叹：人生犹如苦海，在海里游了一辈子，以为寻到了快乐，其实是莫大的悲哀，因为钩心斗角、争名夺利足以让一个人心力交瘁、筋疲力尽。而那些生性淡泊、不求名利的人却能快乐地过完这一生，对于他们来说，人生虽然平淡，却也有滋有味且意味久远。 尽管穿了一生的粗布衣服，吃了一生的粗茶淡饭，可是却欣赏了人生的很多美景。 因为不用追名逐利，所以有时间欣赏白云笼罩下的青山翠谷，看屹立在奔流河水中的奇岩怪石，听林中的小鸟歌唱。 这些都足以让人们感受生命的真实，远离人间的烦忧，对于他们来说，世界当然就不是苦海而是乐园了。 实际上，世间原本就没有什么苦乐之分，所谓的痛苦与快乐，只是人们心中的一种感觉而已。

花看半开，酒饮微醉

【原文】

花看半开，酒饮微醉，此中大有佳趣。 若至烂漫酕醄①，便成恶境矣。 履盈满者宜思之。

【注释】

①酕醄：形容大醉的样子。

【译文】

赏花要看它半开的时候，喝酒要饮到微醉的程度，这里面有很美妙的趣味。 如果要到鲜花盛开、酒醉如泥的程度，那么就要进入糟糕的恶境了。 那些境遇顺利、志得意满的人，要仔细考虑这些哲理。

【活学活用】

这段话是以花寄兴，托花喻理，说出了这样一个道理：为人处世要适可而止，既不必过于含蓄，也不必过于张扬，更不得欲望至极。 须知，凡是鲜花盛开娇艳的时候，不是立即被人采摘而去，也是意味着衰败的开始。 故人切不可志得意满，趾高气扬，不可一世。 否则你不被别人当靶子打才怪！

断臂女神维纳斯之所以美丽，正是因为她的不完美。 至于做人做事，要适可而止，天道忌盈，人事惧满，月盈则亏，花开则谢，这些既是天理循环的规律，实际上也是处事的盈亏之道。

事业达于一半时，一切皆是生机向上的状态，那时足以品味成功的喜悦；事业达于顶峰时，就要以"如临深渊，如履薄冰"的态度来待人接物，只有如此才能持盈保泰，永享幸福。

否极泰来，物极必反，好比喝酒喝到烂醉如泥，就会使畅饮变成受罪，甚至造成更大的恶果。

每个欲有作为的人都应记住"月盈则亏，履满则戒"的道理。作为一个人，尤其是一个有才华的人，要做到不露锋芒，既能有效地保护自己，又能充分发挥自己的才华，不但要战胜盲目骄傲自大的病态心理，更要养成谦虚让人的美德。 无论你有怎样出众的才智，定要谨记：不要过于彰显，不要唯我独尊，不要自夸其功。

曾国藩说："君子最大的过人之处，只是虚心而已。"大得人心需要谦恭自守，受人尊敬，必须虚下自处。 不用自己的智慧去对付他人的愚蠢，不以自己的贤能瞧不起他人的笨拙，不以自己的长处去克制人们的短处，这些都是做人处世值得借鉴的方法。

任其自然，不受点染

【原文】

山肴不受世间灌溉，野禽不受世间豢①养，其味皆香而且冽。吾人能不为世法所点染，其臭味②不迥③然别乎！

【注释】

①豢：饲养。

②臭味：指世间功名利禄以及各种欲念。

③迥：差别很大。沈括《梦溪笔谈》："其色清明，……与赏铁迥异。"

【译文】

山林间的植物不受人工灌溉施肥，野外的鸟兽不受人工饲养，可是它们的味道都香醇无比。 我们如果不被尘世间的功名利禄所玷污，那么心地气质不就和别人有很大的不同吗？

【活学活用】

大自然中的植物与动物，没有经过人类的培植与驯养，保持着自然纯净，其味道格外鲜美。 这里强调了自然的事物最好和无拘无束的自由生活的可贵。 人类的生存与发展离不开大自然，人类本身也是自然长期发展的产物。 当人类发展到一定阶段，各个方面都比较完善之后，在某些方面人工胜过自然。 人类发展到今天，科学技术的重要性已不言而喻，但是与此同时，人们也发现保护自然非常重要。 人类的发展离不开自然，无论科学技术怎样发展，都是以自然为基础。 于是在当今社会中，人们又开始在生活中崇尚自然。

肯定自然为贵，不是否定发展科技与普及教育的重要作用，而是在承认教育科技以及人类社会其他各个方面成就的前提下，提倡自然为贵。 如今在人类生活的方方面面，都可见到人们对自然的崇尚。 人类的食物，天然的要比非天然的更受人们欢迎。 在菜市场中，随处可见号称无污染纯天然的肉菜价格更高，更受顾客欢迎。 服装市场中，天然、对人体无危害的衣饰更受人们青睐。 选择住房时，人们将住房周围是否有绿色植物、居住环境是否良好无污染作为选择住房的重要条件。 总之，人们在生活的各个方面都开始重视自然，崇尚追求自然。

有一所办公大楼，楼前铺设的人行道很受人们称赞。 建筑师在设计铺设人行道时，没有在大楼完工之后立刻让人铺设人行道。他让工人们在大楼之间的空地上全部种上草。 几个月过去之后，通向大楼的草地被人们踩出了几条小道。 这几条小道弯弯曲曲，很是别致。 建筑师就让工人们以这几条小道为准，铺设了人行道。 这几条人行道自然别致，有的宽些，有的窄些，不拘一格而又自然有序，既有实际用处，而又自然优美，充分体现了自然的东西最可贵。

观物自得，不在物华

【原文】

栽花种竹，玩鹤观鱼，亦要有段自得处。 若徒留连光景，玩弄物华①，亦吾儒之口耳，释氏之顽空而已，有何佳趣？

【注释】

①物华：美丽的景色。

【译文】

种植花草竹木，饲养鹤鸟鱼类，也要懂得悠游其间、怡然自得的道理。 如果只是沉迷眼前的快乐，玩赏表面的景色，也只是儒家所说的口耳学问，佛家所说的冥顽不灵，有什么乐趣可言呢？

栽花种竹，养鹤观鱼，这些都是风雅的事情。 但是必须领会其中的妙趣，内心始有怡然自得之感，才能感受到真正的乐趣。如果只是流连眼前的光景，玩赏物品外形的话，这也不过是像从耳朵进去、嘴里出来而已。 有些人仅仅注重表面形式，或为装点门面附庸风雅，结果变成口耳顽空之辈，毫无超逸雅趣可言。 他们听闻了圣贤的道理，并不去身体力行，只是用嘴说说罢了，一切不过是在仿效君子的动作，佛家叫做"顽空"。 佛家有些小乘的学者，并未悟得真空妙有的妙理；大乘的学者就不同，他们所说的空，并不是虚无之义，而是"空即是有，有即是空"，不像小乘的空如同顽石枯木没有一点生气，似是而非。

君子是以"栽花种竹，养鹤观鱼"来陶冶性情和领悟自然的，可是，如果一味流连于美景异物之上，忘记了应负的社会责任，又有何益可言？人好静绝不可逃避社会义务与责任，人修身绝不可只从教义出发，只知在自我的圈子里徘徊而与世隔绝，人好自然之物绝不能玩物丧志，以所乐而迷身心。

清苦而逸趣自饶，鄙略而天真浑具

【原文】

山林之士，清苦而逸趣自饶^①；农野之人，鄙略而天真浑具。若一失身市井驵侩^②，不若转死沟壑^③神骨犹清。

【注释】

①饶：富有、丰足。

②驵侩：居中介绍买卖之人。

③壑：山沟。

隐居在山林中的高人，生活虽然清苦，却享有很多雅逸自得的情趣；乡间田野的农夫，为人虽然粗俗，却具备淳朴自然的本性。如果不小心成为市井中心性狡诈的买卖商人，还不如死在荒谷保全精神肉体的纯洁。

【活学活用】

中国历来传诵的都是"杀身成仁，舍生取义"，可见名节对于一个人是何等的重要。 这个世上尽管有很多人看重名利，为了自己的利益可以变节卖国、奴颜婢膝，但是也有一部分人为了坚守精神上的富有和清白，不惜过着清苦贫困的生活。 像那些隐居在山野林泉中的人士，他们几乎与世隔绝，每天粗茶淡饭，与天地为伴，几乎谈不上什么物质生活，可是因为常年沐浴在天地的灵气之中，精神上却特别充实。 而那些农夫樵夫们，虽然才疏学浅，却极具朴实纯真的天性，这些人看似社会地位不高，不受人尊重，可是到了关键时刻，却自有一股浩然正气，能够舍生取义保全名节。而那些充满市侩气的奸商俗人，只知沽名钓誉，捞取名利，当自己的生命受到威胁时，不惜变节求荣。 与其这样，还不如死在荒郊野外，保全一个清白的名声，留给后人去怀念。

着眼要高，不堕术中

【原文】

非分之福，无故之获，非造物之钓饵，即人世之机阱①。 此处着眼不高，鲜不堕彼术中矣。

【注释】

①阱：为防御或捕捉野兽或敌人而挖的坑。《汉书·谷永传》："又以掖庭狱大为乱阱。"

【译文】

不是自己分内享有的福气及无缘无故的意外收获，如果这两者不是上天有意安排的诱饵，就是他人故意设下的陷阱。在这种时候如果没有远大的目光，很少有人能不落入这些圈套之中的。

【活学活用】

君子爱财，取之有道。当我们的社会进入商品经济时代以后，有一些人常怀"一夜暴富"的侥幸心理，总有盼"天上掉馅饼"的畸形心理，只要遇上有"生财之道"的机会，大有"舍我其谁"之势，眼中只看钞票满地，不想身边存在危机。

但令人遗憾的是，这些求财若渴的人却忘了这样一个道理："天下没有免费的午餐。"

非分之想不可有，不义之财不可要，非我之物不动心。能坚持这三条，在财与钱这一关就足以把持住自己了。

根蒂在手，不受提掇

【原文】

人生原是一傀儡①，只要根蒂在手，一线不乱，卷舒自由，行止在我，一毫不受他人提掇②，便超出此场中矣！

【注释】

①傀儡：木偶戏中的木偶人。《酉阳杂俎》："宗元素右臂上刺葫芦，上出人首，如傀儡戏郭公者。"

②提掇：上下牵引。

【译文】

人生原本就是一场傀儡戏，只要自己能够掌握牵动控制木偶的线索，任何丝线也不紊乱，收放自如，行动或停止由自己掌握，一点都不受他人的牵制和左右，那么便可以超脱这场游戏了。

【活学活用】

强者总是反复去告诉自己："我是自己命运的主宰，我是自己灵魂的领导。"因为我们是自己态度的主宰，所以自然也就变成了命运的主宰。

你是你自己的指挥官，没有任何人能命令你，或以他的意志驱使你，一切主动权皆操在你手中。能自己决定自己的价值的人，会不断改进对自己的认识和评价，慢慢地，他会愈来愈喜欢自己，并且逐渐清楚自己的目标，学会安排眼前的生活。人一旦进入这样的境界，便能获得无限的平静与成就感。

跨过这些阶段后，所处的环境和人际关系将呈现另一番风景——这是因为你关注这些事的心态已经不同。从此之后，无论是对自己还是和其他人的交往上，由于能自己决定自己的价值，也不再期待他人的恩赐，彼此间的互动关系将更为自然。

因矿井塌方而被困井下的矿工，看到井口透过的一丝光，心中便充满了希望。他们相信下一刻，相信明天，就凭着这样的期盼，硬是熬了过来，盼来了重生。他们是生命的强者，靠着不变的信念，把命运牢牢攥在了自己手中。

生活在祥和安宁中的我们，是不是也该拥有这种精神呢？

事起则害生，以无事为福

【原文】

一事起则一害生，故天下常以无事为福。读前人①诗云："劝君莫话封侯事，一将功成万骨枯。"又云："天下常令万事平，匣中②不惜千年死。"虽有雄心猛气，不觉化为冰霰③矣。

【注释】

①前人：指唐代诗人曹松，舒州人，字梦征。年七十余中进士。

②匣中：藏在匣中的意思。

③霰：小雪珠，多在下雪前降下。

【译文】

凡是有事情发生，就会有弊病跟着出现，因此天下的人都把没有事端视为福分。前人的诗句说："奉劝大家不要再谈授官封爵的事，一个将军的功勋需要千万士兵的牺牲才能换来。"又说："如果天下能常保太平，就是把宝剑放在匣中一千年也在所不惜。"看了这样的诗句，即使怀抱万丈雄心，也不知不觉地像冰雪消融一样消失。

【活学活用】

老子说："祸兮福所之伏，福兮祸之所依。"天下事利害得失

526

常是连在一起的。 俗语说："有一利必有一害，有一得必有一失。"这是世间的道理。 所以说："天下常以无事为福。"又说："多一事不如少一事。"所以天下还是以少事为福。 天下大乱，最终受益的只是少数人。 帝王将相成就了自己的功业，却使得天下众生遭难，民不聊生。 乱世中，帝王将相的功业是由无数人的白骨堆成的。

宋代丞相李沆曾经说："当今国家的设施制度已经非常详细完备，假如轻率地将各种建议都加以实行，损害就大了。 有时候提建议的人，只是图一时的进取，没有替老百姓考虑。"

明朝丞相高拱说："官员中有一些人专门欺瞒朝廷，地方上有事情时，隐瞒起来不往上报，或者是本来没有事情，他们却生事邀功。 还有一些人把小事变成大事，或者是无中生有，总之是为了显示自己的本领。 甚至还有一些把小事情激化成大乱子，以便证实自己从前所说的谎言。"

古人说："太平本是将军致，不许将军看太平。"真是说尽了天机，讲尽了人事。 将军立功在战场，从战场上得功名。 到了太平的时候，将军就英雄无用武之地了。 这就说明了天下的利害得失都是循环相接的，有了昔日的盛，才有今日的衰，明白这种循环天理的法则，心中藏着雄心勇气，不觉冰雪消融了。

清净之门，淫邪之渊

【原文】

淫奔之妇矫[①]而为尼，热中之人[②]激而入道，清净之门，常为淫邪之渊薮[③]也如此。

①矫：假装。

②热中之人：沉迷于功名利禄的人。

③渊薮：指聚集之处。

【译文】

不守节操的荡妇，往往违背意愿削发为尼，热衷于功名利禄的人，因为意气用事而入寺出家，那么本应清静的佛门圣地，却往往成为藏污纳垢之地。

【活学活用】

寺庙原本是佛门清净之地，可是它所容纳之人却并非全是六根清净之人，很多人是怀着各种目的到寺庙里来的。历史上有沉迷于权势却又经营失败的人，有祸国殃民的军阀，也有名声不好的妇人，他们都不是怀着修道之心来的，不是因为看破红尘而出家，而是出于一时的激愤或无奈，在寺庙这种清净之地等待时机，以图东山再起。寺庙成了他们喘息的避难所，原来清净圣洁的地方变得不再纯洁。由此我们可以了解到，世间的很多事情都不是那么绝对和纯粹，再圣洁的地方也有魔鬼的侵入，再肮脏的地方也有天使的存在，所以，对事物一定要从多角度、多方面去认识，不能被表象蒙蔽了双眼。

身虽在事中，心要超事外

【原文】

波浪兼天①，舟中不知惧，而舟外者寒心；猖狂骂座，席上不知警，而席外者咋舌②。 故君子身虽在事中，心要超事外也。

【注释】

①兼天：滔天。

②咋舌：惊吓得说不出话的样子。

【译文】

波浪滔天的时候，坐在船里的人不知道害怕，而在船外的人却感到十分恐惧；席间有人猖狂谩骂，席中的人不知道警惕，反而是席外的人感到心惊胆战，所以有德行的君子即使身陷杂事中，也要将心灵超然于事情之外，这样才能保持头脑清醒。

【活学活用】

常言道：当局者迷，旁观者清。 世上有很多事情都可以说明这种现象，比如大海上波浪滔天时，坐在船中的人也许还不是特别的害怕，但是岸上的人却看得提心吊胆、惊心动魄；当一个人在宴会上喝醉了酒发酒疯时，与自己同桌的人都不会当一回事，但是席外的人却看得目瞪口呆。 旁观者之所以很清楚，是因为自己置身事外，不会被事物本身迷惑，所以他看得见事物的危害性。 而身陷其中的人因为被事情本身的表象所迷惑，当然就糊里糊涂不知所措了。 然而一个有才德的君子是不应该犯这样的错误的，至少应尽量避免这种情况发生，即使被某件事情卷入了漩涡，不幸身陷其中，但是心智却要超然于事物之外。 也就是说虽然身在局中，却要让心在局外，因为有的时候人有许多的无奈，身不由己，可是只要心不随着身体一起走，就能保持清醒的头脑，避免造成不可收拾的局面。

减省一分，超脱一分

【原文】

人生减省一分，便超脱一分。如交游减，便免纷扰；言语减，便寡衍尤[1]；思虑减，则精神不耗；聪明减，则混沌可完。彼不求日减而求日增者，真桎梏[2]此生哉！

【注释】

①衍尤：过失，怨恨。

②桎梏：古代刑具，此指束缚。

【译文】

人生在世如果能减少一分事情，便能够超脱一分俗世。如能减少人与人的交往应酬，就能免除不少争执纷扰；如能减少一些言语交谈，就能减少很多过失和责难；如能减少一些操心忧虑，那么就少消耗些精神；如能减少一些小聪明，就能保持淳朴自然的本性。那些不求每天减少却希望增加的人，真是束缚自己的生命啊！

【活学活用】

人生在世，为人处世越简单越好，能减少一点，相应的就能多一分超脱。如果减少在人情场上作周旋，就能免去许多不必要的麻烦；少言多做，就能少犯过失。事实上，有的人不是每天减少而是一天天增加烦恼，那么一辈子也别想摆脱世俗的枷锁。

交际应酬，本来就很难面面俱到，此处应付得了，它处必定应

530

付不得，即便是八面玲珑的人，也难免落得个虚假油滑之名。 何况大多数交往都只是表面穷于应付，难免虚与委蛇，周旋到烦人之处，种种嫌隙顿时就会产生。 以此类推，也就不难明白"言多语失""祸从口出""思虑耗神"的道理了。

满腔皆和气，随地有春风

【原文】

天运之寒暑易避，人生之炎凉难除；人世之炎凉易除，吾心之冰炭①难去。 去得此中之冰炭，则满腔皆和气，自随地有春风矣。

【注释】

①冰炭：此指斗争。

【译文】

天地运行所形成的寒冷和暑热容易躲避，而人世间的人情冷暖、世态炎凉却难以消除；人世间的人情冷暖、世态炎凉即使容易消除，而我们心中水火不容的杂念却难以消除。 如果能够去除心中水火不容的私欲，那么心中就会充满祥和之气，随时随地都会有春风扑面的感受。

【活学活用】

人的道德修养主要表现在待人上，是恩怨于心，还是"人我两忘，恩怨皆空"，决定于人的修养。 古人讲究宽以待人，强调"恕""忍"，就是要求待人时"以德报德，以德报怨"，使人际和谐、自我怡然。

做人要提高自身修养，以自身之德感化他人之怨。 如此就不会计较于个人的恩怨，也不会沉溺于人际苦恼。 人生的道路就会充满快乐，春风常在。

人要学会宽恕，要学会放下。 学会宽恕别人，是对自己的一种解脱。 只有宽恕、放下，才能以更好的姿态继续生活。 如果不原谅他人的过错，心灵就会被怨恨占据，受伤害的终究还是我们自己。

仇恨让人变得愤懑、丑陋、狭隘、思维停滞。 放下仇恨才能心安理得、心胸坦荡，才能重获快乐的心境。 你永远要宽恕他人，不论他有多坏，甚至伤害过你，你也一定要放下，才能得到真正的快乐。

剔除心中的仇恨，是宽恕别人，也是放过自己。 心中放下了仇恨，也就没有了负面情绪的困扰；心中放下了仇恨，人才能变得平和、安详、轻松、自在、积极向上、充满阳光。 放下了仇恨，人才能从内心深处散发出一种恬淡、从容和自信。

心中有恨的人永远不如心中有爱的人明净快乐。 宽恕他人的过失，便是自己的荣耀。 宽恕就像是一把无形的梯子，帮你爬升到另一个更高的层次。 为了轻松地步入向前生活的轨道，让我们学会宽恕，学会放下，做到宽容，生活中没有什么事情是无法释怀的。

宽恕一个人比去爱一个人更难，要付出更大的勇气。 能够做到宽恕他人，在我们有限的生命中，一切才有可能变得完美、圆满。

超越欲望，只求真趣

【原文】

茶不求精而壶也不燥，酒不求冽而樽亦不空。 素琴无弦而常

532

调，短笛无腔而自适。 纵难超越羲皇^①，亦可匹俦^②嵇阮^③。

【注释】

①羲皇：上古皇帝伏羲氏。

②匹俦：匹敌。

③嵇阮：指嵇康、阮籍。

【译文】

喝茶不需要精良的茶叶，茶壶不干就可以了；喝酒不需要最醇美的酒，只要酒杯不空就可以了。 无弦之琴能调出令身心愉悦的乐章，短笛不讲音调却能使我心情舒畅。 纵然比不上羲皇那样的朴实淡泊，也可以和嵇康阮籍的飘逸洒脱匹敌。

【活学活用】

人总是喜欢吃好吃的东西，用耐用的东西，但是讲求精致却是愈来愈苛求，毕竟好吃要付出代价，往往实用的东西或许外观不够光鲜亮丽，食物但求家常，东西能用就好。

人生的快乐，不在口耳之嗜，在在于一种心情。 人生快不快乐，决定于自己的心理状态。 现代人的生活节奏加快了，很多人已找不到闲适的心境。 但人有时是需要闲适的。

闲适不仅仅是休养身体的必需，更重要的还在于它能调整心态、养怡性情，使人在繁忙过后有机会对自己的思想、情绪来一次梳理。 人只有在闲适的状态中才会领悟到自己的真实存在。 闲适能产生思想的火花，闲适能培育高雅的情感。

当然，闲适肯定不是那种饱食终日无所事事，更不是那种花天酒地一掷千金。 前者身体虽"闲"但内心却未必"适"，后者身体虽"适"但内心却未必"闲"。 闲适应是生活中的一种散步，是在长途负重跋涉后身心彻底放松的休憩。

闲适，是"采菊东篱下，悠然见南山"的恬淡心情，它强调的是对身外名位、功利的一种遗忘；闲适，是"晚来天欲雪，能饮一杯无"的温馨情感，它呼唤的是对内在友谊、亲情的一次回归。

只有在闲适状态下，人才会认真地审视别人，发现很多熟视无睹的微妙情感；只有在闲适状态下，人才会耐心地阅读自己，发现很多习焉不察的内心秘密。

"浮生偷得半日闲"这句古诗包含着很深的内涵：闲适虽然需要拥有时间，但闲适毕竟不仅是一种时间状态，更是一种心理状态——要敢于拒绝一切与休闲无关的名利，真切而实在地找到自己。 一个"偷"字，包含着多少主体能动性。 能否偷来"半日闲"，关键在于你。

现代人有太多的事情要做，闲适就成了一种奢侈。 在紧张忙碌的工作之余，别忘了给自己留一份闲适，别将生命之弦绷得太紧。

让自己闲适不是慵懒，不是无所事事、虚掷光阴，它是生命积极的存在状态，是生活意趣得以尽情挥洒。 人当急功近利时，不会有闲适；心存芥蒂时，不会有闲适；欲壑难填的人，不会有闲适；老谋深算的人，也不会有闲适。

闲适在蓦然回首的追怀中，在悠然心会的禅意里。 理性的顿悟、灵性的升华需要闲适；心灵的舒展、视野的宽敞也需要闲适。 创意往往在闲适轻松时翩然而至，情趣也每每在闲适从容中一展风采。

留一份闲适给自己，享受生命的从容与韵律；留一份闲适给自己，聆听心灵的悸动和低语。 真正懂得闲适的人，是那些生命的拥有者。

万事随缘，随遇而安

【原文】

释氏随缘①，吾儒素位②，四字是渡海的浮囊。盖世路茫茫，一念求全，则万绪纷起；随遇而安，则无入不得矣。

【注释】

①随缘：佛家语，指顺其自然，不加勉强。

②素位：指现在所处的低位，做自己应做的事情，不羡慕身外的事情。

【译文】

佛家讲求随顺因缘，而儒家主张谨守自己的本分，"随缘素位"这四个字是渡过人生苦海的救命船。因为人生之路茫茫无边，只要有一个求全求美的念头，那么各种纷乱的思绪就会不断袭来。能够安然于顺其自然，无论在哪里都可以怡然自得。

【活学活用】

俗话说"不如意事十之八九"，在每个人的一生当中根本就不可能永远都是风平浪静的。人生遭际不是个人力量所能左右，而是诡谲多变的，不如意事常存在于环境中，唯一能使我们不觉其拂逆而使得情绪轻松的办法，那就是要做到使自己"随遇而安"。

现实生活中，人们通常情况下都为名所驱，为利所役，为情所困，活得非常的苦非常的累，那么也就更难保持住平淡谦和的心境了！因此，树立随遇而安的观念非常必要。随遇而安并不等同于传统意义上的随波逐流，它包含了更为博大精深的哲学意义。 是人与自然、社会和谐共处的切入点，更确切一点来说，随遇而安是一种泰山崩于前而色不变的大气魄，是以不变应万变之人生中的大智慧。

儒释道三大教可谓在我国源远流长，对国人的影响更是无与伦比。 佛家讲究因果报应，儒家主张中庸处世，道家则强调清静无为，这三者看似风马牛不相及，但我们如果细细品味，就会感觉到三家的教义中无不隐含着随遇而安的观点。

有其因必有其果，有其果必有因，冥冥之中，轮回之间，众生无我，苦乐随缘，既然一切事物都有其既定的数目，那么随遇而安难道不是最明智的选择吗？

程颐对中庸处世的解释为：不偏之谓中，不易之谓庸。 儒家的处世有出世、入世之分，用一句话概括起来就是：达则兼济天下，穷则独善其身。 对于个人价值则是捆绑于社会这样一个大环境之中，中庸之道与随遇而安观念不谋而合。

对于道家处世，始终坚持修身养性，与世无争，致力于玄学的研究，自然就摆脱了世俗之羁绊，自然而然地选择了随遇而安的处世哲学。

因此，别让利欲蒙蔽我们的心灵，也别让声色迷惑我们的双眼，别让烦恼影响我们的情绪。 当我们患得患失的时候，那么就想一想卢梭的那句名言吧：人来到这个世上是自由的，却无所不在枷锁之中。 也许，在这转念间，我们的生活自然就会因此而步入一片坦途，顿然能够悟出随遇而安的妙处！